GAME-CHANGING DOCUMENTARISM

ゲームチェンジング・ドキュメンタリズム

改變世界的紀錄片工作者們

編者／SOMEONE'S GARDEN

編輯協助／BUG

譯者／雷鎮興

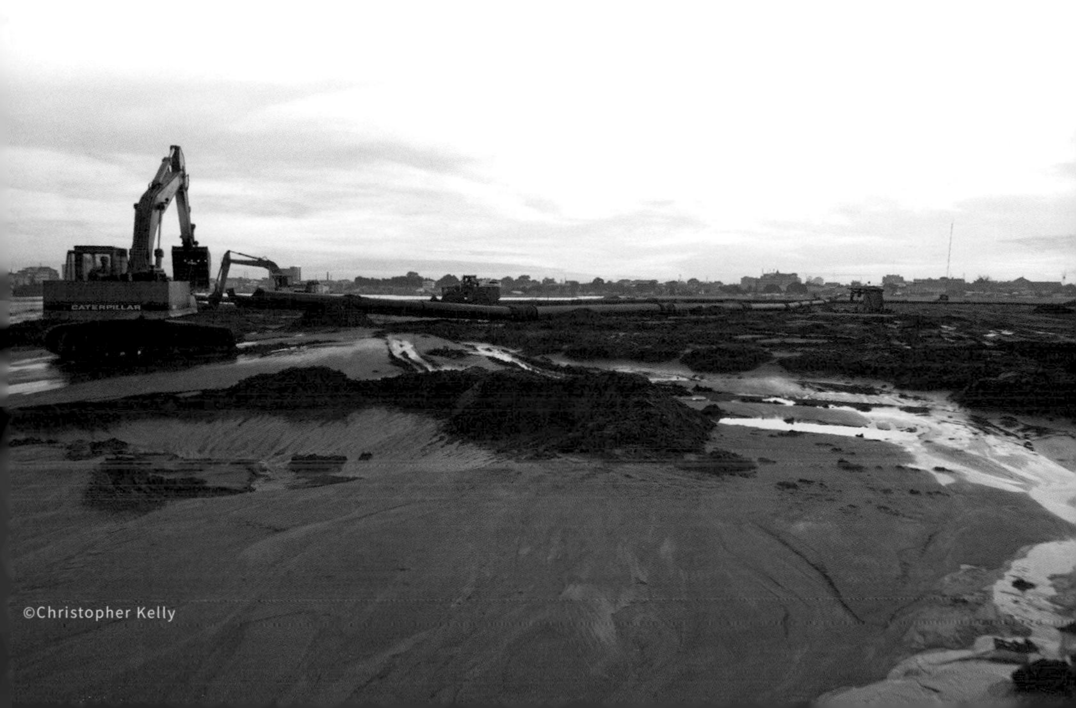

©Christopher Kelly

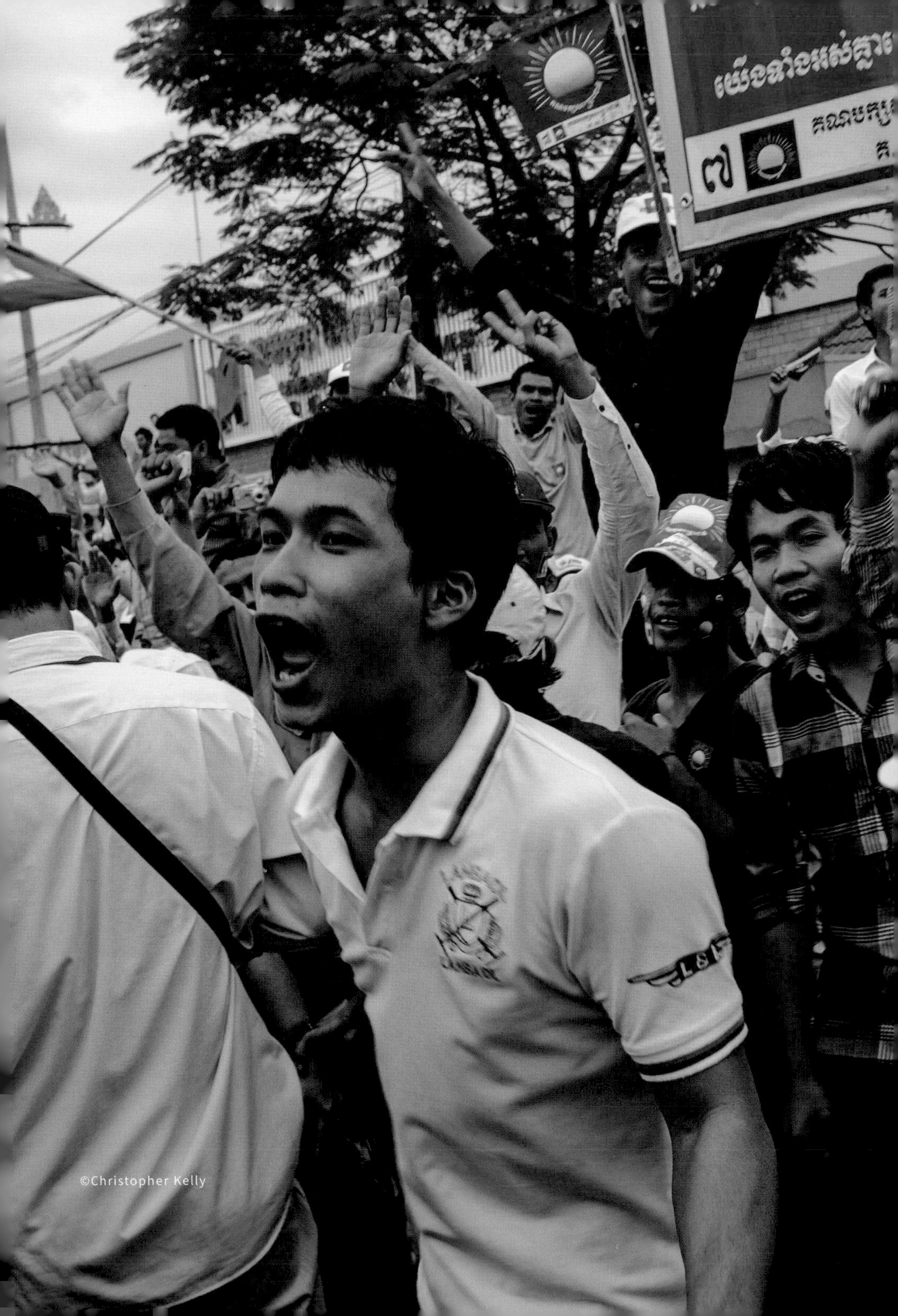

目次／CONTENTS

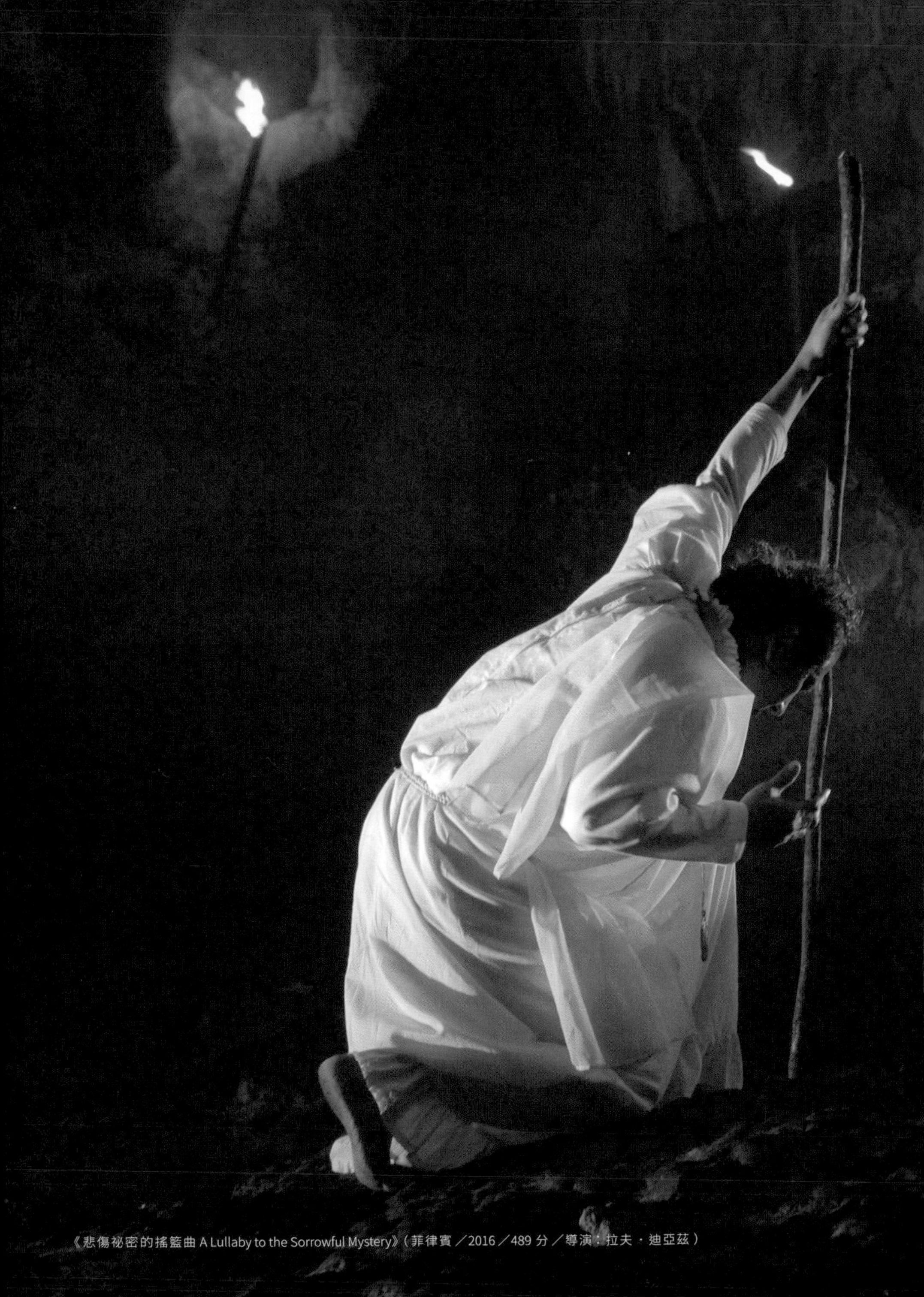

《悲傷祕密的搖籃曲 A Lullaby to the Sorrowful Mystery》（菲律賓／2016／489 分／導演：拉夫・迪亞茲）

給臺灣讀者的話

大家好，由衷地感謝大家閱讀《改變世界的紀錄片工作者們》一書。

2018 年，本書在企畫階段時，我們最初選定的採訪地點，正是臺灣——台灣國際紀錄片影展（TIDF）。當時，我們採訪了陪伴抗爭居民一同奮戰、拍攝《東埔寨之春》的紀錄片導演克里斯·凱利（Chris Kelly）；以及為了接觸少數民族文化，勇敢挺進高山地區，完成《上阿甲》的紀錄片導演晉江。我們很榮幸有機會在臺灣採訪這兩位傑出的紀錄片導演。這次，能將本書呈獻給我們採訪旅程中的「第一站：臺灣」，或許正是紀錄片產生的化學效應。

本書出版 3 年過後的現在，COVID-19 無情地肆虐全球，人類在各方面遭逢過去不曾經歷過的漫長停滯期。在世界各地，包括紀錄片在內的電影環境，同樣出現了巨大的轉變。在日本政府呼籲民眾自律，盡量避免外出群聚的情況下，不少電影院紛紛受到影響而暫時歇業。目前雖然尚有各種限制，但還是有許多電影院，為了公開上映而持續努力。

儘管面臨嚴峻的考驗，紀錄片工作者們也絕不喪志，他們持續關注著在逆境中必須正視的真實故事。本書介紹的日本紀錄片導演河合宏樹、日向史有、太田信吾，他們在疫情下的艱困處境中，依然努力不懈地工作，希望能夠透過影像，將每一個「聲音」傳達給公眾。最後，他們的作品終於在電影院順利上映。此外，英國國家廣播公司BBC播出由導演松井至、內山直樹、久保田徹拍攝製作的紀錄片《東京微弱歌聲》（東京リトルネロ），記錄生活在東京社會角落的人，在疫情下的內心糾葛、掙扎，以及真實的聲音。而另一部播出的紀錄片，則是內山直樹追蹤一群無家可歸的街友，受到東京舉辦奧林匹克運動會的影響，被迫失去容身之處的紀錄短片。這群導演及其作品，正逐漸地受到世界的矚目。

除此之外，我們有緣接下原一男導演《令和一揆》（れいわ一揆）的拍攝工作、日本Green Image國際環境映像祭（Green Image Film Festival）的評審工作，以及東京紀錄片影展（TDFF）的評審與營運工作。另外，晉江導演也以新作品《一天》參加台灣國際紀錄片影展。我想，這些都是Game-changing產生的連鎖效應，而且仍然持續不斷地發酵中。

撰寫這篇序文的同時，此刻我正以線上觀影的方式，參加山形國際紀錄片影展。本屆榮獲競賽首獎的作品《理大圍城》，忠實記錄示威群眾反對香港《國家安全法》，在香港理工大學展開一場名為「校園攻城戰役」的抗爭運動。導演是一群「香港紀錄片工作者」，他們在獲獎後表示：「今後，我們仍然會繼續發起行動，繼續拍攝工作。」我認為，我們也不能停下腳步，除了關注紀錄片中的故事，也應扮演好傳承者的角色，將紀錄片中的每一個真實聲音，盡可能地傳遞出去。

謹此祝福臺灣的朋友和平、健康

SOMEONE'S GARDEN　津留崎麻子 2021.10

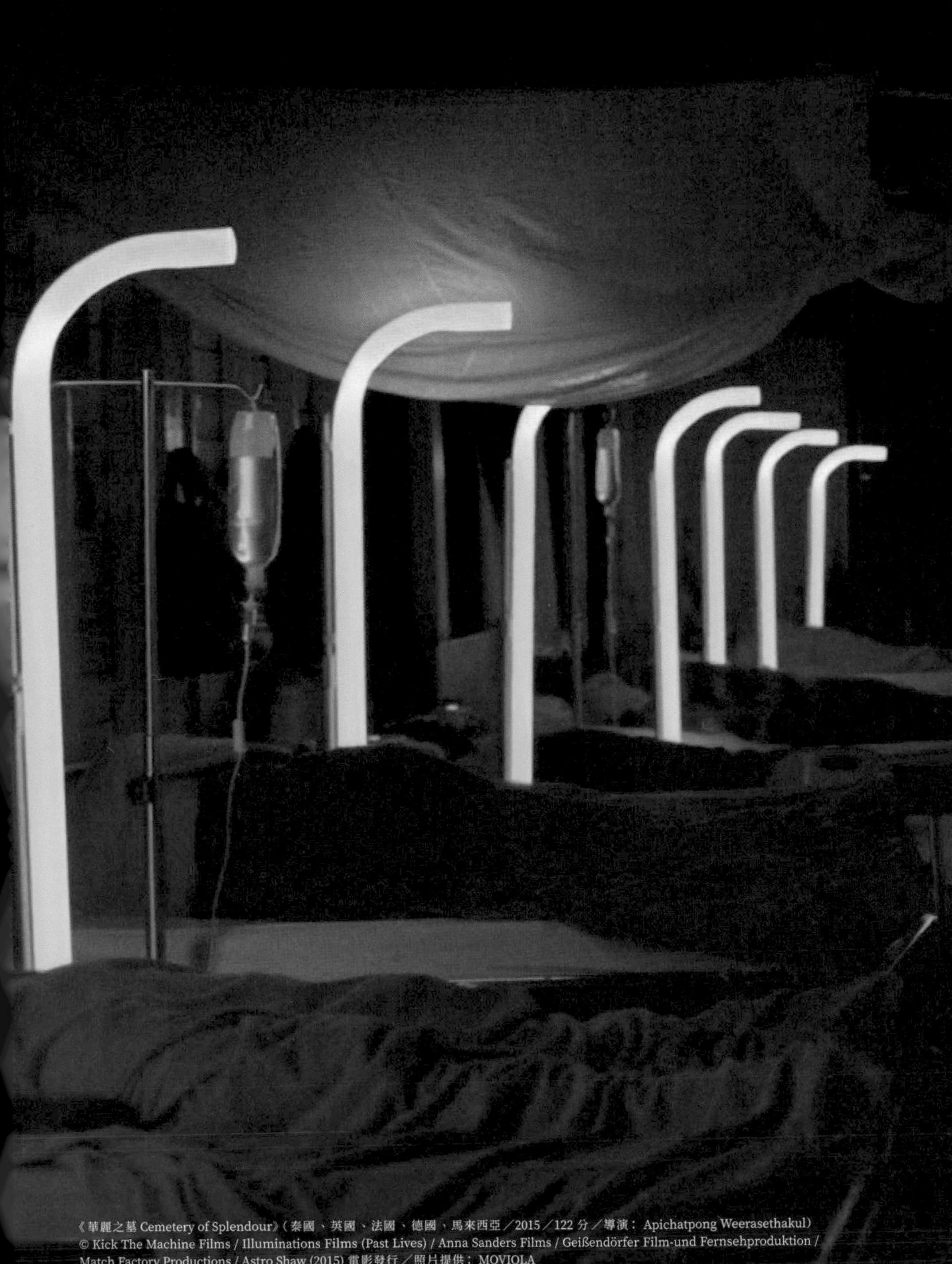

《華麗之墓 Cemetery of Splendour》（泰國、英國、法國、德國、馬來西亞／2015／122 分／導演：Apichatpong Weerasethakul）
© Kick The Machine Films / Illuminations Films (Past Lives) / Anna Sanders Films / Geißendörfer Film-und Fernsehproduktion / Match Factory Productions / Astro Shaw (2015) 電影發行／照片提供：MOVIOLA

前言：何謂 GAME-CHANGING DOCUMENTARISM

2016 年，一位多年的老友，同時也是紀錄片工作者的竹岡寬俊傳來訊息：「有一群紀錄片的導演夥伴，大家討論想展開一項新計畫，希望你們能一起加入幫忙。」我們當作半開玩笑去聽他怎麼說，結果看到一張空白的東京地圖上，以潦草字跡滿滿寫上「LGBT、前黑道大哥、移民問題……」這類新聞播報時罕見的字眼。嗯……莫非你打算搞一個像 LOFT／PLUS ONE（註1）的地方，舉辦現場實況對談活動嗎？我們本做此設想，表達意願想更進一步瞭解計畫內容——若是籌辦活動，筆者西村過去從事《TOKION》編輯工作時期，有主辦談話講座的經驗；而津留崎則參與過 EUROSPACE 與 UPLINK 這兩間電影公司的電影發行、宣傳工作，我們應該能夠幫得上忙。然而，這群紀錄片導演們聚集在一起，究竟要做什麼事情呢？好奇心的驅使下，我們決定去見他們一面。

一星期過後，在蕭瑟秋風中，我們前往北品川新馬場車站附近的咖啡館 KAIDO books & coffee，參加「BUG」的祕密結社會議。包括松井至與內山直樹為代表的新生代紀錄片導演們齊聚一堂，正熱情地高喊著「紀錄片本應是社會企業家的工作」、「再這樣下去，紀錄片肯定會完蛋」、「真正足以傳達理念的場域根本不夠」的交談聲此起彼落。「到底是怎麼一回事啊？日本居然還存在著如此充滿傻勁而有趣的一群人……」這是我們見到他們後的第一印象。

於是，在認識這群人之後，我們經常見面，討論紀錄片的想法，時間長達半年以上。我們一起製作了一部以旅人為主題的 NHK 紀錄片《旅旅叨擾》（旅旅しつれいします），拍攝賭上人生而踏上旅途的人物故事。歷經許多迂迴曲折的過程後，我們更打造出全新型態的紀錄片祭典活動「Docu Memento」（註2）。另一方面，每當與從事紀錄片工作的他們認真探討紀錄片時，總會有一些疑問湧上心頭。比方說「究其根源，到底什麼是『紀錄片』？」「只是乏味無趣的影像紀錄嗎？」「拍攝一個人死命大口吃著麥當勞？還是手持 GoPro 追著鳥類拍攝？或節目片尾出現鯨魚徜徉大海的感動畫面？」「網路影片也算紀錄片嗎？」「導演偶爾在畫面中露臉，這類很有真實感的作品如何？」「安排演員入鏡也算紀錄片嗎？」等各種想法。

接著我們想到了兩件事：
一、到底是什麼原因，推動著這群充滿人情味的紀錄片導演們？
二、「努力記錄眼前現實情況的紀錄片，其中必然擁有改變世界的力量」的假設是否為真？
於是，我們以極具企圖心的「GAME-CHANGING DOCUMENTARISM」概念作為書的發想，啟動《改變世界的紀錄片工作者們》出版計畫之旅，採訪了30位以上的紀錄片導演與相關工作人士。

GAME-CHANGING DOCUMENTARISM是我們自行創造的詞彙。以企業大膽祭出策略時，經常使用的「Game-changing」這個詞做形容，另外我們結合紀錄片近百年歷史中，只出現過數次的「Documentarism」這個字，嘗試能否再次定義紀錄片，從中捕捉全新意義。然而，幾乎每天出現在電視上，令人習以為常的紀錄片，我們為什麼要以全新的語言再次定義它呢？因為我們深信，紀錄片中暗藏著Game-changing的可能性。此時此刻，假新聞滿天飛，有許多人認為，每過一秒，世界就距離毀滅更近一步。正因為如此，我們必須了解紀錄片中每一個觀點建構的真實，它能震撼觀看者的心靈，為人們與社會帶來「改變」，相信從這群紀錄片導演展現出的態度，我們能學習到更多重要的事物。

本書中，我們將詳細介紹這些特別挑選出的人物與作品。這個時代，由於網路收看與自媒體的普及，紀錄片的發展越來越蓬勃，越來越趨向多元化。本書將從各個角度介紹紀錄片產業，期盼讀者能夠了解紀錄片的「改變力量」以及重要精神，這是我們最大的心願。

SOMEONE'S GARDEN
津留崎麻子、西村大助

註1： 位於日本東京新宿。要招募各大領域具專業知識、經驗的人作「一日店長」並自訂主題，以座談、演講或任何自由形式，達到與觀眾交流、溝通的一所展演場域。

註2： 由紀錄片工作者團體「BUG」所主辦的祭典活動，採取有趣的形式，把紀錄片與社會重新串聯結合，以創造未來社會的人為訴求對象，提出「人與人直接面對面的接觸最精彩」的概念，每年號召並集結優秀的紀錄片工作者，或社會企業家、資訊守門人、上班族說唱者、前幫派分子等具多元身分者講述自己的人生故事，以及今後如何投身社會做出貢獻。

GAME-CHANGING DOCUMENTARISM

SHIP

ISM

DRAMA

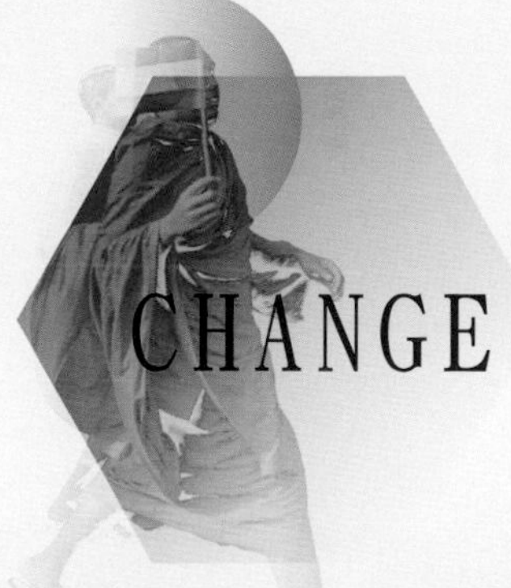

Art by Daisuke Nishimura
Photo by Chris Kelly

渴望改變的信念，不會輕易被擊潰

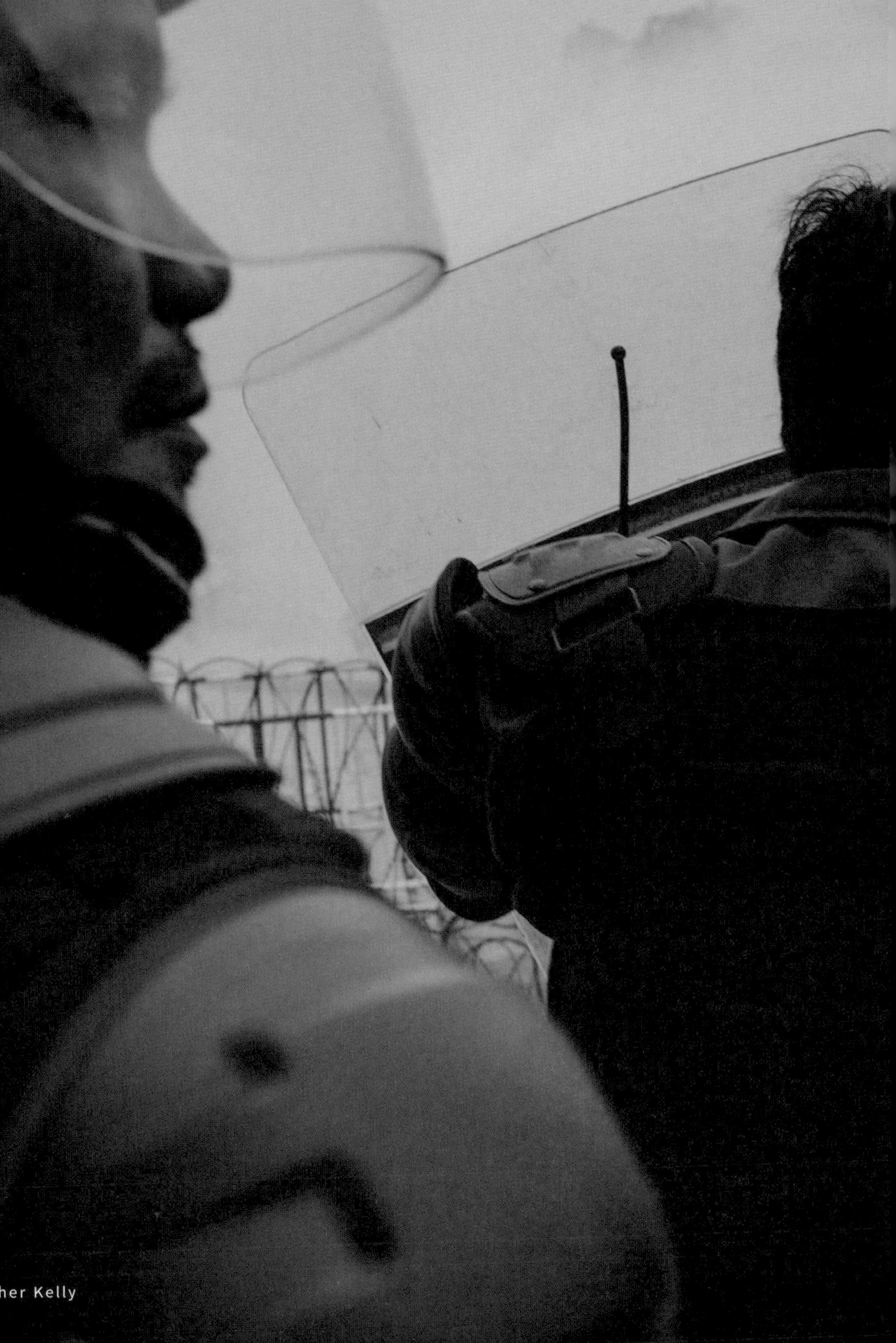

©Christopher Kelly

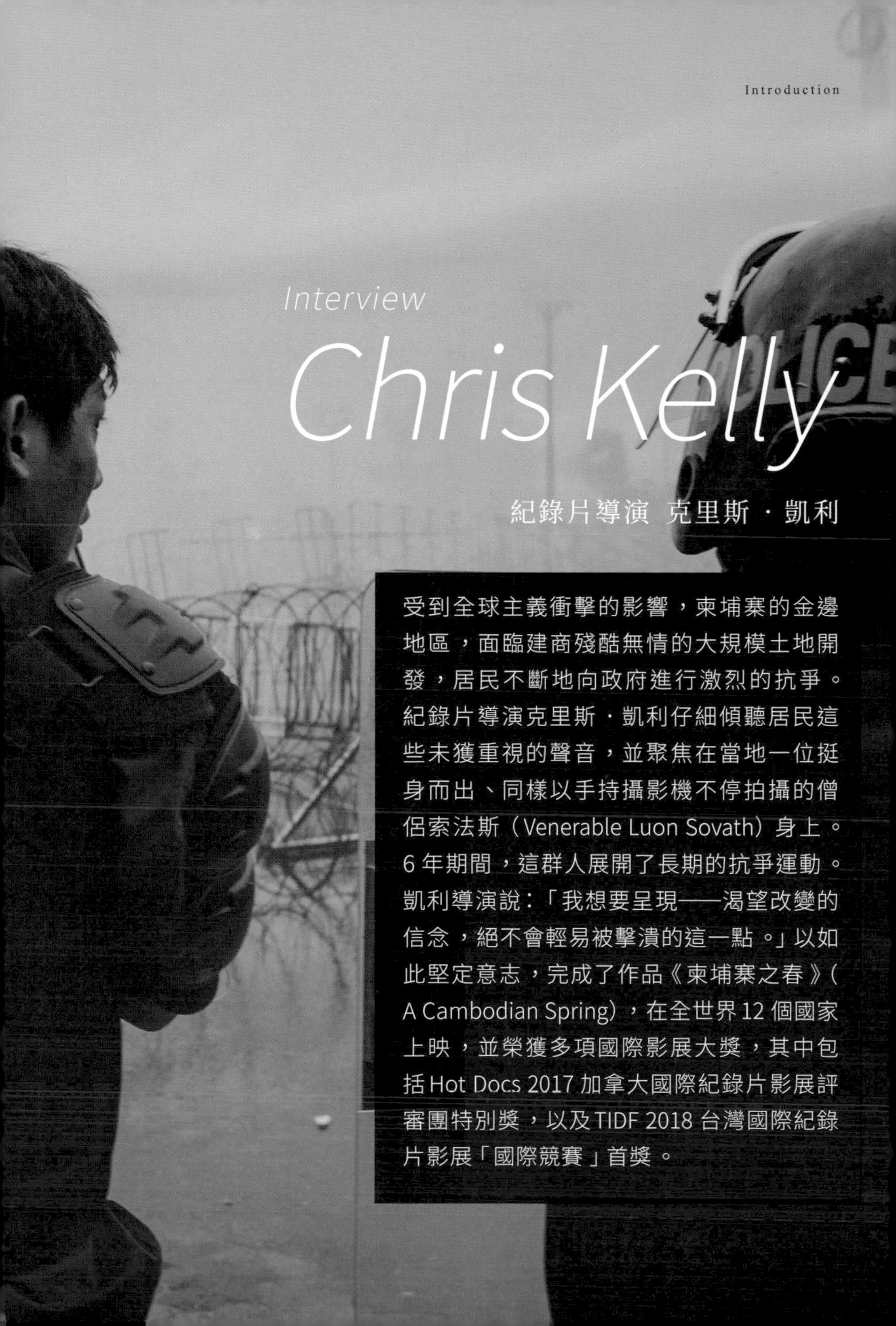

Interview

Chris Kelly

紀錄片導演 克里斯・凱利

受到全球主義衝擊的影響，柬埔寨的金邊地區，面臨建商殘酷無情的大規模土地開發，居民不斷地向政府進行激烈的抗爭。紀錄片導演克里斯・凱利仔細傾聽居民這些未獲重視的聲音，並聚焦在當地一位挺身而出、同樣以手持攝影機不停拍攝的僧侶索法斯（Venerable Luon Sovath）身上。6 年期間，這群人展開了長期的抗爭運動。凱利導演說：「我想要呈現——渴望改變的信念，絕不會輕易被擊潰的這一點。」以如此堅定意志，完成了作品《柬埔寨之春》（A Cambodian Spring），在全世界 12 個國家上映，並榮獲多項國際影展大獎，其中包括 Hot Docs 2017 加拿大國際紀錄片影展評審團特別獎，以及 TIDF 2018 台灣國際紀錄片影展「國際競賽」首獎。

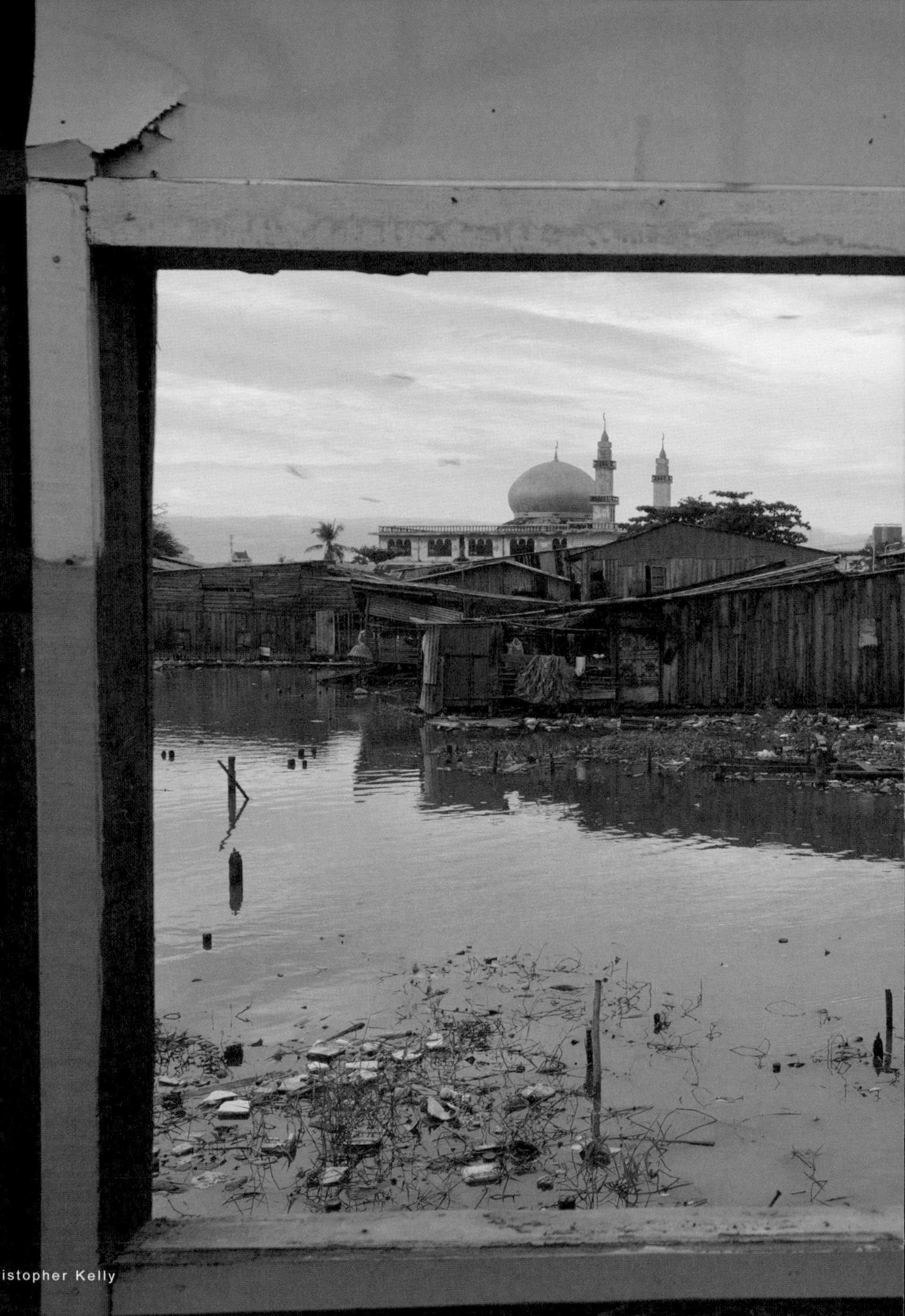

istopher Kelly

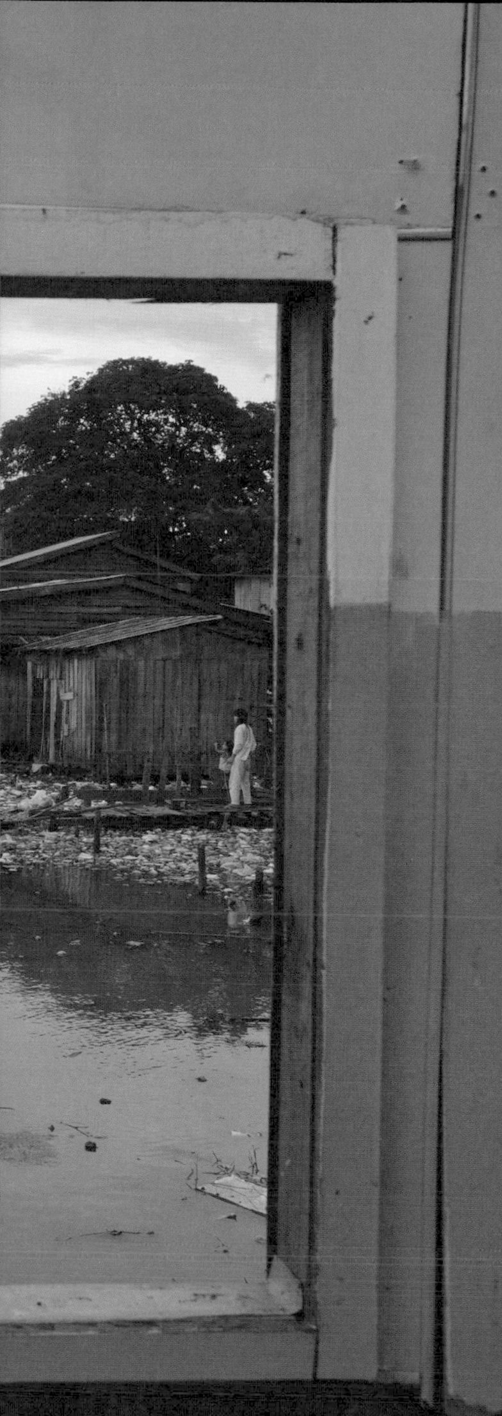

人類該如何對待他者

為何會成為一名紀錄片工作者呢？

Chris Kelly（以下稱為 CK）：我在大學時期主修電影理論與電影史，靠自學習得拍攝與編輯技巧。2008 年開始拍攝這部紀錄片以前，我曾經從事過影像編輯。這部作品是我首次嘗試拍攝紀錄長片，為了在柬埔寨生活，我成為一名記者。這一切是由於我對於人類的處境、行為動機、如何對待他者這些事情產生興趣。

請教拍攝《柬埔寨之春》的動機與過程。

CK：2006 年，我以旅行者的身分到柬埔寨旅行，住在首都金邊的湖畔邊，也就是紀錄片中的主要場景。當時，這個地方充滿活力，吸引了許多背包客與旅行者。後來，當我得知居民開始據理抗爭，強力反對政府強制拆遷政策時，我興起了一股念頭，想將它拍成紀錄片，於是立刻回國號召夥伴，一起返回柬埔寨展開拍攝工作。我在非營利組織全球見證（Global Witness）的記者會上，認識了紀錄片的核心人物索法斯。儘管他的身分為僧侶，卻始終拿著一支老舊的諾基亞手機，記

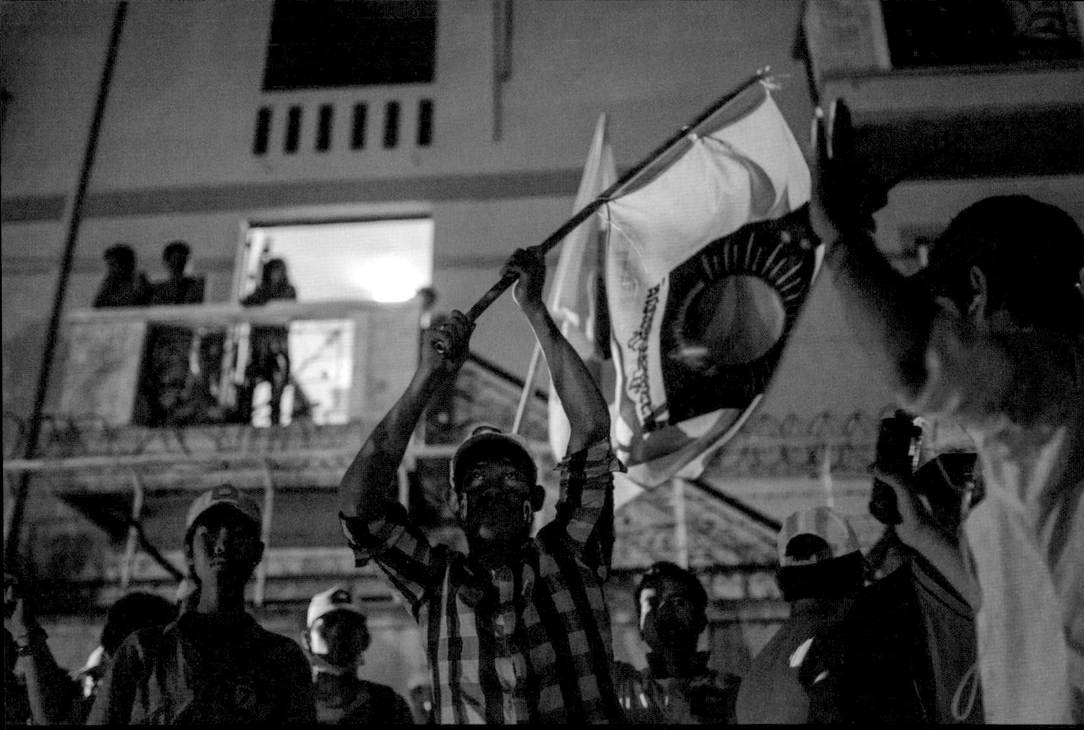

©Christopher Kelly

錄村民陳情的完整過程。我在當下浮現一個點子：「要是能把這位僧侶攝影的過程拍成一部紀錄片，應該很有意義吧？透過這起柬埔寨發生的社會政治事件，一定能傳達紀錄片的重要性與作用吧？」雖然索法斯當時沒沒無聞，但在我們一起持續拍攝的過程中，他不僅成為柬埔寨的人權鬥士，也打開了國際知名度。能夠親眼見證這位佛教僧侶轉變為人權鬥士的過程，我實在十分榮幸。而這起發生於萬谷湖，政府驅逐居民與強制拆遷民宅的問題，就成為自從波布（Pol Pot）建立政權以來，最大的一起抗爭事件。當時，所有的村民幾乎都參與抗爭運動，最初階段我拍攝了抗爭的每一個人。然而，隨著拍攝進展，我開始對另一位口若懸河、辯才無礙的女性波芙（Toul Srey）產生了興趣，於是特別距焦在她的身上。波芙為了將自己聰明的女兒送進好學校，奮不顧身地投入抗爭運動，她展現出的勇敢決心實在令人動容。

以個人主觀
貼近客觀真實的重要性

2010 年，中東地區發生了非暴力抗爭手段的民主化運動「阿拉伯之春」，你曾經前往拍攝紀錄片嗎？

CK：我並沒有拍攝阿拉伯之春的相關紀錄片，不過我的這部作品《柬埔寨之春》英文標題命名，靈感正是來自於「Arab Spring」。當我思考中東的抗爭運動，以及人民的命運時，已料到這場民主運動最後朝向令人擔憂的結局。就這層意義上來看，柬埔寨的情勢也極為相似。我不使用英文冠詞「The」而選擇「A」來命名，就是不希望這部紀錄片只是一部客觀描述的歷史紀錄，而是想藉由我個人經歷的「主觀」角度傳達給觀眾。我認為主觀的視線能給人看待世界的形狀與色彩，因此相對於客觀地貼近真實，透過我個人呈現的主觀敘述則相當重要。

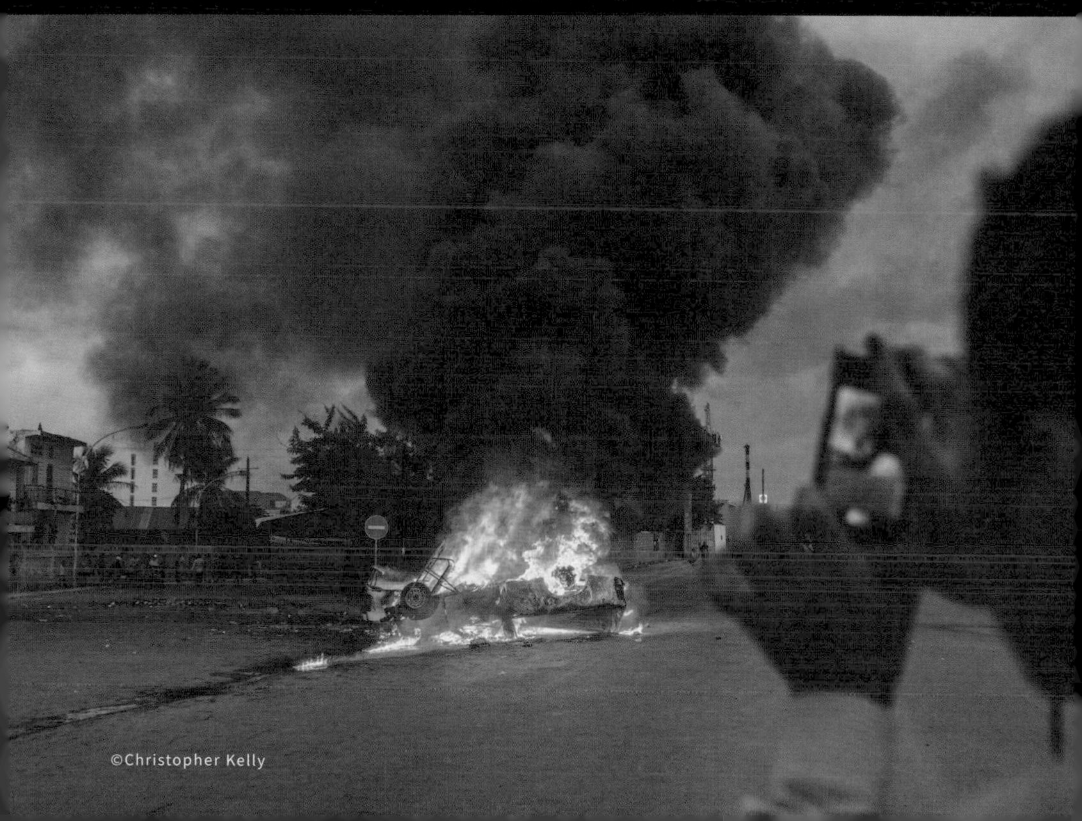

©Christopher Kelly

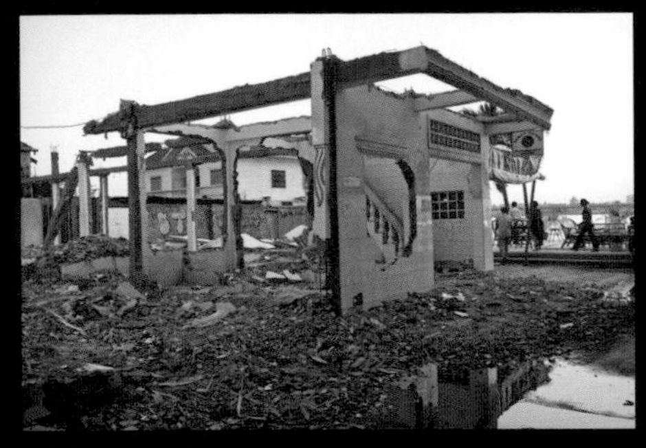

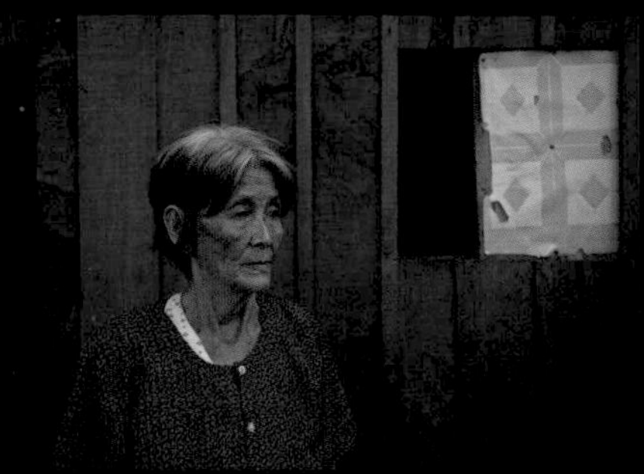

©Christopher Kelly

忠實地呈現
事件當下發生的感覺

攝影中是否遇到任何困難？

CK：我與參與紀錄片的這群人一起共度了漫長的時光。拍攝過程中，不知不覺與大家建立互相信任的親密關係，他們會自然與我們分享故事。由於攝影期間長達6年，大家都很了解彼此之間的事情。他們非常勇敢，相信我的作品一定能夠傳遞出重要的訊息，很樂意參加紀錄片的拍攝工作。困難的反而是在於製作經費。由於資金有限，我們必須節省才能持續拍攝下去。畢竟都努力了這麼多年，有時我們甚至自掏腰包補足資金缺口。為了維持生活開銷，我偶爾也會接一些影片報導的採訪工作。一直到拍攝工作結束之前，我沒有任何一絲想離開柬埔寨的念頭。能夠忠實地拍出事件即時發生的感覺，對我而言相當重要。

在拍攝期間或發表作品後，曾經感覺自己身陷危險嗎？

CK：我不曾害怕過自己會遭遇不測，不過曾經好幾次感覺到危險。2013年，柬埔寨軍方採取相當激進的手段對付村民。他們數度對扔擲石塊的村民開槍，離我不遠處的好幾個人都慘遭殺害。此外，感覺到生命受威脅的不只有我，當地還有許多記者是高棉人，他們是政府與軍隊平時覬覦的目標，經常處於危險的狀況。

保持中立
才能傳達真實的故事

本身有參與或協助抗爭運嗎？

CK：我個人沒有參與抗爭運動。一開始，我就明確地向村民表態，我最重要的任務，是透過鏡頭把所見所聞的一切記錄下來。實際上，就算我對參與抗爭的他們伸出援手，也僅止於情況危急。目前為止，高棉人發起這場抗爭運動，有許多外國人表示想前來援助，但是這些外國人隨時可以帶著護照回去自己的國家；如果這群抗爭的人民被政府逼到絕境，因那些不負責外國人參與抗爭而起的責難歸咎，會全部算在人民頭上。我非常清楚這些事實，所以不想沒頭沒尾地參與這場抗爭運動。因此，在柬埔寨我必須保持獨立且中立的立場，才能向全世界傳達出強而有力的真實故事。這才是我能夠提供協助的最佳辦法。

為何僧侶索法斯會有奉獻人生的心境呢？

CK：所謂僧侶的職責，並非只在寧靜的寺院中打坐冥想，應該置身人類社會「中」才對。僧侶可以是人權守護者，借用索法斯曾說過的「入世佛教」（Engaged Buddhism）概念，就是介「入」當「世」的社會公共事務。索法斯認為，如果世上有人遇到困難，同樣身為社會一分子的僧侶，伸出援手是應有的職責。

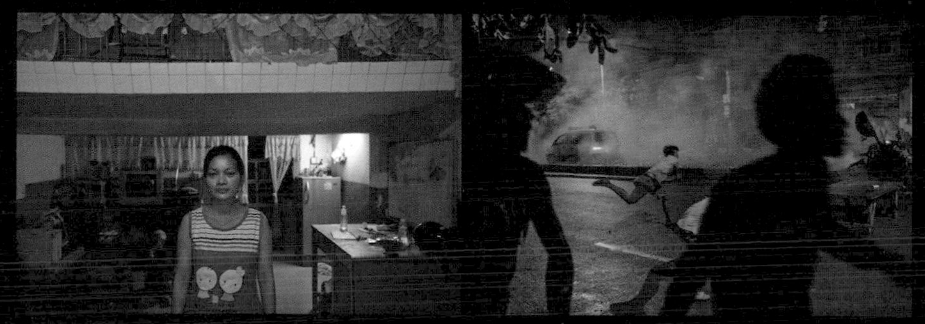

©Christopher Kelly

渴望改變的信念
不會輕易被擊潰

請教過程中有位母親身分的抗爭者遭逮捕後，對於她女兒起身對抗的想法？

CK：我想藉由這一幕表達出「渴望改變的信念，不會如此輕易被擊潰」。如果看過作品就會明白，這一幕展現了年輕世代的決心。為了入獄的母親，女兒英勇挺身而出，面對挑戰並負起重任。從她們的故事中，我們能夠感受到堅韌不拔的心志，以及強烈渴望改變的信念，這些都成為跨越世代的經驗而交織在一起。

透過你的鏡頭，他們自身發生了任何「改變」嗎？

CK：我準備發表作品時，是抗爭暫告段落並又過了一段時間。當時的政權並不知道我的作品，所以我不認為足以影響政府或非政府組織（NGO）的決定。萬金湖的開發案衝突至今尚未獲得解決，開發區依然呈現膠著狀態。到現在仍有許多家庭被迫離開家園，對未來依然感到不安。目前，他們的抗議運動仍持續進行。

請教該如何做，才能夠傳遞出美麗又堅定的訊息？

CK：如果能在我的作品中，感受到強烈訊息，那真是開心的一件事情。我們長期投入紀錄片的拍攝工作，一共有4位編輯夥伴，大家一起花了2年的時光才製作完成。我們想拍出一部任何人觀看都不覺得虛假的真實紀錄片。我們在事前已下定決心，就算許多事情無法預測，甚至朝向不好的方向發展，大家也絕不畏懼退縮。我認為，若無法承受拍攝過程中的任何突發狀況，肯定會變成另外一種完全不同的紀錄片。因此，我們下定決心，一定要接受困難挑戰，製作出不違背初衷、自己也能夠認真看到結束的紀錄片。無論是誰都會有缺點，不管是好的或壞的方面。儘管拍攝期間長達6年，一定要對自己拍攝的故事保持自信。關於這一點，我想為新生代導演加油打氣，請務必對你想傳達的故事拿出自信，這與傲慢沒有任何關係。你想告訴大家的事情並不一定會如己所願，有時候甚至還得做出重大犧牲。

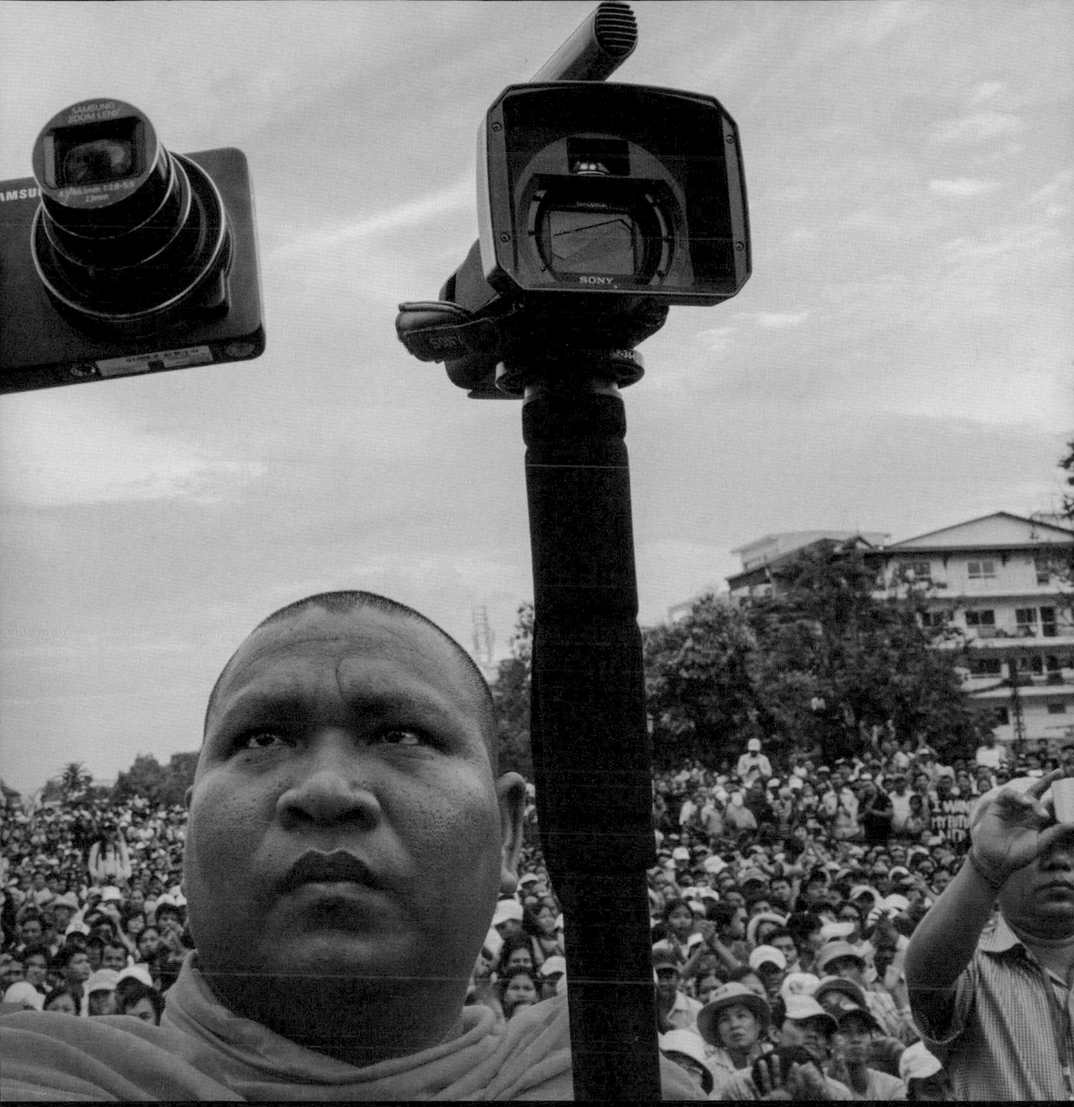

©Christopher Kelly

克里斯・凱利　Chris Kelly

紀錄片電影導演，擁有許多獲獎的紀錄片作品。Little Ease Films創辦人。首次拍攝紀錄長片《柬埔寨之春》，製作時間長達9年，榮獲Hot Docs 2017加拿大國際紀錄片影展評審團特別獎、2017年布魯克林電影節最佳紀錄片，以及TIDF 2018台灣國際紀錄片影展「國際競賽」首獎。冒為英國《衛報》撰寫文章，於2014年潛入泰國，報導當地漁業長期以來的奴工文化。作品榮獲各大獎項。行跡遍及南蘇丹、緬甸、菲律賓、寮國與泰國，活動範圍相當廣闊。

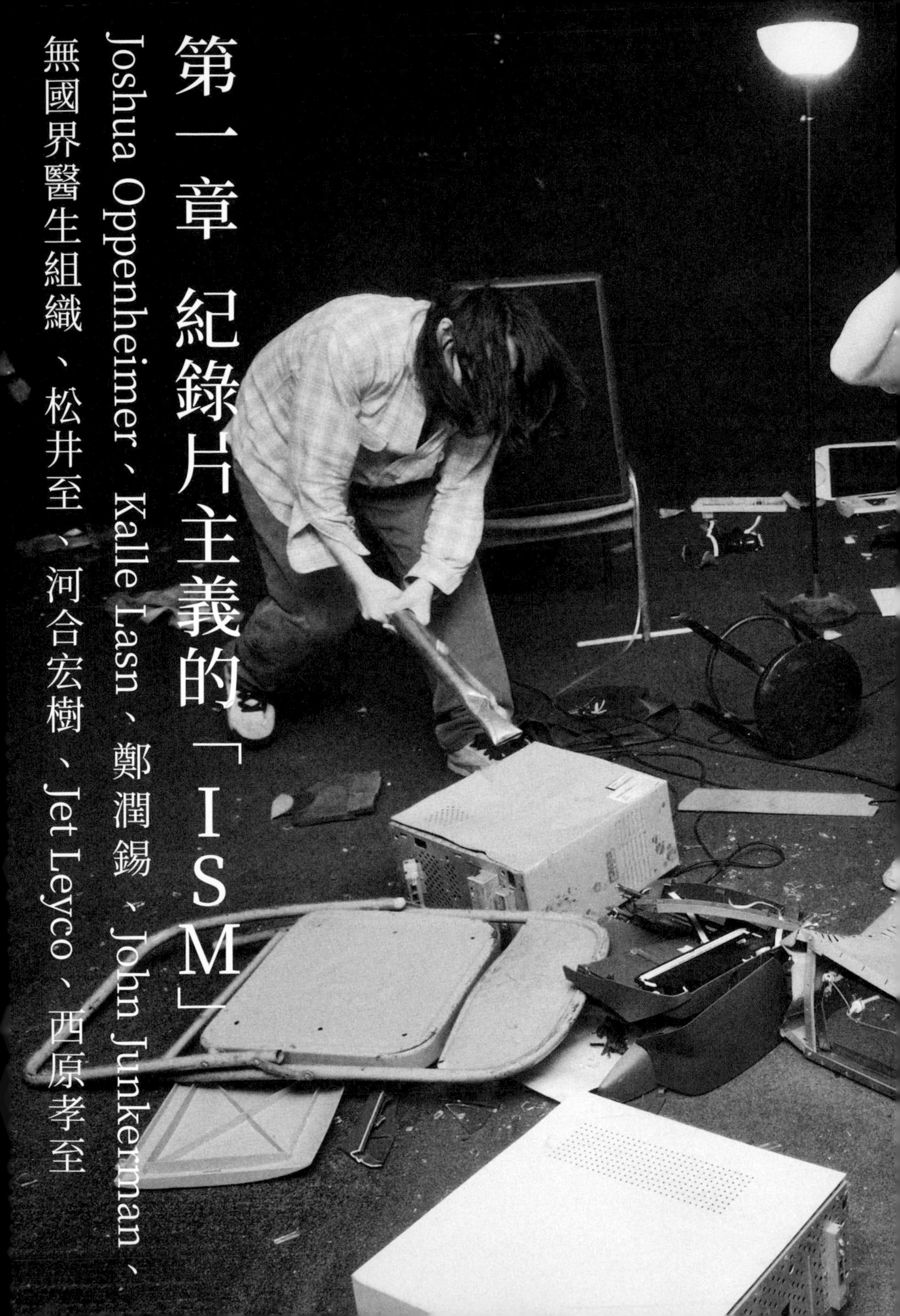

第一章 紀錄片主義的「ISM」

Joshua Oppenheimer、Kalle Lasn、鄭潤錫、John Junkerman、無國界醫生組織、松井至、河合宏樹、Jet Leyco、西原孝至

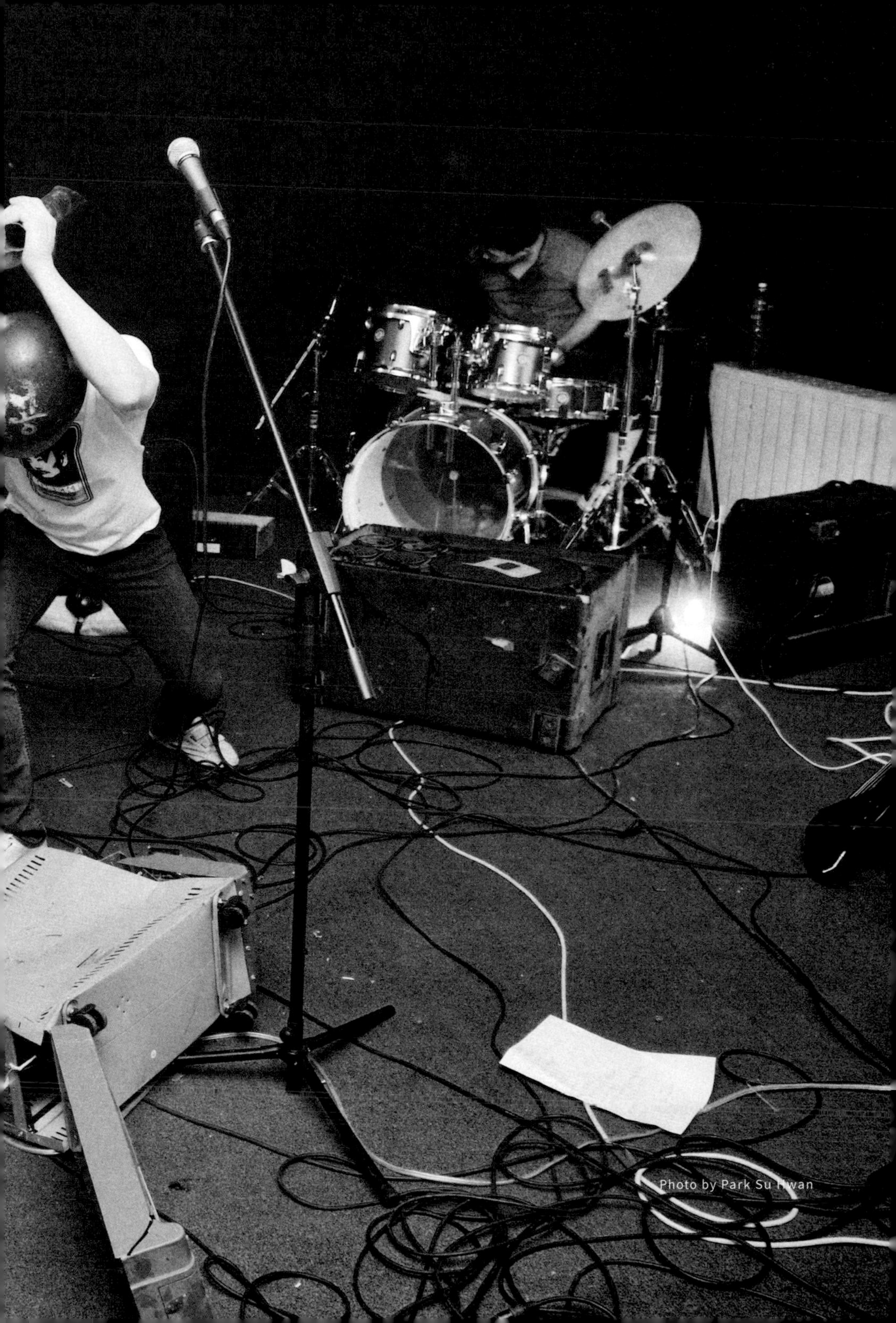

Photo by Park Su Hwan

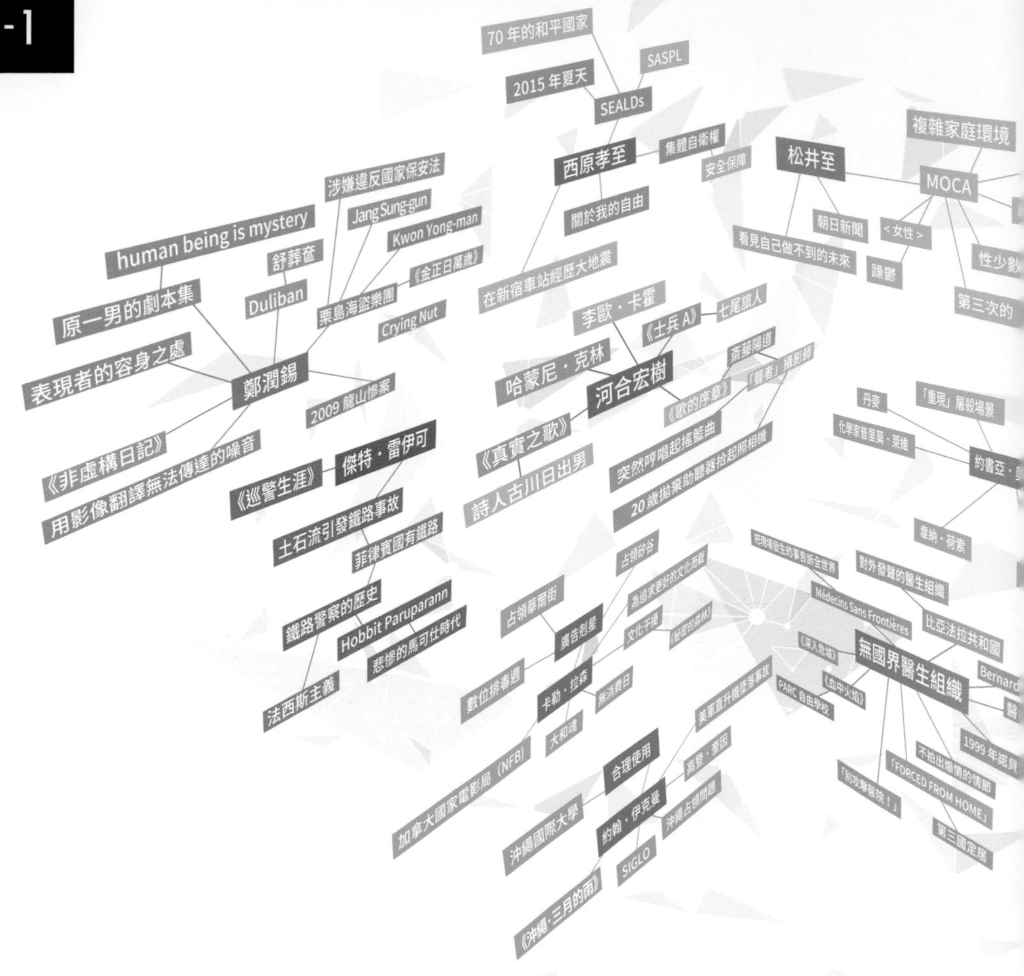

「主義」把世界淹沒那日

2001 年 9 月，自從發生那起事件，世界就被人們的「主義」淹沒。你的「主義」又是什麼？

2001 年 9 月的一個早晨，筆者之一的西村大助，在當時位於美國紐約市的雜誌《TOKION》編輯部工作。一如往常，西村搭乘地鐵Z線，從布魯克林出發到曼哈頓，途中電車會通過威廉斯堡大橋。這日是下期雜誌資料送往加拿大印刷所的重要日子，西村特別早起出門。

突然之間，車廂內傳出廣播「出事情了」的叫喊聲，電車緊急煞車停在橋的正中央。車內乘客慌亂騷動，有人望著窗外大叫：「到底發生了什麼事？」出現了令人無法置信的景象。在東河的另一端，平日熟悉的世界貿易中心大樓竄出濃煙，整棟大樓彷彿被地獄大火吞噬。這一刻發生的大事件，後來稱之為「911 恐怖攻擊事件」。

不知為何，如今事發時的景象依然鮮明。當時，有一群從頭到腳都包進黑色服飾裡的極端正統派猶太人，他們連忙把礦泉水發給現場疲憊不堪的人；還有許多上班族從辦公室逃出來，這群過度驚嚇而極度不安的美國人謠言四起。

「唐人街地底下布滿數不清的瓦斯管線，再不久就會把這幾條街道炸得稀巴爛！」
「有錢人早就逃離這個地方了！」
「世貿大樓的火災一點事都沒有，馬上就會撲滅結束啦。」
「這一定是恐怖攻擊事件，肯定是○○人幹的好事！」

接著，不到幾分鐘的時間，西村目睹了這座「美國」象徵崩塌的瞬間。足以誇耀世界第一的大樓，簡直就像一座沙雕城堡，發出一陣轟隆巨響後，應聲倒塌毀滅。

這一天開始，世界產生了極大的變化。世界的趨勢從「和諧」轉變成「對立」。有人逢人就問：「你是左派還是右派？」甚至連思想上都出現資本主義、物質主義、整體主義、社會主義、共產主義與錫安主義等，人們處在一個必須做出選擇的世界。曾幾何時，這個世界已經被人們定義的「主義」淹沒。

在那之後，西村回到日本國內，與津留崎共同啟動了名為「SOMEONE'S GARDEN」的藝術計畫。SOMEONE'S GARDEN 這個名字的由來，是從吉姆．歐洛克（Jim O'Rourke）先生所贈「他人之亭」一詞直接翻譯。儘管有人羨慕隔壁花園綠草如茵，比自家漂亮而成為爭執的開端，卻也有人透過彼此的花園產生良性互動。在這個概念之下，我們企畫、舉辦了藝術活動與出版書籍，介紹一群新生代的藝術家與影像導演。其中包括於法國大使館舉辦的「NOMAN'S LAND」（無人之境）展覽、專屬兒童的公共藝術計畫、創意免費期刊誌與雜誌《QUOTATION》等。我們認為，把創意與人串聯起來，已成為了我們的重要使命。

就在這個時候，我們遇見了與過去所見不同類型的「特殊分子」——「紀錄片工作者」。他們與我們過去往來的藝術家截然不同，是一群非常重視「真實」的族群。他們不選擇創作，而是緊追著嚴峻複雜的真實故事。因此，我們對他們產生了非常大的興趣，想更進一步了解他們，譬如「這群關注真實的紀錄片工作者，會以何種主義看待世界」。

紀錄片工作者內山直樹說：「紀錄片工作者會對他人產生好奇心與同理心，不惜耗費時間，只為追尋尚未感受到的『真實』。」紀錄片導演約書亞．奧本海默在一群被無名恐懼束縛的大眾身上接收到「某個必須直言的真實」；VICE與YouTube尚未誕生以前，卡勒．拉森就已製作一系列名為「Mind Bomb」的公共宣傳短片，不斷向文明社會中的大量消費行為提出警告；無國界醫生組織在分秒必爭的醫療現場，不僅提供醫療救援，更重視同樣重要的「見證」。

正如松井至說的：「這個世界比想像中還要複雜，我們必須領悟這一點，希望才會隨之而來。」每一個人心中都懷有自己的「主義」，生存在這個極端複雜的世界中，而這些紀錄片導演們正明確地向世人揭示這一點。

Interview

Joshua Oppenheimer

紀錄片導演
約書亞・奧本海默

30 年前，印尼發生一場名為「清洗共產黨」的大屠殺事件。美國紀錄片導演約書亞・奧本海默發現這場悲劇並非過去式，它仍存於現在的此時此刻。導演在紀錄片中展開一場前所未有的實驗，他安排以殺人事蹟為榮的加害者，與每天恐懼被屠殺者包圍的受害者見面，讓彼此面對面接觸。奧本海默導演拍了兩部作品，帶給世人極大震撼。其中一部是讓過去參與大屠殺的兇手，再次詮釋自己的作品《殺人一舉》(The Act of Killing)；另一部是親哥哥遭到屠殺的弟弟，對加害者提出質問的作品《沉默一瞬》(The Look of Silence)。奧本海默導演到底是如何拍攝出這兩部奇蹟般的作品呢？

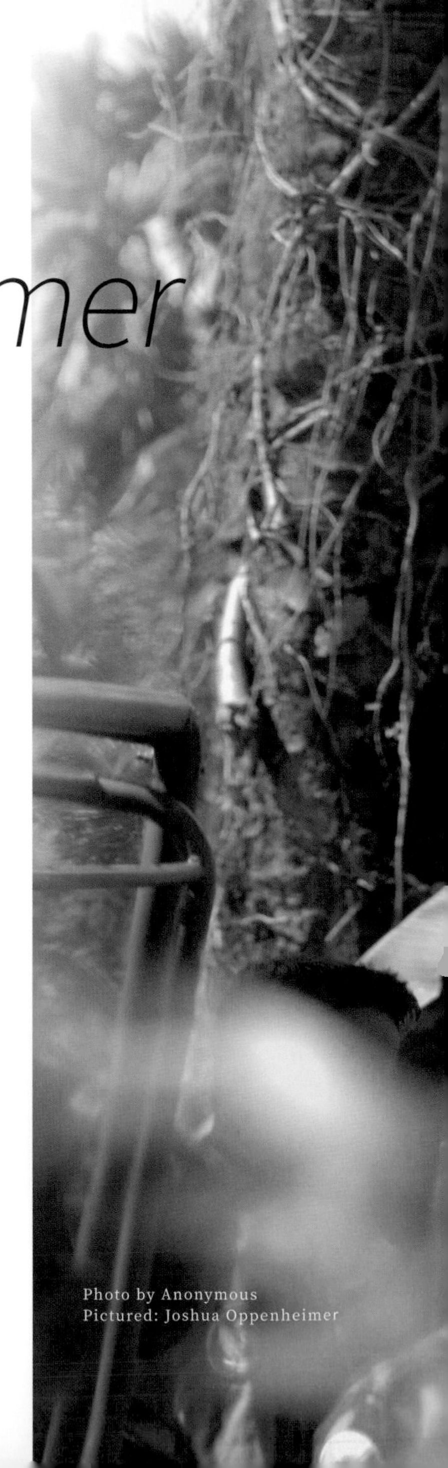

Photo by Anonymous
Pictured: Joshua Oppenheimer

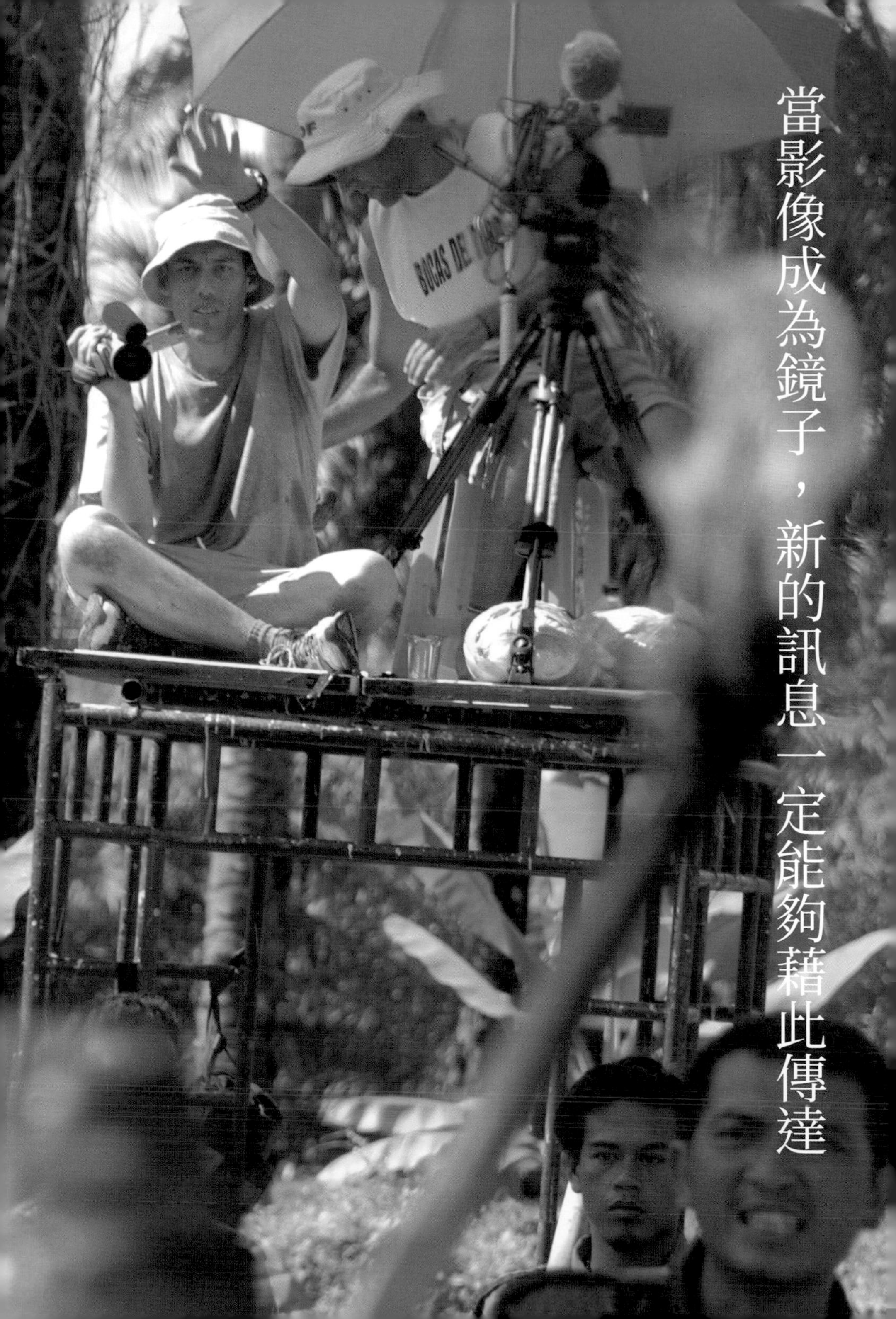

當影像成為鏡子，新的訊息一定能夠藉此傳達

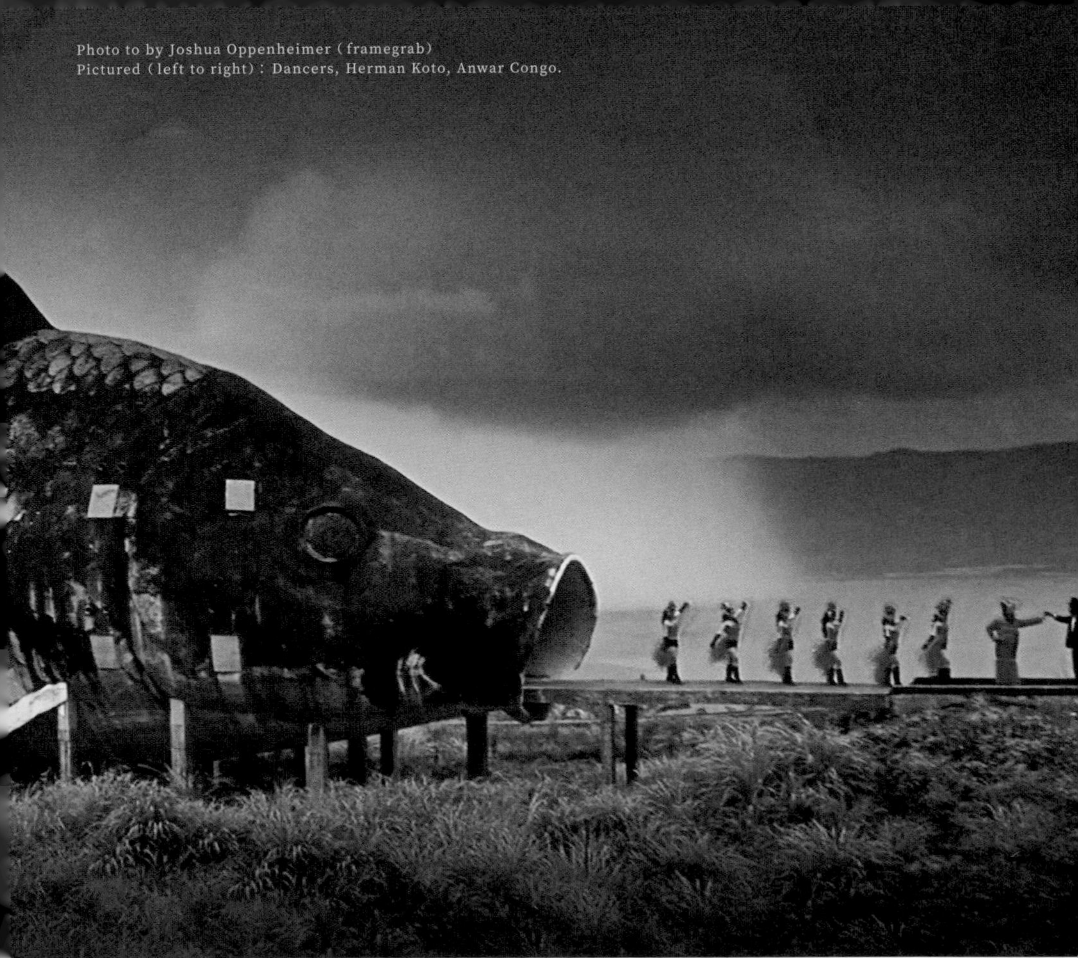
Photo to by Joshua Oppenheimer (framegrab)
Pictured (left to right): Dancers, Herman Koto, Anwar Congo.

世界充滿各種暗號。接下來，只要得知解開暗號的方法就好

聽說之所以想揭露這段大屠殺的歷史，來自於2004年在印尼蛇河沿岸採訪兩位加害者時所獲的靈感。

Joshua Oppenheimer（以下稱為JO）：這群當時參與大屠殺的人，誇耀往事的身影中，有一種令人無法言喻的毛骨悚然。我察覺到，他們並非單純想出名或瘋狂才願意站在鏡頭前，而是「社會本身」處於一種瘋狂狀態。因此，我覺得有必要告訴世人事情的真相。2003年開始，我與《沉默一瞬》的主角阿迪成為好朋友。最初透過他的親戚，我與兩位加害

者見面，接著又認識其他加害者，陸陸續續展開拍攝工作。這群男人驕傲談論著大屠殺的點滴回憶，但是生活在他們的陰影下，是何其恐怖的一件事啊。拍攝他們的某個夜晚，我腦海中閃過了兩個念頭。其中一個念頭是，他們為何能如此自豪談論這些往事？每當他們驕傲地高談闊論時，總是有一個傾聽的對象。也就是說，他們正在對著某個人炫耀這些事情吧？他們期望對方怎麼看待他們？包括他們的兒女、兒孫女，還有我，以及世人的看法？最重要的是，他們希望如何看待這樣的自己？假如讓他們試著詮釋本來的自己，就能以虛構的方式拍攝紀錄片了。我的疑問是，隱藏在他們背後的到底是什麼？他們是否曾想過贖罪的問題？我決定用一種方式去質問他們，那就是透過「重演」，讓他們思考這些事情的本質，最後才完成了這一部作品《殺人一舉》。另外，還有一個念頭，家人慘遭屠殺的遺族，數十年來卻與這群加害者生活在同一個地方，這到底又是什麼狀況呢？加害者依然擁有權力、威脅著人們，談起過去的罪行時，總認為是一種榮耀。然而存活下來的人，卻靜靜地生活在語言之外的沉默黑暗裡。這些沉默，在他們的家人、身體、記憶之中，產生了什麼作用？又留下了些什麼？這些疑問，全部都放在第2部作品《沉默一瞬》。

重現屠殺的場景
喚醒罪惡的記憶

你如何讓這些屠殺者重演當年的屠殺場面？

JO：《殺人一舉》的主角安華・剛果，是我在2005年拍攝的第41名加害者。2004年1月，我在蛇河採訪完最初的兩名加害者後，想儘量找到更多加害者。然而這些加害者全都如出一轍，談起自己手染鮮血的殺戮事蹟，個個引以為傲。我想要了解他們是否在乎其他人眼光，於是提議：「你們參與了人類史上最大規模的屠殺事件。為了社會與你們自己，你們願意讓大家看見你們真實呈現的自我嗎？」因此，我請他們帶我回到實際發生大屠殺的現場，希望他們重現當年的殺人經過。接著，我又再度向他們提議：「請這樣繼續下去。請告訴我，你們用什麼方法讓雙手沾滿鮮血呢？希望你們透過戲劇的方式重演一次，讓我拍下這些過程。同時，我也會把你們『想給大家看什麼、不想給大家看什麼』的討論拍下來收錄在影片裡。」然而仔細想想，我並不清楚他們為什麼連「不想給大家看什麼的討論過程」也都同意我拍下來。所以，除了他們提出想要刪掉某段情節的發言可以拍，甚至連拍下他們討論這些事情的經過也沒關係。他們沒有任何一個人對此感到疑慮。我向他們說明，我會把他們重現殺人現場的戲劇情節，與他們討論如何詮釋的過程，穿插組合在一起，這將會誕生一部前所未見的新電影；透過這部紀錄片，他們或社會的疑問，相信一定能夠找到答案。首先，我向主角安華提出想法。安華與我之前拍過的40個人截然不同，他無法隱藏內心的痛苦。我們見面的第一天，他帶我去一棟屠殺現場的大樓屋頂，當場示範如何用鐵絲把對方的脖子勒斃，講完之後卻突然跳起恰恰舞步。紀錄片中，有一個片段是我們初次見面的時刻。我去他家拜訪，徵詢他拍紀錄片的意願，雖然很有可能遭到拒絕，但我還是按照自己的習慣，扛著攝影機前往拜訪。到了之後，安華說：「聊聊天無所謂，但是我的太太目前有訪客。」於是帶著我轉往頂樓去。接著我察覺到一件極為重要的事情。已經40年沒爬樓梯的安華，一到了屋頂，立刻發出痛苦般的「嘆息」。原來這個地方喚醒了他曾經在頂樓殺人的痛苦回憶，不經意地將內心「感受」顯露出來。「或許我想了太多以前殺人的事情。為了不讓自己瘋掉，我盡情地活在酒精、嗑藥與跳舞的生活時光。你看，我的舞跳得還不賴吧。」這一定是為了忘掉痛苦才跳的舞，我拍下這一幕，內心暗忖，一定要將他的真實內心告訴世人。就像映照出自己的鏡子一樣，希望安華也能夠好好檢視自己。但同時我也擔心，在電影院分享這些拍攝過程的相關風險。畢竟到目前為止，還沒有人嘗試過這樣的挑戰，大家都認為它過於危險。「怎麼把我拍成這個樣子，簡直太過分了！我要立刻退出演出。」我想安華說出這些話的可能性相當高。因為第一次看《殺人一舉》，安華在確認自己的表現時，就曾說過：「衣服不對，簡直像要去野餐一樣！」如果他又看到影片中自己困惑的神情時，會不會說：「夠了！怎麼把我的臉拍得這麼糟？我才不想拍這種鬼東西！」隨即叫警察或（準軍事組織）班查西拉青年團的人傷害我們。在這過程中，我捏了好幾把冷汗。我甚至事前安排好攝影團隊去機場待命，要是有個萬一，隨時可以逃往國外。假如我的手機沒送出「沒問題」的訊息暗號，就等於終止拍攝。雖然安華覺得這一場戲不太對勁，但卻一直以「服裝不對」之類的理由，掩蓋自己殺人行為的「錯誤」。這是因為他不斷說服自己，從1965年開始到結束那一刻，所有發生的事情都是正確的；但對他來說，看到影片中的自己，卻是初次體驗，所以他在當下選擇欺騙自己，以及拍攝這一切的我。我認為他之所以感到「不對勁」，正是因為他的良心發出了「這裡很奇怪喔！」的聲音。然而安華又說：「把劇本重寫一遍，讓我換上另一套衣服。還有，演員和場地都換掉，這樣才能繼續拍下去。」我們表示同意，接著進行下一場拍攝。但接下來是更殘暴的場景，他分別扮演拷問共產黨員以及被拷問者的角色。然而每一場戲在拍攝進行時，他都感到罪惡而痛苦不已。為了揮去自己心中產生的疑惑，他多次要求暫停拍攝，改拍其他不同場景的戲。事實上，我們的拍攝方式，包括所有的場景、劇情，全都交由安華自行設計安排，因此在不知不覺中，這部電影就成為一部極具分量的作品了。

最後安華有如此大的轉變，是因為與導演的對話而產生改變嗎？

JO：不只是和我對話，由於安華也扮演被拷問的犧牲者，所以心境上才會出現轉變。事實上，從我們第一次見面開始，我就發現他時常會扮演犧牲者。好比在跳恰恰舞的大樓屋頂上，他向我示範遭到屠殺的受害者如何被鐵絲勒死，然而他卻感覺罪惡痛苦，內

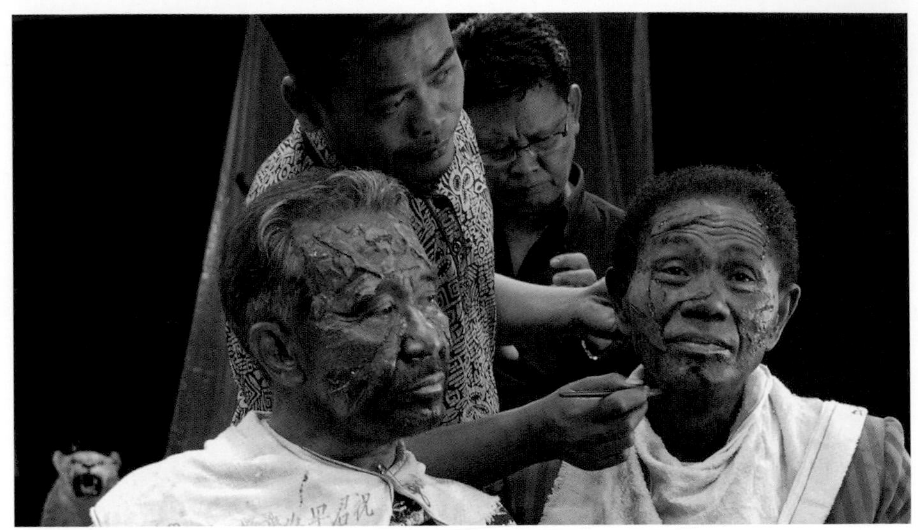

Photo by Anonymous
Pictured: Adi Zulkadry, Anwar Congo

心充滿矛盾糾結，才隱藏了那一瞬間的真實自己。他為每一個加害者所犯下的罪行感到痛苦，為了想將自己的行為正當化，這些加害者不斷地向人們誇耀自己的能力，彷彿自己才是正確歷史的勝利者。他們自豪地告訴我們曾經喝下了受害者的血，以及如何將敵人開膛剖肚，所有作為都是英雄義舉，只為剷除共產主義的威脅。安華最後出現改變，或許真的是來自於我們的對話，但事實上，從安華到產生疑惑、行為上出現抗拒，我們一起度過了5年的拍攝時光。我拍攝2至4個月後回丹麥一趟，過3至6個月後再回印尼繼續拍攝工作，如此周而復始。

導演在電影拍攝中會說印尼吧？

JO：對。印尼話並不是太難學的語言，我覺得日語比較困難吧。目前正在拍攝的電影需要使用格陵蘭島方語，我也覺得非常困難。雖然我與20年前邂逅的日本伴侶生活在一起，但現在仍然不會說日語。我希望有一天能在日本邊拍電影邊學日語，這才是我的最佳學習方法。

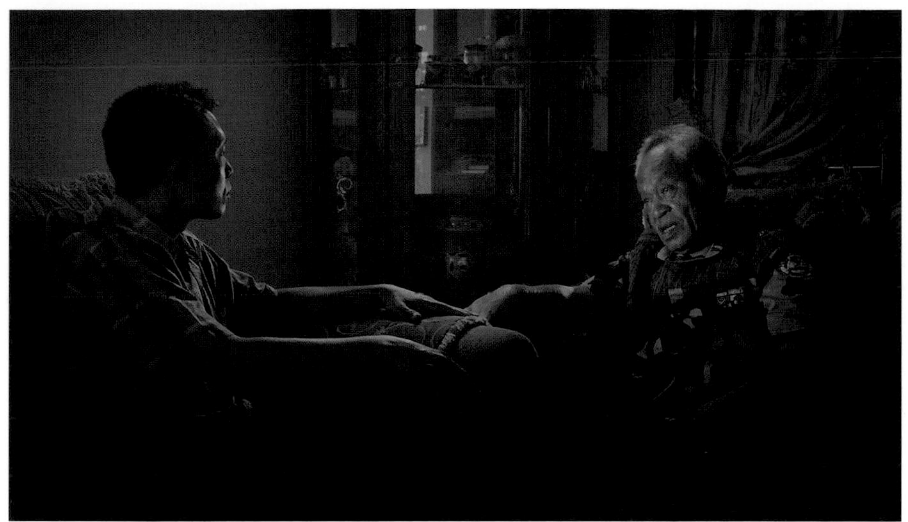

《沉默一瞬》中，阿迪向加害者司令官提問，為其在印尼「清洗共產黨」期間受害的家人究責。
Courtesy of Drafthouse Films and Participant Media.

終結不了的暴力
與深植內心的恐懼壓迫

你是如何得知1965年發生的印尼大屠殺事件呢？

JO：2001年，我接受邀請前往印尼一處種植園的村落，進行電影製作研習營。當年我27歲。這座村落正是《沉默一瞬》主角阿迪的故鄉。過去一直嚴禁成立工會的蘇哈托獨裁政權瓦解過後3年，村民為成立工會紛爭不斷，因此我主要目的是拍攝他們。儘管蘇哈托獨裁政權瓦解，實際上成立工會依然困難重重，經常會上演各種鎮壓與暴力事件，因此有人提議，何不拍攝一部「為成立工會而奮戰到底的電影」。當時，由於他們沒有製作電影長片的經驗，所以這項計畫就在大家邊學邊拍之下進行。大家每天拍攝結束後，會聚集在庭院中播放，如此周而復始。當我到這裡後，得知他們非常擔心一個問題，許多女性勞工罹患肝臟疾病，很多人在45歲之後死亡。主要原因是殺蟲劑含有劇毒，每個人在工作時並沒有穿戴面罩與防護衣物。因此，工會

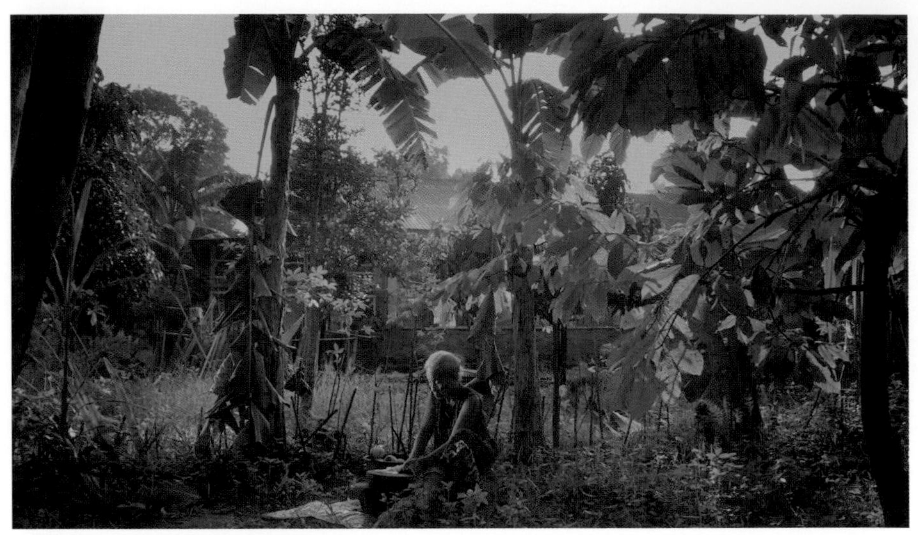

《沉默一瞬》中，阿迪母親在家屋附近的樹下切水果。
Courtesy of Drafthouse Films and Participant Media.

最初的訴求，就是要求提供保護身體的防護衣物。他們的雇主是一間比利時的企業，雖然知道工會訴求，卻完全置之不理，還聘僱參與大屠殺而惡名昭彰的班查西拉青年團成員，以暴力行為讓工會成員閉嘴，結果這些勞工最後取消了要求。我實在無法理解其中原因，於是問：「沒有防護衣物這件事攸關性命，為什麼不繼續爭取？」他們回答：「1965 年發生的大屠殺事件，班查西拉青年團在當時殺了很多人。我們的家人根本不是共產黨員，只是因為工會成員身分就慘遭殺害。」如今這些加害者手上仍然握有大權，大家害怕同樣的事情會再度降臨到自己身上。進一步了解的過程中，我發現大家擔心失去性命，不只是因為女性勞工受到殺蟲劑毒害，還有活在威權下的「恐懼」。當時只要一提到1965 年的大屠殺，大家就會害怕，沒有人敢碰觸這個話題。後來過了一段時間，因為他們的期望，也為了再拍一部與他們有關的電影，我又再度回到印尼。

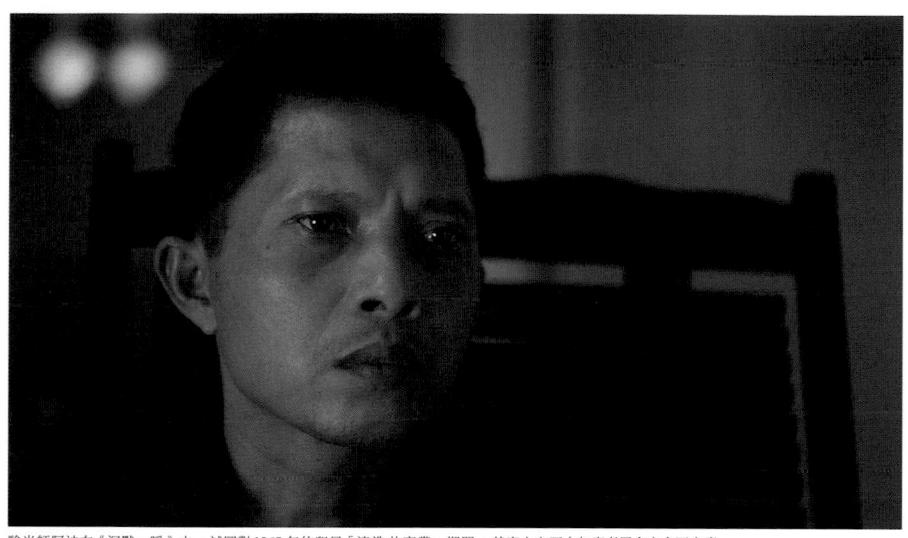

驗光師阿迪在《沉默一瞬》中，試圖對1965年的印尼「清洗共產黨」期間，其家人之死向加害者司令官直面究責。
Courtesy of Drafthouse Films and Participant Media.

紀錄片帶來了改變

我感受到你的作品影像美得如詩如畫，其中傳遞出的訊息更是出色。

JO：人只要看著影像、聆聽聲音，就能夠產生某種特別的感覺。只要連結這些感覺，就能夠創造某些事物。我正是以這種心境開始製作影像。雖然我不是記者，也不曾受過紀錄片的專業訓練，但我非常努力製作紀錄片，希望觀眾能夠沉浸其中。因此，我嘗試尋找其中的動人旋律。《古蘭經》中有一章節記載：「世界充滿各種暗號。接下來，只要得知解開暗號的方法就好。」拍攝過程我總會想到這一句話。特別是執行紀錄片時，我經常會試著解開藏在影像中某些意義深遠的暗號。比方說，一道光線、蟋蟀的叫聲……等；到了夜晚，彷彿亡者之靈出現般的氣息、穿著女性粉紅禮服的赫爾曼（註），以及巨大魚類的物體。這些影像中，隱藏著整個故事的寓意，它能抓住觀眾的情緒。透過電影中傳達的真實，往往能使觀眾茅塞頓開。因此，我身為影像創作者，最喜歡的一件事情

註：安華的搭檔。《殺人一舉》聚焦兩個主要的戰犯，一個是安華，另一個是赫爾曼（Herman Koto）。

就是拍攝製作電影。

你的第一部電影長片為什麼會選擇以紀錄片的方式拍攝呢？

JO：首先，所有偉大的紀錄片作品，一定都具有「產生改變」的力量。有許多人到現在仍然誤解，以為紀錄片就是紀錄世界的影片。如果我們去看優秀的紀錄片作品，就會發現許多作品都是紀錄片導演與拍攝對象的合作關係。他們介入世界，找出各種可能發生的狀況，打造出過去不曾發現的新狀況。讓大家看見原本看不見的事物，把所有人的視野引領到新的地平線，即便那不是一個會讓所有人感到舒適愉快的地方。就某種意義來說，它或許與治療有些相似。好比你在一間安全的房間裡安穩地坐著，只有感覺朝向不安全的場域擴散。拍一部紀錄片也是同樣的道理，它能夠創造出全新的真實感覺。但並非記錄「真實」，而是創造「全新的真實」。這種真實感覺並不是只有你個人才能擁有，它是與其他人共同擁有的真實感覺。它與「演戲」是完全不同的。所謂演技，只能按照寫好的劇本詮釋，在劇本的指示下創造情境。但紀錄片不同，紀錄片在被攝者發生變化時，也會促使觀眾產生變化，同時也會為世界帶來改變。或許紀錄片與虛構創作有相似之處，但紀錄片的素材本身隱藏著祕密，它必然會產生不同於虛構創作的共鳴。好比觀眾透過紀錄片可以得知「此刻眼前的這些人正處於變化的情況當中」。拍成紀錄片之後，這些沒有受到正視的事實，以及伴隨著痛苦的真相，將會透過紀錄片被大家清楚看見。因此，製作一部紀錄片作品，有時候會充滿美麗，有時候卻也充滿危險。

你的作品帶給世界極大震撼，在籌備期間時，曾想過它會產生如此驚人的現象嗎？

JO：我沒有想過會造成熱烈的迴響。當我參加首映會與頒獎典禮，表達內心感動時，仍有一種無法置信的感覺。那是無法令人忘記的重要時刻，同時我也由衷感激電影中許多匿名參加的協助者。我並沒有將這些作品視為「紀錄片」，因為「紀錄片」的定義範圍實在太狹隘。或許這句話聽起來有些傲慢，但我並沒有貶低它的意思。如果與佛雷德里克・懷斯曼（Frederick Wiseman）等優秀的前輩比較，我的作品數量根本無法與其匹敵。儘管如此，我仍然嘗試了新的表現手法，包括以虛構創作以及紀錄片等形式。雖然這兩部作品的製作方式完全不同，但它們就像鏡子的表與裡一樣，兩部作品是同一個世界，它們有各自互補的地方。

過去你曾說過「並不想創造英雄」，不過《沉默一瞬》中，阿迪的表現確實相當勇敢。

JO：我也是這麼認為，這意味著阿迪值得「讚賞」。因為我極力排除感傷主義。為什麼阿迪在紀錄片中要如此頑強地探究下去？我在開拍之前，經常問他的家人：「這樣拍下去確定沒問題嗎？」儘管家人反對，阿迪仍然持續前進，沒有任何一點遲疑。沒有人是完美的，加害者的後代或許以後也會成為加害者。但相對的，他們也有可能成為受害者，就像被安華或他的同夥處決掉的家人後代一樣。多數紀錄片就像電影《星際大戰》清楚地描繪出善與惡、光明與黑暗，但是我認為這並不正確。安華以加害者的身分自豪地高談闊論，在他的每一句話中，我們都能感覺到罪惡意識。他們之所以感到罪惡，正是因為其中有道德的存在。

我們可以在紀錄片中看到加害者自稱為Preman？

JO：印尼語「Preman」（流氓、自由人）的語源來自英語中的「Free Man」，代表自由人。但非常諷刺的是，這起發生於印尼的大屠殺事件，事實上有西方國家撐腰，甚至還有人作證，日本前首相佐藤榮作也運用私人資金，提供這群殺手集團班查西拉青年團。日本舉行的首映會上，我也從印尼前總統蘇卡諾（Soakarno）的遺孀黛薇夫人（Dewi Sukarno）的口中證實了這一點。西方國家與日本以「自由民主」之名，竟然金援殺人機器，成為大屠殺事件的幫兇。我原本要把紀錄片的標題命名為「Free Man」，但在韋納・荷索（Werner Herzog）的建議下，最後

Photo by Carlos Arango de Montis (framegrab)
Pictured: Anwar Congo

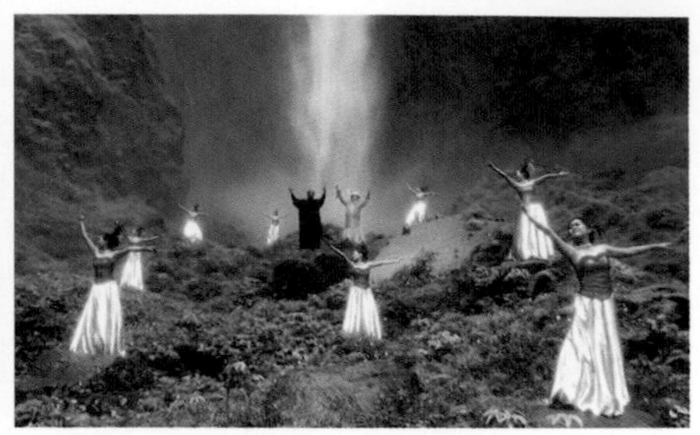

Photo by Carlos Arango de Montis (framegrab)
Pictured: Anwar Congo, Herman Koto, dancers

才變更為《The Act of Killing》。若你問我為何會想取名Free Man，是因為出色的電影名稱能挑起觀眾的想像力。對看過紀錄片的人來說，Free Man的命名或許感覺也不錯，但我認為《The Act of Killing》更能激起觀影的興趣。

我非常喜歡電影中片尾這首〈生而自由〉（Born free）曲子

JO：安華也很喜歡這首歌曲，這首曲子總能把他的思緒帶往「自由」境地。藉由安華主張他們這群人的自由，才能承認自己犯下的罪惡。儘管沒有其他選項，他們仍堅持自己是「自由的」。這裡產生了一個關於人類自由的哲學提問。這首曲子原本是電影《獅子與我》（Born free）的主題曲，我們絕對不能忽視這項事實。我原本想諷刺美國文化造成的影響，然而卻出現意想不到的結果，它拋出了更深一層的問題。一整排動物標本的畫面搭配〈生而自由〉這首歌，加害者一起通過動物標本下方的門，彷彿讓人窺見參與屠殺的司令官生活。在最後犧牲者向屠殺者致謝的場景中，這首〈生而自由〉聽起來就像西方文化的國歌一樣，我們瞥見了安華渴求自由的神情。

紀錄片中使用了好幾次「Sadism」這個字吧？

JO：我用這個字並不是要他們向自己的罪行道歉，而是要讓他們

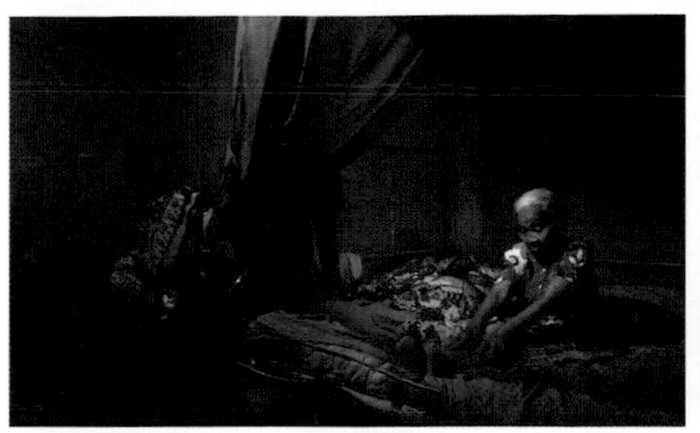
《沉默一瞬》中阿迪母親伸展著疲憊的身體。
Courtesy of Drafthouse Films and Participant Media.

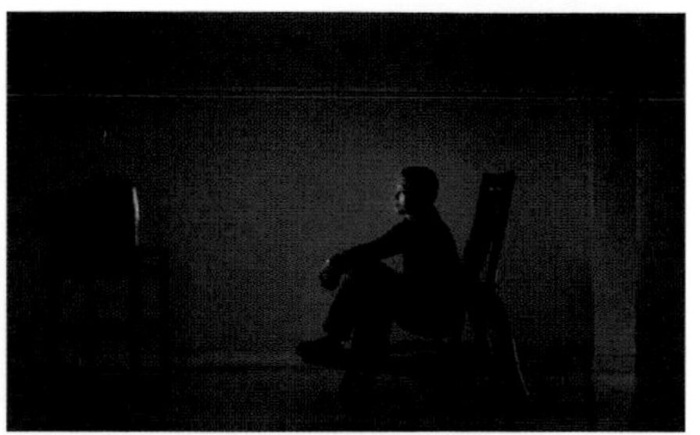
阿迪帶著深沉悲傷觀看《沉默一瞬》的採訪內容。
Courtesy of Drafthouse Films and Participant Media.

正視自己受到良心苛責所隱藏的痛苦。我一直讓安華重複觀看影片中的自己，他的情緒越來越難受，我在這時使用這個字則有「你的樣子真狼狽啊」的意思。在印尼，這個字簡稱為「Sadi」，它具有雙關語義；其中一義是「帥、酷」，另一義則是「暴力」。過去，印尼的恐怖電影經常會使用「Sadi」這個字。

當影像成為鏡子一定能夠傳達新的訊息

你認為紀錄片與藝術能夠改變世界嗎？

JO：我認為可以，因為高明的藝術形同一面鏡子。現實上，將尚未發掘的震撼故事傳達給大眾是新聞界的工作，它就像一道光束照向黑暗，為大眾開啟一扇看見未知的窗。而藝術或紀錄片發揮「鏡子」作用時，能使人產生強烈感受，進而接收全新訊息。「鏡子」能反映出我們自身，強迫我們凝視難以忍受的真實樣貌，儘管其中存在著難以認同的事物。但我們若能正視它，就能解決未知或棘手的問題，進而出現改變。我認為《殺人一舉》與《沉默一瞬》這兩部作品是強烈反映印尼社會的一扇「窗」，同時也是映照出我們自身的一面「鏡子」。倘若這兩部作品能夠為印尼帶來改變，我認為正是因為它成為了印尼社會的

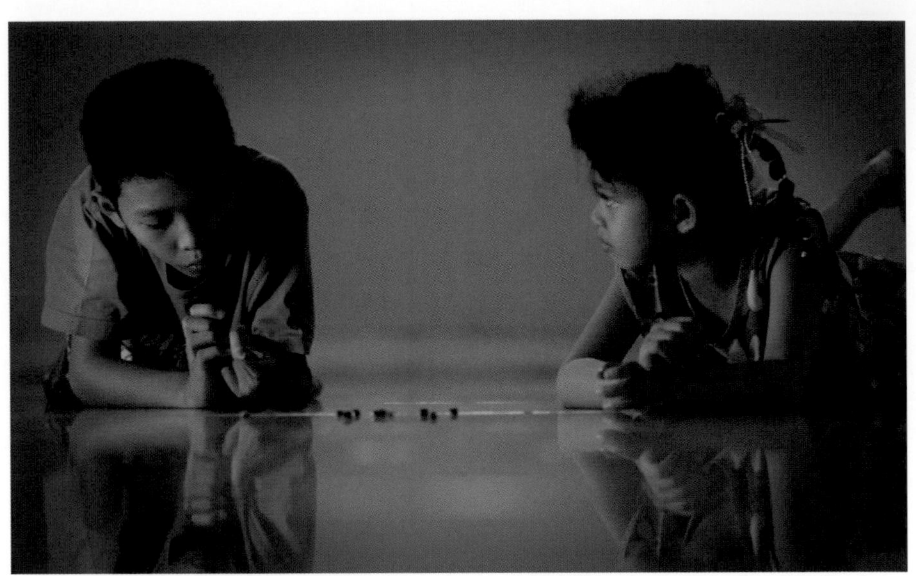

《沉默一瞬》中，阿迪的孩子們正在跳豆。
Courtesy of Drafthouse Films and Participant Media.

一面「鏡子」。如今，已有數千萬以上的印尼人看過我的作品。接著，他們開始對國家產生新的體認，思考該如何面對過去發生的歷史。除了過去與現在，包括目前的政府，軍隊擁有的權力、不義與腐敗，大家已開始去思考這些問題。讓他們改變的主要原因，並不是作品拍出他們不曾看過的印尼，而是作品成為了一面「鏡子」。就像童話繪本《國王的新衣》中，小男孩發揮了改變的力量。小男孩毫不猶豫地說：「為什麼國王沒有穿衣服呢？」人民才驚覺國王裸體，而人民太過恐懼，沒有人敢開口指出這項事實。然而，小男孩卻以無法否定的方式直接講出來，人民因此感到羞愧、不知所措，懊惱受到恐懼束縛而無能為力的自己。在那過後，人民下定決心，誓言絕對不再屈服內心的恐懼。一定要開口說出國王裸體的事實，就像開口說出印尼曾經發生的大屠殺事件，是一項極為深重的罪惡。然而，何時拿出「鏡子」？選擇適當的時機則相當重要。前面曾問到「在籌備拍攝紀錄片時，有想過它會受到讚譽嗎？」的問題。我的回答是「沒有」。我花了非常長的時間投入這部電影，實際上花了11年到12年左右。剛開始到村落時，我還沒有行動電話。但經過幾年後，村民人手一支手機，甚至還有臉書帳號。「既然印尼都轉變了，我還要繼續在原地打轉嗎？」我決心完成這部作品。當這部紀錄片在世界各地上映，印尼新世代的孩子已長大成人，參與屠殺的人也從軍隊第一線退了下來。正確而言，由於時光流逝，過去的加害者看了紀錄片，終於能去談論這段往事。這代表強而有力的藝術作品，對過去無法動彈的人們，發揮了改變的作用。儘管，就算再怎麼優異的作品，也未必能帶來政治上的轉變。韋納．荷索在看過我的紀錄片後卻說：「藝術無法改變什麼。但是這一部作品卻產生了改變。」

感同身受的心

拍完這2部紀錄片，你本身出現了什麼改變？

JO：我變得更有自信了，因為過去我沒有製作過電影長片的經驗。這些存活的受害者希望我拍一部加害者犯下屠殺罪行的電影，起初我還以為會遇到什麼可怕的怪物。然而，實際上我見到的都是「人」，所以心裡鬆了一口氣。我開始思考，既然大家都是「人」，就一定能找出一條路，避免再犯下相同過錯。猶太大屠殺的倖存者——化學家普里莫．萊維（Primo Levi）曾留下一句名言：「世界上雖然有怪物，真正的危險卻幾乎不存在。相較之下，更危險的地方，是人民毫不懷疑的盲目行為。」我內心一直牢記這句話。我從小就是個心思細膩、感受性強的孩子。還記得有一次，我在山上抓到一隻青蛙，很想要把牠帶回家，但心中不禁思考：「還是放回原地好了，不然牠一定會迷路的。回去吧！」接著就轉身往回走了。至今我依然無法打死蚊子，捕捉之後會往室外放。或許有人會覺得奇怪，但我對自己有一顆「感同身受的心」極具自信。我與參與屠殺的安華等人變得要好，不少朋友對此擔憂。然而，無論做過多麼過分的事情，我們對他們必須敞開胸懷，其中也必然包括了忍耐。

未來展望

你打算繼續拍攝印尼的後續發展嗎？

JO：我這兩部作品是我以印尼為主題的完結作品。我再也無法回到印尼，因為印尼政府限制我不得入境，目前形同從軍隊的威脅下逃出來一樣。前陣子，9月30日紀念大屠殺的這一天，軍隊最高長官向軍隊下令，警告不得讓《殺人一舉》公開上映。因此，我現在應該也無法安然回到印尼吧。與我共同完成作品的朋友就像家人一樣，一想到再也無法回到印尼就悲從中來。如果能回去，或許就能再繼續拍攝下去。同時我也思考，第1部作品完成的使命，就是讓印尼人明白，1965年到底發生了什麼事情，它把腐敗、恐怖與不義的恐怖連鎖完全攤在陽光下；第2部作品則成為輔助角色，它告訴大家明白真相後，必須從正義走向和解，這是刻不容緩的事情。接下來的電影續集不該由我來製作，應該由全體印尼人民一同撰寫下去；大家接續的「未來」正是第3部。我也許無法馬上作答，不過我目前正在拍攝一部名為《The End》的電影。這部電影描寫生活優渥的一個美國家庭，故事的時空背景是世界末日過後的20年，一家人與3名管家一起生活，即使世界毀滅、地球走向殞落，他們仍然保持樂觀，活在過去的榮耀、社會地位，以及堅信人性未泯的妄想執著。目前在籌備階段，我打算2020年開始拍攝。順帶一提，虛構電影最大的優點，就是攝影工作不需要花5年的時間（笑）。

（2018年9月，Skype採訪）

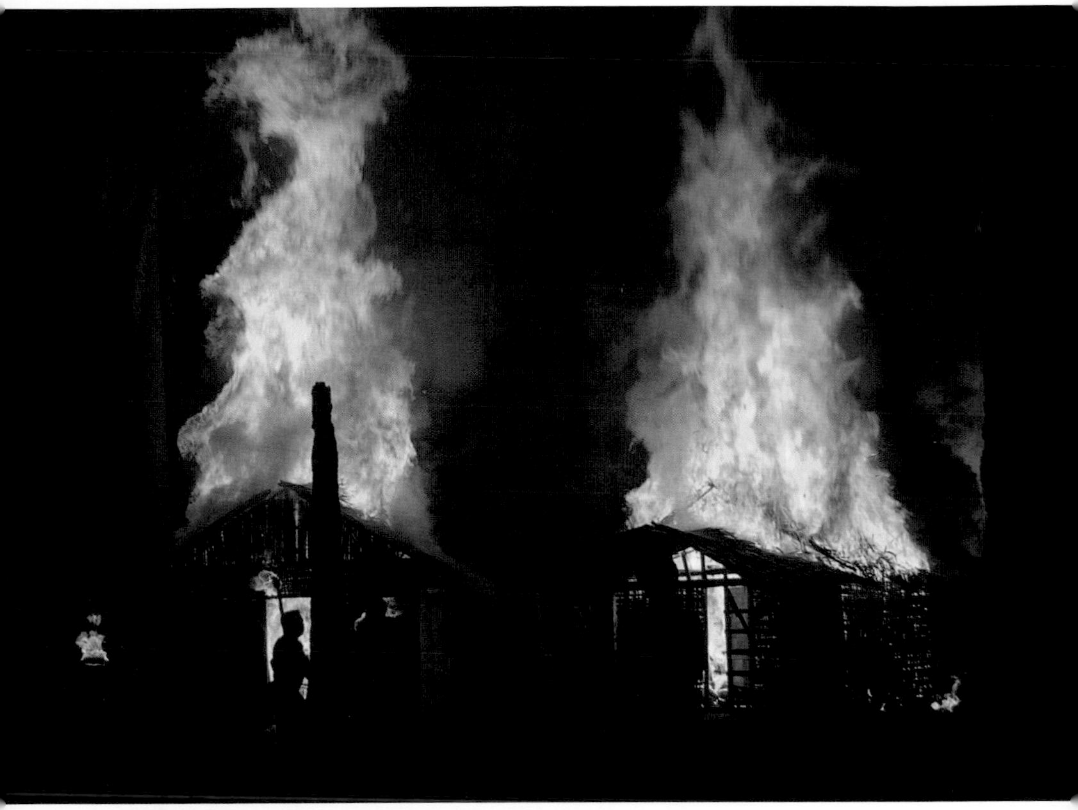

Photo by Anonymous
Pictured: Reenactment of massacre in the village Kampung Kolam.

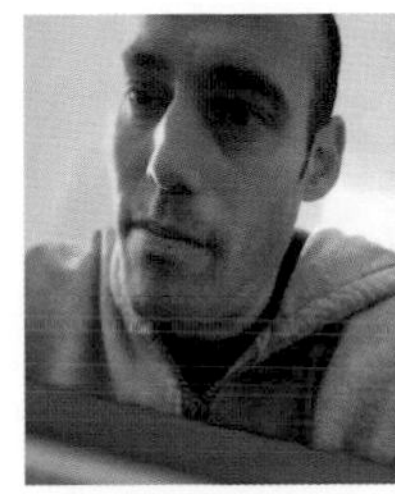

約書亞・奧本海默　Joshua Oppenheimer

出生於德國系猶太人的家庭。雙親在其年幼時因納粹展開猶太人大屠殺失去家人，拚命從德國逃往美國。在哈佛大學與倫敦藝術大學學習電影製作。2012 年，發表首部長片紀錄片電影作品《殺人一舉》，透過加害者的觀點，描述印尼發生軍事政變的大屠殺事件，並入圍美國奧斯卡金像獎最佳紀錄片獎。2014 年，再度以前作中的事件為主題，發表以受害者觀點來敘事的續篇作品《沉默一瞬》，並榮獲第 71 屆威尼斯國際影展評審團大獎、國際影評人費比西（FIPRESCI Prize）獎。

很早以前，VICE與YouTube尚未出現在世上時，卡勒．拉森與《廣告剋星》(*Adbusters*)雜誌早已透過自由表現來對抗消費社會

不依賴廣告、榮景時曾超過12萬本銷量的雜誌《廣告剋星》創辦人，是掀起文化革命、不停吶喊的思想家與社會運動家：卡勒．拉森。這位內心良善的知識巨人長期對抗消費社會，同時也是「占領華爾街」(Occupy Wall Street)行動的策畫者，以及「無消費日」(Buy Nothing Day)與「數位排毒週」(Digital Detox Week)等行動號召者。他把文化干擾(Culture Jamming)、幽默、知性與品味當作武器並且奮戰到底，一心只為改變世界。卡勒．拉森在創辦《廣告剋星》以前，曾在具有權威的加拿大國家電影局(NFB)，以紀錄片導演的身分持續製作20年以上的紀錄片。如今「占領華爾街」行動已過7年，他2018年再次透過網路發布「占領矽谷」(Occupy Silicon Valley)行動，並製作了久違的紀錄短片。對他而言，紀錄片到底是什麼呢？他試圖改變世界的奮戰、「行動」主義又是什麼呢？

占領矽谷

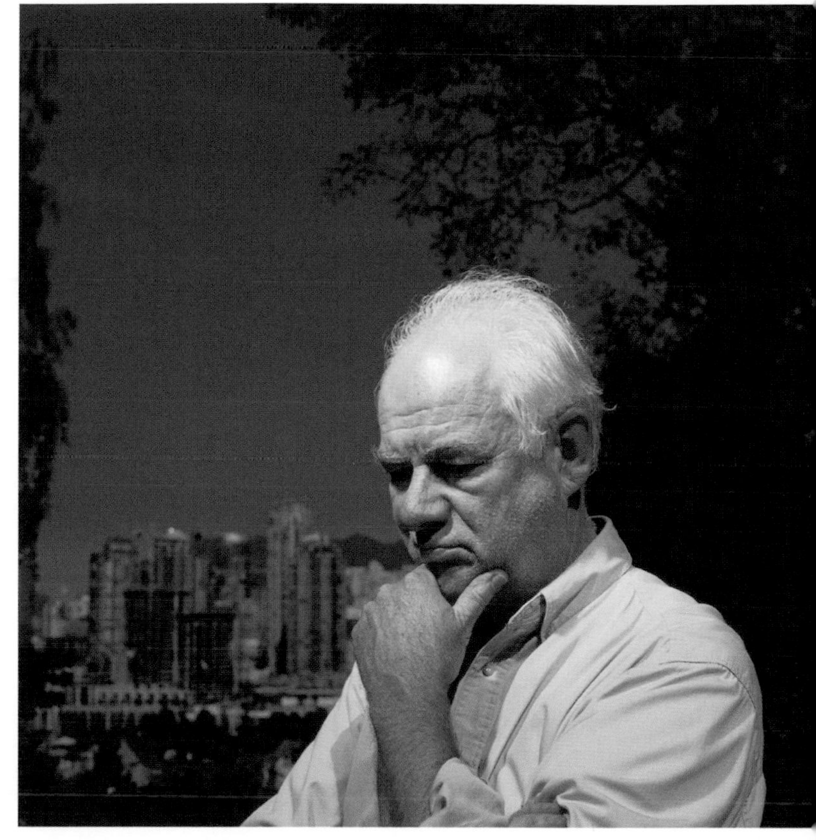

Kalle Lasn

《廣告剋星》創辦人之一／社會運動家 卡勒・拉森

出生於愛沙尼亞首都塔林。第二次世界大戰尾聲時與家人逃離愛沙尼亞，幼年時期於德國難民營中度過，後來移居至澳洲。目前以加拿大為活動據點，從事雜誌編輯、社會運動、作家等活動。創辦總部位於溫哥華的廣告剋星媒體基金會（Adbusters Media Foundation）。發起「占領華爾街」行動的策畫人。有20年以上製作紀錄片節目的經驗，包括美國公共電視新聞網（PBS）與加拿大國家電影局（NFB）。

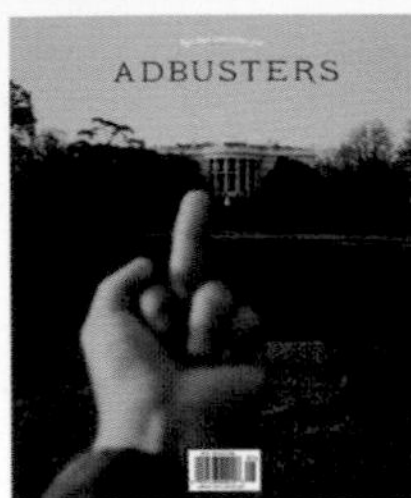
ADBUSTERS
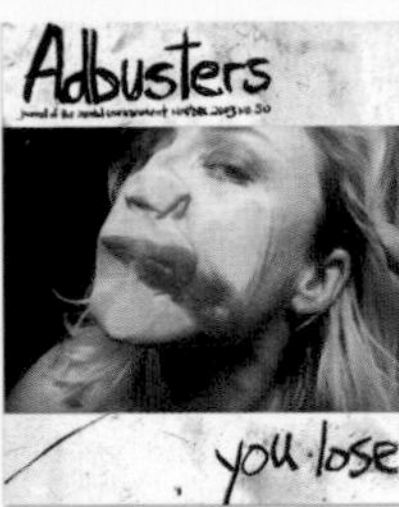
Adbusters
you lose
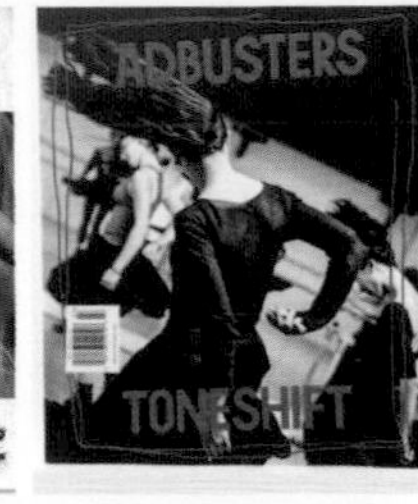
ADBUSTERS
TONESHIFT
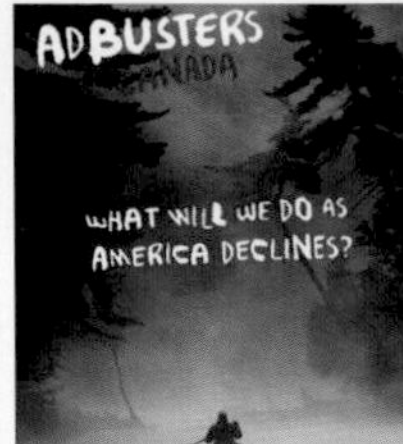
ADBUSTERS
CANADA
WHAT WILL WE DO AS
AMERICA DECLINES?
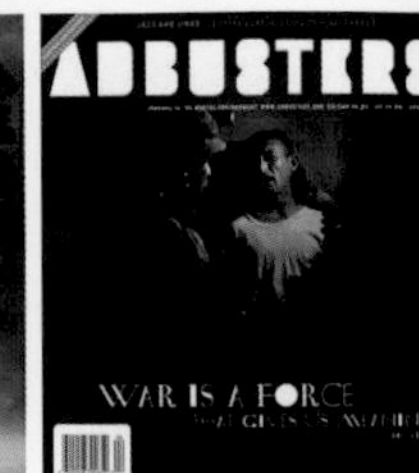
ADBUSTERS
WAR IS A FORCE
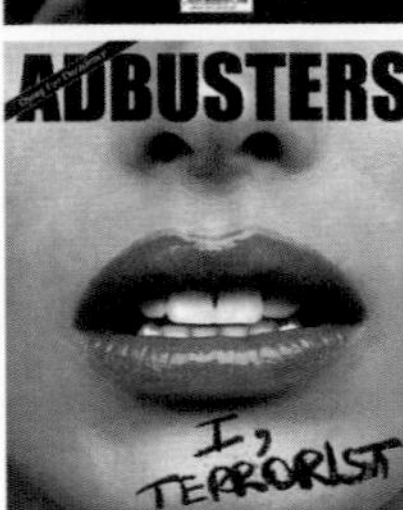
ADBUSTERS
I,
TERRORIST
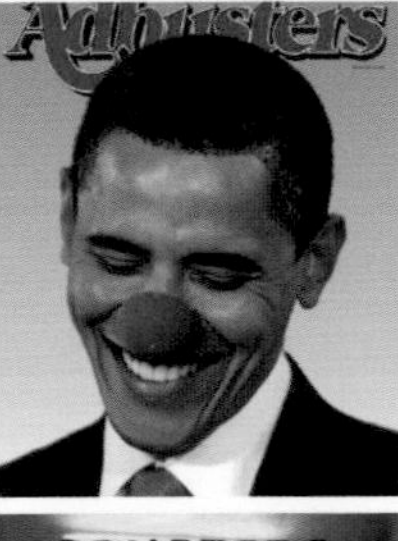
Adbusters
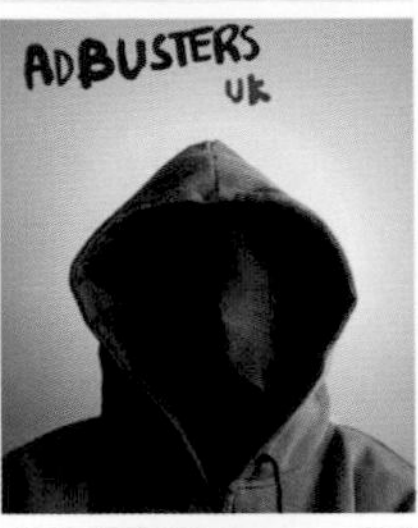
ADBUSTERS
UK
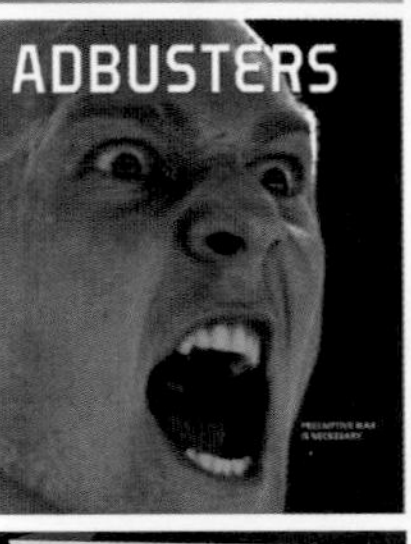
ADBUSTERS
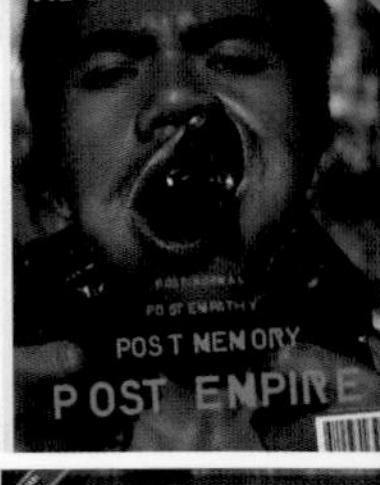
ADBUSTERS
POST MEMORY
POST EMPIRE
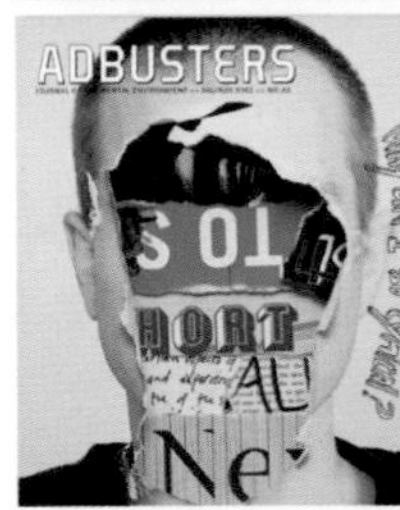
ADBUSTERS
why am I so gutted?
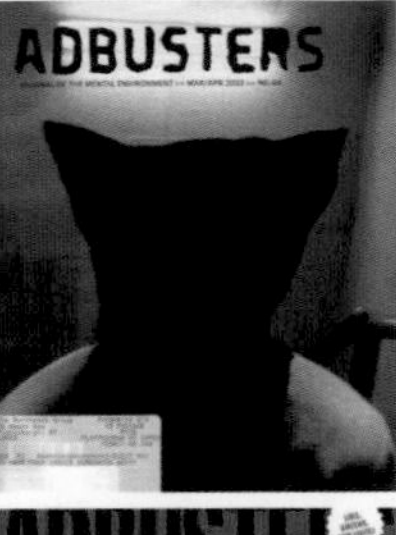
ADBUSTERS
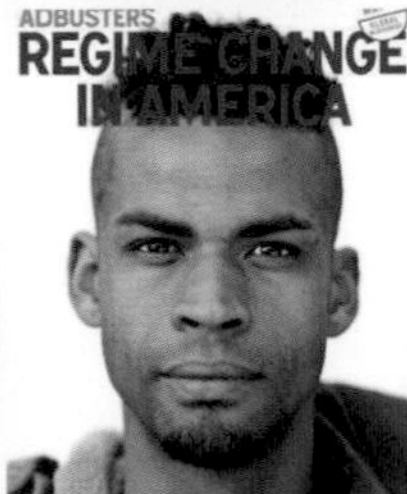
ADBUSTERS
REGIME CHANGE
IN AMERICA
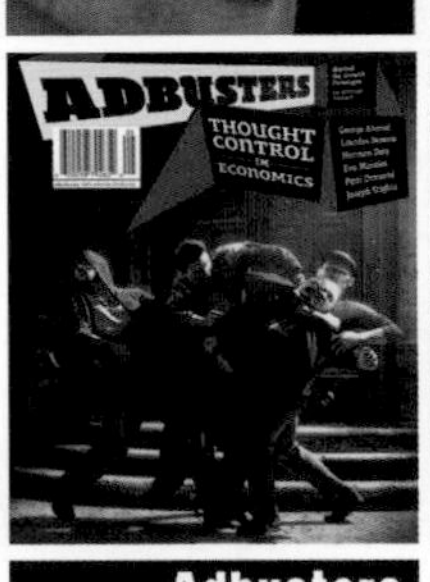
ADBUSTERS
THOUGHT
CONTROL
IN
ECONOMICS
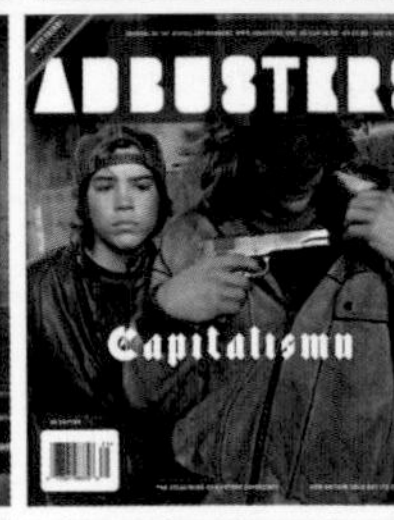
ADBUSTERS
Capitalismu
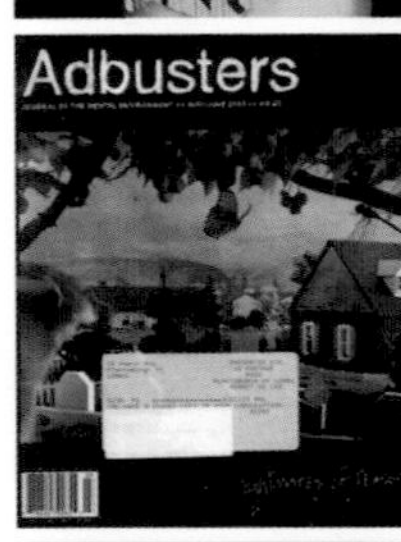
Adbusters
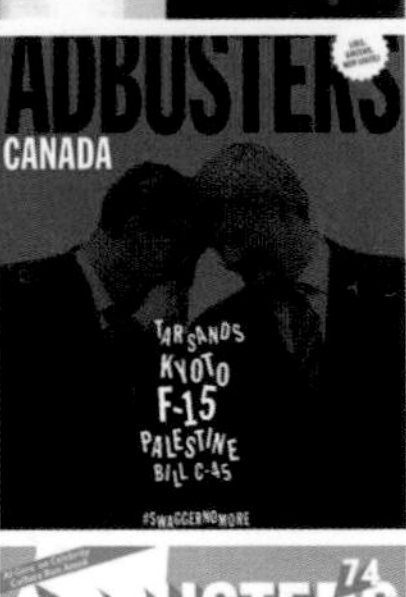
ADBUSTERS
CANADA
TAR SANDS
KYOTO
F-15
PALESTINE
BILL C-45
#SWAGGERNOMORE
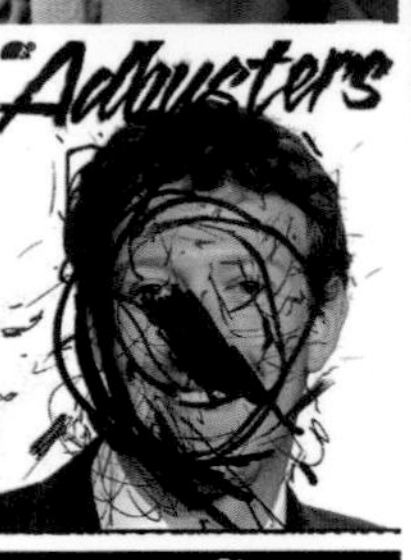
Adbusters
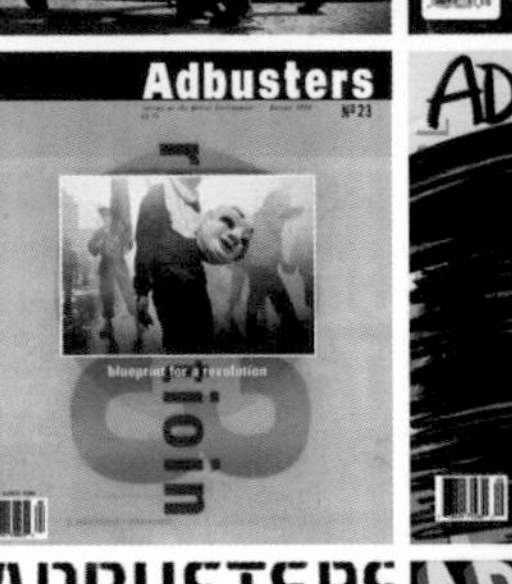
Adbusters
Nº21
blueprint for a revolution
join

ADBUSTERS
DESIGN ANARCHY
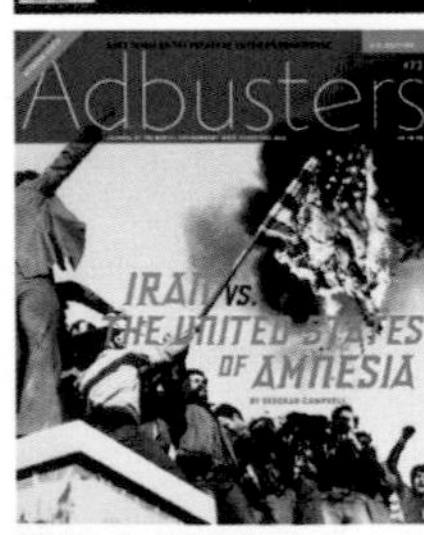
Adbusters
IRAN vs.
THE UNITED STATES
OF AMNESIA
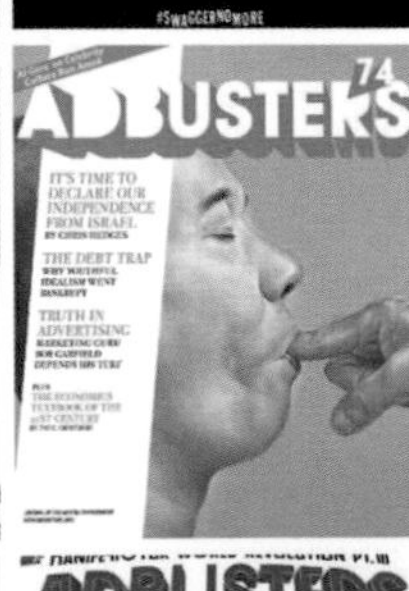
ADBUSTERS
74
IT'S TIME TO
DECLARE OUR
INDEPENDENCE
FROM ISRAEL
THE DEBT TRAP
TRUTH IN
ADVERTISING
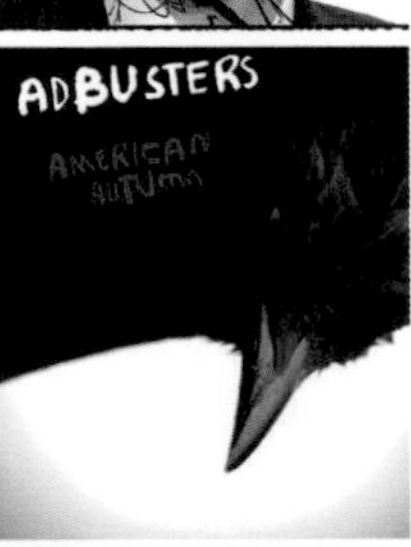
ADBUSTERS
AMERICAN
AUTUMN
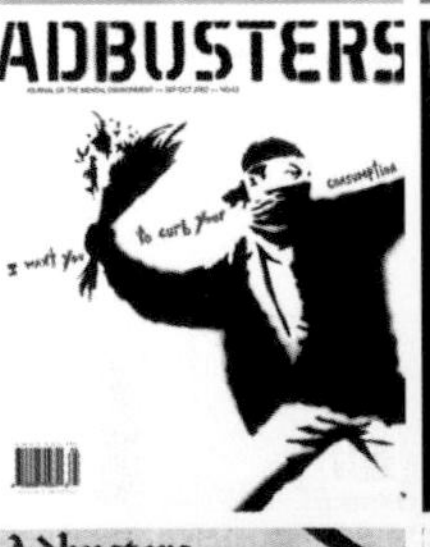
ADBUSTERS
I want you
to curb your
consumption
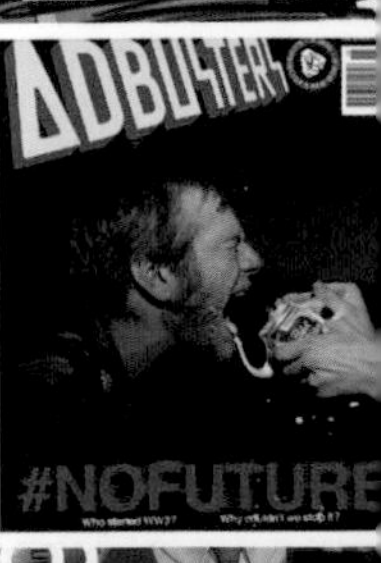
ADBUSTERS
#NOFUTURE
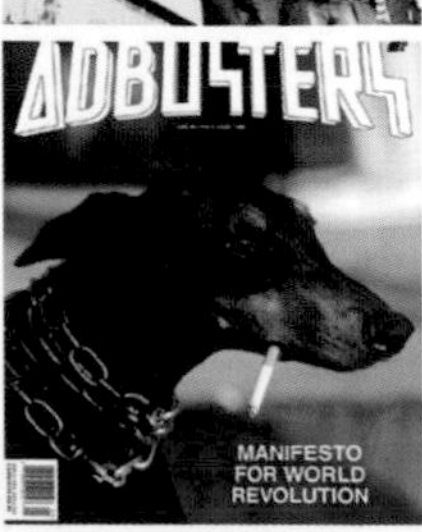
ADBUSTERS
MANIFESTO
FOR WORLD
REVOLUTION
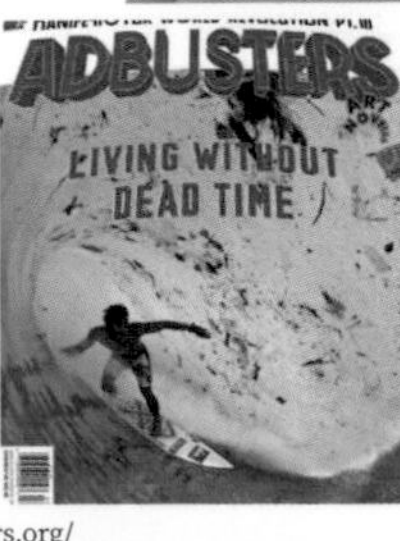
ADBUSTERS
LIVING WITHOUT
DEAD TIME
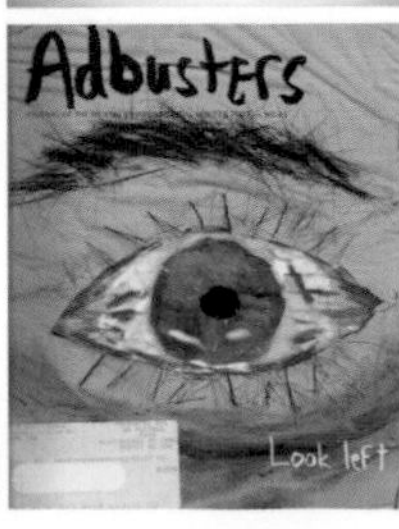
Adbusters
Look left
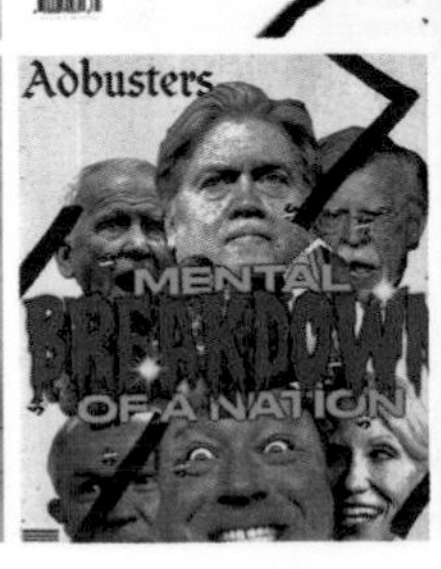
Adbusters
MENTAL
BREAKDOWN
OF A NATION
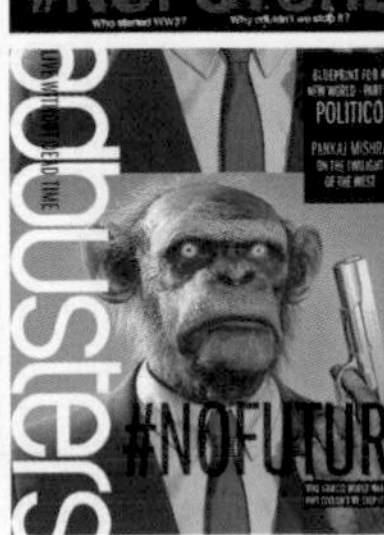
adbusters
POLITICO
#NOFUTURE

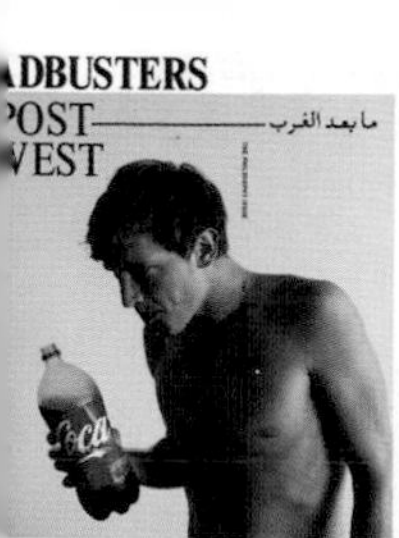
ADBUSTERS
POST
WEST
ما بعد الغرب
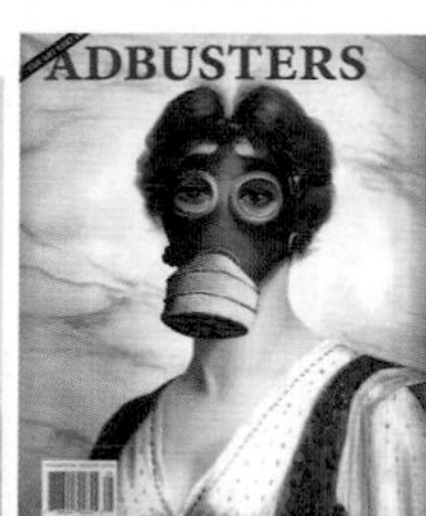
ADBUSTERS
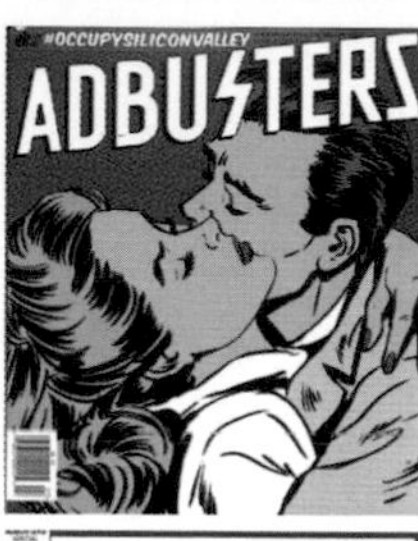
#OCCUPYSILICONVALLEY
ADBUSTERS
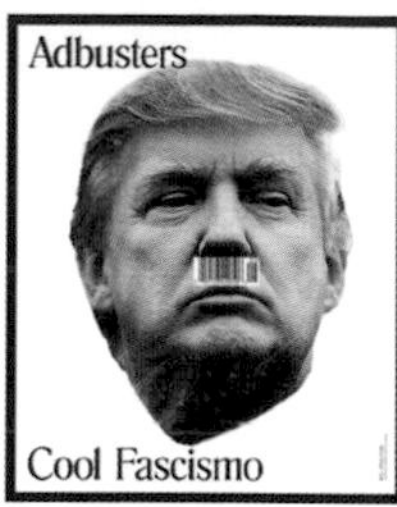
Adbusters
Cool Fascismo
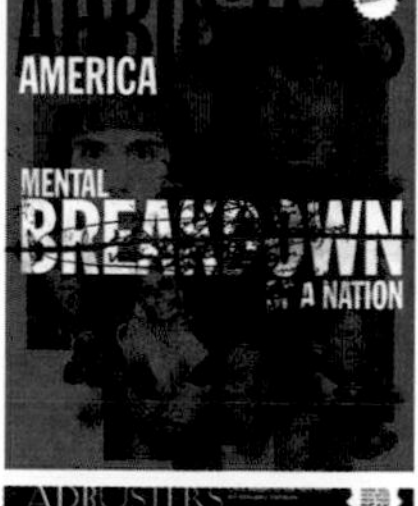
AMERICA
MENTAL
BREAKDOWN
OF A NATION
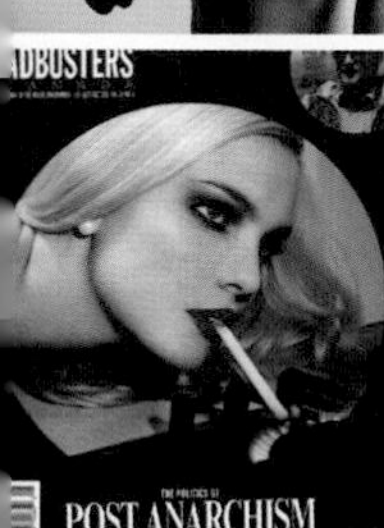
ADBUSTERS
POST ANARCHISM
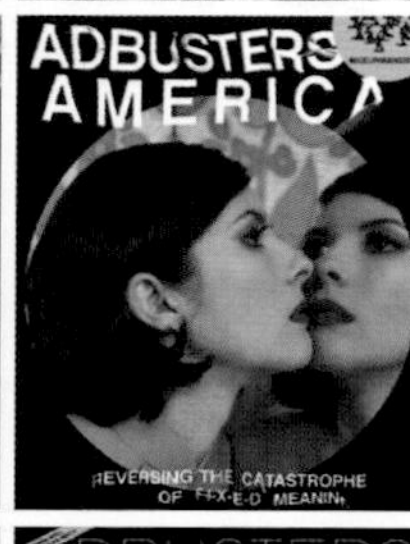
ADBUSTERS
AMERICA
REVERSING THE CATASTROPHE
OF F-X-E-D MEANING
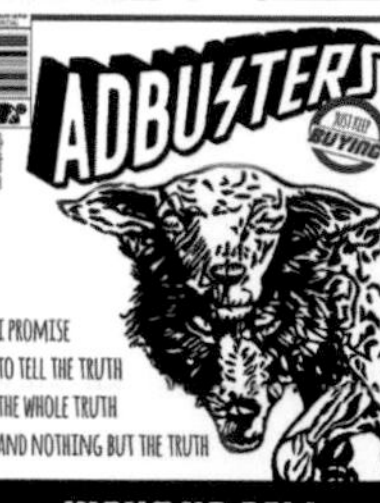
ADBUSTERS
I PROMISE
TO TELL THE TRUTH
THE WHOLE TRUTH
AND NOTHING BUT THE TRUTH
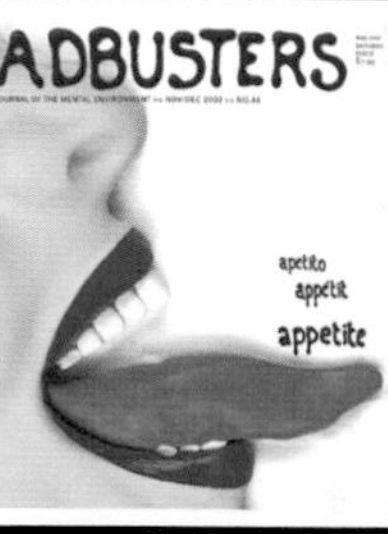
ADBUSTERS
apetito
appétit
appetite
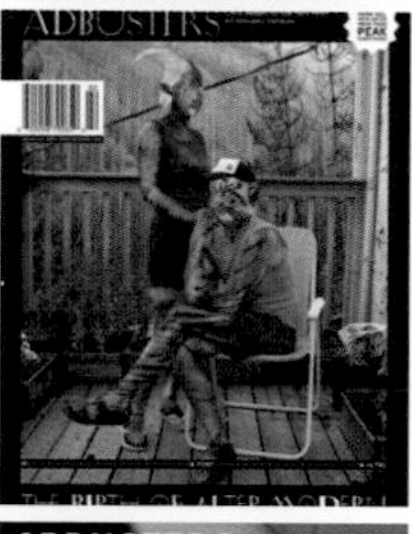
ADBUSTERS
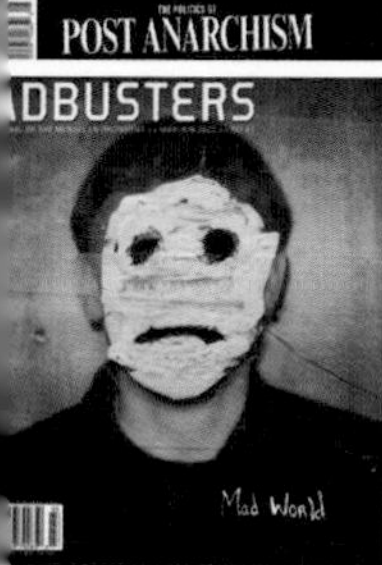
ADBUSTERS
Mad World
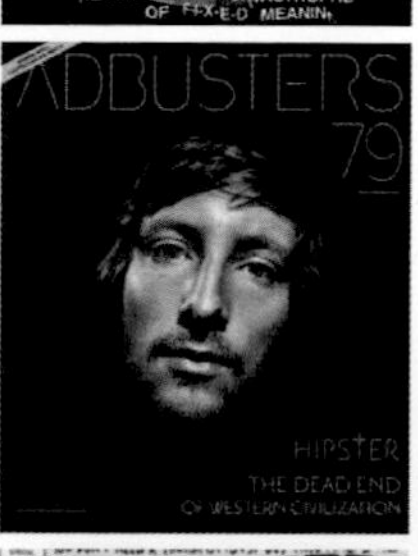
ADBUSTERS
79
HIPSTER
THE DEAD END
OF WESTERN CIVILIZATION
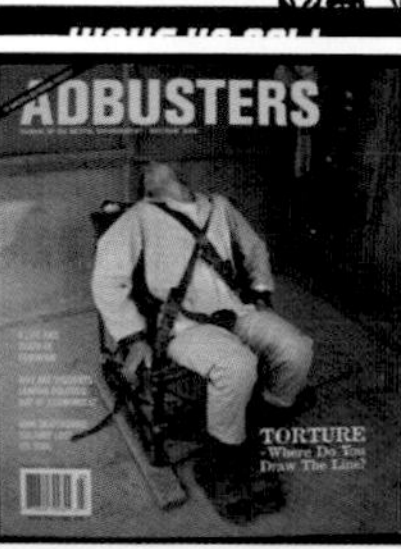
ADBUSTERS
TORTURE
- Where Do You
Draw The Line?
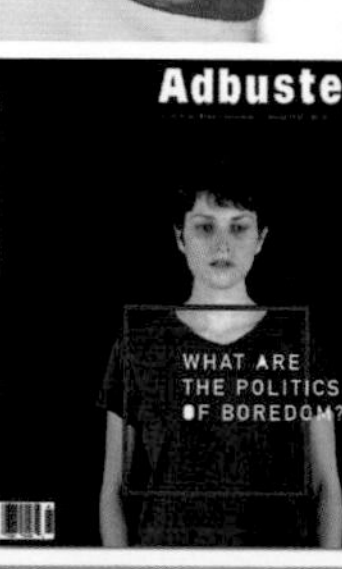
Adbusters
Nº 25
WHAT ARE
THE POLITICS
OF BOREDOM?
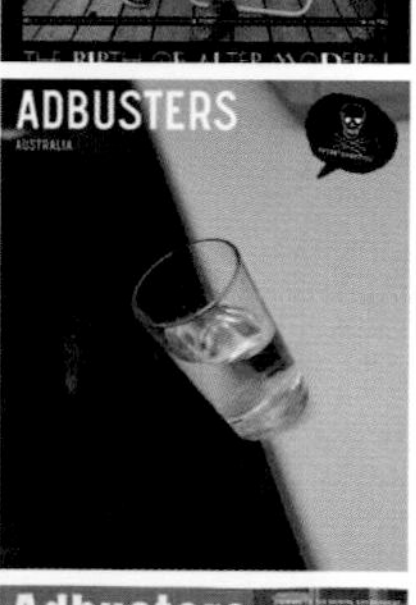
ADBUSTERS
AUSTRALIA
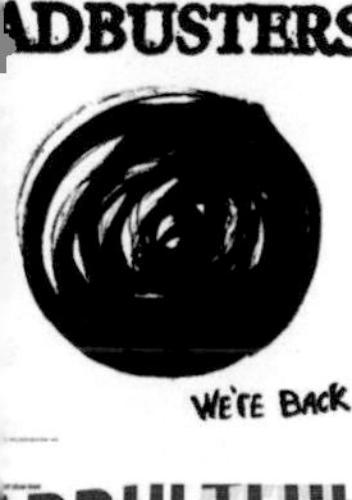
ADBUSTERS
WE'RE BACK
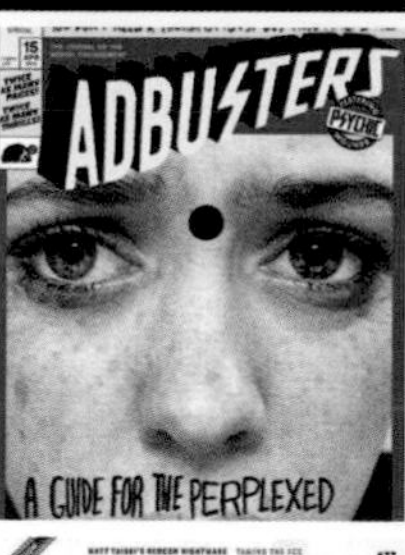
ADBUSTERS
PSYCHE
A GUIDE FOR THE PERPLEXED
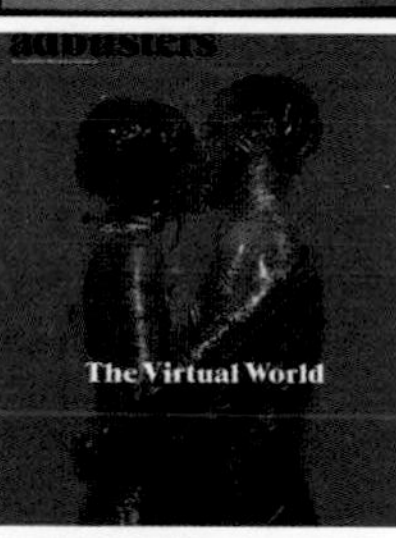
The Virtual World

Adbusters
GOD, I'M LONELY
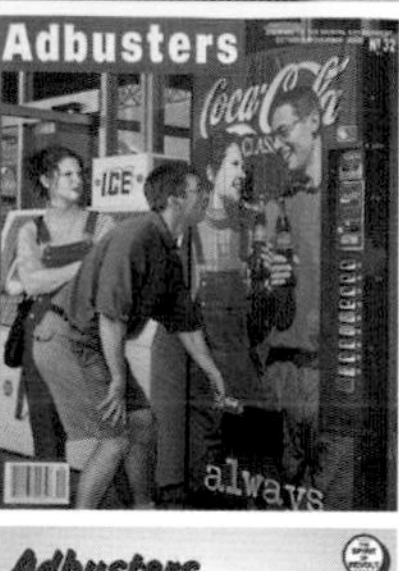
Adbusters
Coca-Cola
ICE
always
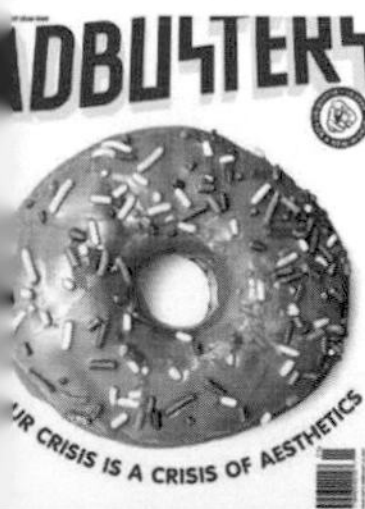
ADBUSTERS
OUR CRISIS IS A CRISIS OF AESTHETICS
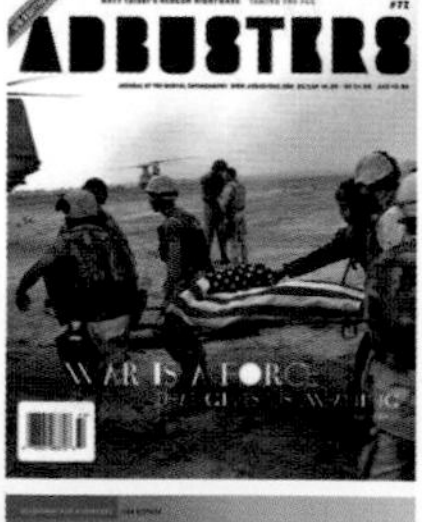
ADBUSTERS
WAR IS A FORCE
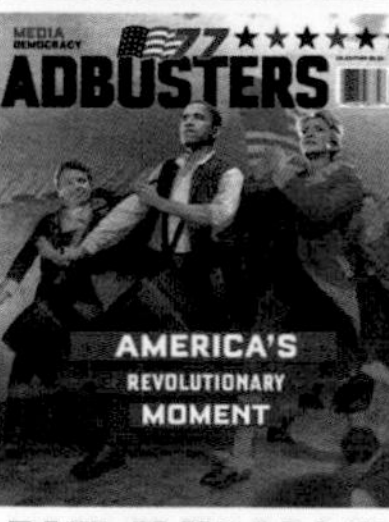
MEDIA
DEMOCRACY
ADBUSTERS
AMERICA'S
REVOLUTIONARY
MOMENT
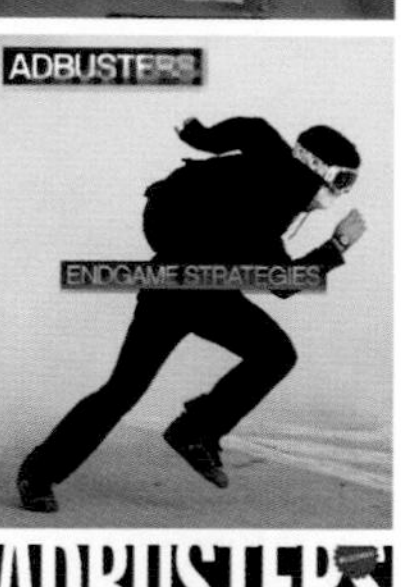
ADBUSTERS
ENDGAME STRATEGIES
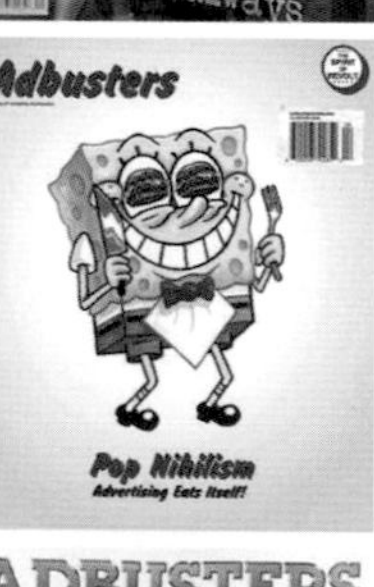
Adbusters
Pop Nihilism
Advertising Eats Itself!
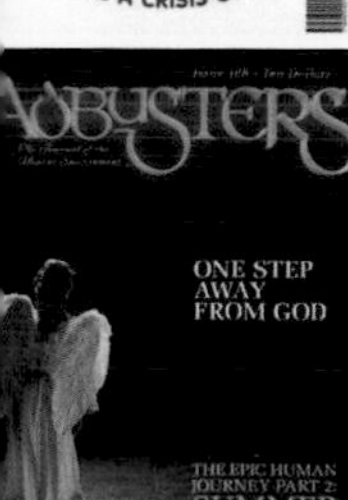
ADBUSTERS
ONE STEP
AWAY
FROM GOD
THE EPIC HUMAN
JOURNEY PART 2:
SUMMER
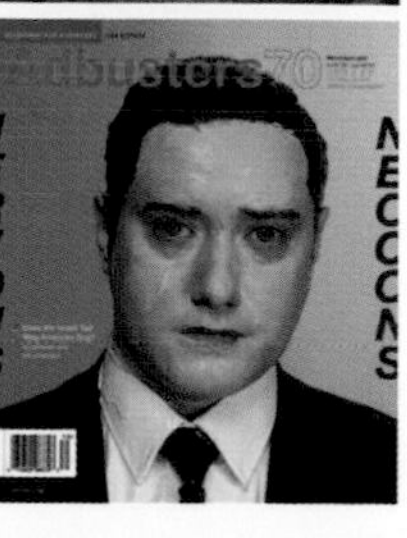
Adbusters 70
NEOCONS
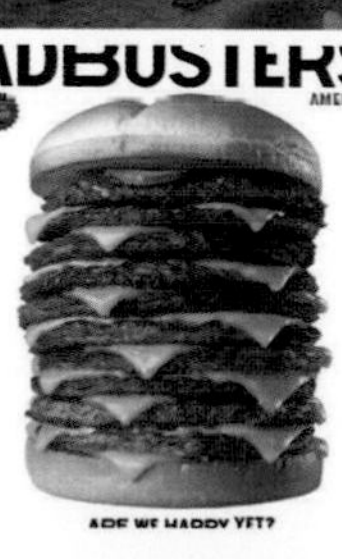
ADBUSTERS
AMERICA
ARE WE HAPPY YET?
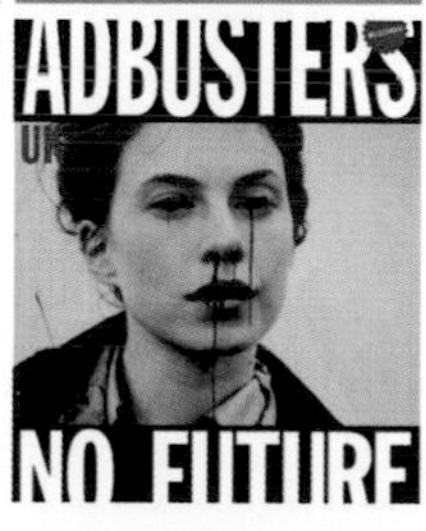
ADBUSTERS
NO FUTURE
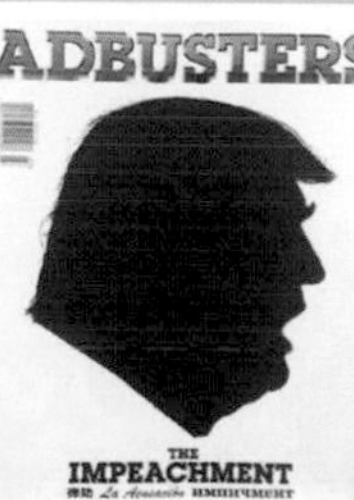
ADBUSTERS
THE
IMPEACHMENT

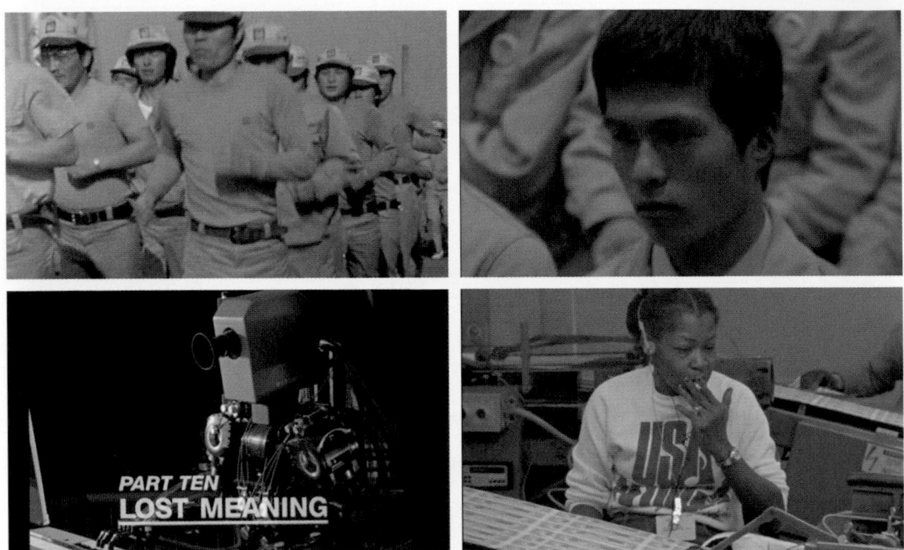

(上)Japan Inc: Lessons for North America?(Kalle Lasn / 1980 / 28 min) https://www.nfb.ca/film/japan_inc_lessons_for_north_america
(下)The Rise and Fall of American Business Culture(Kalle Lasn / 1987 / 57 min) https://www.nfb.ca/film/rise_and_fall_of_american_business_culture

為正義奮戰到底而成為一名紀錄片工作者

卡勒．拉森是世界矚目的社會運動家，不過，許多人並不清楚，實際上他已從事20年以上的紀錄片導播工作。「1942年，我出生在第二次世界大戰中的愛沙尼亞，在難民營裡過著顛沛流離的生活，領悟到世界有好人也有壞人，建立了尋求正義的堅定心志。」拉森先生說。20多歲的他在世界旅行時，見證貧窮國家的困苦，感受到世界的不公。「我在日本結婚，接著搬到加拿大居住。當時，全世界最知名的紀錄片製作機構，正好是位於加拿大的加拿大國家電影局（NFB）。我想為正義奮戰到底，決定進入NFB成為一名紀錄片工作者。在那個年代，NFB製作了非常多的優秀作品。」在日本與加拿大的往返之中，他心裡想著，總有一天要完成以日本為主題的紀錄片系列作品。「我初次造訪日本是1965年，隔年東京就要舉辦奧林匹克運動會。如今回想起來，沒有一個地方比那個年代的日本還要有趣。我搭乘澳洲雪梨出發的船，在前往歐洲的途中，因為補給油料停泊在日本三重縣的四日市港口，這就是我第一次與日本的接觸。日本讓我感到興奮，食物非常好吃，人們也都很棒，我還記得當時捨不得回到船上的辛酸感覺。（笑）」

結束紀錄片製作的工作 展開《廣告剋星》的志業

為何拉森先生會開始從事《廣告剋星》的工作呢？是否僅靠製作紀錄片的工作無法完全傳達自己想表達的訊息呢？「正是如此。做了20年以上NFB的節目導播，我總是一邊咬緊牙關，一邊製作完成紀錄片。然而，作品在電視上播放，引起觀眾的討論不到幾天，最後就沉寂無息了。即使花上一年時間辛苦製作的紀錄片，最後的命運同樣如此。因此，我開始思考是否有其他工作，能夠帶給社會更大的震撼。」此外，他表示還有其他理由。「就在當時，NFB突然改變政策，所有節目製作人一起施展權威，導播頓時失去了主導能力，NFB的一個美好時代就此宣告結束。紀錄片營利賺錢的色彩變得更濃厚，加上製作預算大幅刪減，它不再是一個令人躍躍欲試的舞臺了。」就在這個時候，比任何人都還更早注意到環境問題的拉森先生，忽然腦中靈光一閃。他心想，何不把對社會的批判，濃縮成一支30秒的廣告影片，取名《Mind Bomb》，並透過電視宣傳播放。1989年，加拿大英屬哥倫比亞省的一間木材公司，為了將森林採伐的行為合理化，製作一支《永遠的森林》電視廣告。拉森先生對此抱持懷疑，於是製作另一支對抗它的廣告短片《祕密的森林》，在廣告時段中播放互相交戰——這就是廣告剋星的誕生由來。在廣告的強力播放之下，木材公司的廣告被迫腰斬，《祕密的森林》成功逼退了木材公司的宣傳。這一刻，可說是《廣告剋星》造成文化衝擊的瞬間，也是初嚐勝利的時刻。

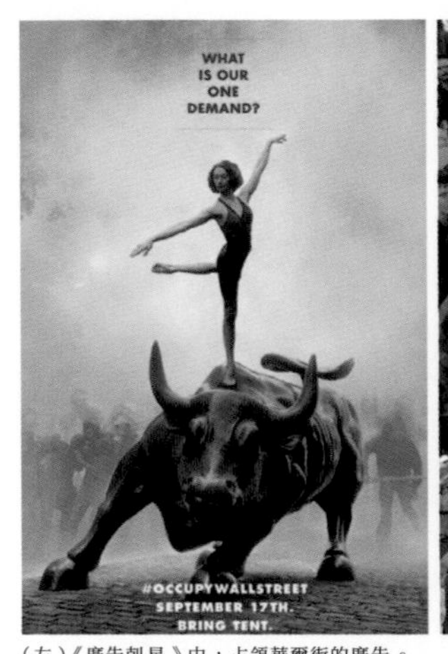

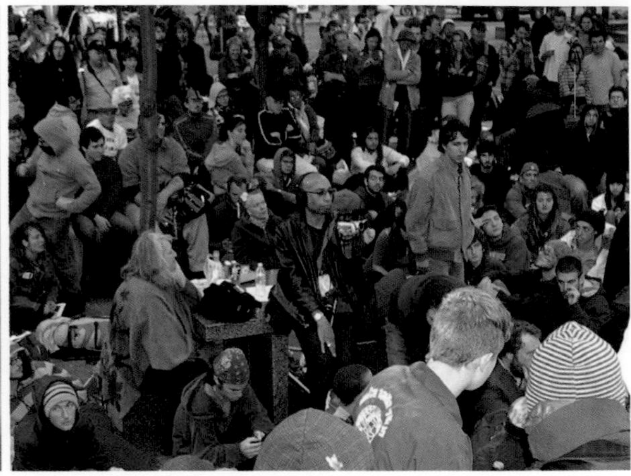

（左）《廣告剋星》中，占領華爾街的廣告。
（右）占領華爾街群眾聚集抗議。（取自維基百科）

為導正世界而戰的文化干擾

這件事情過後，拉森先生在同一年創辦了《廣告剋星》雜誌。「從這個時期開始，環境問題的風潮越來越興盛。最初呼籲地球環境與綠色環保重要性的雜誌，其中一本就是《廣告剋星》。」在人人都能成為環保人士的年代，拉森先生開始思考問題的本質。「環境的汙染問題不單是企業造成的，事實上它也是文化本身造成的問題。我們的文化一直在追求過度消費，大眾受到文化混淆，以為弄髒了地球也無所謂。」企業操控文化，甚至連與大眾溝通的媒體也受到操控。「就在這個瞬間，文化干擾——這個概念就此誕生了。倘若真心期盼未來更好，我們不該只為新鮮的空氣奮戰，必須追求更好的文化才對。」

席捲美國各地的占領華爾街行動

提到占領華爾街的策畫者，大家都知道是卡勒．拉森。「廣告剋星媒體基金會以環保運動者的身分，一開始向大眾傳播『綠色資訊』；在不知

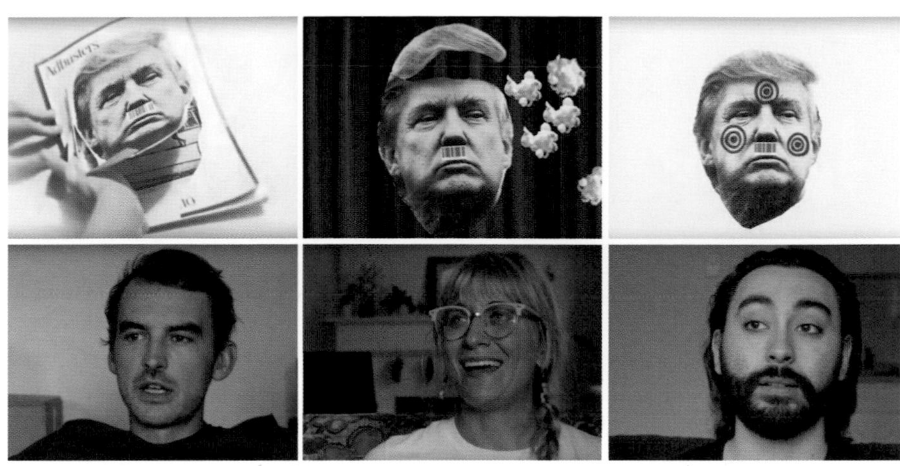

（上）諷刺美國川普總統的雜誌《廣告剋星》「Cool Fascismo」號。
（下）為占領矽谷行動製作的紀錄短片。
http://abillionpeople.org/occupysiliconvalley.html

不覺中，也開始傳播文化的『藍色資訊』；後來還有針對政治問題的『紅色資訊』」。從綠色到藍色，接著再到紅色資訊，除了這些活動以外，《廣告剋星》在1992年也發起除了必需品外什麼都不買的「無消費日」運動；並且呼籲大眾遠離電子產品，響應「數位排毒週」的行動。「在這當中，我們發起的政治運動，最具衝擊影響力的就屬占領華爾街了。」

全新展開的占領矽谷行動

2018年，《廣告剋星》開始發起新行動「占領矽谷」。先前發起的占領華爾街，對抗的是蠱惑人們抵押貸款的惡霸——華爾街巨大金融體。「7年過後，我們發現臉書、推特、IG、亞馬遜、Google等科技巨頭（Big Tech）禁錮了大眾。這些企業未經許可，濫用個人資訊、持續監控個人隱私，他們正是現代的惡霸。」而另一方面，當災害發生時，社群媒體網路發揮功能、拯救許多人的性命卻也是事實。「無庸置疑地，網路與科技的強大力量，確實讓人感到既方便又美好。但同時，處於數位革命黎明期的臉書、推特，也正因為這些單一的巨大社群

#occupysiliconvalley

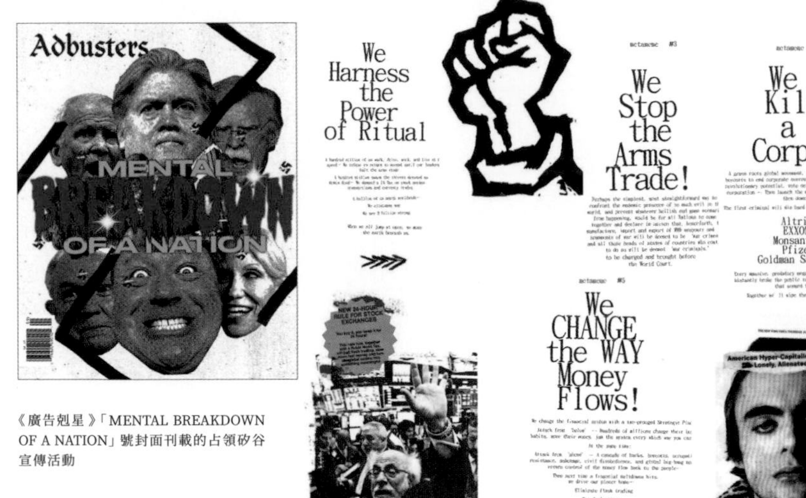

《廣告剋星》「MENTAL BREAKDOWN OF A NATION」號封面刊載的占領矽谷宣傳活動

平臺，惡行才會被隱藏起來。」今後人們將持續使用革新的工具，我們該如何正確運用科技資訊呢？人們必須思考學習的地方還有很多。「儘管科技巨頭有許多惡行，但數位革命卻也是人類史上最美的一場強大革命。我們透過智慧手機取得連繫，與世界各地上百萬的行動者，在同一個時間點，展開這項行動計畫『A Billion People』。這項行動並不像占領華爾街行動，只舉辦一次就宣告結束，而是每月、每週持續進行，希望能串聯年輕人的力量，從底層把世界整個翻轉過來。另外，廣告剋星也正在開發一款應用程式『世界革命』(World Revolution)。期盼能藉由資訊科技的力量，與貧窮的人站在一起，產生更大的改變力量。」數千年人類的歷史，權力分配往往是由上到下越來越低，這是未曾改變過的事實。「但是，現今數億人的手中都握有智慧型手機，這可是改變世界上權力平衡的大好時機。我們可以要求這些當權者們有所作為，興起一股由下到上的訊息傳遞運動。這實在是一個令人雀躍不已的點子。」

卡勒・拉森眼中的日本

在卡勒・拉森製作的紀錄片《日本企業：給北美上一課？》(Japan Inc: Lessons for North America?) 中，帶著敬意介紹日本令人驚嘆的生產力與技術能力。然而，過了30多年，拉森先生又是如何看待現在的日本呢？「我當時製作這支紀錄片，正好是世界發現日本擁有優異的經濟能力、充滿嶄新創意的時期。例如：別具巧思的生產方式、終身僱用制度等。不過，非常可惜，現今日本已逐漸失去固有傳統美德。我們很難再見到大和魂的日本傳統精神，許多公司也拋棄了終身僱用制度。然而，我至今仍深愛著日本。我認為，日本仍具有合群的團結精神，還有許多可以傳授給世界的強項。」這並不是把美國的成功經營者視為教祖一樣崇拜，而是期盼再次重視日本固有的「大和魂」精神。

紀錄片能夠改變世界嗎？

「我認為紀錄片可以改變表面上的東西，但要改變深層的部分卻非常困難。比方說，號召占領華爾街行動時，有好幾百萬的年輕人走上街頭、瞭解真相，燃起了革命火焰，對世界造成極大衝擊。但即便如此，華爾街至今依然屹立不搖，想改變世界何其困難。比起參與社會運動，人們每天都被生活追著跑，只能顧著如何生存，對科技巨頭或華爾街根本沒興趣。或許我們多數人的腦袋，都被生活的大小事弄得團團轉，然而紀錄片工作者、藝術家，以及設計師卻為我們生活的世界中創造趨勢、塗上各種色彩。假如世界得以改變、自然永續的未來若能到來、避開《聖經》啟示錄所預言的未來、無須迎接黑暗時代的話，我認為這都是出自於藝術家、設計師、紀錄片工作者、電影工作者等創作者們的努力貢獻。」

Jung Yoon-suk

鄭潤錫與挑釁社會的韓國噪音樂團栗島海盜，一起為表現自由吶喊

「金正日，萬歲！」輾核（註）樂團「栗島海盜」以自由奔放的噪音行動，不斷地挑釁韓國社會。團員貝斯手兼主唱張成建（音譯）與鼓手權勇萬（音譯）透過音樂、激進的歌詞，為捍衛「表現者的自由發聲空間」，反覆地進行挑戰。他們出現在各個社會問題最初發生的場域，包括即將拆除破壞的建築物、「濟州四三事件」的集會所，以及日本發起的反核抗議活動等地區，不斷地吶喊咆哮，藉以表達對社會的不滿，並且要求自己的容身之處。他們勇往直前，看似沒有盡頭，卻因為他們的朋友、同時也是音樂製作人的朴正根遭到指控，以違反《國家保安法》而被逮捕。那一瞬間，活動被迫結束、言論受到箝制，他們的旅程頓時迷失了方向。一位長期關注他們的電影導演鄭潤錫，藉由影像中描寫「被摘去翅膀的他們」，加以諷刺政府並提出警告：韓國仍殘存著非民主主義的一堵高牆。

註：Grindcore。由Hardcore Punk衍生的重金屬音樂類型。融合厚重破音吉它、無旋律的極速節奏與鼓點，加上低吼咆哮或高聲尖叫。特徵極為激進狂暴，歌詞描寫多以嘲諷社會、政治，以及暴力血腥與黑色幽默等。

噪音無法傳達的語言，便透過影像翻譯

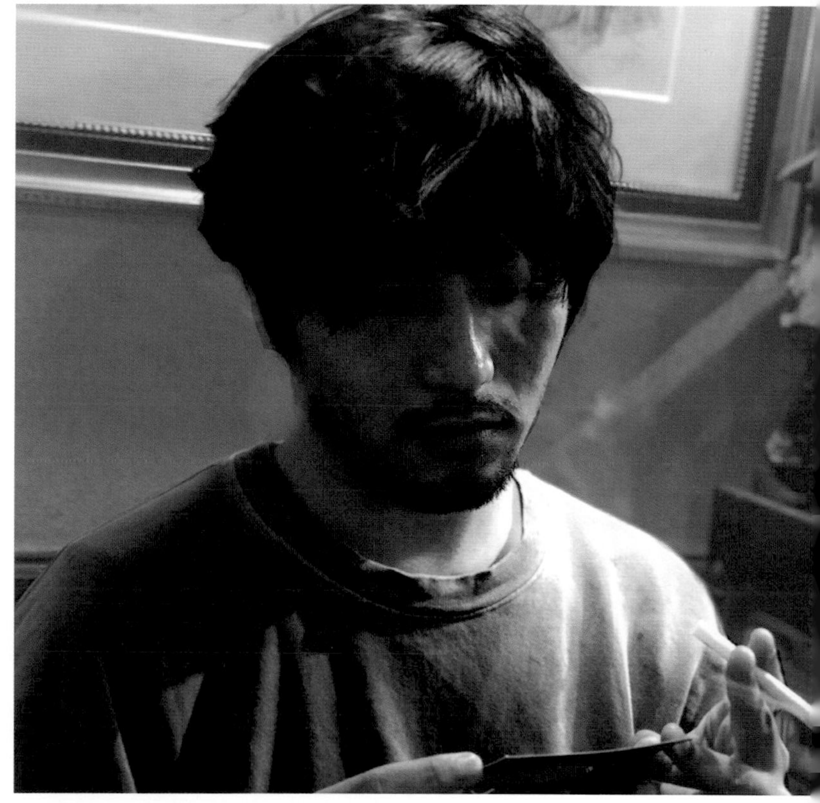

Jung Yoon-suk

電影導演 鄭潤錫

出生於1981年韓國首爾。就讀韓國藝術綜合大學視覺藝術系並取得學士學位；研究所就讀紀錄片電影製作並取得碩士學位。作品曾參加2010年加拿大溫哥華國際影展、2012年韓國光州雙年展。以1990年代韓國發生連續兇殺事件為題材的長片出道作品《非虛構日記》（Non-Fiction Diary）榮獲釜山影展最佳紀錄片、2014年西班牙錫切斯奇幻影展New Visions競賽單元劇情長片作品獎、2014年德國柏林國際影展亞洲電影促進聯盟獎，榮獲韓國國內外許多獎項。《龐克海盜地獄首爾！》（Bamseom Pirates, Seoul Inferno）榮獲2017年日本山形國際紀錄片影展亞洲千波萬波競賽單元特別獎。

彷彿虛無中鳴響示威，無法傳給群眾的吶喊

2013年，鄭潤錫導演正在拍攝一部追蹤兇殺事件的作品《非虛構日記》。他當時疲憊不堪，卻不知受何吸引，來到一條年輕人聚集的舒葬奩（Duliban）街道。「這是我第一次觀賞栗島海盜樂團的現場演出。當時有許多人受不了爆破的噪音，在表演途中紛紛離開。這情景竟與我腦海中的一段回憶重疊——2009年龍山慘案的示威群眾場面。」遭到群眾無視仍持續示威的男子、觀眾受不了離去仍不斷發出噪音的音樂人，這個聯想成為一大契機，導演嘗試透過影像，翻譯他們宛如噪音的音樂。「年輕的他們唱出自身狂放不羈的想法，在觀眾的耳裡聽起來也只是噪音而已。因此，我想透過紀錄片的方式，試著把其中的『詩意』翻譯出來。」

許多人在拍紀錄片時，都會希望自己在畫面中拍得好看，但是他們卻完全不同。「為了群眾募資，我製作了一支宣傳短片放在推特上，勇萬看過之後非常生氣。他說，為什麼要拍得像MV一樣惺惺作態，簡直是垃圾！（笑）

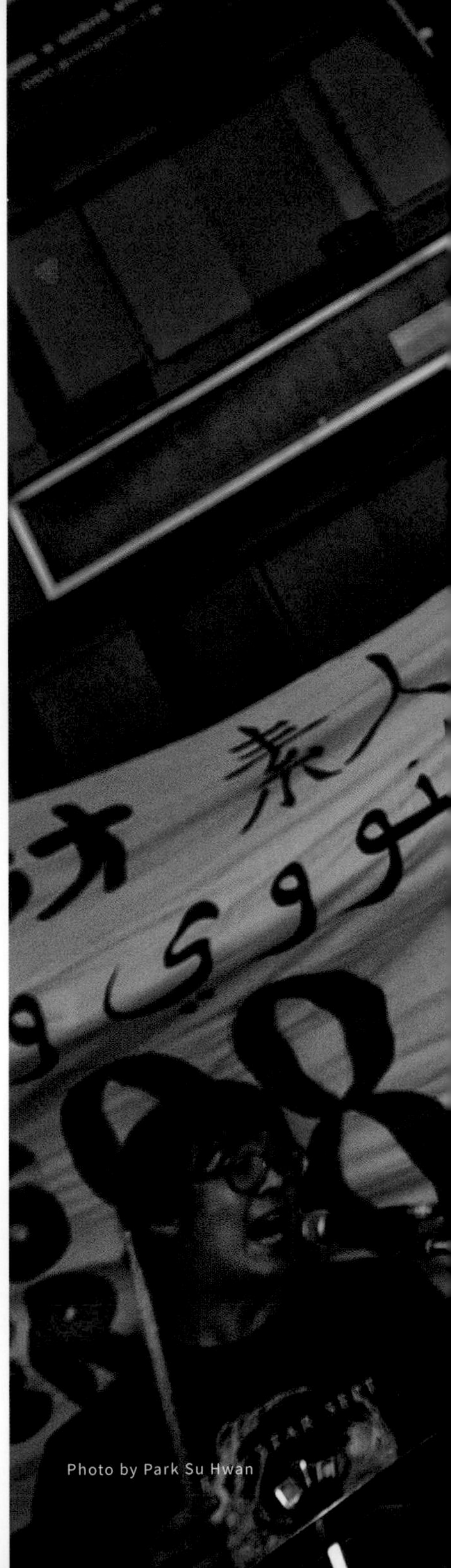
Photo by Park Su Hwan

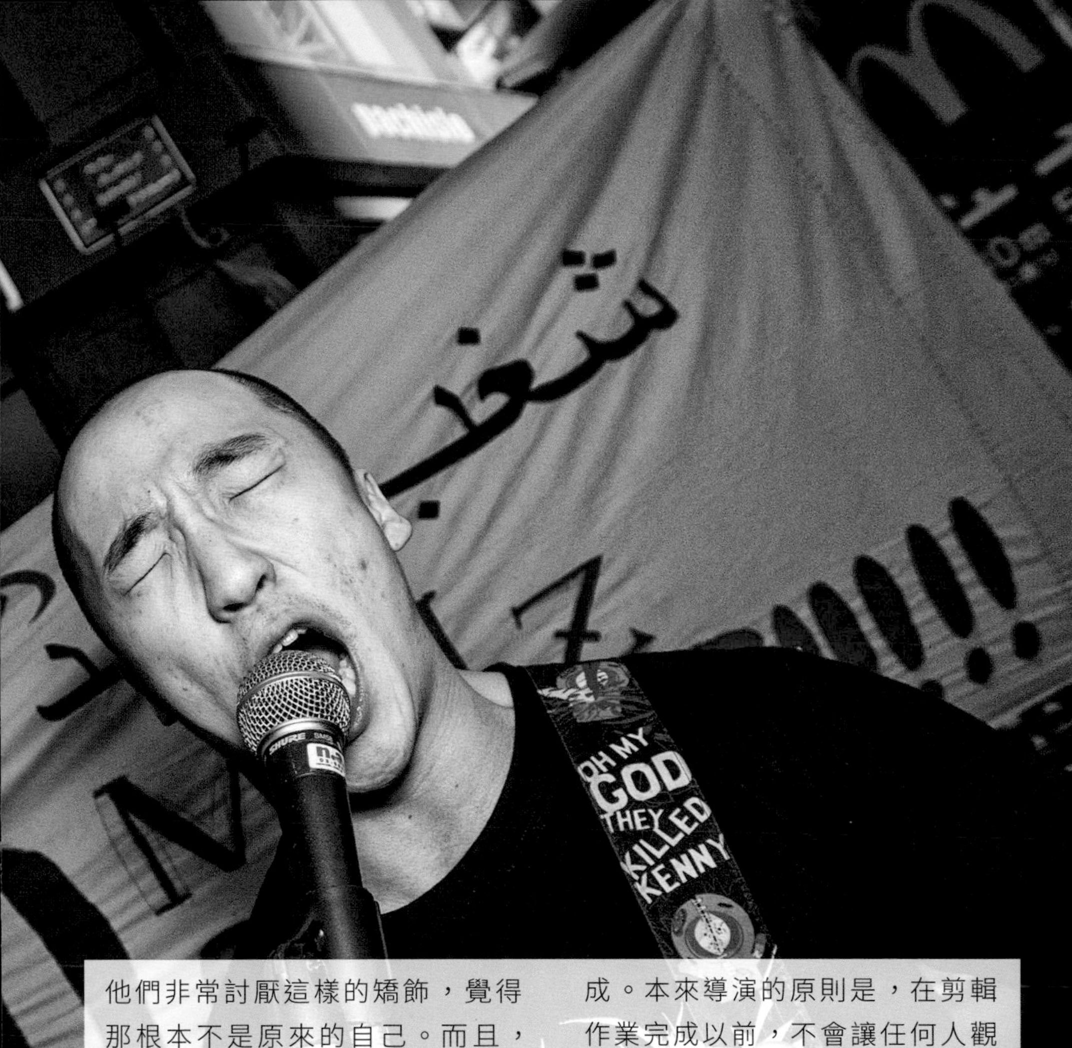

他們非常討厭這樣的矯飾，覺得那根本不是原來的自己。而且，勇萬甚至懶得解釋作品。之前有一個節目企畫，安排Crying Nut與栗島海盜一起現場演出，但勇萬不願配合主辦單位的各種要求，一開始就表態拒絕，儘管成建躍躍欲試。」一直到電影完成的這6年之中，勇萬總是半信半疑，不斷懷疑作品是否能順利完成。本來導演的原則是，在剪輯作業完成以前，不會讓任何人觀看影片，但這次卻破例讓他們試看。結果，勇萬滿意地說：「這真的是我們的自傳呢。」「由於勇萬是個討厭裝模作樣的人，我本來以為他會要求剪掉某些片段，但直到最後，他一次也沒有干涉過導演的工作權限。」

越是不能碰觸的禁忌越想表現，正是龐克極致精神

接下來，發生了一起事件：由於栗島海盜樂團的表現過度激進，音樂製作人遭到逮捕，這起事件稱為「朴正根事件」。不過導演表示，這起事件有助於大眾思考問題。「我拍攝栗島海盜樂團的紀錄片，原本就是因為聽到了他們寫的歌詞才產生興趣。特別是以北韓來比喻的〈金正日萬歲〉這首歌曲，展現出他們的強烈不滿，是一首相當精彩的歌曲。他們挑戰了韓國最大的禁忌——北韓，也就是紅色情結，這種表現正是龐克精神的極致。正因為這一點，我才想將他們拍成一部電影。」鄭潤錫導演解釋，逮捕事件雖然無法避免，卻能在紀錄片中產生作用，成為所有觀眾切身的課題，思考這起事件與自己的重要關聯，才因此拍攝這一段經過。「我認為所謂偉大的藝術家，就是敢講出那個時代禁忌的人。在韓國釜山國際影展上，日本原一男導演在接受提問時，表示將來想拍一部與國家權力有關的電影。也許這個想法無法實現，但明知在不可能的情況下，也要想盡辦法把它

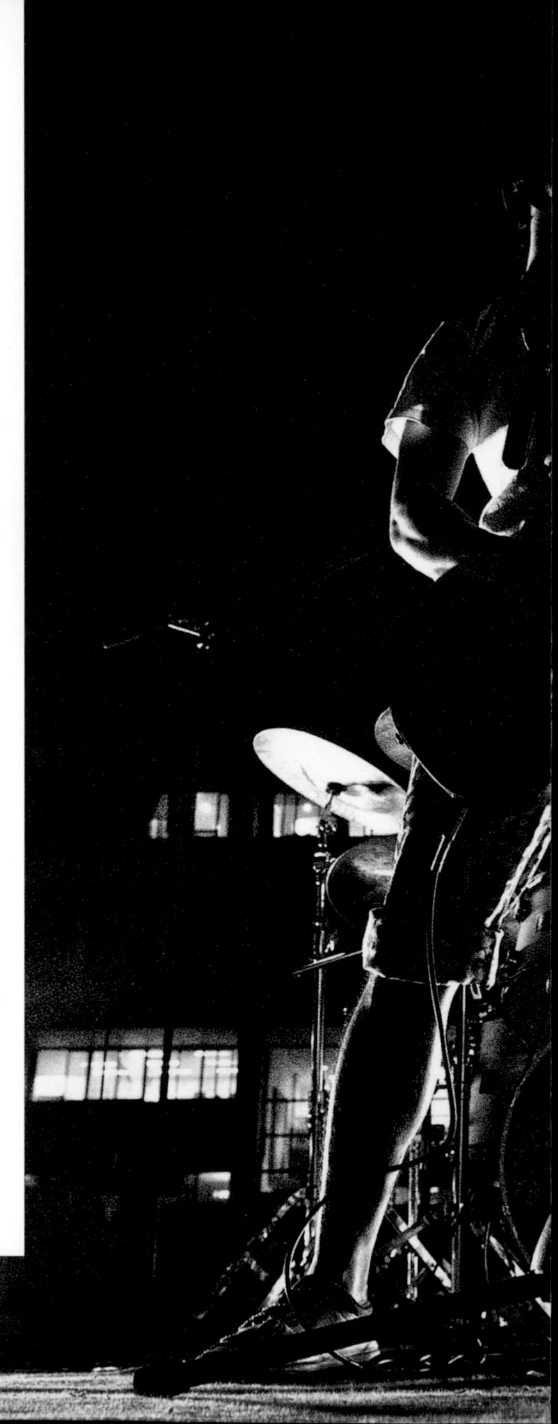

表現出來，如此才能稱之為藝術家。原一男導演在生活中展現的藝術家風範，帶給我相當大的激勵與勇氣。」

堅持不貼上「你屬於哪一類？」的身分認同標籤

這部作品讓人感到最有魅力的地方，就是音樂家堅守「自由表現的發聲空間」，奮戰到底的精神。如果紀錄片導演能對此產生共鳴，或許就能形成一個行動聯盟，大家一起向前邁進。作品拍攝期間，鄭潤錫導演接受韓國媒體採訪，提到身分認同的問題時，他表示：「由於我大學專攻美術，經常會被問到，你是藝術界的人，還是電影工作者？而紀錄片業界則會問，你是藝術電影工作者，還是社會運動工作者？我覺得這個問題就像在問小朋友，你喜歡爸爸還是媽媽一樣。我的身分既是藝術家，同時也是電影導演、藝術電影工作者，以及社會運動工作者，我只能夠這樣回答。其實，一個人同時擁有多種身分是成立的，儘管有許多人不太能明白其中的道理。」為何世人總愛貼上既定標籤呢？導

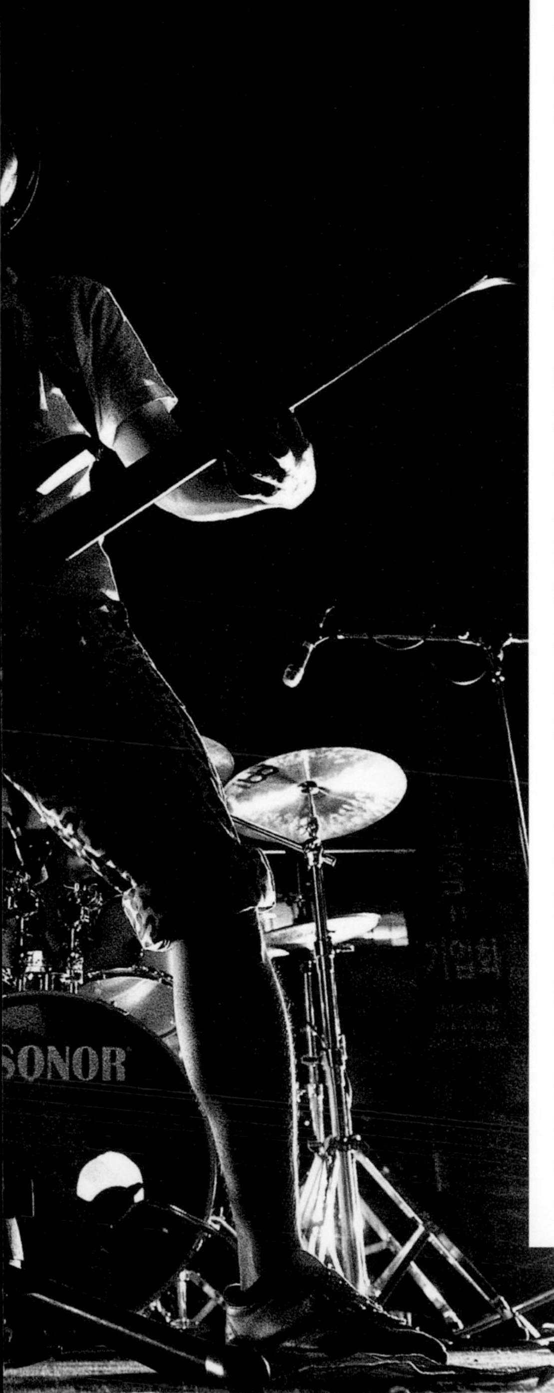

Photo by Park Su Hwan

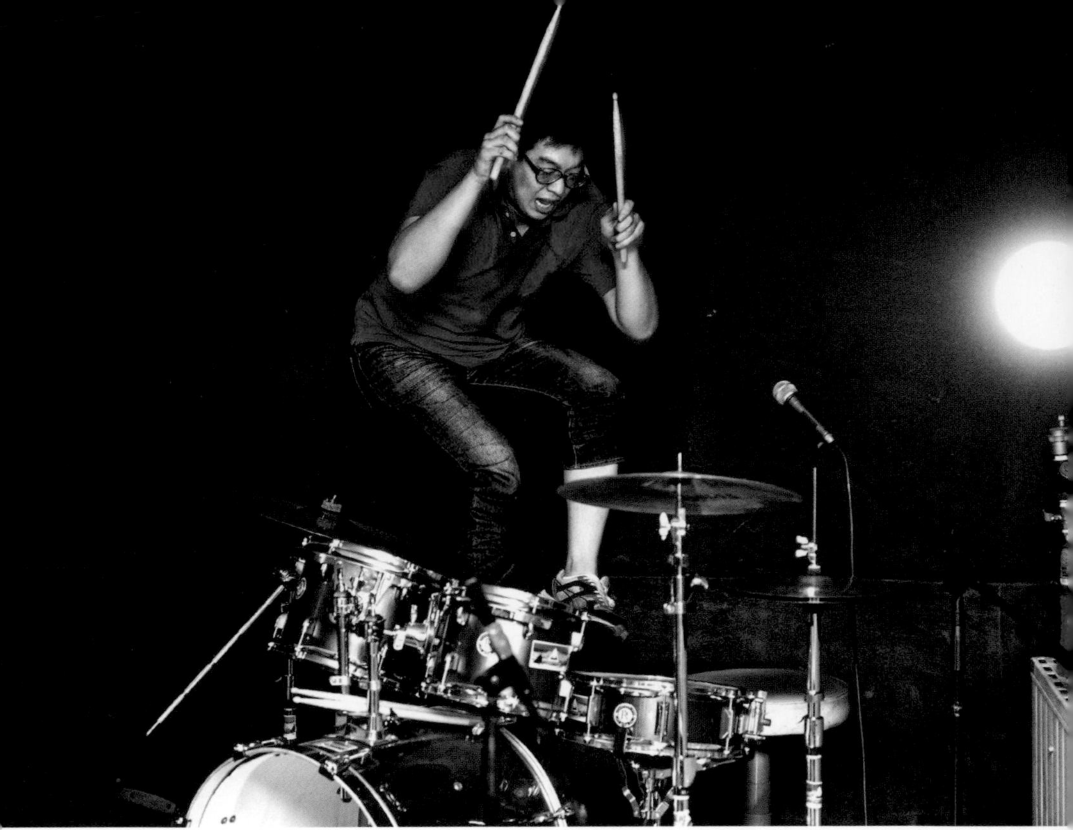

Photo by Park Su Hwan

演表示，我們也透過栗島海盜樂團看到了這項提問：「栗島海盜樂團在獨立音樂界掀起話題，博得大家的掌聲之後，電視臺徵詢他們，是否願意從獨立表演躍上主流舞臺？願不願意上電視節目表演？這些問題，能夠讓他們思考關於自己的身分認同問題。就像不停反覆地問栗島海盜樂團：『你們屬於哪一類？到底是誰？』這些問題。」而這些提問，更連結了紀錄片的核心本質「到底你們是誰？栗島海盜樂團又是誰？」的重要訊息。

持續關注為求自由空間而戰的栗島海盜樂團

鄭潤錫導演完成拍攝、剪輯工作，心情上疲憊不堪，於是一個人到日本旅行。就在位於神保町的一間舊書店，發現原一男的劇本集。「雖然我完全看不懂劇本上的日語，但店員表示『這本書有導演的親筆簽名喔！』，我就買了下來了。後來我發現，原一男導演在其中一頁寫下『Human being is mystery.』（人類極神祕）的訊息。我仔細思考這句話的意義，領悟到人生並不存在正確解法或標準答案，而是把當下自己認為最重要的事情說出來，才是最有意義的事情。」如此認為的鄭潤錫導演，持續地關注著栗島海盜樂團的動向，他們燃燒著青春火焰，只為追求一個自由的發聲空間。儘管故事不一定有快樂結局，但到了最後，他們究竟打造了什麼樣的空間呢？

「經常有人問我，紀錄片作品能對社會產生什麼影響？雖然我還是不太清楚，但有一點我可以確定，那就是每當我完成一部紀錄片時，都會覺得自己進化成更好一點的人類了。這或許是一種錯覺也說不定，然而我希望自己能保持這種心境——繼續努力完成下一部作品，我依然會變成更好一點的人類吧。」

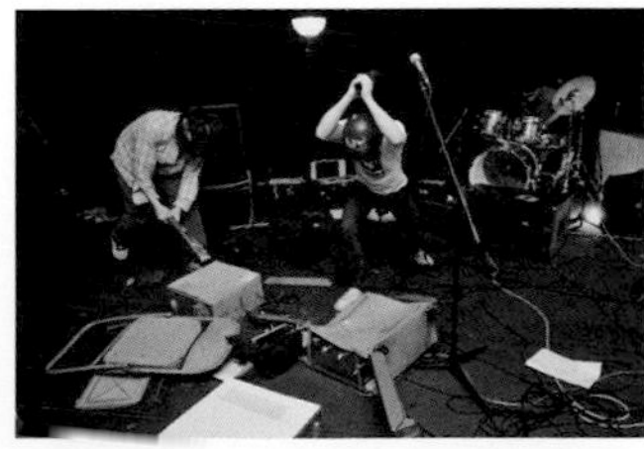

韓國／2017／119 分
導演：鄭潤錫 Jung Yoon-suk

《龐克海盜地獄首爾！》

透過輻核樂團「栗島海盜」的音樂與咆哮，突顯出存在於韓國社會中的各項問題，以及年輕人心中的沉重鬱悶。然而在2012年，他們的好友兼音樂製作人因涉嫌違反國家保安法而遭到逮捕……

John Junkerman

《沖繩・三月的雨》(沖縄うりずんの雨),追究美軍占領日本沖繩問題的紀錄片。約翰・伊克曼導演堅信合理使用權,為表現自由而奮戰到底。

全世界經常會針對紀錄片工作者展開議論,探討「反映出公共利益相關事實的影片,到底能夠自由地使用到什麼程度?」的合理使用權利。描寫一群人為日本沖繩美軍基地問題而奮戰的紀錄片《沖繩・三月的雨》,這部電影的導演約翰・伊克曼,同樣因追求表現自由而持續奮戰。2018年9月,製作、發行這部紀錄片的電影公司SIGLO認為,合理使用權利的爭議,是所有紀錄片工作者必須面對的問題,因此召開了一場記者會。這部紀錄片描寫長期處於占領時代的沖繩,以及為其權利而奮戰的伊克曼導演。透過這部紀錄片電影,相信觀眾一定能夠了解紀錄片工作者為何而戰,以及把真相故事傳送到全世界的理由。

合理使用是深究民主主義本質的證明

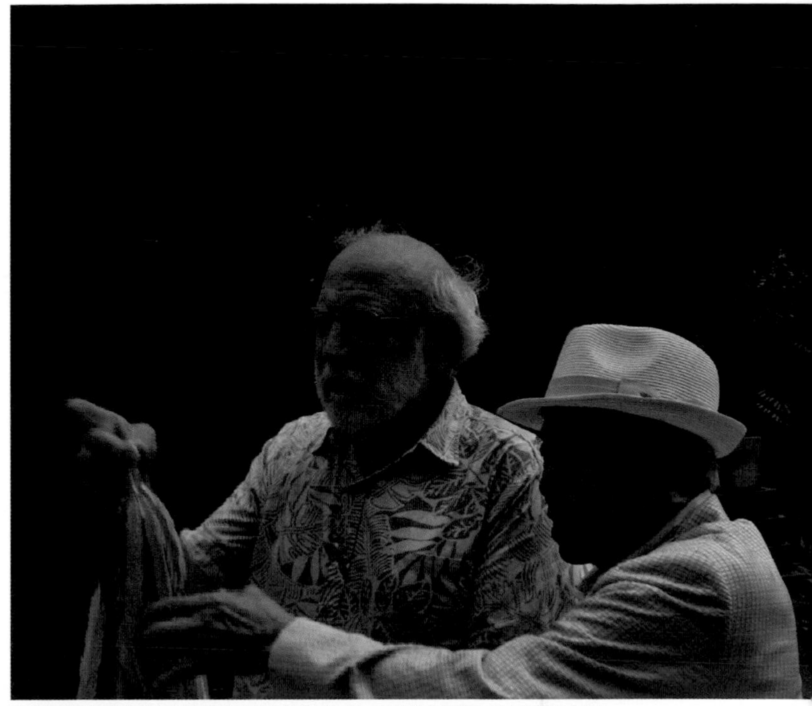

攝於沖繩南部摩文仁之丘的和平祈念公園健兒之塔，已故的前沖繩知事太田昌秀（右）正向約翰．伊克曼導演（左）說明介紹。©2015 SIGLO

John Junkerman

電影導演 約翰．伊克曼導演

出生於1952年美國密爾瓦基。1982年採訪日產汽車，探討「日式」勞資關係，拍成紀錄片之後於美國電視臺播出，自此開拓電影之路。此後，長期以日本與美國為活動據點。作品包括：採訪畫家丸木位里．俊夫妻、入圍美國奧斯卡金像獎最佳紀錄片獎的《HELLFIRE：劫火——從廣島啟程之旅》（HELLFIRE：劫火——ヒロシマからの旅ー）；在911恐怖攻擊事件過後，採訪語言學者諾姆．杭士基（Noam Chomsky），完成作品《權力與恐懼》（Power and Terror: Noam Chomsky in Our Times）；採訪世界知名12位知識分子，逐一檢視日本國家憲法的《電影．日本國家憲法》（映画 日本国憲法）；以日本最西邊的與那國島為背景舞臺，描寫老漁夫與巨大旗魚搏鬥過程的《老人與海》（老人と海）等；發表許多尖銳提問的紀錄片作品，深入探討日本與美國的社會問題。

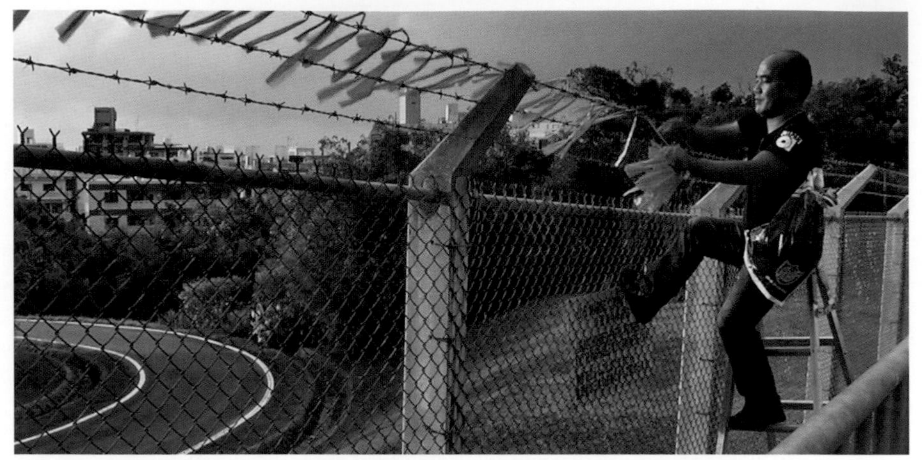

沖繩居民反對政府強行建設美軍基地，將尼龍繩綁在鐵網圍籬表達抗議。照片提供：《沖繩 · 三月的雨》©2015 SIGLO

必須公平地讓大眾知道這一刻發生的事情

一場記者會，包括律師在內，座位一共坐著五個人。操著一口流利日語的美國人是紀錄片導演約翰・伊克曼，過去他曾經拍攝一部描述老漁夫在沖繩生活的紀錄片《老人與海》。然而，這次拍攝的作品《沖繩・三月的雨》卻面臨了合理使用的法律問題。這部作品是SIGLO電影公司30週年的紀念電影，同時也是該公司第5部描寫沖繩的作品。之所以引發軒然大波，得回溯至2004年8月13日發生的「沖繩國際大學美軍直升機墜落事故」開始說起。紀錄片中使用了當時電視臺播出的一段畫面。在直升機墜機事故發生後，美軍隨即封鎖現場，包括日本警方、大學校方、媒體報導等，所有人都遭到阻擋，無法進入事故發生地點。此舉突顯美軍長期占領沖繩基地的問題，促使居民發起的「廢除基地」運動快馬加鞭。一位曾經駐守沖繩基地的前海軍陸戰隊員，同時也是當時任職沖繩國際大學的政治學者道格拉斯・拉米斯（Charles Douglas Lummis），他在電影中表示：「沒人驚訝這起

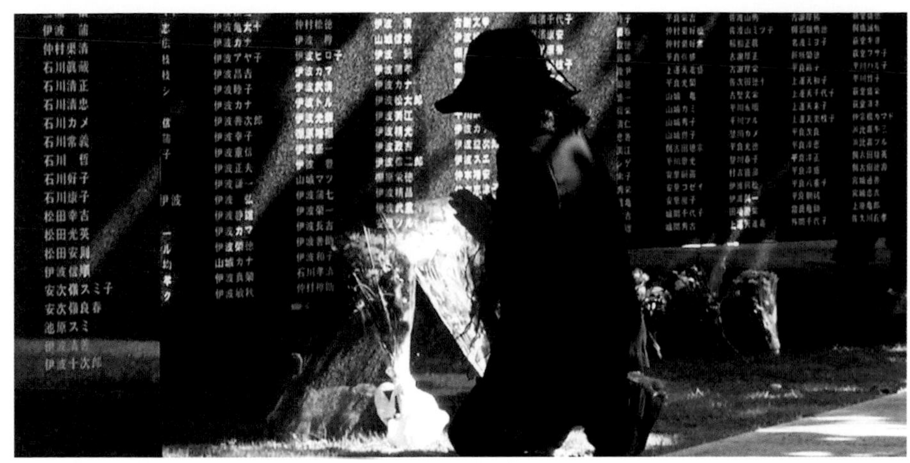

6 月 23 日慰靈之日的和平紀念碑。照片提供：《沖繩．三月的雨》©2015 SIGLO

事故的發生。當然，大家內心皆受震撼，恐懼感油然而生。但是，軍事基地設置在密集住宅地區旁，完全不難想像會發生如此可怕的墜機事故。但是，後面發生的事情才更叫人瞠目結舌。一群海軍陸戰隊員簡直像事前演練過一樣，一個接著一個不停地越過鐵網圍籬，不到片刻就占領了大學。」拉米斯先生目擊事故而驚訝不已的「這一瞬間」，按理說必須公平地讓大眾知道，然而實際上卻完全是另一回事。在電影裡，SIGLO電影公司申請使用許可，卻遭到擁有影片版權的琉球朝日電視臺（以下稱為：QAB）拒絕。因此，QAB對於SIGLO未經許可在電影中使用這段影片，向法院提出著作權侵害的損害賠償訴訟，並且要求SIGLO停止侵害。在記者會的說明中，東京地方裁判所進行的第一審SIGLO敗訴；8 月 23 日，智慧財產權高等法庭（知的財産高等裁判所；Intellectual Property High Courts）的第二審仍然敗訴。接下來，將上訴到最高法庭的第三審。

在電影序幕中揭露沖繩的現況

約翰．伊克曼導演提到如何發現這段引發訴訟影片的經過。「2012年，我與電影製片人山上徹二郎先生，正處於籌備電影製作的階段。當時，我認識了拉米斯先生，他以深入淺出的方式，向我描述沖繩的處境，以及2004年發生事故的經過。」接著又告訴我，年輕美軍士兵從基地陸續趕到事故現場，包圍占領大學的事實。拉米斯進而表示，他們甚至連報導的自由都一併占領了，這讓伊克曼導演留下深刻的印象。事實上，導演親眼看到這段影片，是在一部電影《無人知曉的基地問題》(Standing Army) 的首映會上。電影主要內容是控訴美軍基地在世界各地造成的問題。而這部電影的誕生，是源自於2007年義大利發起一場大規模的示威遊行，主要訴求是反對美軍基地擴大。其中，有兩位義大利年輕導演安瑞可．帕倫蒂（Enrico Parenti）與湯瑪斯．法齊（Thomas Fazi）想探尋真相，於是踏上旅途拍攝這部紀錄片。他們前往義大利的比森薩、印度洋的地牙哥加西亞島，以及沖繩的普天間地區。電影中使用的影片，正是美軍直升機墜落在沖繩國際大學的畫面，美軍士兵一邊喊著「NO！NO！」，一邊揮手遮住攝影機鏡頭。這段影像先前已被英國國家廣播公司（BBC）使用。約翰．伊克曼導演表示，QAB從沖繩國際大學的彼得．辛普森（Peter Simpson）副教授的手上取得這段影片，作為新聞報導的素材。「當時，彼得先生把這段素材當成資料影像借給了我。我懇請他一定要讓我在電影序幕中使用這段強而有力的影像。」就連2018年10月的現在，我們還是能在網路上找到播出這段影片的BBC節目。「也就是說，它是一段完全公開的影片。然而，我在電影中使用這段影片，卻成為紀錄片電影能否合理使用的問題。對一部電影來說，片頭序幕非常重要。我使用這段影像的時間雖然才31秒，但卻清楚呈現我拍這部電影的意圖，它能發揮引起觀眾興趣的重要功能，同時讓觀眾了解，沖繩至今仍遭到占領的現況。儘

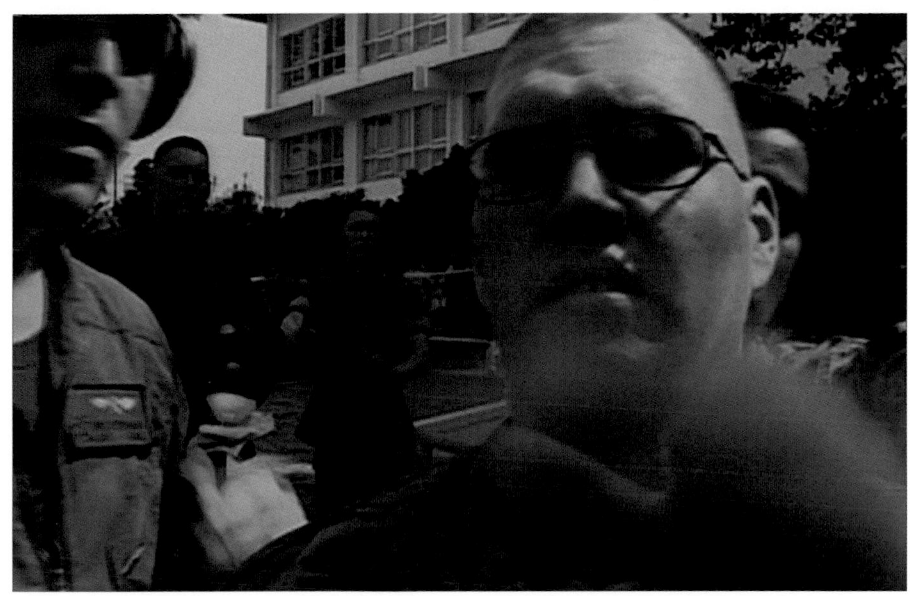

《沖繩．三月的雨》電影中引發使用許可問題的QAB新聞影片。

管電影中也播放了其他美軍直升機墜落在沖繩的影片，但美軍士兵出手阻擋畫面拍攝，只有在這段影片中才看得到。如今，它已成為了沖繩當前處境的重要象徵。」

尊重與合理使用

「對於已公開且具有歷史參考價值的新聞影片，假如只憑電視臺的一己之見，主張自己擁有專有權，並決定他人是否可以使用，那麼所有的紀錄片電影都必須放棄使用任何新聞影片了。」SIGLO電影公司表示自己的主張。所謂的合理使用，到底是什麼概念呢？在美國的《著作權法》107條中記載：「以評論、解說、新聞報導、教學、學術研究或調查為目的，合理使用有著作權之著作物，不構成著作權之侵害。」至於是否為合理使用，應以「利用之目的、性質、分量，以及利用結果對著作潛在市場或現在價值之影響」的基準進行判斷。然而，回過頭來看

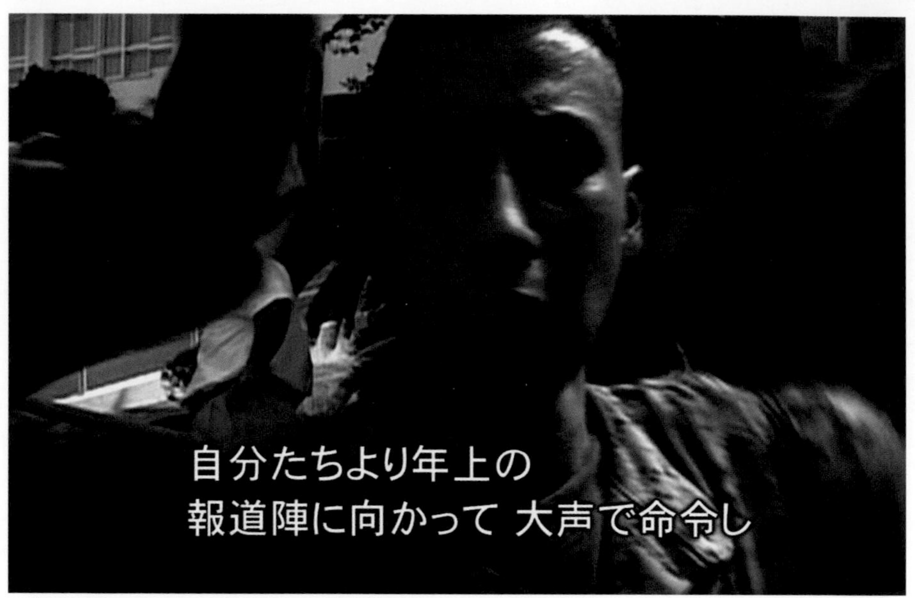

《沖繩・三月的雨》中使用QAB的新聞影像而造成問題。日語字幕為拉米斯先生的旁白解說。

日本的法律，原本就沒有合理使用的概念。SIGLO電影公司的辯護律師表示，《沖繩・三月的雨》之所以引發相關訴訟，就在於大眾幾乎對合理使用沒有正確的認知。過去，美國獨立電影導演推動合理使用的運動之所以獲得成功，其背後的原因是控訴好萊塢與大型著作權管理公司花大錢聘僱律師，以不當的制約，造成獨立製作方心生畏懼而產生的結果。在2013年日本山形國際紀錄片影展中，主辦單位邀請了曾經贏得合理使用勝利的美國電影導演高登・奎因（Gordon Quinn），並與約翰・伊克曼導演共同舉辦一場研討會。奎因導演過去製作一部紀錄片《籃球夢》（Hoop Dreams），片中人物演唱了一首19世紀的歌曲〈生日快樂〉（Happy Birthday），由於華納音樂公司主張這首歌的著作權依然有效，於是雙方展開了一場支付版權費的大戰。奎因導演再次定義何謂合理使用：「倘若為了滋潤社會、啟發藝術，將著作物的一部分使用在不同目的，即使未獲得使用許可，仍然可視為合法。」同時與電影導演、學者、電影發行相關人士、律師等共同制訂規則以支持合理使用，並且徵詢電影發行公司與電視臺的意見，尋求每一間公司的贊同支持，最後發展成一項社會運動。有鑑於這次的成功經驗，紀錄片電影研究學者馬耐庵（Markus Nornes）在影展手冊中寫道：「奎因導演與大家一致認為，合理使用的理論是深究民主主義本質的一項證明。（中略）這場在美國紀錄片業界發起的運動，一定能成為重要參考，在今後帶來更多啟發吧。

SIGLO電影公司直到現在，仍持續與QAB進行訴訟攻防戰，SIGLO說明主要原因：「我們絕對不是有意侵害著作權，而是要求行使公平的權利。如果沒有正當的理由而遭到拒絕，我們將一如既往，絕不放棄、絕不忍氣吞聲地正面迎戰。」山上先生做出以下結語並結束這場記者會：「這次召開記者會的目的，是希望能在表現自由的基礎上，為獨立電影制訂出合理使用與引用的相關新準則。」（2019年6月，最高法庭駁回三審上訴，SIGLO確定敗訴。）

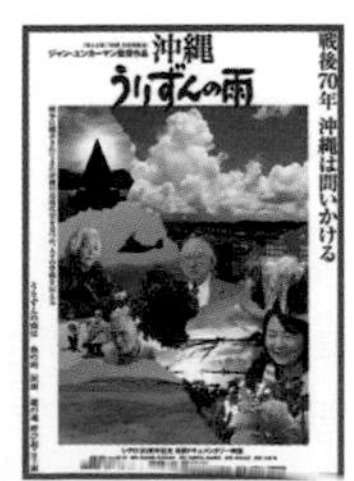

日本／2015／2小時28分
導演：約翰・伊克曼
©2015 SIGLO

《沖繩・三月的雨》
OKINAWA: The Afterburn

太平洋戰爭犧牲了許多無辜的性命，儘管戰爭已過70年，沖繩人民目前依然持續追求和平，不屈不撓地展開抗爭行動。本紀錄片聚焦於沖繩人們身上，採訪過去在戰場上曾經彼此對抗的前美軍士兵與前日本士兵，並參考沖繩居民的重要證言，追溯有關沖繩戰役與美軍基地造成的歷史負擔，探尋沖繩居民深刻的憤怒以及失望的根源。

無國界醫生組織在前線持續奮戰，他們深知責任重大，以「見證」與「醫療」為重心，向全世界傳達「到底發生了什麼事？」

一聽到「無國界醫生組織」（MSF），所有人的想像，幾乎都是一群自告奮勇的醫生衝到最前線拯救生命。無庸置疑，多虧他們的奉獻，才能拯救無數的生命。然而，除了提供醫療資源，其實MSF同時也提供見證——也就是近似新聞記者工作的重要活動。對MSF而言，提供「見證」與「醫療」是同等重要的兩大項目。不管當前的處境如何困難，如果只是提供醫療資源，無助於現場情況的改善，也無法帶來真正的改變。因此，MSF認為必須保持冷靜沉著，明確傳達給世界：「現場到底發生了什麼事？」這一次，我們特別邀請今城大輔先生，過去他曾任無國界醫生組織的事務員，具有遠赴海外掌管事務的經驗，目前調任日本事務局宣傳部，負責舉辦相關活動。另一位則邀請到負責媒體公關的舘俊平先生。我們將請教兩位MSF的相關活動，以及如何發揮Game-changing的功能。

現場到底發生了什麼事？向世界傳達訊息的使命

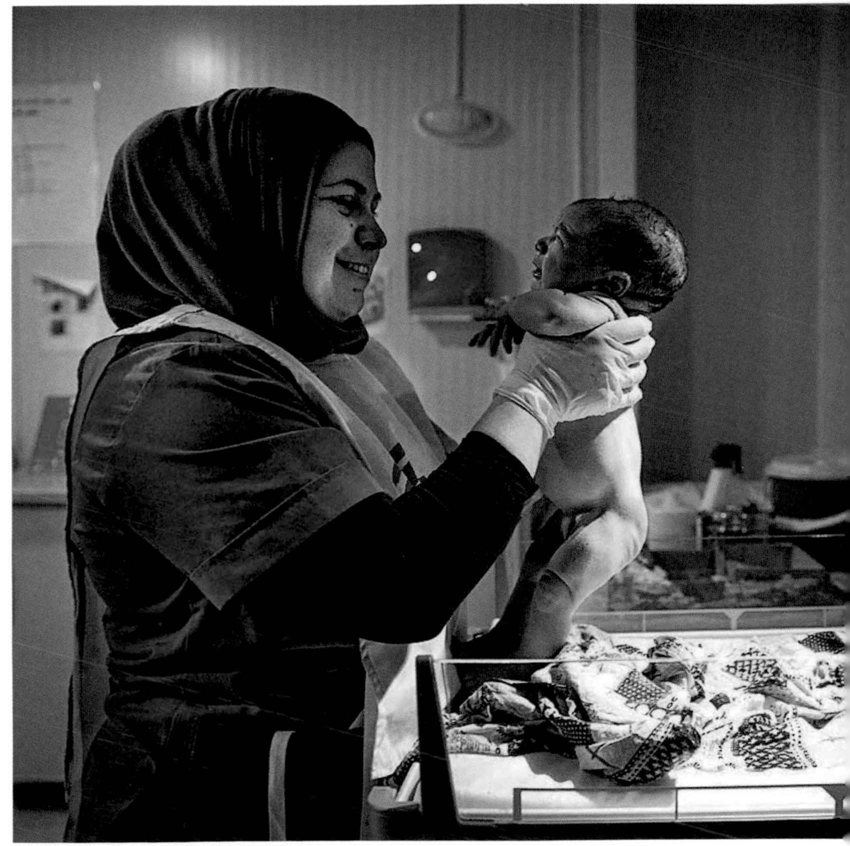

伊拉克多明茲（Domiz）難民營中剛出生的一名嬰兒。（攝於 2016 年 1 月）©Baudouin Nach

Médecins Sans Frontières

無國界醫生組織（MSF）

1971 年於法國巴黎成立，最初是由一群法國醫生和記者組成的組織。以獨立、中立、不偏不倚的立場，進行醫療、人道救援工作，屬於民間、非營利的國際組織。為因應戰爭、自然災害、流行病與傳染病，以及被排拒於醫療體系之外的群體等迫切性高的醫療需求，於世界各地設置 37 個辦事處，約有 40000 名前線人員在全世界超過 70 個國家提供援助。在國際救援上展現功績，獲頒 1999 年諾貝爾和平獎。

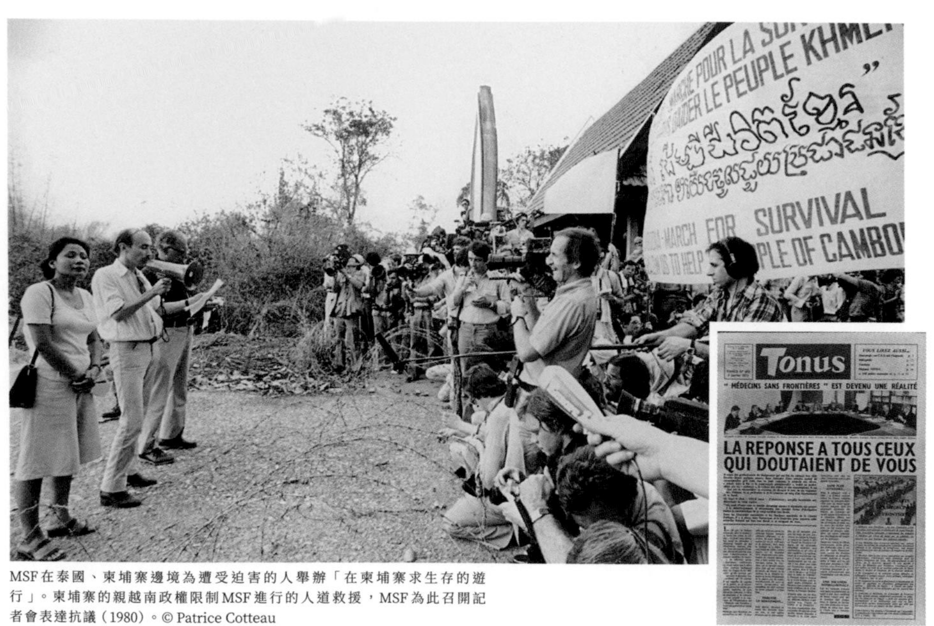

MSF在泰國、柬埔寨邊境為遭受迫害的人舉辦「在柬埔寨求生存的遊行」。柬埔寨的親越南政權限制MSF進行的人道救援，MSF為此召開記者會表達抗議（1980）。© Patrice Cotteau

報導MSF成立的
法國醫療雜誌《*Tonus*》。（1971年）

傳達不為人知的事實——無國界醫生組織

奈及利亞的伊博族試圖脫離奈及利亞，發表獨立宣言，建立比亞法拉共和國，因此爆發比亞法拉內戰。從1967年起的3年之間，至少超過150萬人死於飢餓或屠殺，以及超過100萬名難民。當時，一群醫生以紅十字國際委員會成員的身分，在現場進行醫療救援活動。其中有人認為，僅靠現場的醫療活動，根本無法做到澈底的救援工作，「必須把現場發生的事情讓全世界知道。」於是把政府軍對市民施暴的真相告訴全世界，國際社會因此開始關注比亞法拉內戰。最後，他們提出了「對外發聲的醫生組織」的構想，與一群記者共同在法國的醫學雜誌《Tonus》刊登〈成立無國界醫生組織〉的文章。這就是MSF的緣起。

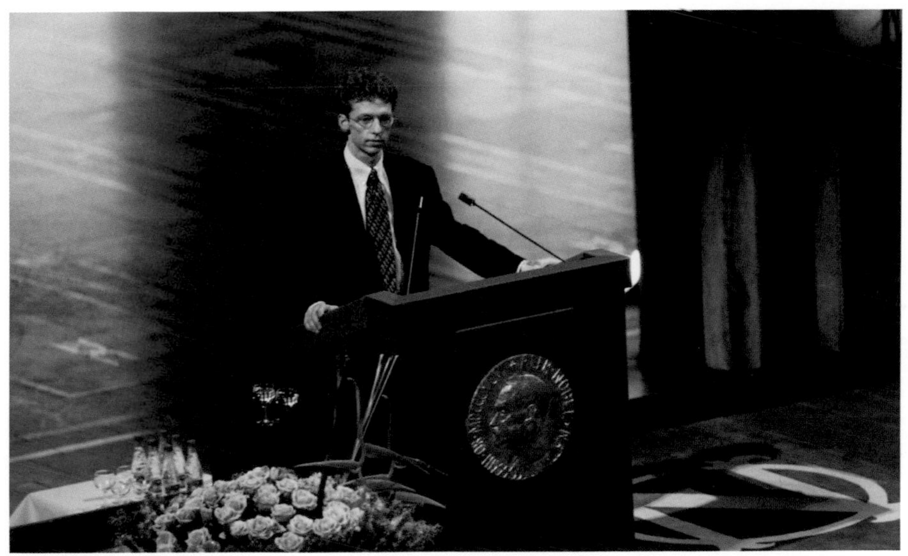

獲頒諾貝爾和平獎上臺發表紀念演說的MSF主席詹姆斯．歐賓斯基。(James Orbinski)
並要求俄羅斯軍隊停止在車臣格羅茲尼的隨機轟炸行為。(1999) ©Patrick Robert

在諾貝爾獎臺上 為飽受「車臣戰爭」 蹂躪的人們大聲疾呼

儘管MSF獲頒1999年的諾貝爾和平獎，他們卻在頒獎典禮上提供「見證」，說出人們如何慘遭車臣戰爭摧殘，悲慘地活在水深火熱之中。今城先生說：「獲得諾貝爾和平獎，剛好成為我們向全世界呼籲的大好機會。因飛彈轟炸造成車臣市民的犧牲，這絕對是天理不容的事情。」舘先生接著表示：「即使做這些事無法立刻改變現狀，但我們只求早日趕到無法得到醫療協助的傷患身邊，因此必須絞盡腦汁嘗試任何方法，讓更多人了解人道危機的實際情況。為了打破現狀，MSF持續地提供見證，這是我們永遠不變的精神。」

阿富汗昆都士的一間醫院遭遇轟炸。牆壁受飛彈攻擊破一個大洞。（攝於2015年10月）©Victor J. Blue

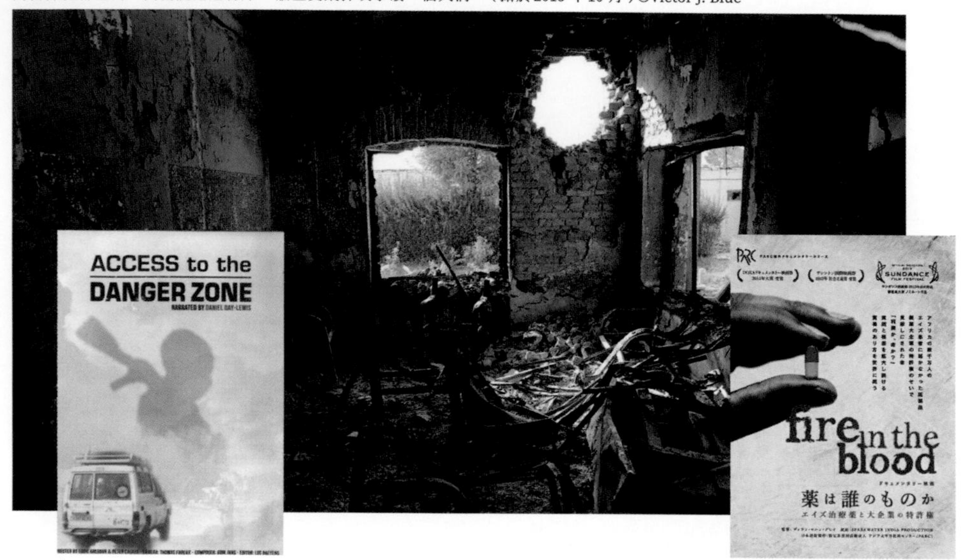

《Access to the Danger Zone》DVD封面 ©MSF

《Fire in the Blood》DVD封面
銷售處：「NOP非營利組織 亞洲太平洋資料中心（PARC）」
http://www.parc-jp.org/

生命現場的紀錄片

那麼，該怎麼做才能使「不為人知的事實」化為力量，進而打動人心呢？根據MSF宣傳活動的原則，若要記錄活躍在戰場前線的醫生，絕對不能拍出像電影中煽情的刻板情節，也儘量不拍攝流血畫面或受傷部位。舘先生說：「醫療組織面對這些場面，其實早已司空見慣。然而重要的是，不應引起大眾無謂的情緒波動。」的確，以規定來說或許如此，但透過電視或大銀幕去看MSF時，觀眾無一不被煽情的地方感動吧。不過，一部貼身近拍MSF的長片紀錄片電影《深入危城》（Access to the Danger Zone）就嘗試以客觀角度，描述在戰爭地區進行救援活動的MSF工作人員，以及傷病患者的實際情況。藉由密集採訪MSF工作人員、傷病患者，以及其他重要的國際組織相關人士，傳達出更客觀的「人道救援活動」研究考察。此外，還有一部描寫藥物專利權，在開發中國家造成

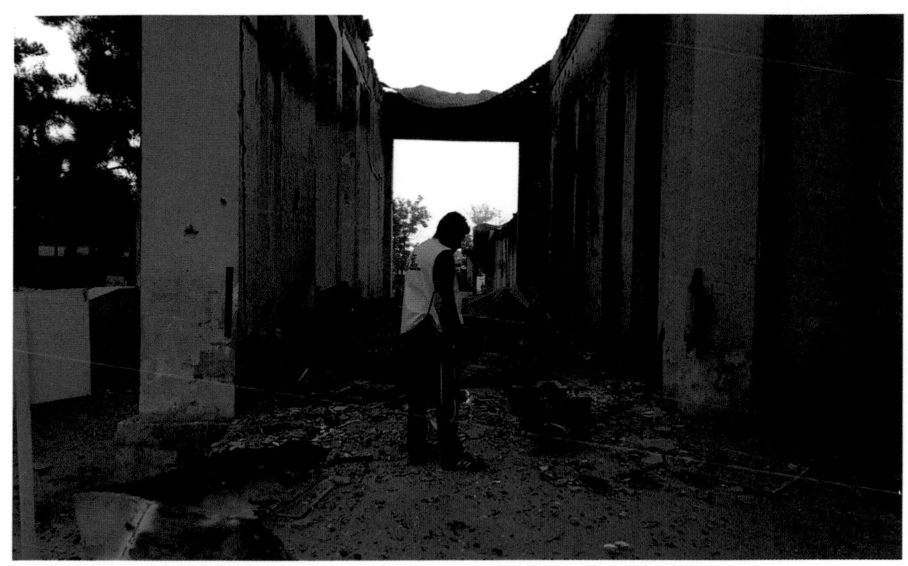

阿富汗北部昆都士遭到美軍轟炸的隔日，MSF工作人員佇立在醫院創傷中心前。（攝於2015年10月3日）©MSF

醫療問題的紀錄片電影《血中火焰》（Fire in the Blood），揭露許多人無法獲得愛滋治療藥物而喪命的現實慘狀。實際上，在這些國家為病患看診的無國界醫生組織，就積極地向世人控訴無管道取得治療藥物的問題。透過媒體以及紀錄片的影像，便能產生廣大迴響的群眾聲音，加上諾貝爾頒獎典禮上的大聲疾呼，進而發生變化。「我不認為一部電影或照片可以改變什麼，每個人都持續不斷地發出聲音，才是最重要的事情。」

「別攻擊醫院！」守護拯救生命的地方

如果因為戰爭，導致市區唯一的醫療設施遭受轟炸而全毀，那該如何是好？一段悲劇的影像作品《希望：為何我們無法拯救她的生命》（HOPE : Why we can't save her life；紅十字國際委員會），在2018年獲得坎城國際創意節（International Festival of Creativity）的大獎。影片內容建構於曾經發生過的事實。2015年，

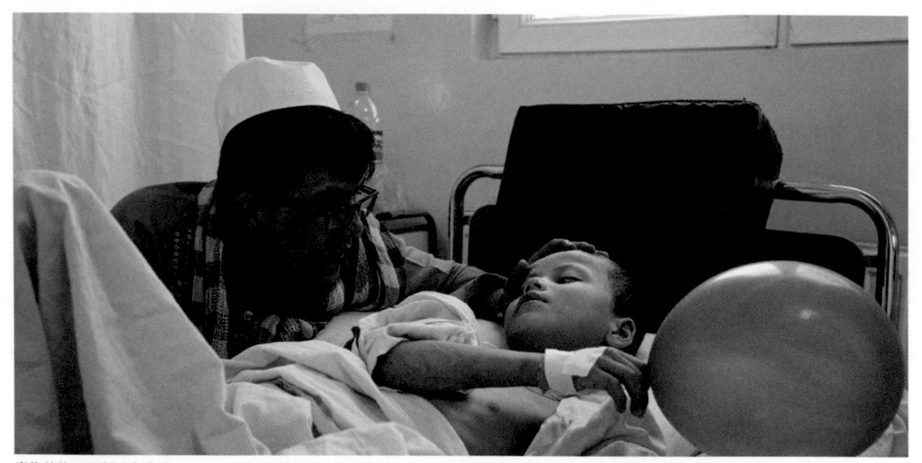

轟炸前的MSF醫院創傷中心，一名父親正探望戰火下重傷的孩子。隨著醫院被轟炸，這些傷患接受醫療救援的機會也遭到剝奪。
（攝於2015年5月）©Andrew Quilty／Oculi

在阿富汗昆都士，一間由MSF成立的醫院遭遇了猛烈地炮火攻擊，造成42人不幸身亡；這是MSF成立以來，失去最多傷患與工作人員的重大事故。「《國際人道法》規定，戰爭時禁止攻擊一般人民與醫療設施場所。MSF會定期通知塔利班組織與美軍，傳送醫院地址的詳細GPS定位。儘管如此，醫院仍然遭到轟炸，這並不能以過失或誤擊的理由來搪塞。」無論醫院收容傷病患者的國籍為何，只要把目標瞄向正在接受治療的人，這種攻擊就是無視《國際人道法》的行為。「其實，可以透過第三方委會進行監視，判斷這些攻擊行為是否遵守《國際人道法》。然而，這項調查必須經過當事國家的同意才能啟動。美國與阿富汗並沒有同意這一次的調查。也就是說，這次攻擊在美軍單方面的調查下結束，所以我們透過所有媒體，把現場實際發生的真相持續傳播出去。有媒體以『美軍誤擊醫院』的字眼來播報，我們一一聯絡對方，提出正確報導內容的更正建議。」美國《時代》雜誌記載了當時的經過，同時內容也翻譯成日語，刊載於《COURRiER Japon》雜誌中，有興趣的讀者不妨一讀。

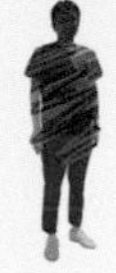

Takashi Nishihara

西原孝至

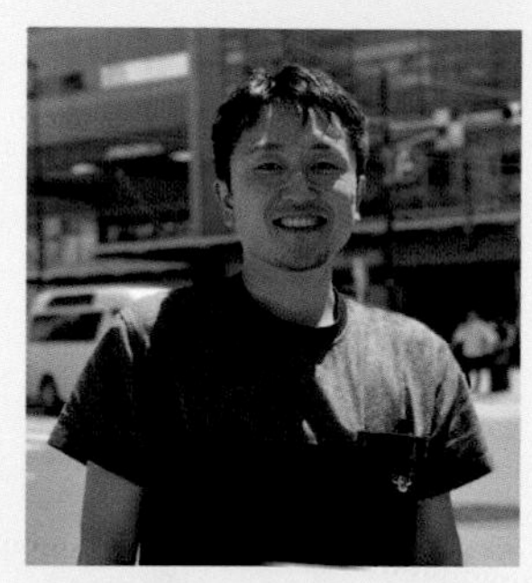

2014 年，發表電影《愛的原點》(Starting Over)，受邀參加包括加拿大多倫多國際影展 (TIFF) 等日本國內外十多個影展。2016 年，密集跟拍SEALDs活動的紀錄片《關於我的自由》(わたしの自由について) 於日本全國15 間電影院上映，並入圍Hot Docs加拿大國際紀錄片影展。2017 年，記錄「盲聾者」日常的《活在朦朧中》(もうろうをいきる) 上映。2019 年《姊妹情》(シスターフッド) 上映。http://www.about-my-liberty.com

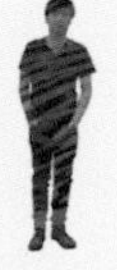

Jet Leyco

傑特・雷伊可

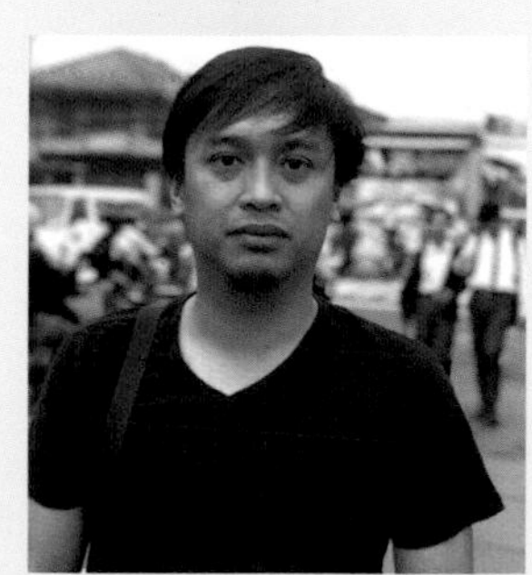

出生於菲律賓馬尼拉。認識拉夫・迪亞茲 (Lav Diaz) 之後，開始接觸另類電影，後來得到APFI獎學金學習電影製作。長片執導作品《巡警生涯》(Ex Press) 於韓國全州國際電影節 (榮獲評審團特別獎)、台灣國際紀錄片影展、荷蘭鹿特丹國際影展正式上映。作品《明日再聊，今夜已深》(Leave It for Tomorrow, for Night Has Fallen) 獲鹿特丹國際影展的巴爾斯 (Hubert Bals) 基金劇本發展獎助，並於該影展上映。《女孩消失後》(Matangtubig) 於新加坡國際影展與加拿大奇幻國際電影節上映。

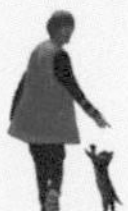

Hiroki Kawai

河合宏樹

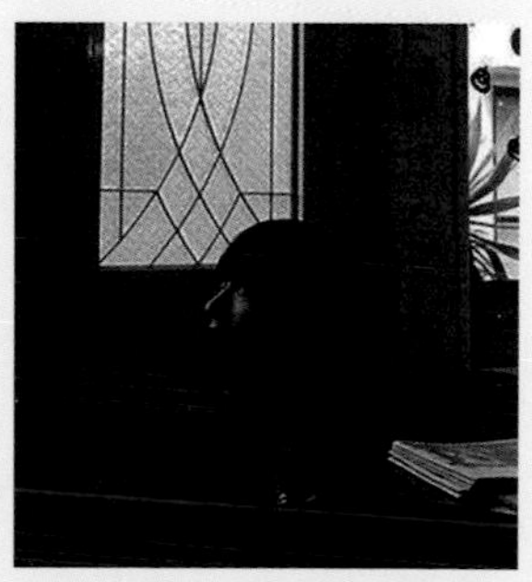

2011 年311 東日本大地震過後，持續拍攝音樂家、表演者，把焦點放在表現者的身上。不僅記錄影像，還收藏「影像作品」。製作團隊名為「Pool Side Nagaya」。2014 年開始，密集進行古川日出男等人在震災地區，展開為期2年的表演《銀河鐵道之夜》朗讀劇的拍攝工作，完成紀錄片《真實之歌～追蹤朗讀劇《銀河鐵道之夜》》(ほんとうのうた～朗読劇「銀河鉄道の夜」を追って～)，並於日本全國各地上映。2016 年，首次執導吟遊詩人七尾旅人的實況影像作品《士兵A》(兵士A)，記錄他飾演一位死於戰場自衛官的吟唱故事，並於日本全國電影院上映。2020 年《歌的序章》(うたのはじまり) 上映。

松井至

《希望你在這裡》（あなたがここにいてほしい）

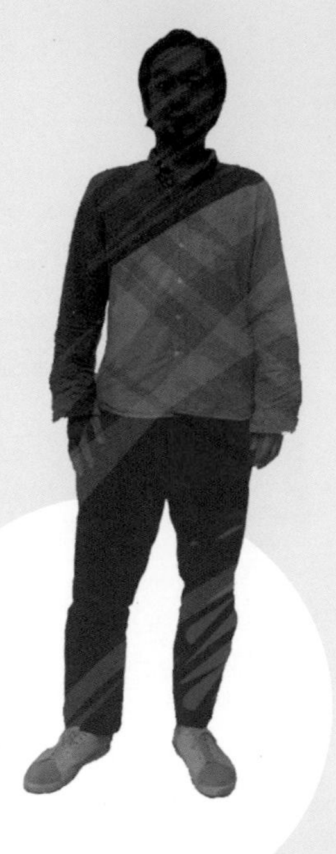

十幾歲那時候，我的好朋友罹患了精神病。我找他一起住同一棟公寓，勸他一定要和人說話，還要好好吃飯。我心裡的某個地方，一直覺得「自己是正常的，而他生病了」。後來，他的病情惡化，沒有什麼方法能治療他的精神異常。我們共同生活4年，就在他交了女朋友同時，我們也停止往來了。之後，我們完全沒有任何聯絡。我在心裡告訴自己：「光是應付自己的人生，每個人就有忙不完的事情了。」於是我選擇冷漠對待。但是，モカ（MOCA）不一樣。她過去有自殺未遂的經驗，所以希望自己能搶先一步，把想說的話送給自願自殺者，阻止對方自殺。在她的努力下，她變成了許多陌生人的依靠，每一次在左右他人生死的諮商結束之後，諮商者都會展開笑容說：「心裡舒坦多了！」因此，我想拍攝她的故事。我想看看，自己辦不到的事，她是如何完成的？而這一次，我希望可以對自己說：「一個人能夠相信另一個人的人生，也能夠阻止另一個人的自殺。」我想把這部紀錄片，送給被逼到無路可退、下一秒想自殺的人，或是像過去的我一樣，選擇冷漠以待的人；希望能將這份心意傳送給每一個人。

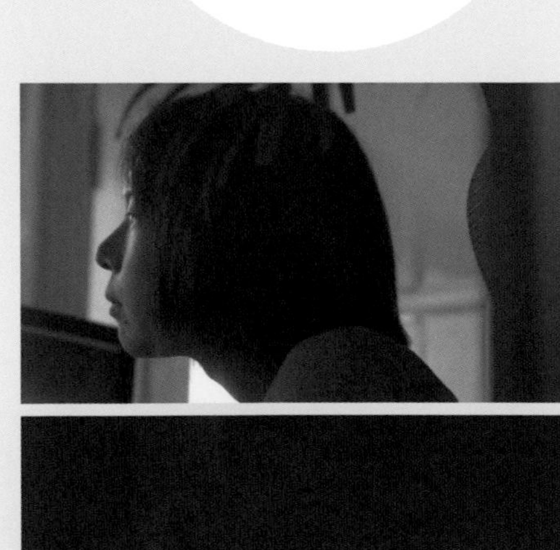

《希望你在這裡》

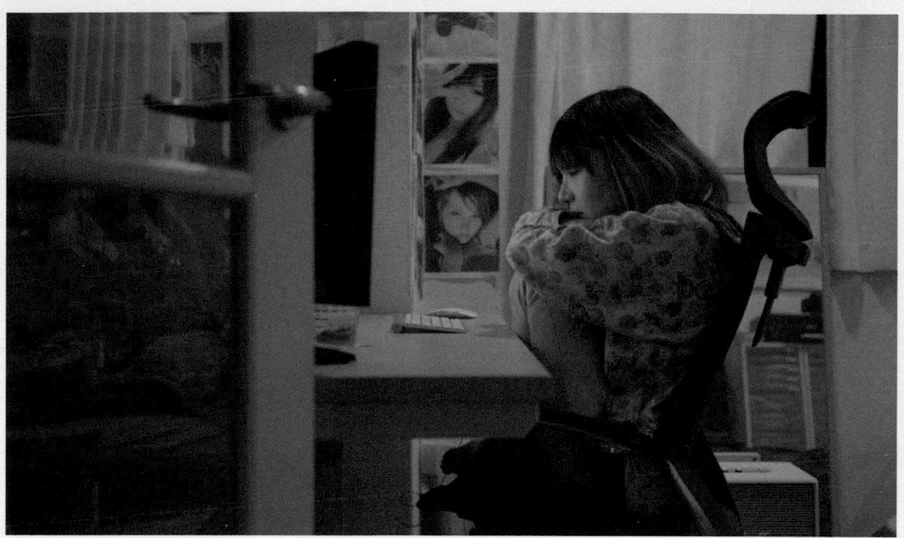

《希望你在這裡》

MOCA 3次，死亡

這個時代的日本，自願自殺者不斷增加。2017年，在日本神奈川縣座間市的一間小公寓，有人利用自願自殺者，造成大量殺人的事件（編註：座間9遺体事件）。這些不幸身亡的人，如果事前知道MOCA的存在，尋求諮商，也許就不會發生如此可怕的悲劇了吧。MOCA曾經跳樓自殺未遂，獲救後開了一間免費的煩惱諮商室。紀錄片導演松井至看到MOCA的瘋狂與堅強，以及她的人生感到極大震撼，不禁想起自身青少年時期所經歷過的失落感，於是興起拍攝她的念頭。MOCA歷經複雜的家庭環境、性少數者的身分，但她最後克服躁鬱問題，成立「煩惱諮商室」。十多歲時動了變性手術，這是她第1次經歷「社會之死」；20多歲時從12樓的公寓一躍而下，這是她經歷「第2次的死」；如今，她選擇「第3次的重生」，再活一次。曾經徘徊在生死邊緣的她，溫柔地教諭受到死亡召喚的年輕人，引領他們回到「生」的門邊。松井導演拍攝MOCA結束後，於2017年的Docu Memento祭典活動上放映。觀看過這部作品的《朝日新聞》將其刊載後，曝光度大增。後來，向她尋求諮商的件數，竟然超過了600件以上。松井導演預計以這部記錄她真實生活的紀錄片，參加2018年的東京紀錄片提案大會。今後，松井導演依然會繼續記錄MOCA的生活，期盼更多人能聽見她笑容可掬的聲音。

作品在影展或座談會上發表
上映、媒體曝光
紀錄片導演對拍攝對象的影響
對抗命運的自由意志
動機／發現
與作品相關的命運交錯
紀錄片導演的命運軸
拍攝對象的命運軸
補充說明

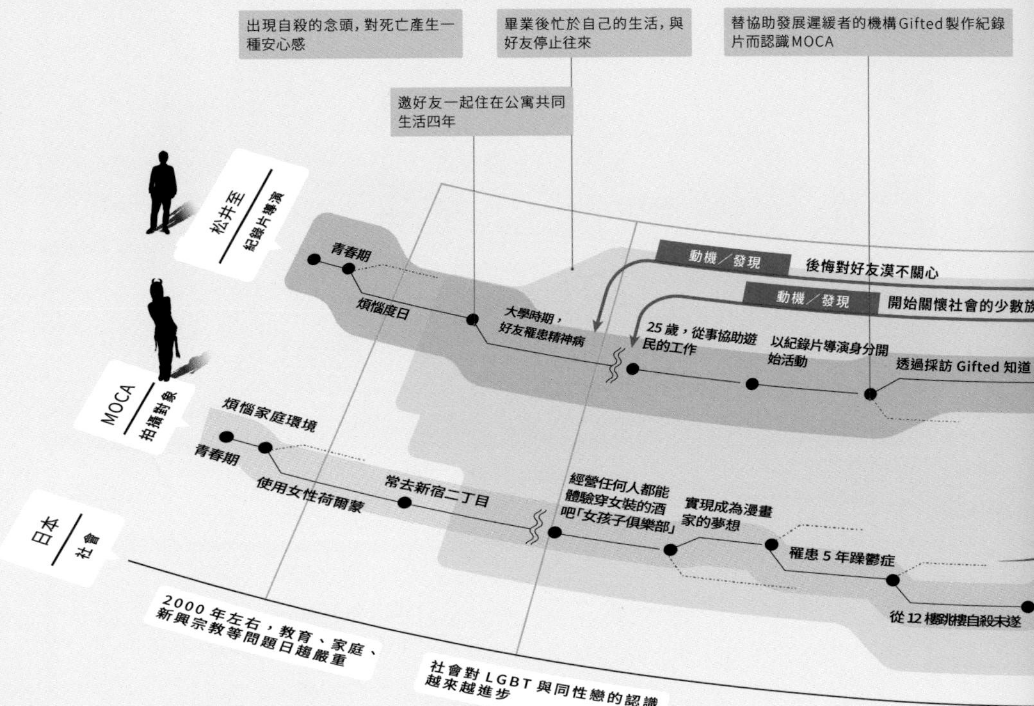

新興宗教　在紊亂失序的社會變動期裡，一般人的欲望得不到滿足、渴望世界變得更好，許多平庸之輩開始自稱教祖，以傳奇人物的言行舉止，吸引一般大眾崇拜，成為一種流行風潮。一般而言，這些新興宗教成立的時期較新，在西元2000年後到現在，約有350至400個宗教團體成立，日本人的信仰人數約占一成。

LGBT　性少數族群（Sexual Minority）的總稱。從女同性戀者（Lesbian）、男同性戀者（Gay）、雙性戀者（Bisexual）與跨性別者（Transgender）的英文單字取第一個英文字母而來。

MOCA　完成跨性別手術的女性。在東京新宿二丁目，經營一間歡迎任何人來體驗女裝的酒吧，並提供置物櫃租賃，以及人生諮商室等服務。

MOCA的店　在東京新宿二丁目，一間歡迎任何人來體驗女裝的酒吧，並提供置物櫃租賃，以及人生諮商室等服務。詳情參考：http://uni-web.jp/。

Gifted　專門為ADHD（注意力不足過動症）、ASD（自閉症譜系障礙）等發展遲緩者，提供特別課程、設計等學習，並且輔導就業的協助機構。

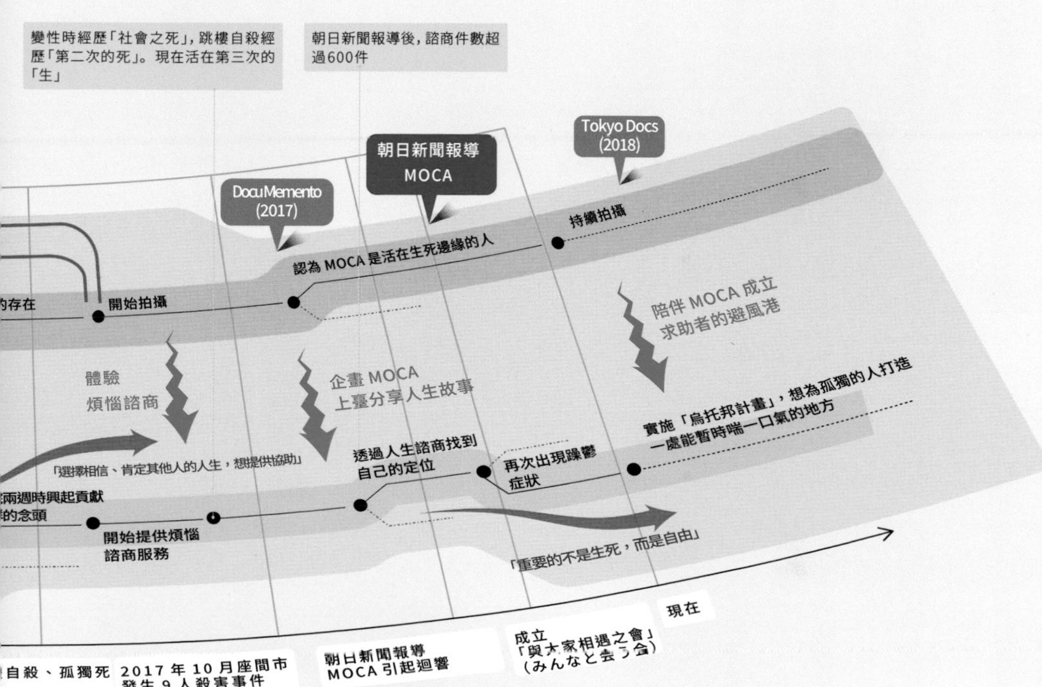

座間事件 神奈川縣座間市的一間公寓，兇手透過社群網站認識受害者，最後9名男女在公寓慘遭殺害的事件。

Docu Memento 由松井至、內山直樹等新生代紀錄片導演共同舉辦的活動，希望能打破「創作者、表演者、觀眾」的框架，以體驗全新型態的紀錄片為目標。

與大家相遇之會（みんなと会う会） 每月舉辦一次。以MOCA為中心的交流會，懷抱著「希望孤獨的人能齊聚一堂而不再孤獨」的理念，提供任何人自由參加的一項免費活動。

傑特．雷伊可

《巡警生涯》

2016年，菲律賓國有鐵路向日本採購電車列車，並邀請媒體參加試乘活動。列車命名為Bbicol Express，從馬尼拉出發到終點那牙，總計需要16個小時。菲律賓政府事前宣傳，這項建設計畫是國家進步的象徵，然而過程中卻遭遇到不少困難。無論多麼進步，衝突紛爭總是會隨之而來。我透過鏡頭記錄了這些紛爭的問題點，終於得以瞭解——危險的鐵路軌道、扔擲石頭的人們、非法侵占房屋者，以及暴力的歷史過去。當時，我們就這樣以電視臺的記者身分，完成這項計畫的採訪任務。然而在採訪過程中，一名男子告訴我這些地區過去的野蠻故事，我體認到自己的個性，與其從事媒體新聞工作，更適合成為一名電影製作者。這部作品嘗試以緩慢電影的實驗精神拍攝而成，透過菲律賓的政治社會體制，我們可以看到它目前的發展，相信能夠成為今後改善進步的參考。本電影已在日本上映。

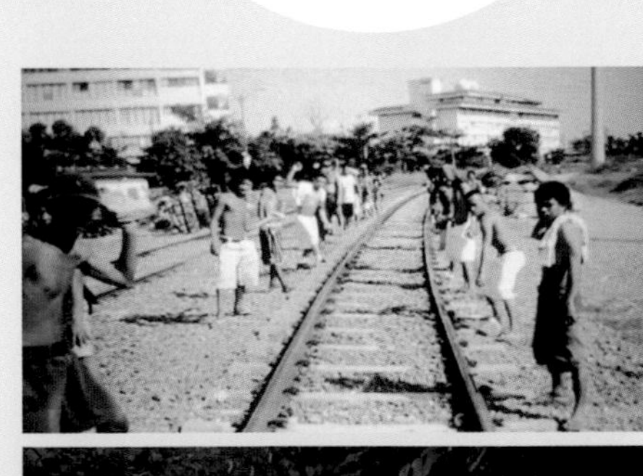

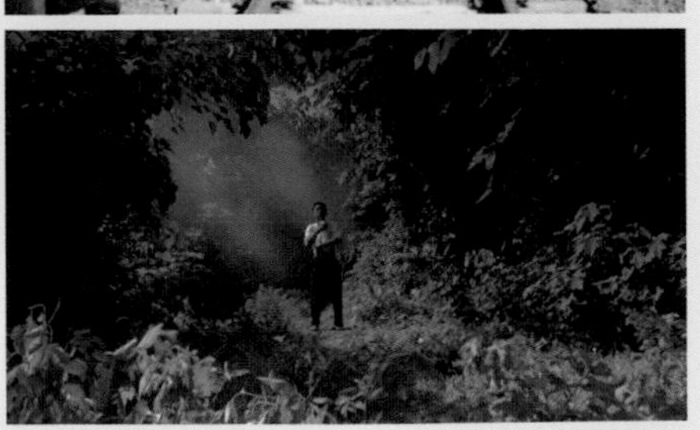

（上）《巡警生涯》
（下）《明日再聊，今夜已深》

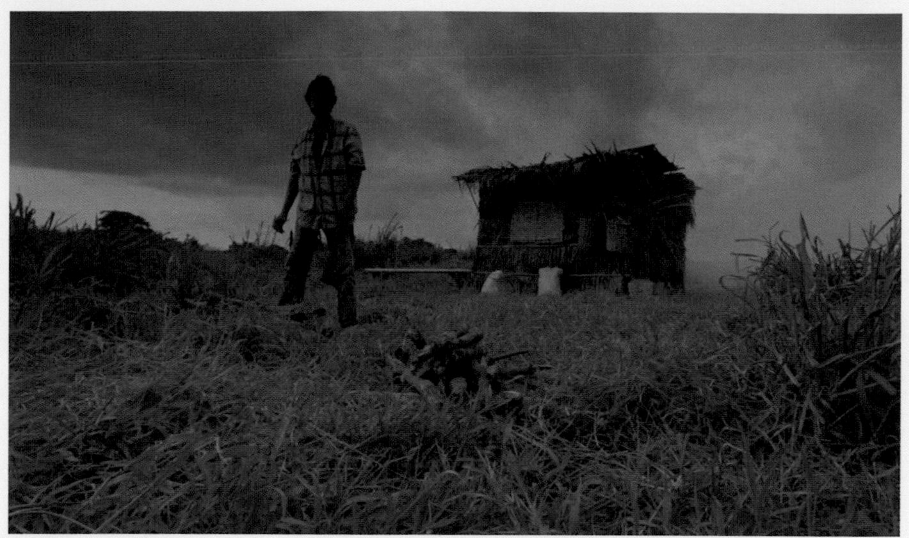

《明日再聊，今夜已深》

悲傷的歷史，至今依舊像鐵道一般

傑特．雷伊可展現出令人耳目一新的才華，運用菲律賓文化中心提供的獨立電影基金完成作品。2013 年，他以首次執導的長片紀錄片電影《巡警生涯》，參加日本山形國際紀錄片影展。在決定拍這部電影之前，他任職於電視臺，採訪工作途中，遇到土石流引發的一起鐵路事故。原本工作計畫是大力宣傳菲律賓國有鐵路的新型列車，反而因為這起事故暴露出過去歷史的不堪。包括：被隱瞞的非法侵占房屋者、鐵路警察的歷史，這些人事物都與菲律賓的歷史緊緊相繫著。傑特．雷伊可採訪時聽說，過去「國家為了建設鐵路，將貧民窟拆除，鐵路警察甚至拿槍射殺居民」。因此在電影中，他把「鐵道路線」隱喻為國家；把一位男性「鐵路警察」隱喻為法西斯主義，並替他取名「Hobbit Paruparann」——現實中曾經迫害人民的一位將軍名字；最後再把「朝向電車扔擲石頭的居民們」隱喻為革命。傑特．雷伊可藉由這些隱喻，描寫菲律賓的過去與未來。今後，「這一類的事件」極有可能會再度發生。過去，菲律賓人犯了好幾次的錯誤，卻立刻把這些事情忘記，並沒有從中獲得任何教訓。對於政治也是一樣，一次又一次地反覆犯錯，最後總是又回到原點。然而，傑特．雷伊可把菲律賓經歷過的悲哀，讓史實與夢想交織在一起，透過影像美麗地描述呈現。那個曾經實施戒嚴令而壓抑的時代，不僅存在記憶裡，此刻更透過電影，提出強而有力的質問。

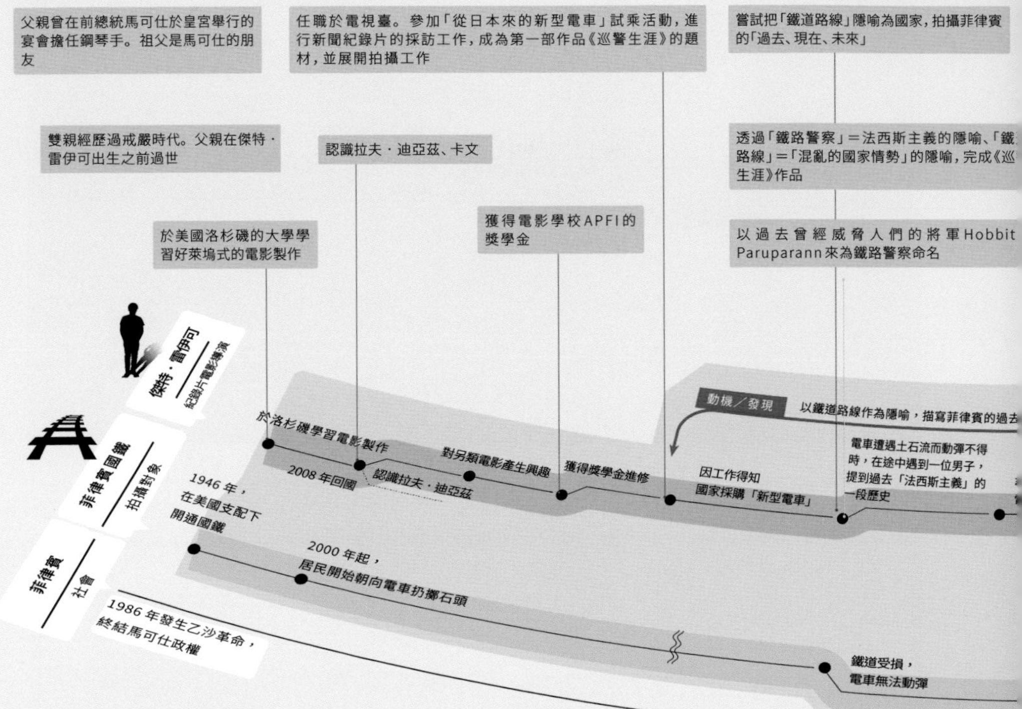

亞太電影學院（Asia PacificFilm Institute） 2004年，菲律賓成立第一所獨立營運的電影大學。在此除學習電影理論課程，還包括古典、現代電影等拍攝技術實作課程。目前，傑特. 雷伊可導演可也在這所大學授課。

《明日再聊，今夜已深》 傑特. 雷伊可導演描寫菲律賓戒嚴時代的第二部長片作品。一位孩子經常問媽媽關於這個時代的事情，媽媽總是以「已經這麼晚了，明天再說吧」的理由結束話題，避而不談這個時代曾經發生過的事情，因而有此電影標題名稱。

乙沙革命 1986年2月，菲律賓軍方改革派將校軍官決定發動政變，直到艾奎諾建立政權的一場革命。當時，馬可仕企圖維持獨裁政權，然而，打算推翻馬可仕政權的小班尼格諾．艾奎諾慘遭暗殺，他的妻子艾奎諾夫人繼承丈夫遺志，代夫出征參加總統選舉。但馬可仕竟公然作票，引發人民群起激憤，最後在馬尼拉的乙沙大道舉行大規模的抗議活動。

卡文（Khavn de la Cruz） 出生於菲律賓的詩人、作曲家、電影導演。目前為止，作品已累計47部電影長片、112部電影短片，每一部作品皆展現其才華，並獲得各獎項肯定。2016年，完成一部由淺野忠信主演、杜可風攝影的電影《殺手情歌》（Ruined Heart: Another Lovestory Between a Criminal & a Whore）。

諾曼．維爾維科（Norman Wilwayco） 馬尼拉出生的作家、音樂家、演員。他的作品「Guerrilla」（游擊隊）於1999年獲得Amado Hernandez Award、2002年獲得Palangca Awards獎項肯定，這部作品帶給傑特．雷伊可導演創作第2部電影的靈感。

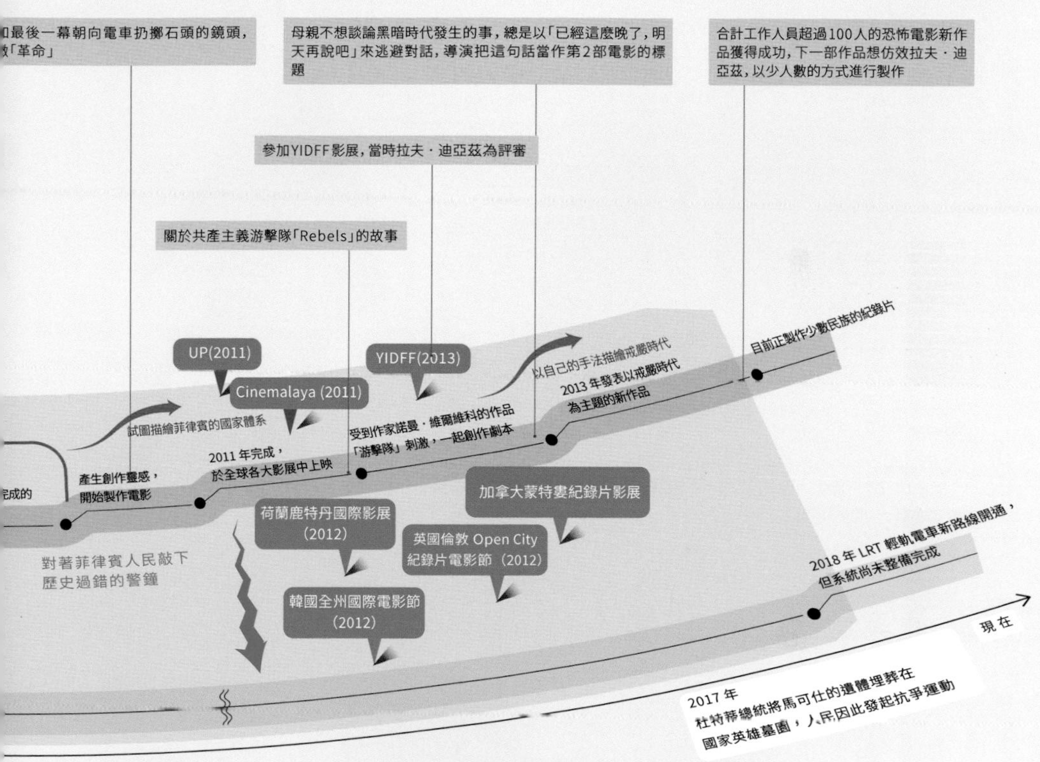

菲律賓國鐵 1946年，美國統治時期開啟菲律賓鐵道事業。電影中以連接馬尼拉與黎牙實比的Bbicol Express為主場景。由於車輛經常遭到石頭扔擲的攻擊，因此所有列車窗戶都加裝了鐵網。

馬可仕(Ferdinand Emmanuel Edralin Marcos) 第10任菲律賓總統，實施獨裁政權，發布長達20年的戒嚴令。乙沙革命後逃亡至夏威夷直到過世。他的兒子邦邦現在回到菲律賓政壇，引發軒然大波。

Hobbit Paruparann 亞羅育政權時期的一位前陸軍少將，於菲律賓群島北部的中央呂宋地區工作，並涉嫌參與當地一起違法的大宗殺人事件。

杜特蒂(Rodrigo Duterte) 出生於萊特島，自2018年起擔任菲律賓總統至今。曾7度連任達沃市長，之後選上總統。杜特蒂養了一批私刑隊，以法外處決的手段殺害犯罪者，使許多人害怕遭到「處決」，因此犯罪率大幅降低。

戒嚴令(Martial Law) 將行政權、司法權等一切權力，全部移交給軍方掌管、指揮的法令。本章節所指的戒嚴令是菲律賓前總統馬可仕所頒布的戒嚴令。馬可仕於1972年9月發布戒嚴令，廢除既有憲法，並實施新憲法，同意國家總統與內閣行政首長同時兼任，最後人民發起乙沙革命而下臺結束政權。

河合宏樹《歌的序章》

聾者攝影師——齋藤陽道先生。

陽道先生20歲時，拋棄助聽器，拾起照相機。相較於「聽」，他選擇「看」。而聲音是什麼顏色？又是什麼形狀呢？

對他來說，拍照是向自己提出疑問的一種表現方式。他的妻子同樣也是聾者。兩人生下的兒子是「聽人」。在兒子的幼兒時期，他面臨對話困難與音樂教育的問題。他曾經討厭歌曲，卻不自覺地開口哼唱搖籃曲，他的意識出現了顯著變化。明明耳朵聽不見聲音，為什麼卻抓得到韻律節拍？而旋律又是從哪裡產生呢？陽道先生為照顧剛出生的兒子，過程中努力嘗試理解何謂「歌」。導演記錄了孩子最重要的成長時期，以及陽道先生的轉變過程。相信為人父母都有這樣的經驗——抱在懷中的嬰兒突然放聲大哭，父母親自然地會哼唱旋律來哄他。毫無自覺唱出的「歌」，到底源自何方？這部紀錄片關注了每個人切身相關的一項原始自然行為——「歌」，並思考其本質意義。

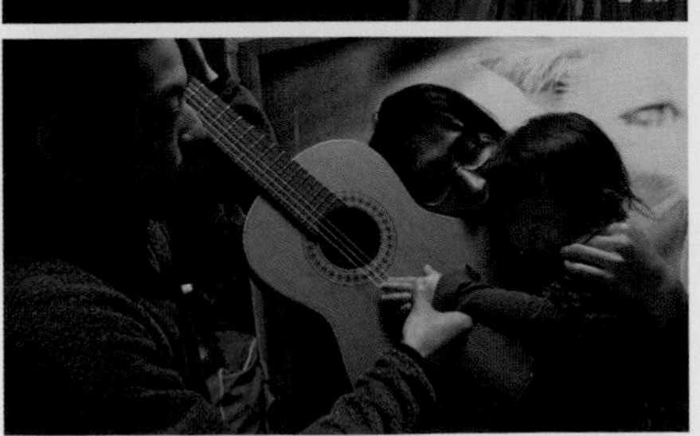

《歌的序章》

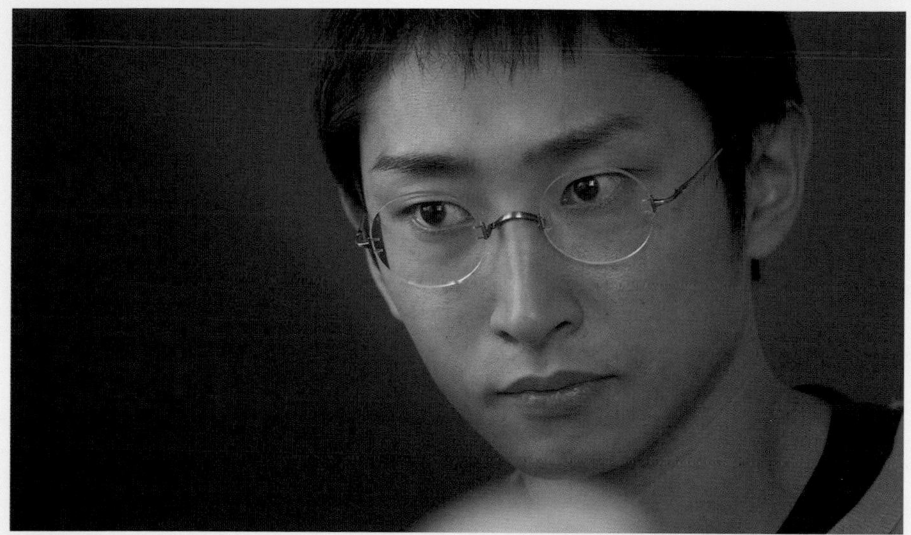
《歌的序章》

找尋真正的歌

有「可怕的孩子」稱呼的法國鬼才導演李歐．卡霍（Leos Carax），曾拍攝一部經典作品《壞痞子》（Mauvais Sang）；哈蒙尼．克林（Harmony Korine）以貼近真實的手法，拍攝一群紐約街頭青少年的故事，敘事風格極為強烈——他們帶給河合宏樹導演許多靈感，開啟了拍攝電影的大門。作品包括：記錄音樂家七尾旅人實況演出的影像作品《士兵A》、密集拍攝古川日出男的表演朗讀劇紀錄片《真實之歌～追蹤朗讀劇《銀河鐵道之夜》～》等，橫跨音樂、藝術與文化領域。河合宏樹持續拍攝紀錄片，不斷追求難以放在故事脈絡中的表現手法。在這部追蹤記錄聽障攝影師齋藤陽道的《歌的序章》中，河合宏樹找到自己過去作品中的創作「初衷」，這部紀錄片也成為他探尋根源的一部作品。彼此都是聽障人士的齋藤夫婦，在使用手語交談時猶如舞蹈，見到這一幕的河合宏樹，興起了一股想拍攝的衝動，於是努力建立彼此平起平坐的信任關係，終於得以透過鏡頭見證嬰兒的出生。接下來，身為「聽者」的孩子，帶給齋藤陽道先生極大的轉變。在照顧孩子時，齋藤先生開始唱起過去曾經討厭的歌，大大地轉動了他們生活故事的齒輪。河合宏樹表示：「透過聾者唱出的搖籃曲，我感到人類原始自然的行為充滿魅力。」他在作品中尋找的「真實之歌」，到底呈現出什麼樣貌呢？。

- 作品在影展或座談會上發表
- 上映、媒體曝光
- 紀錄片導演對拍攝對象的影響響
- 對抗命運的自由意志
- 動機／發現
- 作與作品相關的命運交錯
- 紀錄片導演的命運軸
- 拍攝對象的命運軸
- 補充說明

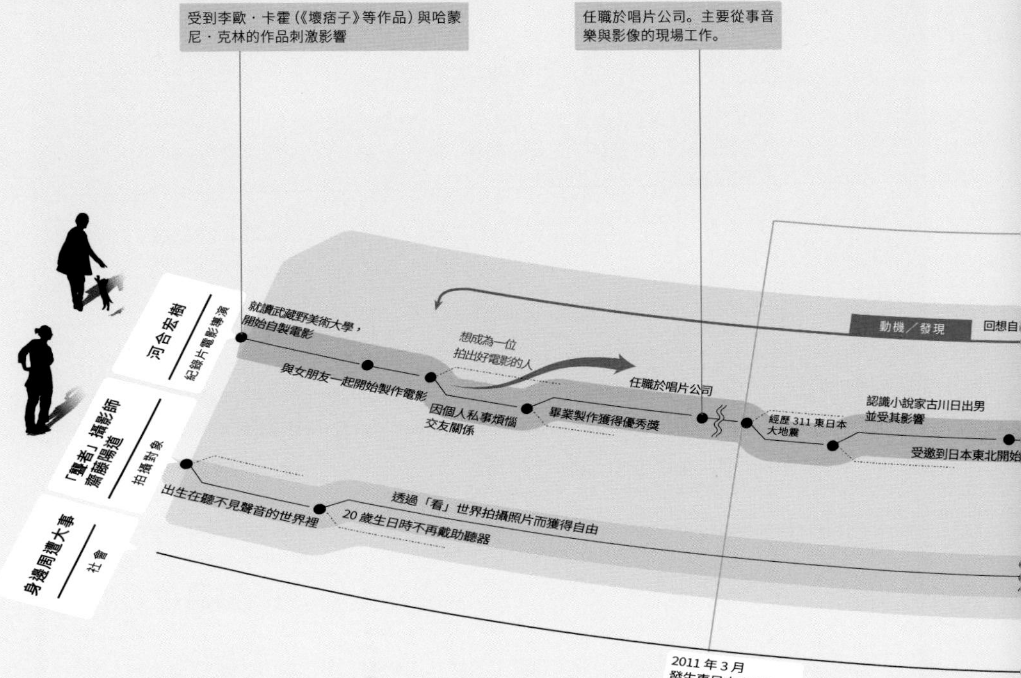

李歐・卡霍　法國電影導演、編劇。出生於巴黎近郊敘雷訥城市。與尚賈克．貝內克斯（Jean-Jacques Beineix）被稱為「可怕的孩子」（從尚．考克多Jean Cocteau的同名小說與電影的名稱而來），在法國新浪潮（La Nouvelle Vague）運動後，為法國電影界帶來「新新浪潮」。

《壞痞子》　1986年的法國電影。李歐・卡霍導演以不久的將來為時空背景，運用科幻類型的黑色電影風格，譜出一段浪漫故事的青春電影，是《男孩遇見女孩》（Boy Meets Girl）到《新橋戀人》（The Lovers on the Bridge）3部曲中的第2部作品，也是他電影長片中的第一部彩色電影作品。

哈蒙尼・克林　美國電影導演。成長於美國田納西與紐約。父親是紀錄片電影製片人。19歲創作的劇本《衝擊年代》（Kids），受到電影導演賴瑞克拉克（Larry Clark）青睞拍成電影，相當受到矚目。

飴屋法水　劇場導演、藝術家、動物交易商、一兒之父。1978年加入唐十郎的狀況劇場。1984年獨立，以劇場導演之姿成立「東京大木偶」（Tokyo Grand Guignol），藉由活靈活現的戲劇，批判當代都市與社會體制而受到矚目。1990年過後，活動範圍擴及藝術領域。身分包括劇場導演、舉辦展覽會、與音樂人共同現場演出、寫作，以及飼養販賣動物，觸及領域相當廣泛。2014年，與福島縣磐城綜合高中學生共同完成的劇作《藍色防水帆布》（ブルーシート），榮獲第58屆岸田國士戲曲獎。

《寫真翻譯：春與修羅》（写訳 春と修羅）　這本寫真集是

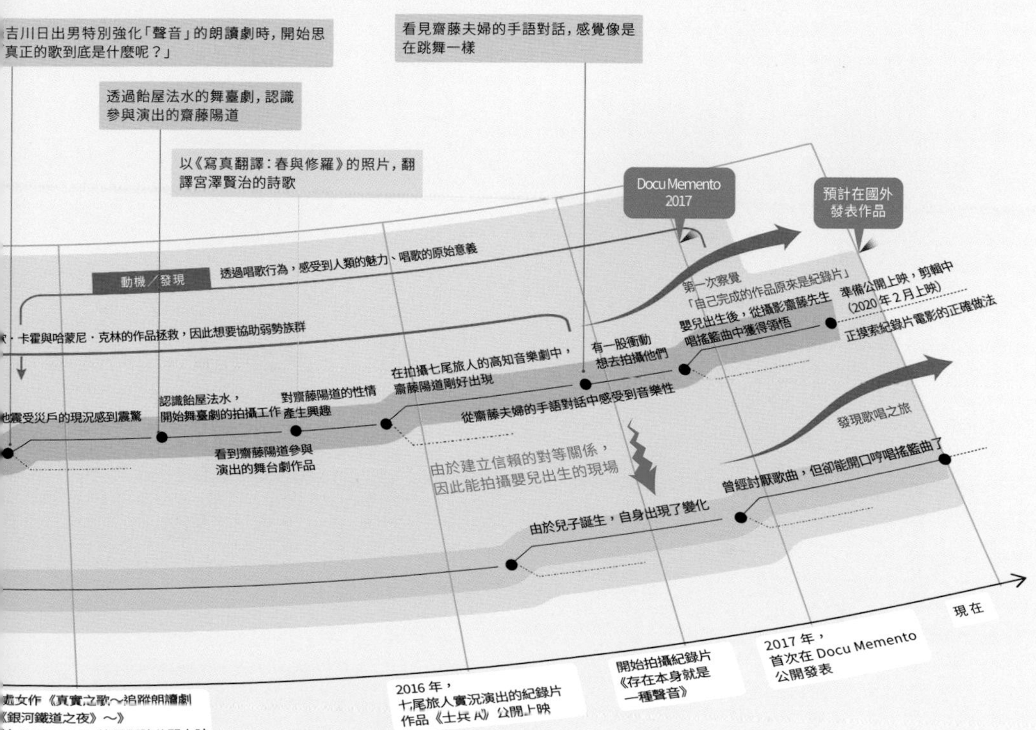

生活於無聲世界的齋藤陽道，在東北地區拍下的照片選集，透過照片詮釋宮澤賢治的4篇詩集，描繪出彼岸世界的協調音律。只要用心聆聽，一定能感受到語言深處裡無限迴盪的聲響。

七尾旅人 日本創作歌手。發行CD專輯《911FANTASIA》、《Little Melody》之後，再以《Rollin' Rollin'》、《Circus Night》等作品走紅。他曾舉行過非常特殊的音樂會「百人組手」，以即興演唱者之姿，與所有參加的樂手持續進行即興音樂的對決。

《士兵A》 七尾旅人首次實況演出的影像作品，他為演出剪短頭髮，詮釋第一位死於戰場的自衛官。故事橫跨百年，劇中的音樂幾乎由新曲構成。

齋藤陽道 出生於東京的攝影師。石神井啟聰學校畢業。榮獲第33屆佳能寫真新世紀優秀獎。2011年，攝影集《感動》（赤赤舍）出版上市。其攝影的特色是，能夠打破所有類型與框架，率真地面對拍攝對象。

吉川日出男 日本小說家、劇作家。出生於福島縣郡山市。1998年以作家身分推出小說《13》正式出道。2001年，以《阿拉伯夜晚的種族》（アラビアの夜の種族）獲頒日本推理作家協會獎、日本科幻大獎雙重獎肯定。2006年，以《LOVE》榮獲三島由紀夫獎。2008年出版長篇小說《聖家族》。2015年以《女性三百人的背叛之書》（女たち三百人の裏切りの書）獲得野間文藝新人獎、2016年獲得讀賣文學獎。另外，亦嘗試把文學化為聲音，擔任朗讀劇《銀河鐵道之夜》的腳本、導演工作。

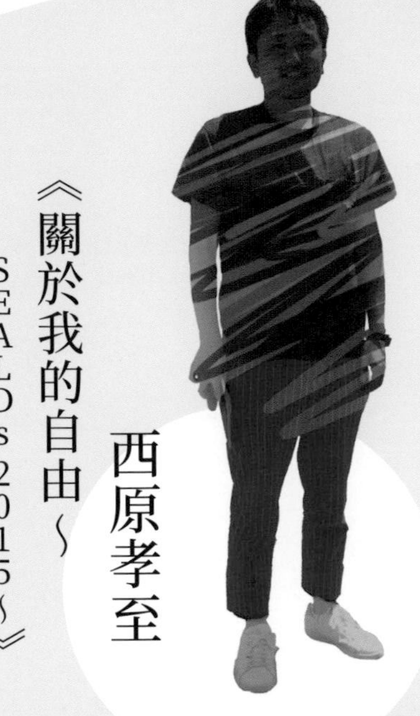

西原孝至

《關於我的自由～SEALDs 2015～》

2016年春天，我第一次知道SEADs的存在。日本以和平國家之姿運作了70年之久，然而就在這一年，政府竟然想要大幅修改國家的安全保障。安倍晉三首相所率領的自民黨，向國會提出新的安全保障關聯法案，其中包括同意行使集體自衛權，一百八十度改變過去以來的憲法解釋。我一開始感到茫然不解，但身為一介市民，我覺得記錄SEALDs的抗爭運動是有意義的。所以，只要一有示威活動，我一定會帶著攝影機前往現場。然而，我拍攝這些過程，並不是專程聽誰說話，而是感動於他／她們用自己的語言去對抗世界的身影。因此，我也會追蹤抗議示威以外的其他活動。在這過程之中，我不停地問自己：「自己還能夠幫忙些什麼？」最後，我決定以獨立製作的方式，把所有拍過的存檔影片，製作成一部紀錄片電影。我認為，SEALDs確實走在改變日本的道路上。「結束之後，才會有開始吧。」「也許社會不會改變。但是，我證明自己活在這裡。」從放棄到出發，這幾位年輕人發起的這場社會運動，在21世紀的日本是多麼深具意義啊。而這部電影，完整記錄了這幾位年輕人從摸索到展開社會運動的半年時光。

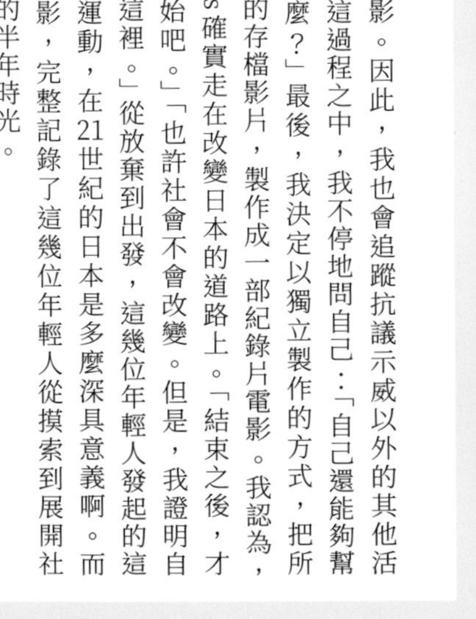

©2016 sky-key factory, Takashi NISHIHARA

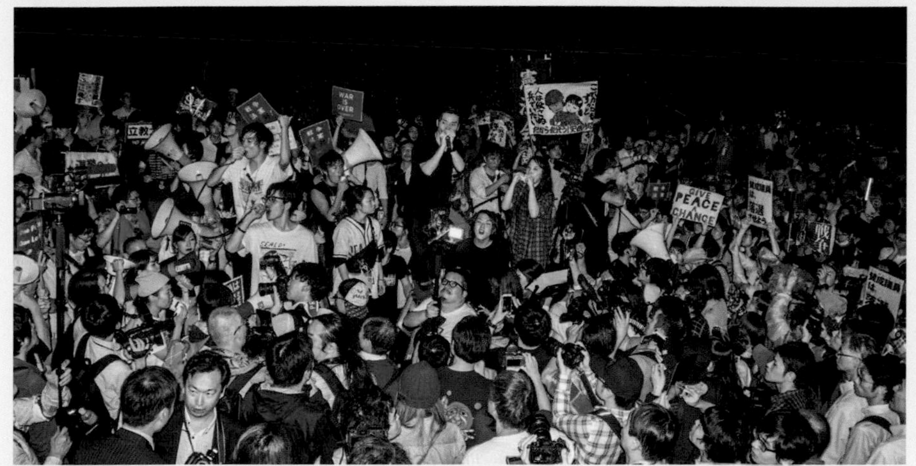

©2016 sky-key factory, Takashi NISHIHARA

沒有什麼是不能改變

2011 年，西原孝至導演在新宿車站經歷了311 東日本大地震，隨即看到家電賣場整排電視播出的景象，內心受到極大震撼。那一刻，他領悟到「這個世界沒有什麼事物是絕對的」，接著踏上影像創作者的道路。過了4 年後，西原孝至把鏡頭聚焦在一個學運團體「SEALDs」（當時名稱為SASPL）上，他們對當時的安倍政權產生了危機感。2015 年夏天，在安保法案即將強行通過的前一晚，他們聚集在國會議事堂前，展開大規模的抗議活動。一位男學生憤怒地大聲朗讀《憲法》前言並且吶喊：「這是我的語言！」「你們不該蠻橫通過法案！」而另一位女學生則以真誠的態度，深切地訴說著自己的「理念」。學生的抗爭行動，不久後終於影響民意，產生了極大轉變。學生們的這場運動，最後會出現什麼結局呢？西原孝至透過了影像，把這一切過程記錄下來。它也許是西原孝至在2011 年體悟到「沒有什麼事物是絕對的」、「沒有什麼是不能改變的」想法的一項印證工作吧。2016 年7 月，音樂人三宅洋平在街頭發表了一場結合了自己的音樂人生、名為「選舉嘉年華」的政見發表會。這場演說力道強勁，引發了社會大眾的議論。於是，西原導演把學生們在夏天的抗爭運動，以及這場街頭演說一併收錄在紀錄片中，取名為《關於我的自由～SEALDs 2015～》，並且公開上映。1 年過後，他特別選在SEALDs成立的一週年，同時也是日本實施《憲法》70 週年的《憲法》紀念日這一天——2017 年5 月3 日發行DVD。如今回想起來，這場發生在2015年夏天的事件，對我們每一個人具有什麼樣的重要意義呢？

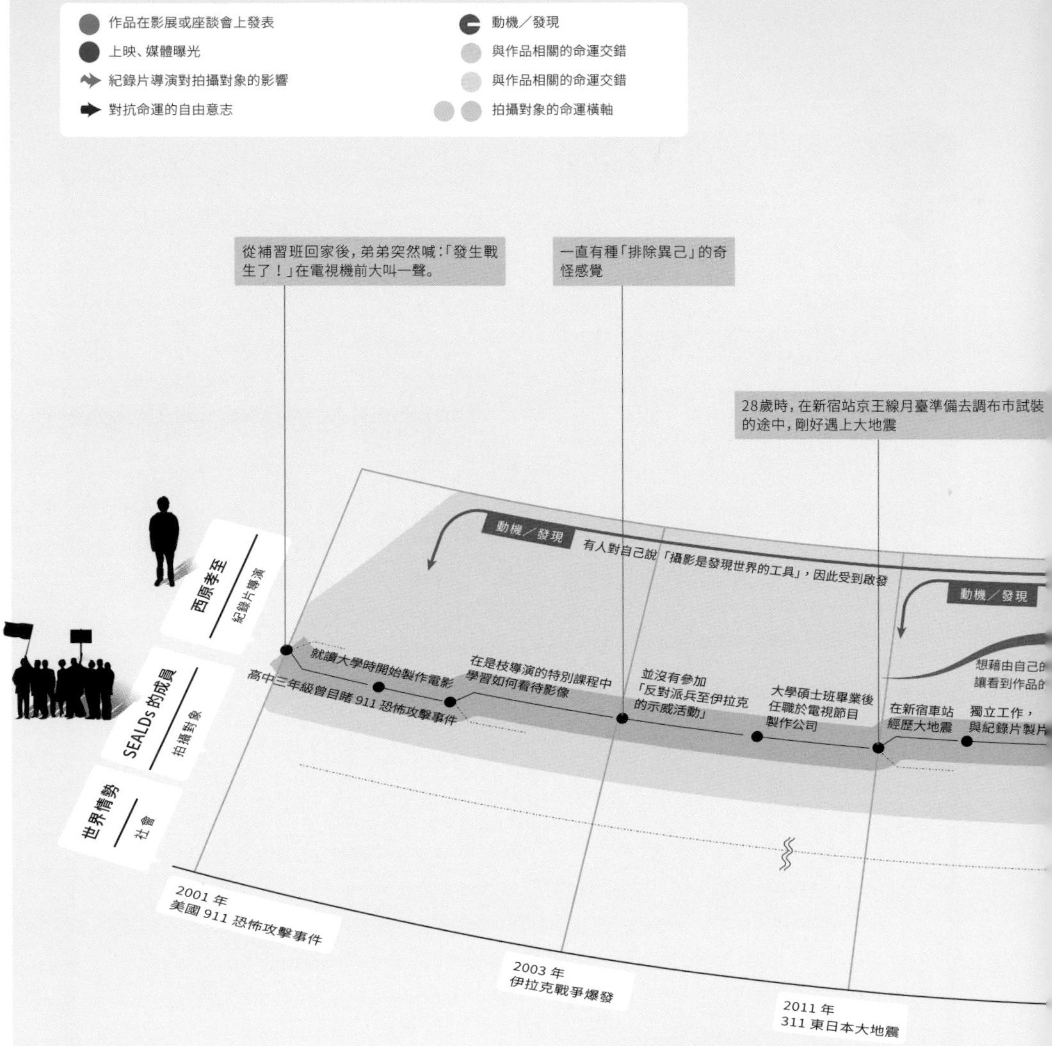

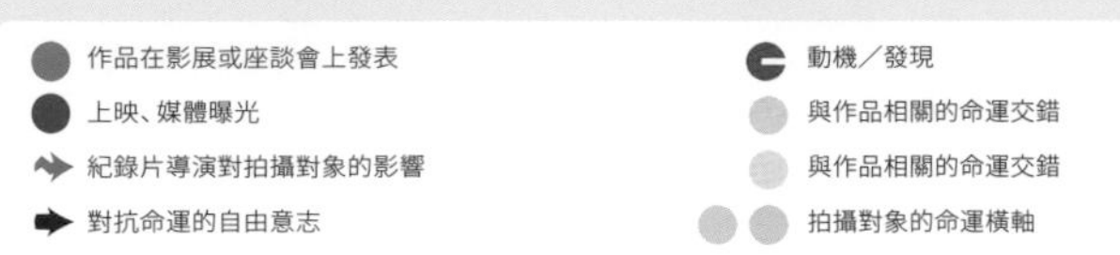

從補習班回家後，弟弟突然喊：「發生戰生了！」在電視機前大叫一聲。

一直有種「排除異己」的奇怪感覺

28歲時，在新宿站京王線月臺準備去調布市試裝的途中，剛好遇上大地震

西原孝至
紀錄片導演

SEALDs 的成員
拍攝對象

世界情勢
社會

動機／發現
有人對自己說「攝影是發現世界的工具」，因此受到啟發

動機／發現

想藉由自己的
讓看到作品的

高中三年級曾目睹 911 恐怖攻擊事件
就讀大學時開始製作電影
在是枝導演的特別課程中學習如何看待影像
並沒有參加「反對派兵至伊拉克的示威活動」
大學碩士班畢業後任職於電視節目製作公司
在新宿車站經歷大地震
獨立工作，與紀錄片製片

2001 年
美國 911 恐怖攻擊事件

2003 年
伊拉克戰爭爆發

2011 年
311 東日本大地震

是枝裕和 在TV MAN UNION製作公司拍攝紀錄片節目。首度執導電影《幻之光》（幻の光）榮獲義大利威尼斯國際影展最佳攝影獎。以《下一站，天國！》（Wonderful Life）榮獲法國南特影展（三洲影展，Festival des3 continents）最佳影片。參加《無人知曉的夏日清晨》（誰も知らない）演出的柳樂優彌榮獲法國坎城國際影展（Festival de Cannes）最佳男主角。2018年，作品《小偷家族》（万引き家族）獲頒坎城國際影展最高榮譽金棕櫚獎。2014年起擔任早稻田大學理工學院教授。

SASPL 在日本一般稱為SASUPURU（Students Against Secret Protection Law特定秘密保護法に反対する学生有志の会），由一群在東京首都圈的學生成立的團體，主要訴求為反對《特定祕密保護法》。曾在日本首相官邸前進行抗議活動，SASPL在該法案於2014年12月通過實施之後解散。

SEALDs 由一群日本學生發起守護自由與民主的緊急行動，全名為Students Emergency Action for Liberal Democracy-s。2015年5月3日，學生對日本安倍政權產生危機感，以延續SASPL精神所成立的團體。針對立憲主義、生活保障、和平外交等相關議題，向政府、社會大眾提出問題或舉辦研討會。

《首相官邸前的人們》（首相官邸の前で） 社會學者小熊英二首次執導的紀錄片。記錄2012年夏天，約20萬日本公民要求廢核與重建民主主義，聚集在首相官邸前表達訴求的情況。2015年9月公開上映。

奧田愛基 日本學運領袖。因反對日本《平和安全法制》（安保法制）而成立SEALDs及其前身SASPL，為這兩個團體的創始成員之一。一般社團法人ReDEMOS的創辦人、代表理事。

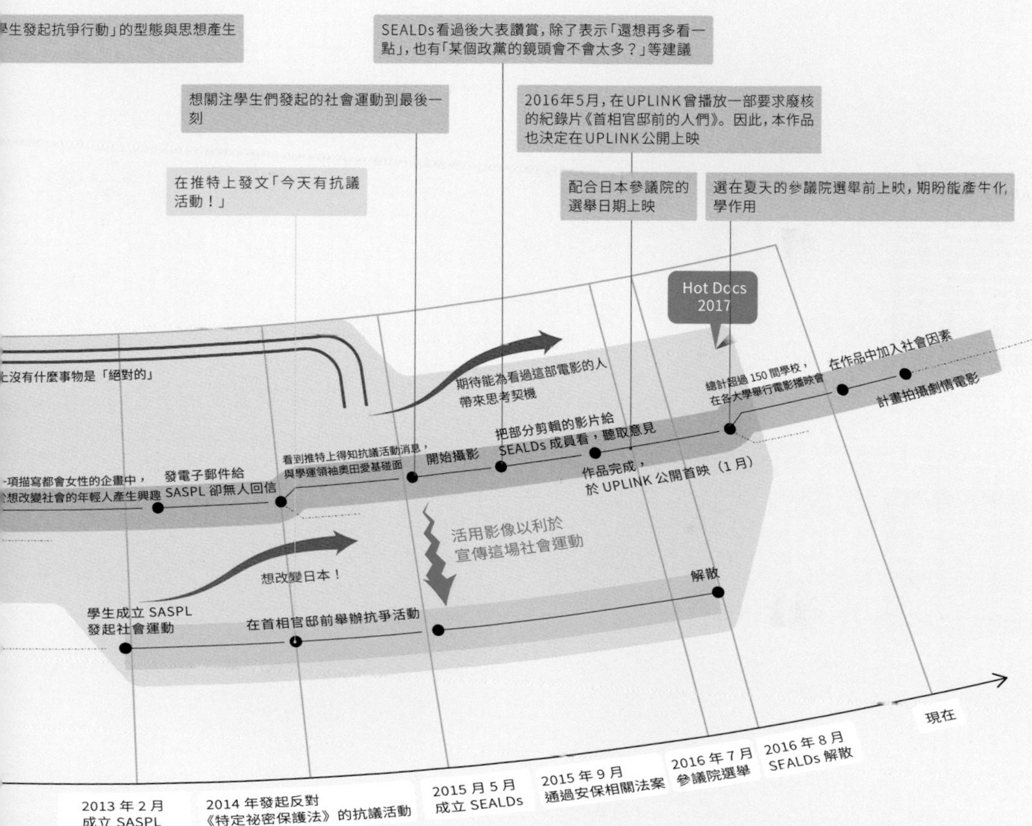

SEALDs發起首相官邸前的抗爭活動（2015年） 2015年6月，學運團體「SEALDs」開始號召大眾，每週五在國會議事堂前聚集，展開安保相關法案的抗議活動。主要透過媒體與社群網站宣傳，獲得社會各界支持，轉眼之間活動擴大至日本全國各地。

第24屆參議院選舉（2016年5月） 2016年2月，5大在野黨的黨魁開會協商，表明共同齊心協力，廢除和平安全法的制訂，以及達成「打倒安倍政權」、「今後將藉由參、眾議院選舉，大幅削減執政黨及其準備擴大的勢力，讓執政黨變成少數」等目標共識。選舉結果為執政黨取得146席次、在野黨及無黨派一共96席次。根據公職選舉法改正條例，這次選舉權年齡往下調整，包括年滿18歲以上的高中生在內都有投票權，成為參加參議院選舉的首例。

《特定祕密保護法》（特定祕密法） 關於安全保障問題，政府為防止情報——特別是必須保密的極機密資訊洩露，針對特定祕密資訊的指定、提供、涉密人員的限制與適任性進行評估而制訂的法律。於2013年12月公布，2014年12月實施。

《安全保障關連法》（安保法案） 2015年9月成立，包括修改自衛隊法、國際平和協助法在內的和平安全法制整備法，以及新制訂的國際和平支援法所構成。這項法案變更了憲法解釋，同意行使集體自衛權，以及擴大對外國軍隊的後方支援。

第二章 紀錄片主義的「SHIP」

原一男、Blackbox Film&Media、Alessio Mamo、晉江、內山直樹、中村真夕、康世偉

2007 年冬天，本書作者津留崎的身影出現在米蘭街頭，她一邊走著，一邊把手上鮮紅色的人造罌粟花分送給別人。原來，這是她與KENZO香水合作的一項企畫「FLOWER BY YOU」——在歐洲各地旅行，漫步在遍滿紅色花朵的街道上，把手中的人造罌粟花送給遇見的每一位藝術家，期待彼此能夠激盪出美麗的火花。

透過藝術家分享對「花」的看法，以及訴說自己與花的故事。這項企畫主要有兩個想法。首先，想嘗試藉由「與藝術家的相遇」到底可以得到什麼故事？再來則想把藝術家說的這些故事，整理在雜誌、書籍裡，或者留在影像中，總之就是要具體呈現出來。津留崎的這趟旅程，遍及米蘭、威尼斯、維也納、德勒斯登、柏林、哥本哈根、阿姆斯特丹、布魯塞爾、倫敦、巴黎等地區，產生許多化學般的奇妙效應，獲得了超過70 名藝術家的各種不同故事。

現在回想起來，原本是以藝術為訴求而進行的企畫，稱之為「紀錄片」也不為過吧。手上拿到別人饋贈的紅色花朵，任誰一定都會展露笑容。接下來，每個人都很自然地分享自己與花的回憶故事。當然，這些故事也沒有任何一絲虛假。那麼，他們到底分享了哪些「紀錄片」呢？

在這些「紀錄片」中，津留崎手上送出的「紅色花朵」，正是繫起人們「故事」的重要角色，它能使這段旅程往前進。手中的花朵就好比「船」一樣，從一個港口駛向另一個港口，故事才得以繼續發展下去。然而，這些故事的誕生，正是因為一切交由「命運」這艘「船」發展，它並沒有固定的套路。當我們想到這一點時，就產生了「SHIP」這個概念。

晉江使用透明膠帶，把不慎從山坡滑落的攝影機固定好，持續記錄少數民族「像人一樣的生活」；原一男與拍攝對象並肩作戰，在狂濤駭浪中不斷前進，猶如一艘軍艦；受到311東日本大地震的核災影響，有一個地方——5年內的輻射累積劑量無法低於20毫西弗（mSv）——被列為返家困難的區域，這裡有許多動物遭到遺棄，還有一位獨居者Naoto（松村直登），中村真夕獨自一人前往，只為記錄他們的生活；亞雷希奧．馬莫透過一位遭受炸彈轟炸，導致顏面嚴重燒燙傷少女的故事，不斷地向世界發出警告，戰爭造成的罪孽有多麼深重；內山直樹帶著一部攝影機，深入探訪剛果與巴西的聚落。這群紀錄片導演都把一切交給「命運之船」，開創了獨特的故事。

此外，SHIP還有一個非常重要的意義。那就是含括另一個英語單字——「Relationship」（關係、關聯）中所代表的意義。紀錄片工作者將它稱之為「共鳴」或「共享彼此的感覺」，倘若沒有SHIP，「船」就不會前進，也不會產生任何故事。隨著每一次「關係連結」的建立，就能為彼此帶來意外的邂逅與希望，令人感到雀躍不已。我們在旅途中送出紅色花朵所感受到的「紀錄片」，正是以眼前清楚可見的有形之物——花朵去連結這些無所不在的關係，進而感受到正向積極的故事吧。這兩個SHIP備齊後，紀錄片的故事將會承載著拍攝對象的意志，堅強地繼續往前邁進。

法國女演員梅蘭妮・蘿倫（Melanie Laurent）非常憂慮兒童未來的生活環境，想尋找幸福的生活型態，於是踏上旅程，拜訪世界各地的知識分子，親自執導一部名為《明日進行曲》(Tomorrow）的紀錄片電影。她表示，這部作品讓大家明白，無論遇到任何困難，只要與人建立關係、善用智慧，帶著堅定向前的勇氣，我們一定能找到人生故事中的答案。

除了本章節以外，若能對本書介紹其他紀錄片工作者們的真知灼見產生共鳴，你必然也與他們一樣，乘坐在同一艘命運之船上吧。在抵達下一個港口之前，請仔細傾聽他們說的每一句話，說不定你也會找到屬於自己的答案呢。

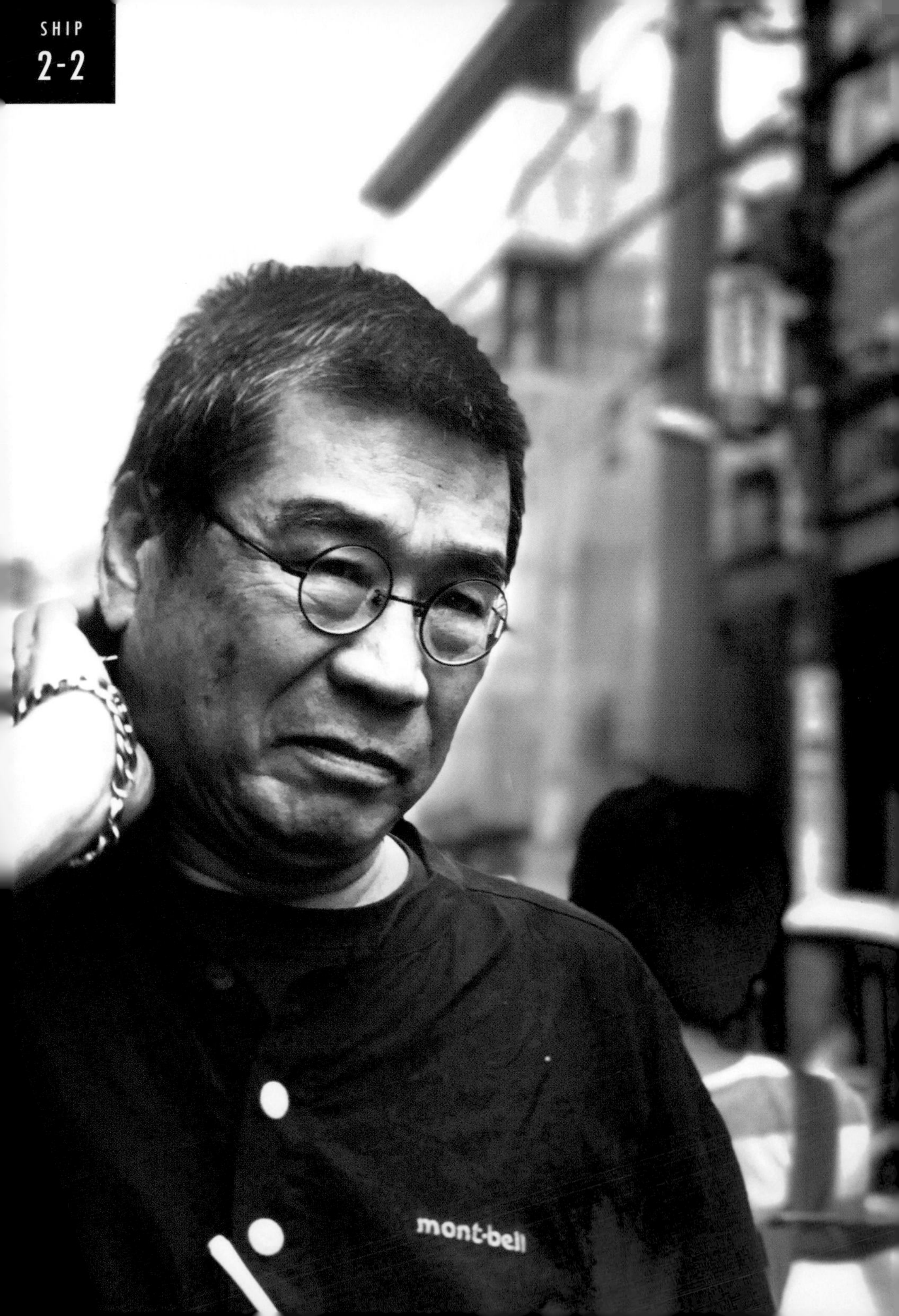
mont-bell

Interview

Kazuo Hara

電影導演
原一男

我認為，漫長的奮戰時光鍛鍊了他們

原一男導演總是在紀錄片電影中，強烈地描繪出貫徹「生存」的人。包括：不斷重複出現歧視身障者的眼神表現、逼問——對於戰爭責任窮追猛打的——奧崎謙三活在「當下」的意義、以攝影機強悍地使人燃起戰鬥的意志。原一男導演的攝影機，總是站在隨時備戰的一方，忠實地呈現人們與權力搏鬥的姿態。他的作品，繼承了紀錄片大師小川紳介成立「小川製片」（小川Production），與農民於三里塚抗爭（反對新東京國際機場建設的農民運動，現為成田國際機場）中並肩作戰的紀錄片製作精神。現在能夠用「鏡頭就是武器」這句話去讚美的電影導演，大概再也沒有其他人了吧。儘管他拍的紀錄片出現不少激進的內容，無法以「觸犯禁忌」幾個字一語帶過，但是作品人物展現出的奮戰態度，卻絕對是我們不容錯過的地方。原一男導演呈現出的世界，處處充滿了拚命掙扎的抗爭，只為爭取「生存」與「自由」，展現出最迷人的姿態。

反覆強調「關係」的電影

透過紀錄片的拍攝方式，你想傳達什麼訊息？

原一男（以下稱為H）：我接觸過各式各樣的題材，想傳遞的訊息一定會因為不同的作品而略有差異。不過，我追求的理念仍然首尾一貫。也就是說，即使世界不斷地變化，仍然能從每一位被攝者面對鏡頭時，反省「自己該如何生存」這種感覺。拍攝每一部作品時，都是在追尋這種感覺之下才完成的。我認為如果能隨時意識到這一點，符合時代追求的價值，自然會成為一部受歡迎的作品。

我曾經閱讀過一篇你提到「透過鏡頭這項媒介與被攝者對話」的報導。你是否想從這項工作中，找出自己如何生存的答案呢？

H：是，這可以說是我們的「方法論」。不過，作品該用什麼方法敘事，卻是一個相當大的問題。就像第一部作品《再見CP》（さようならCP），其實是當年我想成為紀實攝影師（報道写真家）的一個採訪主題。拍攝照片前提條件，大約長達4年之久，我在各種場合與各式各樣的身障者碰面。就這樣，我遇見了現在的伴侶小林佐智子，也因此才會聚焦在身障者身上，開始去拍「電影」。當時，我下定決心：「一定要改變——甚至澈底毀滅過去的電視或電影裡，總是把身障者視為問題的偏差觀念。」身障者與健全者之間，本身存在著「歧視」的關係，我一定要把這種關係完全扭轉過來。儘管製作過程中吃了不少苦頭，但以結果來說，我認為大大地改善過去人們對身障者的看法與價值觀。就這層意義而言，我對《再見CP》「能夠以紀錄片電影去改變世界」這件事情引以自豪。

你在什麼樣的情況下，開始對身障人士產生興趣呢？

H：我在就讀攝影學校時，暑假作業要求拍出「系列照片作品」。當時，我選擇重度身心障礙兒童當作主題，這是我第一次接觸身障者。由於過去完全不知道有這群人的存在，第一眼看到內心相當震撼。暑假結束，雖然我把他們

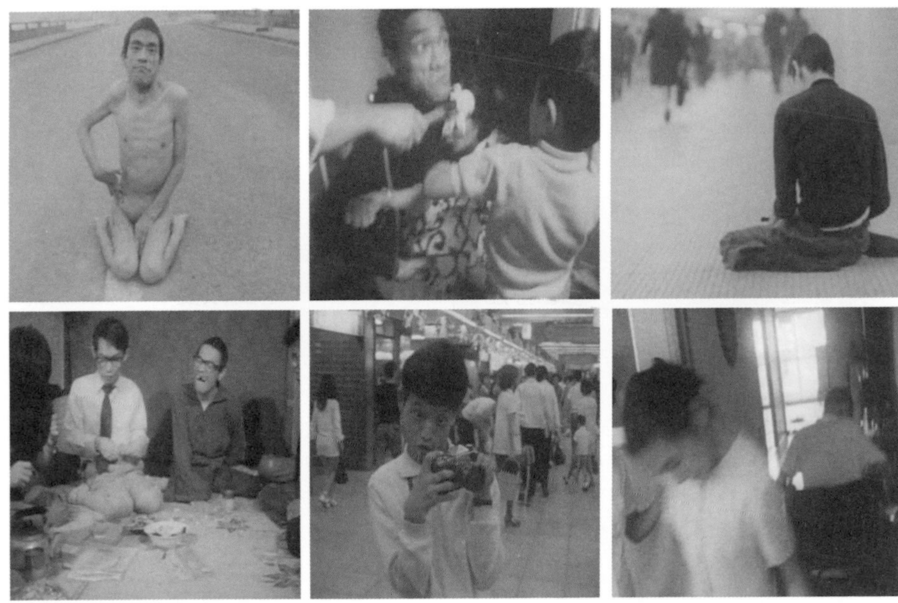

《再見CP》（日本／1972／82分）©Shisso Production, Inc.

的整組照片交了出去，但實在不認為自己完全理解身障者面臨的問題，而且也不想再尋找其他新題材。因此，我想要更深入地去了解他們，陸續見了許多身障人士，才知道原來身障者也是千差萬別，不會只有一種刻板形象。接下來的4年，我和他們一起出現在各種不同的場合，在過程之中形成了一些想法，決定透過「把問題提出來」的方式，打破過去人們對身障者的偏見，最後試著將它表現在電影裡面。

不斷地貼近對方往下深掘

原來這部作品能看到你的初衷，它並非做做表面功夫，而是你長期陪伴在他們身旁拍攝的結果。

H：伴陪在對方身邊非常重要。比方說，過去我在短短2、3天中去某個地方拍照，或許就能快速地捕捉到有趣的場景；但若換做是拍攝電影時，我認為絕對不可能簡單一句「小事一樁！」就輕鬆完成了。我必須一開始先和對方建立信任關係，在每一次拍完影片之

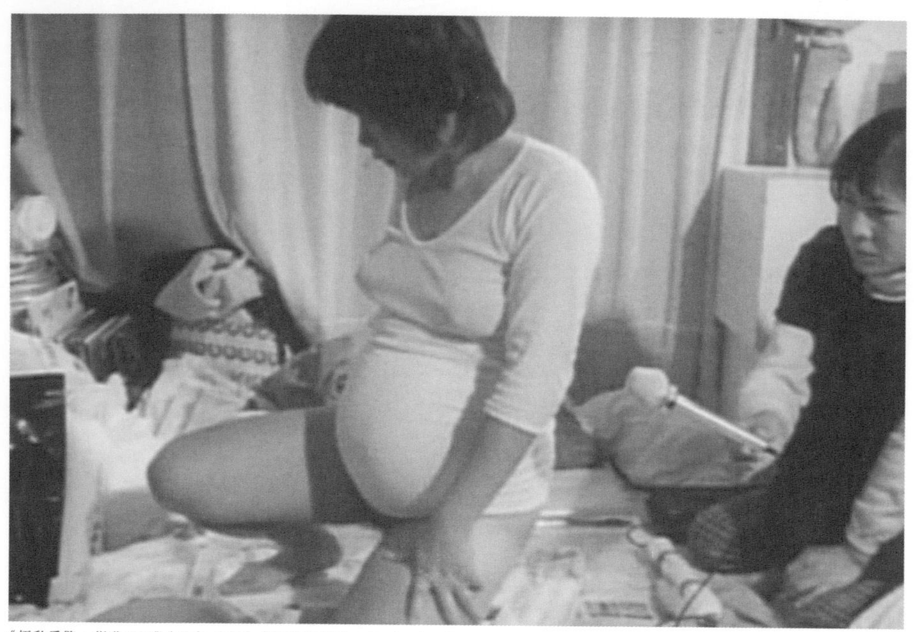

《極私愛慾・戀曲1974》(日本／1974／98 分)©Shisso Production, Inc.

後，都要仔細檢查「拍到了什麼？沒有拍到的又是什麼？」；同時還要思考「哪裡還不夠？哪些地方要更多？」，不斷地往深處挖掘。人類具有喜怒哀樂等多重情緒與意識，它和整個時代的政治體制縱橫交錯，如果不往深處挖掘，就無法將其本質呈現出來。因此，我時時刻刻都必須保持——不管如何往深處挖掘，仍然覺得還不夠——這種感覺；而最後深掘到什麼程度，自然就成為一決勝負的關鍵。

你認為「還不夠」而未達標準，是如何去判斷的呢？

H：比方說，當一個人憤怒時，我會去思考，為什麼他會憤怒？憤怒是在什麼樣的機制下產生？而一個人喜悅時，他的喜悅到底屬於哪一種喜悅？又是從哪裡產生的？我會不停地思索這些事情。

不斷地往深處挖掘時，你遇到了什麼有趣的事物呢？

H：紀錄片電影有意思的地方，就

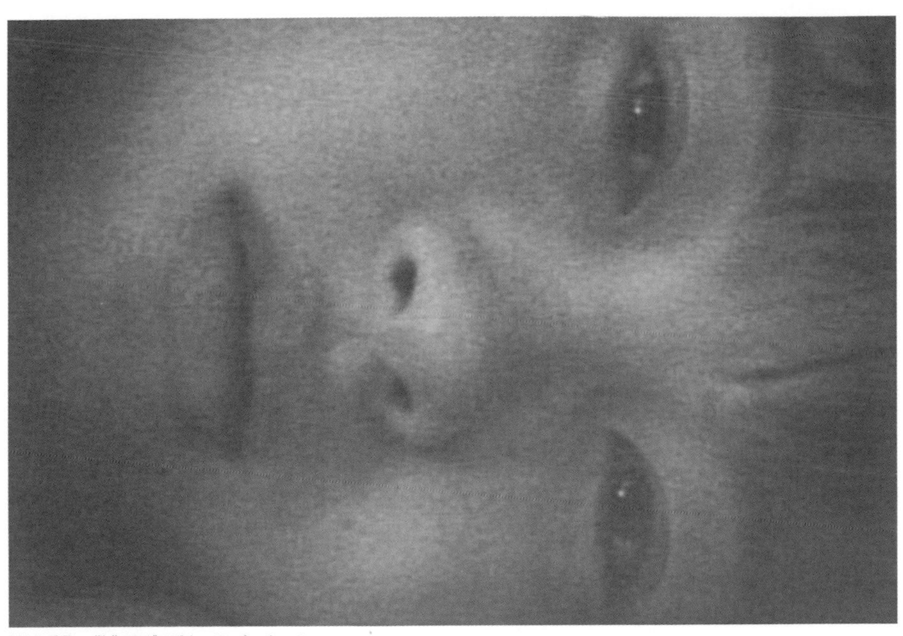

《極私愛慾・戀曲1974》©Shisso Production, Inc.

在於往深處挖掘的過程中，捕捉到心裡忽然出現「啊——原來如此！」的鏡頭。然而，這並不代表真實就一定藏在非常深的地方，有時候只不過是人們一廂情願的想法而已。就像淺顯易懂的事物，突然在眼前出現，我們反而會茫然地想：「為什麼事情會是這樣呢？」雖然只能露出苦笑，但這樣的事實卻非常有趣。就像拍《極私愛慾・戀曲1974》（極私的エロス・恋歌1974）這部電影的過程一樣。我接到過去同居女友武田美由紀寄來一封通知「懷孕」的信件，她表示「想在旅行的過程中生下孩子」。為了拍下這段旅程，我前往她居住的沖繩開始拍攝。但不曉得為什麼，明明過了預產期，卻沒出現任何生產的預兆，在百思不解的情況下，我們等待了將近一個月。最後，連她本人也開始擔心，再這樣等待下去，可能會對母體造成不良影響。於是，我們決定使用刺激生產的器具。

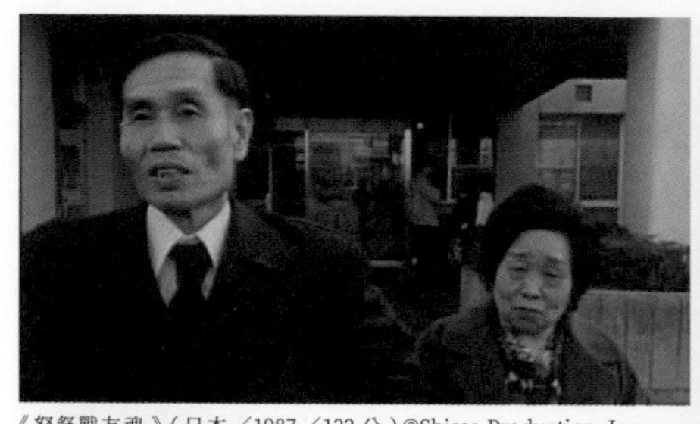
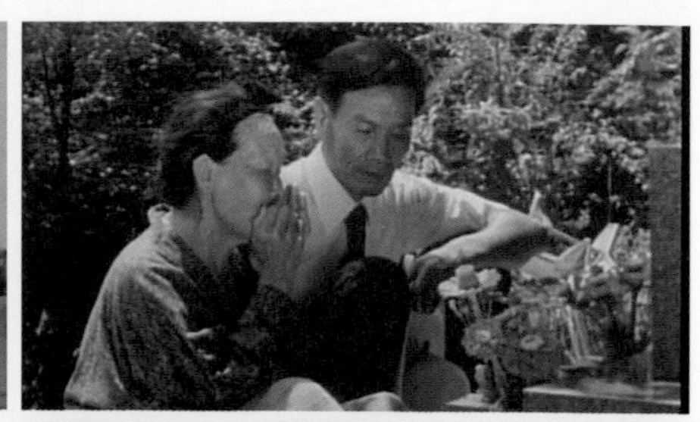

《怒祭戰友魂》(日本／1987／122分)©Shisso Production, Inc.

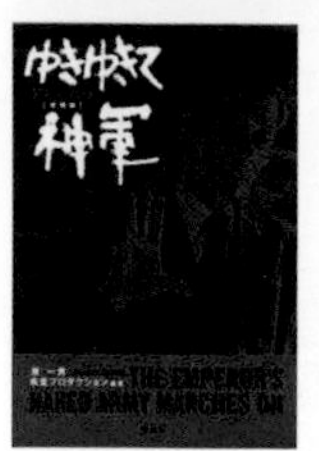

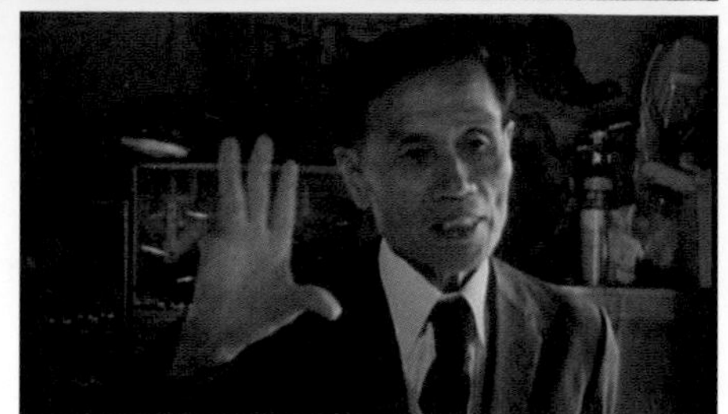

《記錄 怒祭戰友魂「增補版」》
著：原一男 ©Shisso Production, Inc.

在一陣手忙腳亂之中，終於準備迎接新生命。結果，大家看著出生的嬰兒，若無其事地說：「原來是個混血兒啊。」也就是說，我們一直誤以為某個人肯定就是嬰兒的父親，一廂情願地認定她懷孕的時間，最後才會搞錯預產期。

鏡頭下被放大的生存方式與個人特質

在《怒祭戰友魂》(ゆきゆきて、神軍)中也有出乎預料的場景嗎？

H：奧崎謙三是一位商人，是個對於掌握利害得失非常實際的人。因此，我認為他憤怒時其實都經過縝密計算，他知道用哪一種生氣的方式能夠討好觀眾。不過，在紀錄片的前半段中，奧崎先生突然暴怒揍人的場景一共出現2次，我認為這2次的發怒，他詮釋的角色都是真實的自己。第1次是在奧崎先生嚴肅認真說話時，對方突然表示有事想回家，如此唐突的態度引來奧崎先生不滿、大聲喝斥：「沒禮貌！」如此失禮的行為讓他非常敏感。第2次是

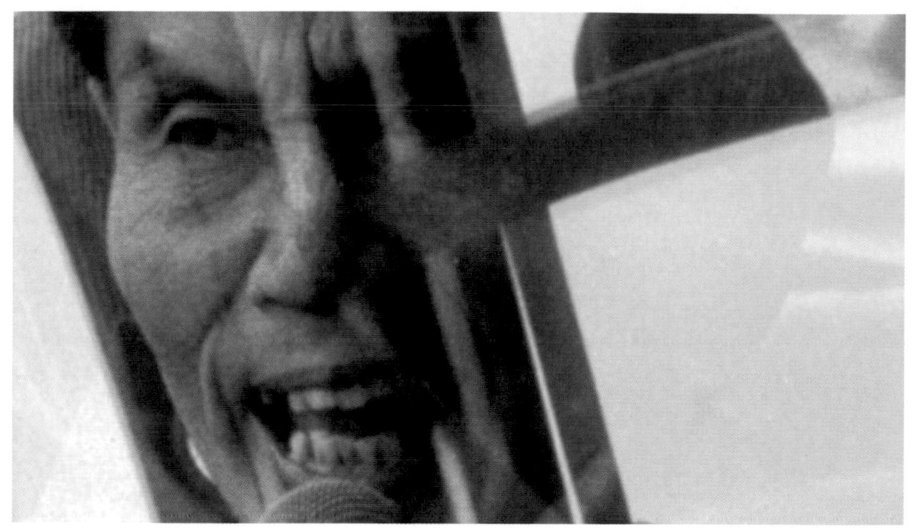

《怒祭戰友魂》©Shisso Production, Inc.

在前二戰士兵山田吉太郎的家裡。山田先生講話時不經意地說出了「靖國神社」，奧崎先生立刻出手毆打對方。山田先生並沒有特別說出什麼肯定它的正面言論，當奧崎先生聽到「靖國神社」這個字的瞬間，下意識做出了「你這個混帳！」的反射動作。奧崎先生絕對不是一個具有邏輯思考的人，他經常冒然行動，做出錯誤的判斷。在紀錄片的後半段中，有一幕是奧崎先生脅迫小清水中隊長，那個當下，奧崎先生是真心想將他殺死。儘管日本人的民族性不擅長使用暴力，然而對方卻執意想掩蓋真相，奧崎先生就覺得必須「強力」介入，才會出現暴力行為。換句話說，所謂的「強力」，就是猛力一擊，在對方遭到痛毆之後，放棄原先的堅持。它成為一個關鍵，打開愚昧頑固的大門。奧崎先生有數不清的這種算計，然而在拍下這些過程以前，我卻是一無所知。但我想這些都與拍攝無關，純粹是他個人獨特的生存之道，正因為他意識到鏡頭的存在，所以才會刻意放大這些特質吧。

相較於描寫90年代以前的昭和「英雄」，你後來的目光聚焦在昭和時代過後、年號為平成的「庶民」身上。在《日本國VS泉南石綿村》（ニッポン国VS泉南石綿村）作品中，有一群人發出了自己的聲音。

H：我之所以認識大阪泉南市的這些人，是因為關西地區的一間電視臺製作人建議：「要不要去拍看看石綿村的爭議問題呢？」於是我去見了他們。然而，他們實在平凡得可以，我掉進了「這下怎麼可能拍得出有意思的畫面呢？」的絕望深淵（笑）。但有趣的地方在於「抗爭」可以鍛鍊人的心志。就這8年來的結果而言，我一路陪伴他們訴訟到最高法院，在這漫長的抗爭時光中，有好幾個人經由「鍛鍊」變得更堅強了。一開始泉南的這群人，在政治抗爭上完全是個菜鳥。他們好幾次專程去找政府，提出誠摯的請求，他們的想法卻不斷地遭到賤踏。在這樣的過程中，他們終於體悟到「懇求」是沒有用的，心中逐漸燃起一股戰鬥的「怒火」。我認為，電影能拍到這段過程絕非偶然，而是「抗爭」在背後推動著他們。我實在是運氣非常好，能夠遇見泉南這群人，伴隨他們一路走過這段成長的時光。

雖然你把過去的事件當成題材，我們卻能從作品中感覺到你試圖描繪「現在與未來」。

H：這也是我一直在追求的。就像在《怒祭戰友魂》中，奧崎先生追究「在第二次世界大戰中，新幾內亞戰場上發生的真相」，主題顯然圍繞著過去發生的事情。不過，這裡提到過去「戰時軍隊」的人際關係，在拍攝當時卻仍然存在著。奧崎先生突擊拜訪這些「從戰爭歸來的倖存者」，他們幾乎都是家中的次男。由於長男不得不繼承家業，大多沒有參加戰爭，取而代之的是次男被送上戰場。然而，這群歷劫歸來的次男沒有家業可以繼承。許多人選擇成為其他家庭的養子，做一個普通的市民，各自追求和平安穩的生活。奧崎先生突然地造訪，「奧崎來啦！」的訊息，轉眼之間就在這群人的聯絡網中傳開。他們過去軍隊時期彼此緊密的人際關係，就這樣真實地出現在我們眼前。因此，我

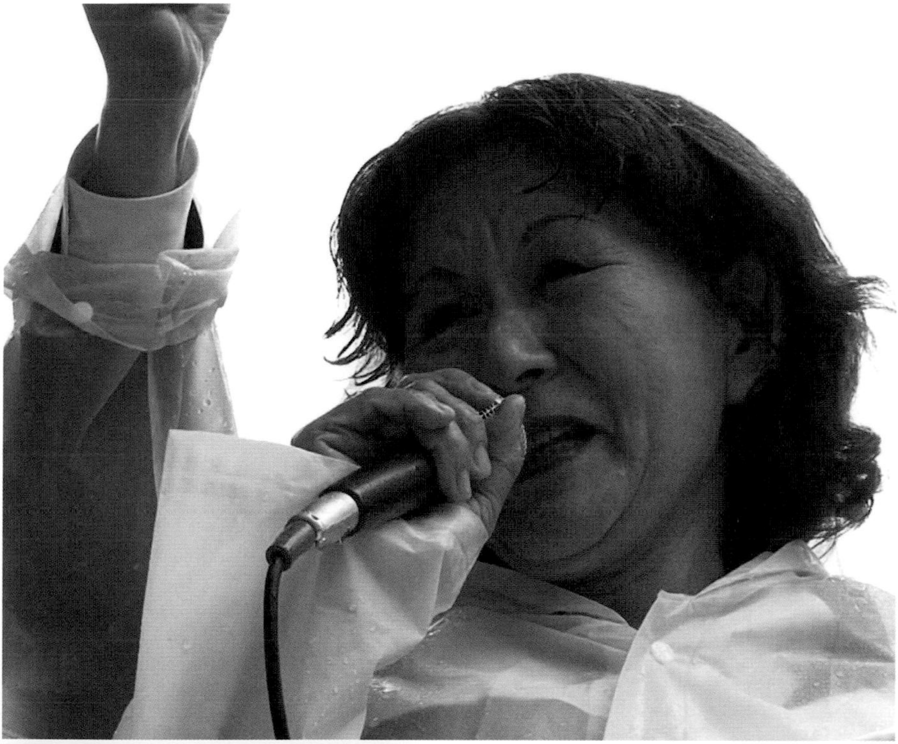

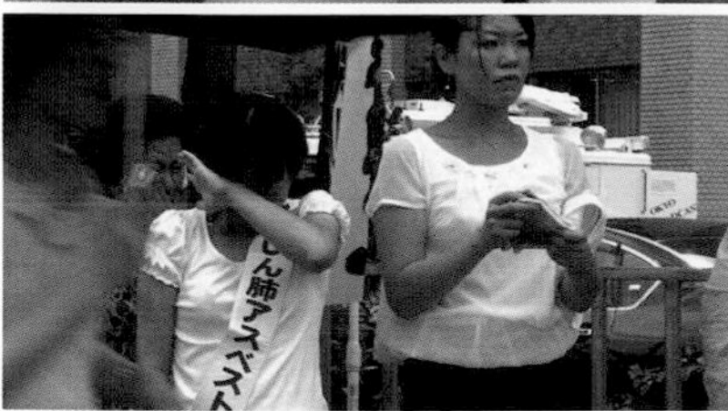

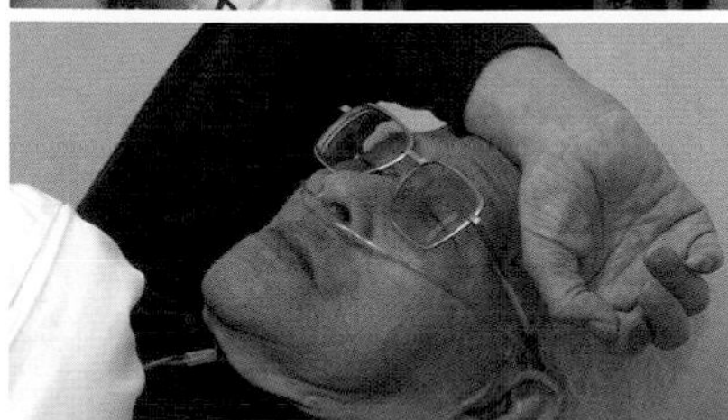

《日本國 VS 泉南石綿村》（日本／2017／215 分）
©Shisso Production, Inc.

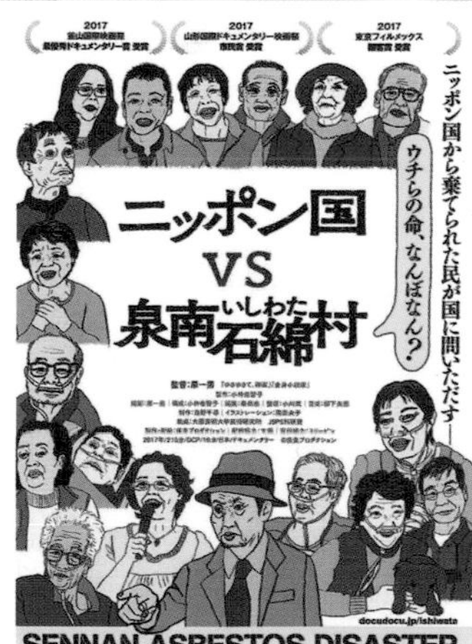

《日本國 VS 泉南石綿村》上映用宣傳海報

《日本國VS泉南石綿村》©Shisso Production, Inc.

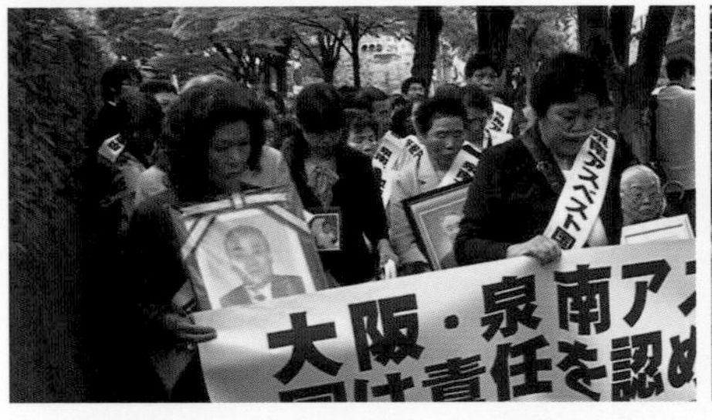

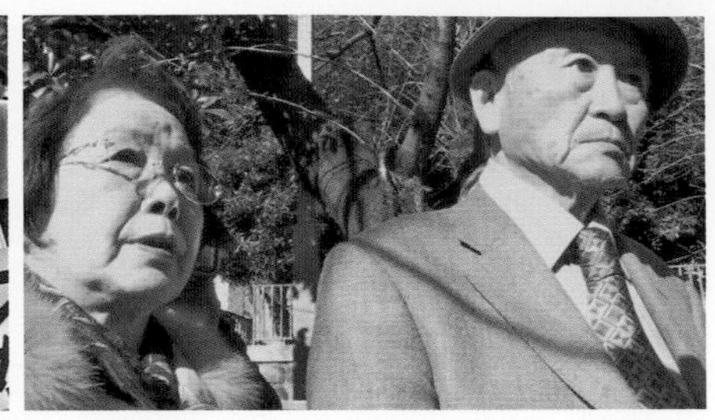

們必須找出他們透過什麼方式，以及為何仍如此緊密連結在一起的原因。我認為電影人一定都具備這樣的認知，無論是劇情電影或紀錄片電影，都能夠以過去當作題材來描寫「現在」。我們可以充分運用電影這項媒體的特性，表現出「現在」這個時代是什麼時代，以及「現在」到底發生了什麼問題。

抗爭可以鍛鍊人的心志

想請教導演所說的「現在」是指哪些拍攝對象呢？

H：從我開始拍電影到現在已快過50年了。我有時候會不經意地思考，自己在製作電影一路以來的過程。有些人或許會認為，過去的作品與現在這部《日本國VS泉南石綿村》的訴求相當不同。過去作品的主角與權力搏鬥的意志非常強烈，他們的確是勇敢奮戰的一群人。相較之下，泉南的這群人才剛開始要去對抗權力，如果與奧崎先生比較，簡直像隻剛出生的雛鳥，甚至還要再往後退個好幾步。不過，這也剛好印證，現在人民的力量正不斷地「往後退步」當中。從過去到現在，我的電影始終維持一貫作風，所追求的理想皆是相同，倘若要以一句話來表達，那就是：「你不去對抗權力，就不會擁有自由。」儘管泉南這群人的起步有點晚，但他們終究擺脫了這個時代的順從風潮，開始搖搖晃晃地學習如何與權力搏鬥。有人說「一部作品能夠反映時代」，《日本國VS泉南石綿村》的情況正好符合這項說法。

《日本國VS泉南石綿村》©Shisso Production, Inc.

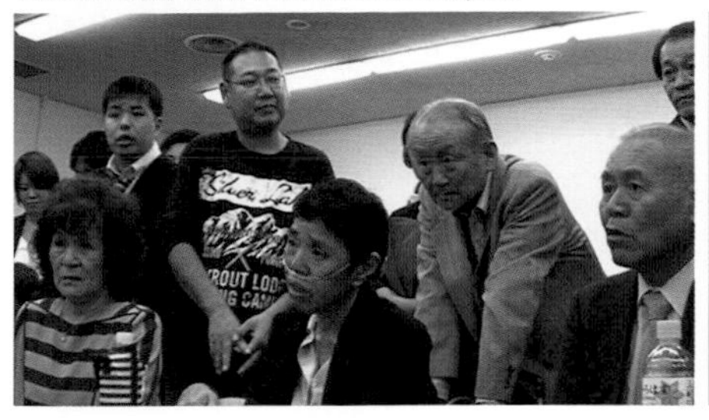

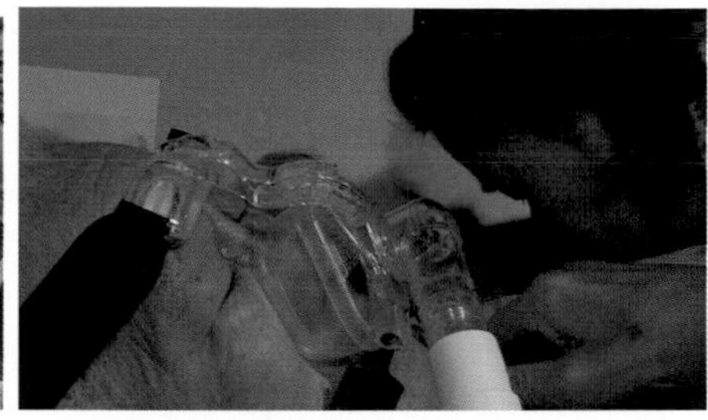

在這個追問導演身分認同的時代，該如何表明自己的立場？

我們在本書中也採訪了克里斯・凱利導演，他在你擔任評審的台灣國際紀錄片影展中，以《柬埔寨之春》一片榮獲「國際競賽」首獎。他長期關注柬埔寨的土地開發問題，記錄了人們遭到強制搬遷威脅的抗爭過程。

H：克里斯・凱利導演的作品確實非常出色。他花了一段很長的時間，拍攝柬埔寨的弱勢族群如何對抗權力者，記錄各個不同的抗爭現場，相當引人矚目。在電影的後半段中，出現了居民彼此反目成仇的場景，看過的觀眾一定都會非常感嘆。我在臺灣雖然沒有見到他，但有一些問題想親口問他。我記得在日本山形國際紀錄片影展中，以描述過去印尼清洗共產黨的參展作品《殺人一舉》──這部電影的導演約書亞・奧本海默在座談會中，提到了關於「第三者意識」的想法。他在哈佛大學修讀東南亞史研究的博士課程，進行田野調查時，得知印尼大屠殺的這段史實，所以促成他後來拍攝紀錄片電影。這部《殺人一舉》相當有意思，拍得非常優秀。當時我非常想問他，身為一位導演，該如何定位自己的身分認同問題。在這部作品中，描述當時蘇哈托利用人們「對紅色（共產黨）的恐懼」，藉此策動政變造反，最後演變成一場大屠殺。然而這種恐懼，原本就是從美國帶過來的吧。身為逃過納粹大屠殺的倖存者後裔，奧本海默導演現在以美國籍電影導演的身分生活在這個世界上，他如何思考自我身分的認同問題，我對此深感興趣。在這個時代，電影導演的身分認同問題一定會搬上檯面，特別是紀錄片電影，身分立場的問題總會成為一大焦點。60 年代的小川紳介先生，在紀錄片「三里塚系列」曾拍過一段內容。他對這段內容表明，當眼前出現三里塚農民對抗鎮暴機動隊的「戰爭」時，雙方對峙的情況下，想要保持中立的第三者意識，並且客觀地進行拍攝，根本辦不到。倒不如說，小川先生在當下選擇澈底站在農民這一邊，並以此作為大前提。也就是說，中立根本是一種幻想。只選擇站在其中一邊，接著拋出問題，已經成為小川先生的作風了。我們所拍的電影，正是學習到了這種精神。現在的導演在拍電影時，一定會被問到：「你是哪一邊的人？」然而，我在觀賞克里斯．凱利導演的《柬埔寨之春》時，其實看不出來他的立場屬於哪一邊。因此，我頗在意他對第三者意識的想法，因此很想當面親口問問他。

你與拍攝對象之間的關係，都以何種形式展開呢？

H：有一點我敢肯定，那就是心中會產生一種想接觸對方的感覺，並且不斷驅動著自己，這點對我而言相當重要。要是少了這種感覺，無論是多麼嚴重的問題，我的身心都不會受到動搖。就我個人而言，一定要有強烈想見面的衝動，才會出現「好吧！」的念頭，進而主動聯絡對方。比方說，311 東日本大地震發生時，有許多人問：「為什麼原先生沒有去災難現場呢？」就這件事來看，我完全找不到自己「非去不可」的理由。我之所以拍攝《再見CP》，是因為當時翻閱報紙，看到一則值得稱讚頌揚的報導，標題寫著「一群秋田的年輕女孩集體就職於一間兒童重度身心障礙的社福機構」。當下我內心盤算，一定要去拍這群少女，所以去了這間社福機構，成為我遇見身障者的契機。沒錯！我承認當初的動機根本不單純（笑）。但所謂的動機，大概就是這麼一回事吧。只不過，在真正接觸他們之後，能夠深掘到什麼地步，才是一決勝負的關鍵。

透過鏡頭前的表演，能使人看清束縛之物

你認為「以生存方法當作主題的紀錄片」有可能成立嗎？

H：這並不是我的原創，而是向田原總一朗先生的作品《青春：名為瘋狂之物》（青春 この狂喜するもの）學來的方法。我認為必須保持「在日常中，先陪伴在他們身旁，再進行拍攝」的心態。若以我的作品去看，可以在《日本國VS泉南石綿村》明顯感受到這種傾向。基本上，每個人都有自己的「日常」。然而，這裡並非指誰都可以過著「自由的」生活，因為自由的感覺因人而異；而是指每個人活在這個世界上，或多或少都會受到一些束縛。百姓庶民想在社會上自由的活著，無論是現在或未來，基本上都不太可能。因此，我會貼近他們帶著「束縛感」的日常，觀察留意這些日常的細節，拍下我所遇見每個人的各種處境。大致上就是這麼一回事吧。舉例來說，如果一個人突然興起想盡情過著自由生活的念頭，而且實現它得花上3年的時間，那麼我會請他在這3年之中，以自己描繪的理想生活方式，盡情地展現在電影之中——這就是我拍電影的出發點。好比《怒祭戰友魂》的奧崎先生，他自稱是「神軍平等兵」，因此在電影拍攝期間，「從頭到尾貫徹神軍平等兵的身分」這件事就極為重要。儘管他意識到自己必須做好角色「扮演」的工作，但在這背後，帶有「為何扮演」的理論、目標及其意義。換句話說，它也代表了那個人「受到束縛」的真相到底為何。就奧崎先生的情況來看，束縛他的正是「天皇制度」。透過在鏡頭前扮演的這種「刻意安排」，他們能明確地朝向「自由」的方向前進；而藉由鏡頭前的扮演行為，觀眾能看清楚扮演者受到了什麼束縛。這就是我拍紀錄片電影的思考模式以及製作方法。我之所以拍攝《極私愛慾・戀曲1974》這部作品，是從武田美由紀對我表示「想靠自己的力量生下孩子，幫我拍一部電影吧」而開始的。我認為她是一位痛恨以傳統母親形象生存的女性，絕對不想步上母親「對丈夫低聲下氣、唯命是從」的後塵。她要展現「我要自

力生產」的姿態，以「雙腳踏穩大地，在火紅太陽緩緩沉落地平線的夕日背景中，生下孩子的勇敢女性」形象示人。她在理想藍圖中描繪了一幅美麗的畫，而這部電影就從她說出想自力生產的那一刻開始，直到最後生下孩子畫下句點。包括前期企畫準備、所有拍攝的相關工作，以及各種擔心煩惱，全部都是電影裡的故事。在她堅持「想要自力生產」的想法中，涵蓋了社會與人類期盼的所有理想圖像。所以我在一開始就認為電影是為了「解放自我」而進行拍攝。我遇見許多追尋理想生活方式的人都會問：「你的生存之道究竟是什麼？」我總是在這種心境下進行拍攝。如此一來，這些人在鏡頭前，知道要將自己展現給別人看，所以自然會全力以赴。另一部作品《全身小說家》中的井上光晴先生，明明走在死亡的道路上，卻連續講了3年半的「我絕對不會死」，儘管他最終還是過世了。不過，看完這部電影，會讓觀眾產生「好！接下來我一定要打起精神好好地活下去」的想法。描述一個人走向死亡，卻展現竭盡全力活下去的「生存能量」，而這正是拍攝的目的，也是紀錄片電影的意義。就像演歌或加油打氣的歌曲一樣，希望看過我們作品的觀眾，都能得到更多啟發，帶著「好！我一定要加油」、「我要努力地活下去！」的信心走出電影院。

培養「渴望自由」欲望的重要

請給今後想成為紀錄片工作者的年輕人建議，如何把思考生存之道的紀錄片拍得更出色？

H：我目前在大阪藝術大學任教，接觸很多年輕的學生。有很多人經常說，現在的年輕人即使有夢想，也沒有辦法在社會上實現。然而，不管社會如何，或者社會帶來的壓迫越來越重，假如不拚命地找尋自己的自由理想，我認為是沒有生存意義的。人類受到欲望驅動，會想賺錢、出人頭地，甚至想和美女做愛。在這之中，最強烈、最具價值的欲望，就是「渴望自由」這種欲望了。請大家保持理想，如果不好好磨鍊自己，就不會有生存意義；如果內心不對自由產生渴望，自由不會降臨在自己身上。

請教你現在對什麼題材有興趣呢？

H：我目前正在構思，是否能完成一部將權力更真實地攤在陽光下的作品。有人認為，所謂的紀錄片，應該特別站在弱勢族群這一方才對。儘管我不反對這樣的看法，但每次看到弱勢的一方受到欺壓、有所訴求，卻只有鎮暴警察或警衛人員出面，就會叫人火冒三丈。《日本國VS泉南石綿村》中的情況同樣如此，他們只派一位公所的小公務員出來露個臉，我們認為至少要國家行政機關主管出面道歉。我對於這種事情極為不滿。我們就像被阻擋在權力的大門口一樣，必須進一步闖入權力的中樞才行。我覺得無法拍出更真實的權力樣貌，內心實在感到忿忿不平。

如果紀錄片具有改變事物的力量，你認為它會是什麼呢？

H：我們每一天都能感受到世界上各種事物的變化。如果對這些事物產生想法，就應該展開探索行動，朝向它的本質不斷地深掘。如此一來，這些作品一定能夠展現強而有力的訊息。我不認為一昧呈現新觀點的作品會是好作品。如何解讀作品中的敘事，應該交由觀眾自行判斷。但確實有很多導演拍出令人耳目一新的作品，那種人對我來說確實像天敵一樣。然而他是誰呢？我是絕不會說出名字的（笑）。

（2018年8月，於澀谷採訪）

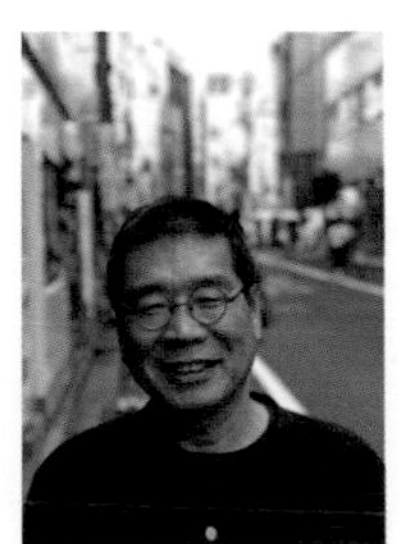

原一男

1945年出生於日本山口縣宇部市。東京綜合寫真專門學校休學後，進入特殊教育學校擔任照護職員。1972年，與小林佐智子成立Shisso電影製作公司，發表作品《再見CP》以導演身分正式出道。1974年，發表作品《極私愛慾・戀曲1974》，成為自拍紀錄片的先驅作品，獲得極高評價。1987年，發表作品《怒祭戰友魂》造成轟動，榮獲日本電影導演協會新人獎、德國柏林國際影展卡里加利電影獎、法國巴黎國際紀錄片影展首獎。1994年，發表作品《全身小說家》，貼近小說家井上光晴的虛與實。榮獲日本《電影旬報》年度十大最佳日本電影第一名。2005年，首度發表虛構電影《明日的知華》（またの日の知華）。2017年，發表作品《日本國VS泉南石綿村》，記錄日本大阪泉南市石綿工場的前勞工對國家提出集體訴訟的過程。2021年12月《水俁曼荼羅》上映。

從猶太大屠殺到迦納的海洋垃圾汙染問題，國際紀錄片製作公司「黑盒子製片與媒體」持續傾聽見證者的「真實」

1980年代，在奧地利從事國際性電影製作是非常困難的工作，然而非常幸運地，克里斯汀・克羅內斯（Christian Krönes）能與傳奇攝影大師維多里歐・史托拉洛（Vittorio Storaro）一起共事，這是克里斯汀最初的好運。接下來的20年，他持續在電視業界製作節目，幸運又再度降臨，這次認識了英國知名演員、導演彼得・烏斯提諾夫（Peter Ustinov）爵士。他是一位展望未來的人道主義者，成立了搶救難民兒童的「烏斯提諾夫基金會」。克里斯汀成為他的好朋友，在彼得的影響下，同時也改變了對世界的看法，決定支持他一起拯救世界。後來，幸運又再度敲門，那就是「想更深一層了解真實」的領悟。克里斯汀下定決心回到電影導演的原點，集結一群優秀的夥伴，黑盒子製片與媒體（Blackbox Film & Media）就此誕生。

為了不讓歷史重蹈覆轍，我們有監督的責任

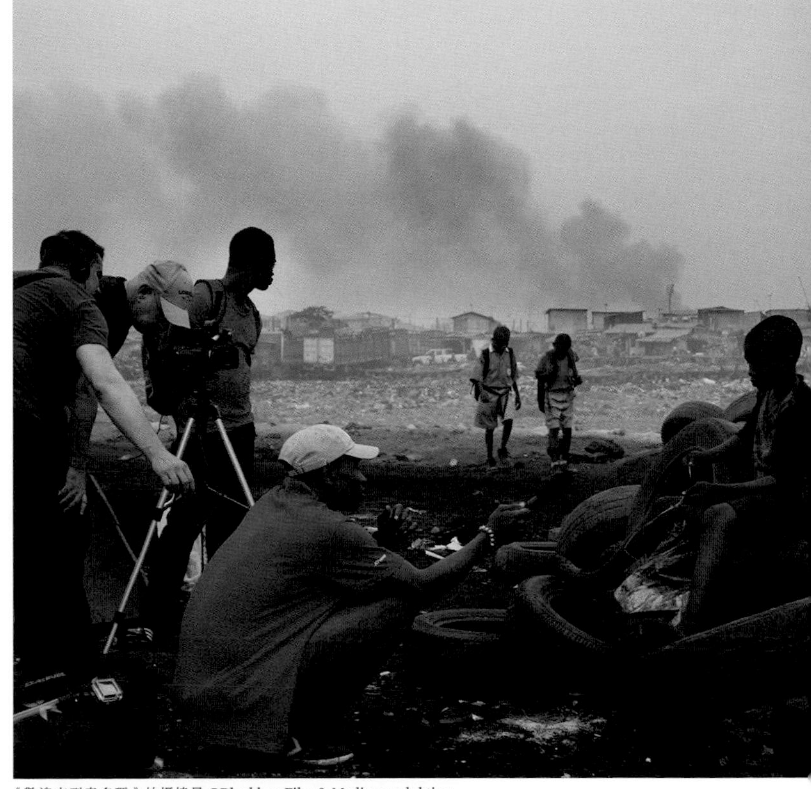
《歡迎來到索多瑪》拍攝情景 ©Blackbox Film & Medienproduktion

Blackbox Film & Media

黑盒子製片與媒體

克里斯汀．克羅內斯主導的國際紀錄片製作公司，主要據點為奧地利維也納。以獨特觀點製作紀錄片，題材包羅萬象。最新作品《歡迎來到索多瑪》（Welcome to Sodom）追蹤迦納的電子產品污染問題，入選哥本哈根國際紀錄片電影節（CPH:DOX）的國際紀錄片獎。目前完成的作品是《龐瑟回憶錄》（A German Life），這部紀錄片採訪一位逃過猶太大屠殺，高齡105歲的猶太人。另外，有關海洋濫捕造成資源枯竭與帶刺鐵絲網問題的新作品也正製作中。

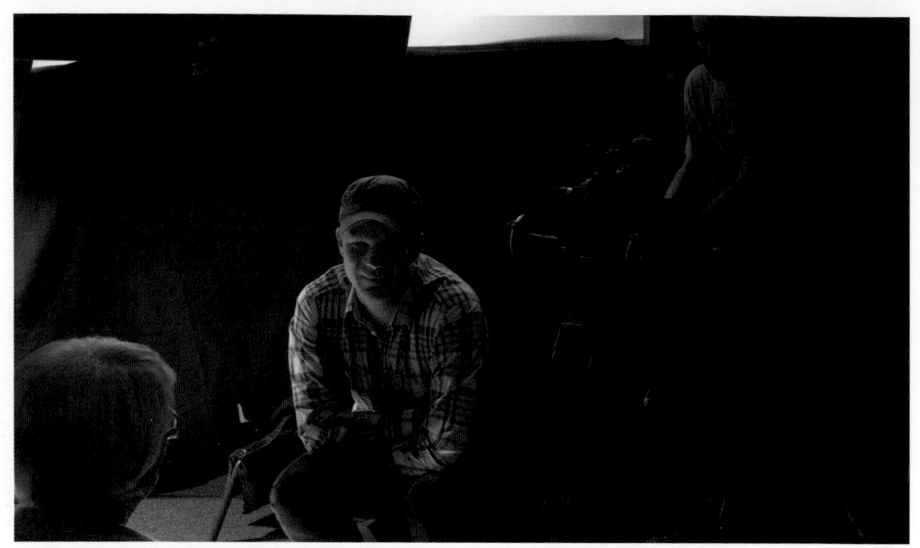

《龐瑟回憶錄》拍攝情景 ©Blackbox Film & Medienproduktion

傳達塵封已久
卻依然鮮明的真實回憶

他們的電影製作公司名稱叫「黑盒子」，儘管這個字不會讓人產生好的聯想。正如每架飛機上都會有一個飛行記錄器，墜機之後也不會損毀，它的俗稱也叫做黑盒子。克里斯汀表示：「我們將以正面積極的態度去表現這個名稱，不斷地探尋真實、集結眾人睿智，喚醒塵封已久的過去記憶，打造成永不褪色的電影作品，傳遞給世界上各個角落的人。」然而，他們在電視業界的工作經歷如此資深，為何想另起爐灶，成立紀錄片電影製作公司呢？「我們認知到一件事實，在電視臺工作有時候只能快速地傳達真實事物的表象。但是，我們有特別責任，必須向大眾傳達真實。」他領悟到時機成熟，是時候該去探尋更深層的真實，因此下定決心，回到電影導演的原點。由於摯友彼得・烏斯提諾夫爵士投入自己的人生，全心全意地拯救難民兒童，克里斯汀受到他的影響也非常大。

紀錄片工作者
應具備的能力

那麼，紀錄片工作者到底是什麼樣的人呢？「我認為必備的條件就是忍耐，再加上絕不妥協的精神。特別是資金募集時需要保持耐心。」克里斯汀表示。在日本公已開上映，掀起話題的電影《龐瑟回憶錄》在開始企畫時，受訪者——曾任納粹政府宣傳部長的秘書龐瑟女士已高齡101歲了。「雖然我明白時間所剩無幾，但不管再怎麼快速，完成募資至少也需要2年。結果，電影開拍時，龐瑟女士已經103歲了。我覺得能夠完成這部作品，運氣實在是太好了。」克里斯汀即說，儘管如此，他們依然受到幸運之神的眷顧。不過他表示，紀錄片工作者更須具備的能力是「得到對方的信任」。描述世界最大的電子垃圾場——迦納的貧民窟的作品《歡迎來到索多瑪》，在開拍之前，光是調查工作就花了2年的時間。首先，為了跨越文化隔閡，建立彼此信賴的

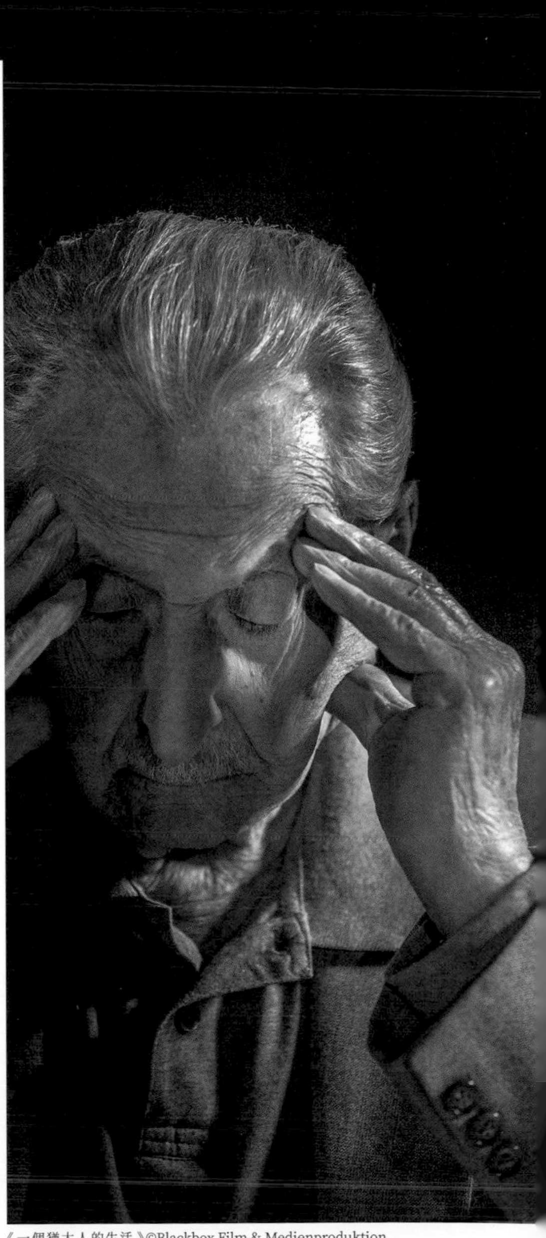

《一個猶太人的生活》©Blackbox Film & Medienproduktion

關係，得花上1個月以上的時間。「靠時間慢慢取得對方信任非常重要。這與製作電視節目不同，我們向他們提出一些問題時，都會讓他們有充裕的思考時間。接著，才會讓他們各自在鏡頭前回答。」透過這樣的方式，我們得到的答案不僅是「真實的語言」，也證明了彼此建立的信任關係。

紀錄片工作者與美學

紀錄片工作者具有什麼樣的美學呢？「『人生』與『生命』的本身就是美麗的事物。儘管迦納人生活在貧窮之中，但透過他們的雙眼去看生活中的垃圾場，猶如世紀末日的避風港一樣熠熠生輝。」只不過，在拍攝之前，我們必須避免主觀的預設立場，他們才會表現出真實的一面。「我們呈現真實面向的同時，必須極力避免事前的假設推測。如此一來，影像將會格外鮮明，猶如戲劇般的效果，令人留下深刻的印象。」克里斯汀如此表示。掌握其中的平衡感覺，是紀錄片工作者應具備的美學。

紀錄片工作者的責任與角色功能

「為了不讓歷史悲劇一再上演，紀錄片工作者應凝視過去的教訓，擔起重責大任。」克里斯汀說。他在這句深具意義的話中，帶著奧地利人領悟悲慘歷史的堅定意志，這無疑是黑盒子製作電影的原動力。「在《龐瑟回憶錄》中，聚焦在第二次世界大戰的最後見證者；在《歡迎來到索多瑪》中，支

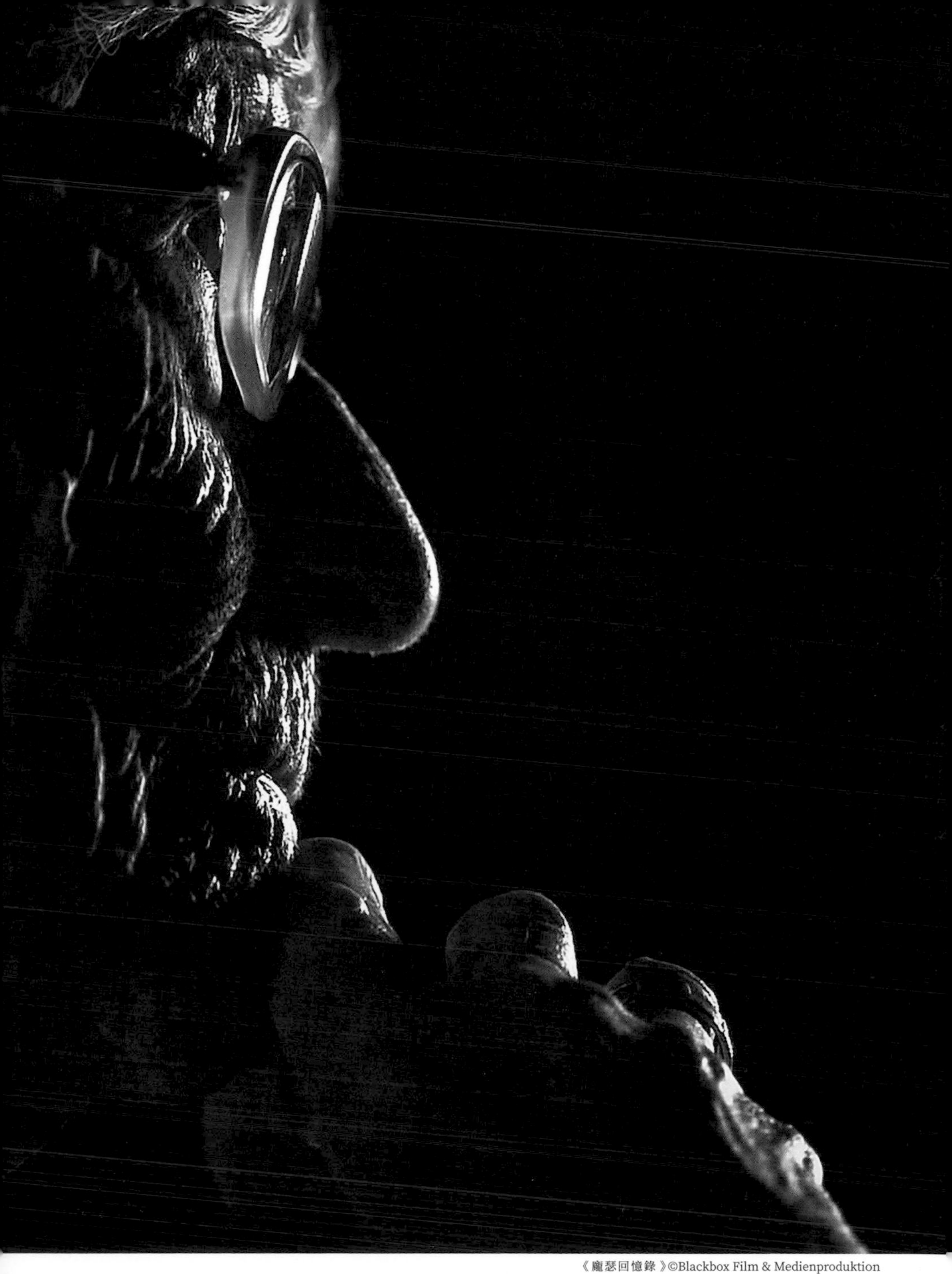
《龐瑟回憶錄》©Blackbox Film & Medienproduktion

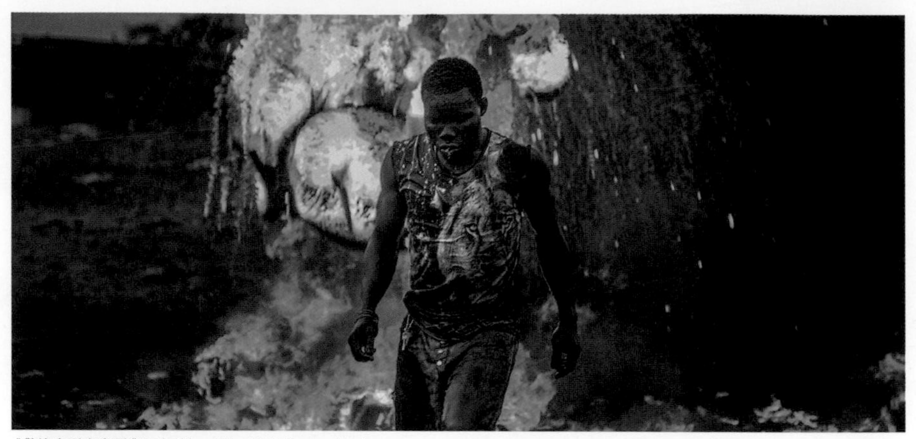
《歡迎來到索多瑪》©Blackbox Film & Medienproduktion

撐全球化主義最下層的一群人，傳達出真實的聲音；在《一個猶太人的生活》（A Jewish Life）中，告訴我們筆舌難以道盡的恐怖——猶太大屠殺。我們相信好奇心與創意靈感，持續尋找、發現不同新事物，期許能製作出更多優異的作品，把值得深思的問題拋向觀眾。」

紀錄片能夠改變世界嗎？

克里斯汀認為，紀錄片是無法改變世界的。「不過，它可以觸動觀眾的心靈，傳達想法意念，進而刺激思考。」他表示，每次在電視上看到地中海上載浮載沉的難民船，就忍不住擔憂起來。「儘管歐洲關上大門，但我認為應該接納想移居的這群人。如果置之不理，他們將無處可去，最後只能在海中溺斃。」克里斯汀表示，世界的變化速度令人眼花繚亂，要維持秩序相當不易，但也因此才有挑戰的價值。「我們必須開啟共存的新篇章。對此，紀錄片工作者能提供什麼貢獻呢？我們完成工作，即使作品只是『滄海一粟』，我認為透過電影帶給人們思考與領悟，是非常重要的責任。」克里斯汀．克羅內斯說。《龐瑟回憶錄》在日本引發大眾關注的現象，正代表了他們確實發揮了自己的職責吧。

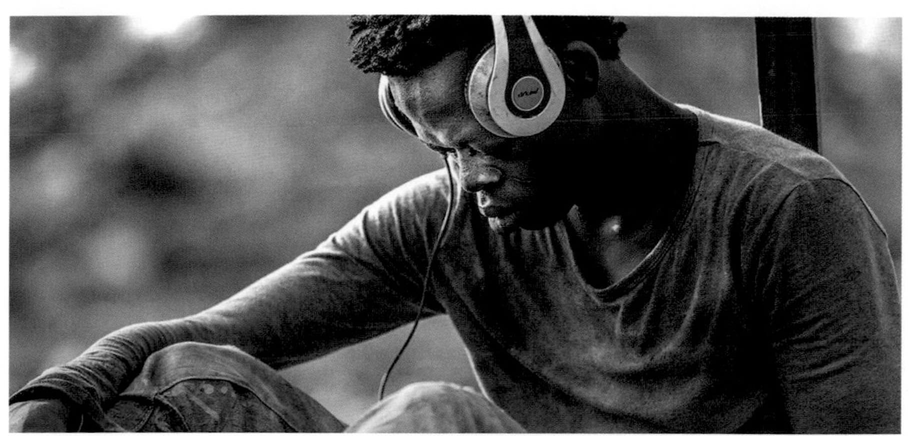

《歡迎來到索多瑪》©Blackbox Film & Medienproduktion

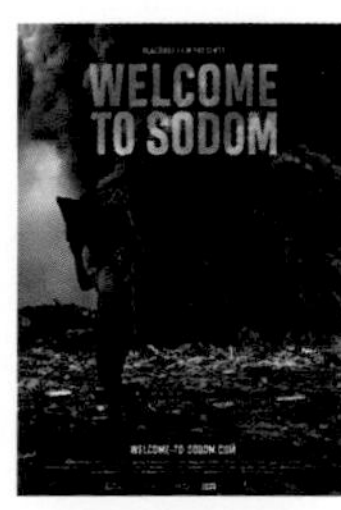

《歡迎來到索多瑪》

奧地利、加拿大合作／2018／92 分

在迦納共和國的阿博布羅西（Agbogbloshie），有一所全世界最壯觀的電子垃圾場，共計超過6000 名以上的男女老幼生活在此，他們把受到汙染的這個地方稱為「索多瑪」。透過鏡頭，呈現出索多瑪「活生生」的鮮明景象，包括非法丟棄、垃圾掩埋，深刻地描繪出現代社會視而不見的巨大負面遺產。

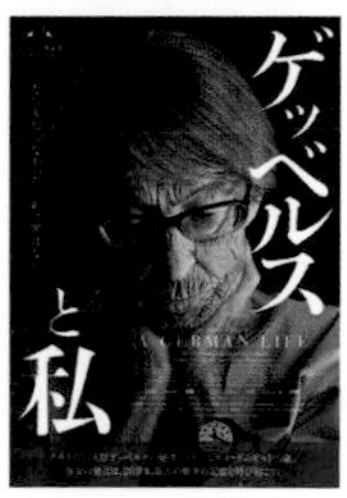

《龐瑟回憶錄》

奧地利／2016／113 分

納粹政權時代，布洪希・龐瑟（Brunhilde Pomsel）擔任國民啟蒙暨宣傳部長約瑟夫・戈登爾（Joseph Goebbels）的秘書。在二戰結束經過69 年之後，她終於打破沉默，以103 歲的高齡接受拍攝採訪，完成這部紀錄片電影。透過她長達30 小時的獨白，把20 世紀最大的戰爭——德國極權主義所引發的人道危機與迫害人民，以及帶著恐懼活在那個時代的人們樣貌，清楚地揭露在世人眼前。

亞雷希奧・馬莫親眼目睹漂流在故鄉西西里島的難民，決定成為紀實攝影師，創造自己的「生命」紀錄主義

在海上，每艘殘破不堪的小船上，載運著快要滿出來的難民，他們不顧生命危險，拚命地划向地中海，只為抵達心心念念的歐洲。光是在2017年，這些人數就超過了5000人以上。即使幸運抵達義大利，難民家庭也經常骨肉離散。據說，約有90%的難民兒童找不到父母親。亞雷希奧・馬莫看到難民一波又一波地漂流在故鄉西西里島附近的蘭佩杜薩島海上，於是下定決心成為一名紀實攝影師。他帶著一臺照相機，從一個戰場轉往另一個戰場，在馬不停蹄的旅程中，抵達了中東約旦首都阿曼的一間醫院。這間醫院收容敘利亞與伊拉克這些戰爭地區所有受傷的人，亞雷希奧把它取名「為所有戰爭而存在的醫院」，並決定把傷患的生活情況傳送到世界各地。

我把它取名叫做「為所有戰爭而存在的醫院」

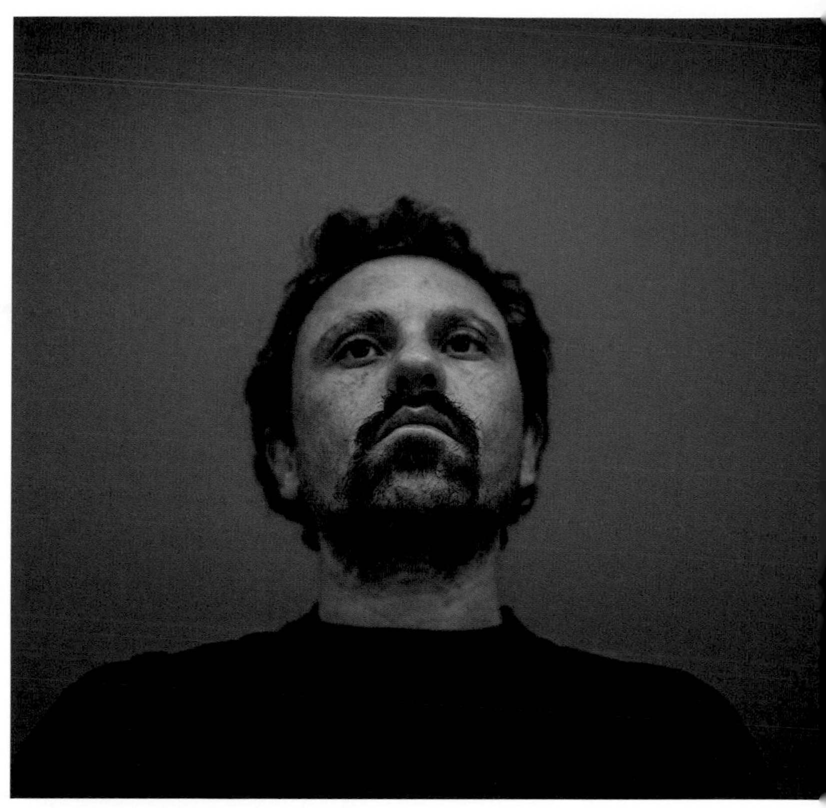

Alessio Mamo

紀實攝影師 亞雷希奧・馬莫

大學主修化學，研究之餘，經常到世界各地旅行。2007年，畢業於歐洲設計學院（European Institute of Design）攝影系。隔年2008年，開始關注現今社會、政治、經濟方面的問題，並以紀實攝影師身分展開活動。拍攝對象相當廣泛，其中包括難民問題。例如，坐上經由利比亞等地的偷渡船，再漂流到西西里島的非洲移民。目前活動範圍以中東戰爭頻傳的地區為主，持續積極地從事拍攝工作。

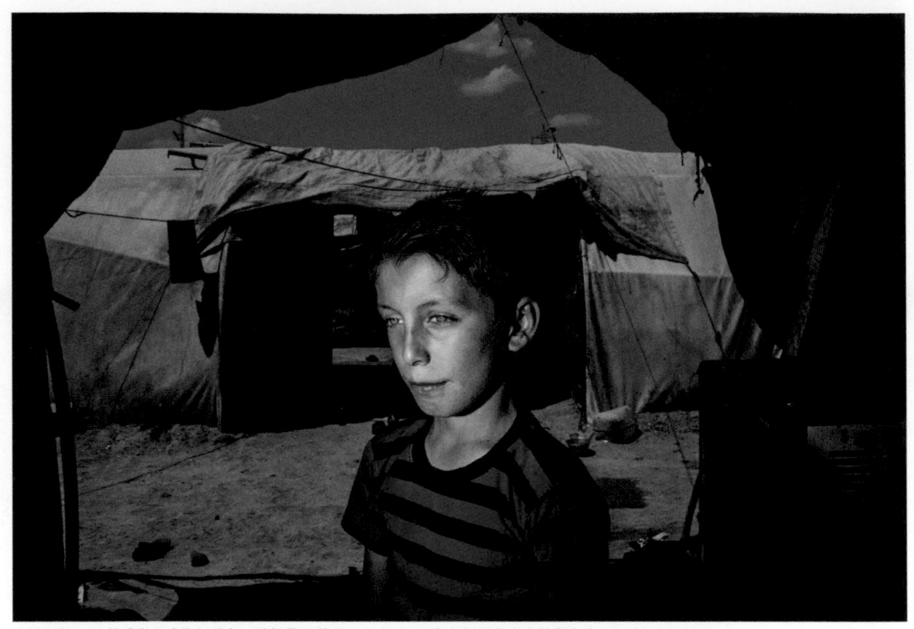

由於父親、兄弟或兒子成為犯罪者，沙姆難民營（al-Sham Camp）無限期收容女性與小孩。©Alessio Mamo

在「為所有戰爭而存在的醫院」中遇見燒燙傷少女瑪納爾

亞雷希奧・馬莫說：「這裡收容來自敘利亞、伊拉克、葉門等中東地區受到戰爭摧殘的所有傷患，是一間由無國界醫生組織營運的特別醫院。我把它取名為所有戰爭而存在的醫院，並決定把這裡發生的所有情況告訴全世界。」

在這間醫院，亞雷希奧遇見了一位名叫瑪納爾的少女。她在一場爆炸事件中，全身受到嚴重的燒燙傷害。儘管如此，她仍然充滿活下去的堅強意志。我們不難想像，對一位11歲的少女來說，將受傷的容貌給世人看，需要鼓起多大的勇氣。「為了讓大家深刻明瞭戰爭造成無數的可怕後果，把她的故事告訴全世界非常重要。」亞雷希奧如此表示。他的想法獲

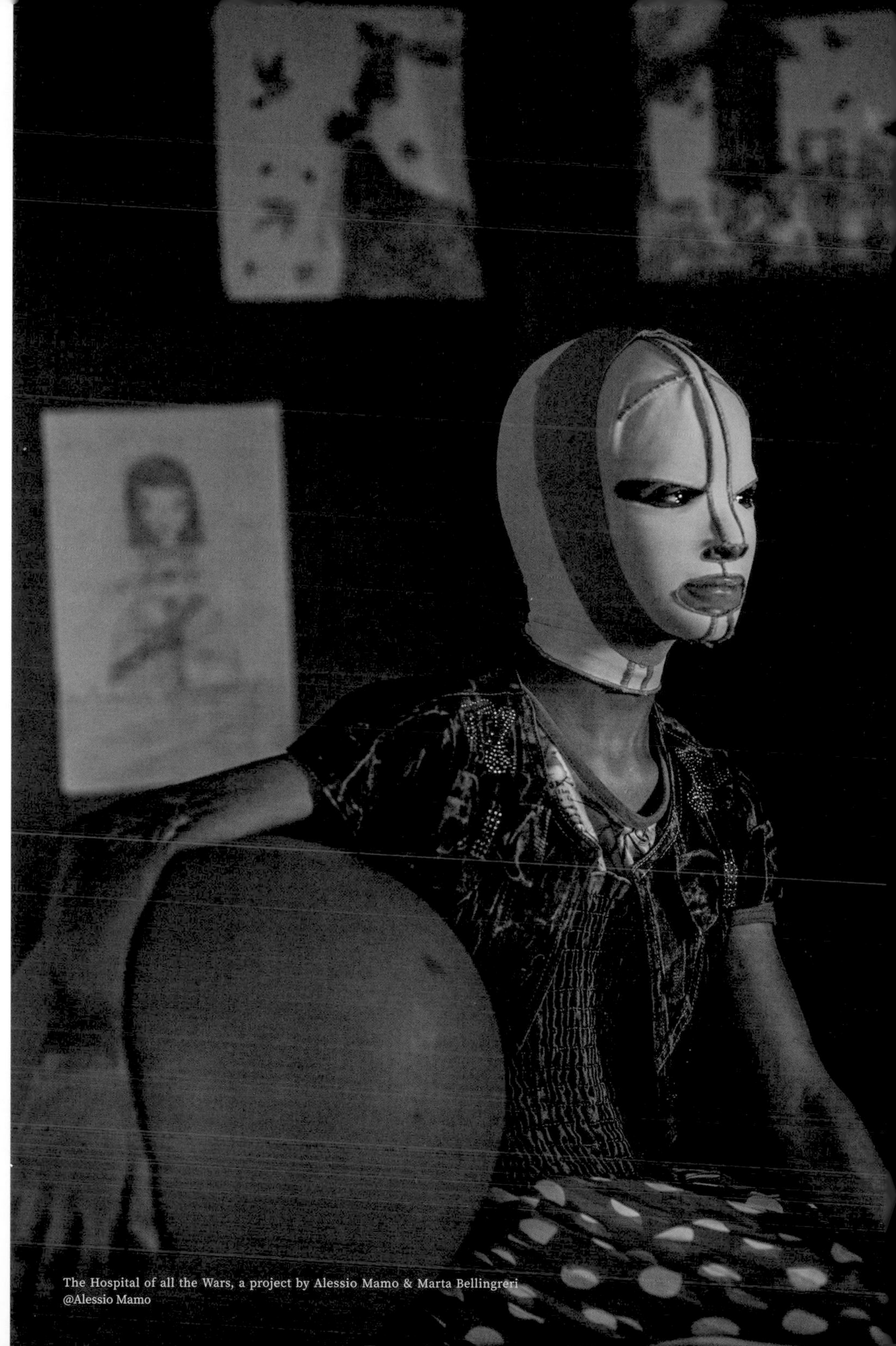

The Hospital of all the Wars, a project by Alessio Mamo & Marta Bellingreri
@Alessio Mamo

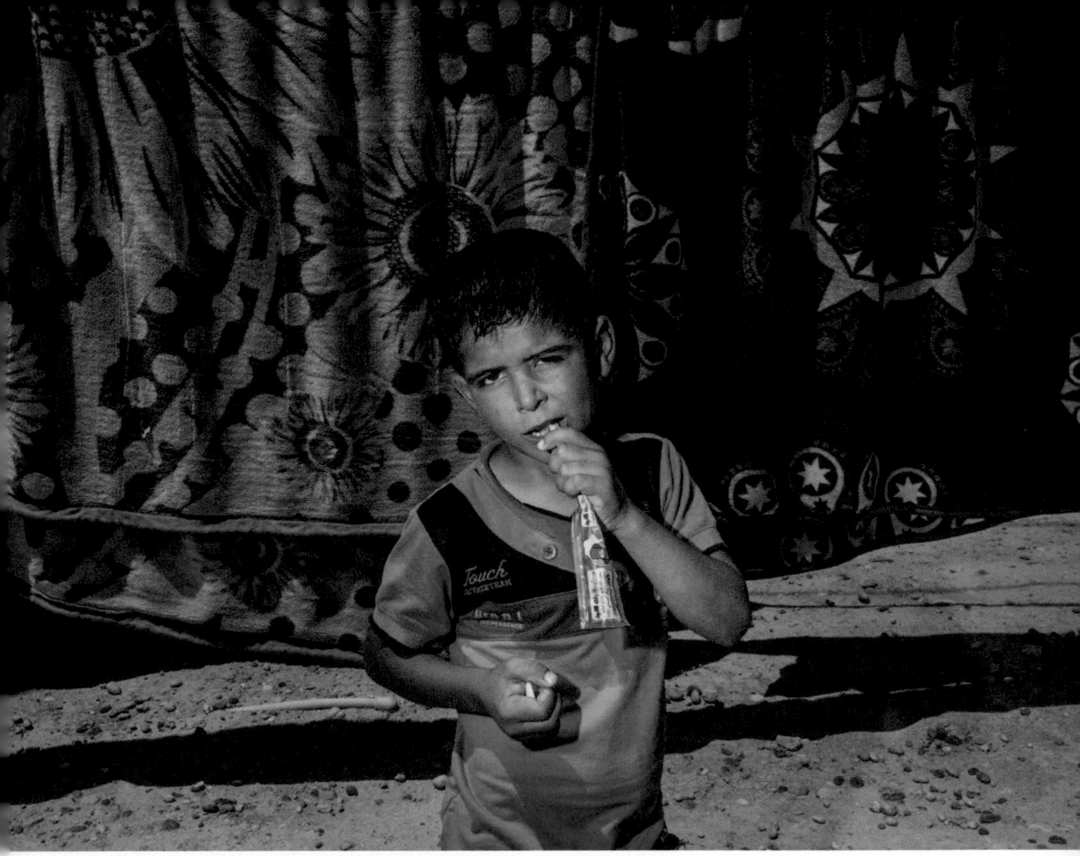

由於父親、兄弟或兒子成為犯罪者，沙姆難民營無限期收容女性與小孩。©Alessio Mamo

得瑪納爾以及她的母親的共鳴，於是她們毫不猶豫地答應接受拍攝。另外，與亞雷希奧同行的作家瑪爾塔（Marta Bellingreri）會講阿拉伯語，之所以能與瑪納爾溝通，實在是多虧了瑪爾塔的協助。於是，拍攝完成的照片，撼動了世人的心靈，並獲得荷蘭舉辦的世界新聞攝影獎（World Press Photo）中「人物」組的銀獎。「在一個月前，我去伊拉克與瑪納爾見面，她的精神非常好，也不再需要戴面罩了。我知道僅憑一張照片想改變世界雖然很難，但或許可以透過它，改變一個人或一個群體。從另一個角度去看，如果少了記者或紀實攝影師，我認為世界一定會變得更糟糕吧。」亞雷希奧說，從戰地回到自己的家裡，他再次體會到和平的日常生

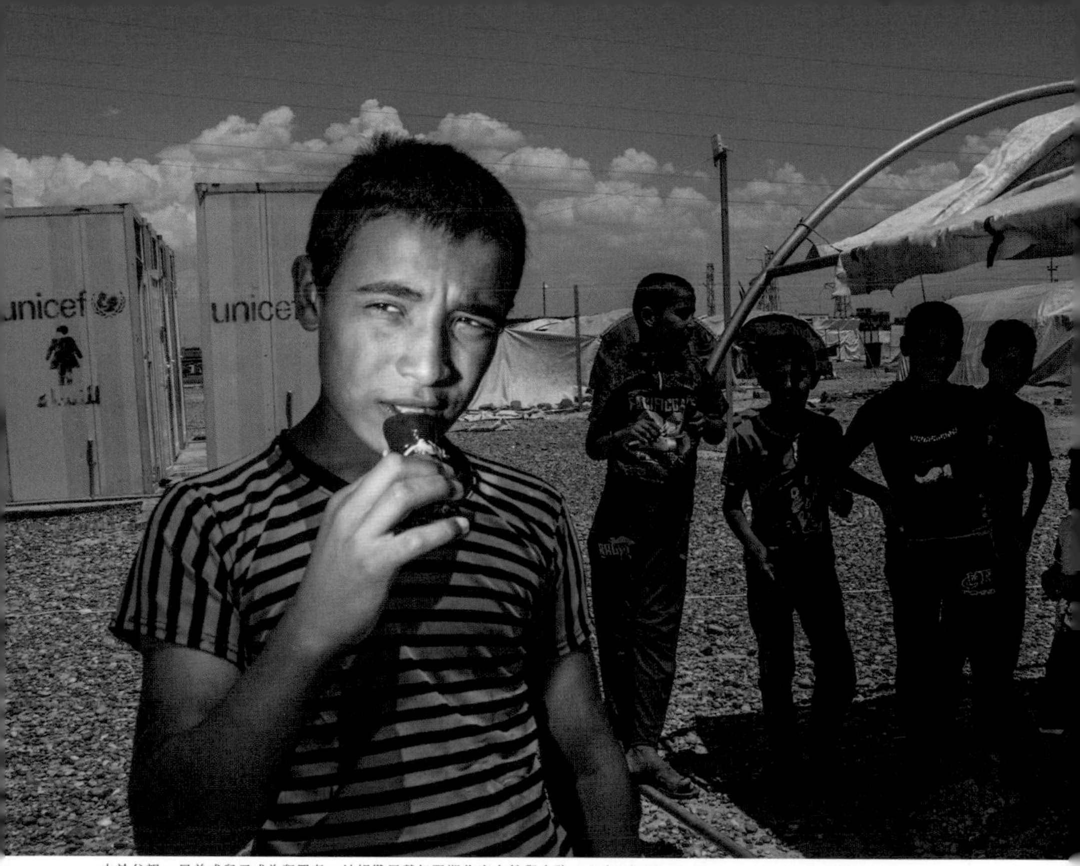

由於父親、兄弟或兒子成為犯罪者，沙姆難民營無限期收容女性與小孩。©Alessio Mamo

活竟然是如此彌足珍貴。因此下定決心，直到戰場上的和平降臨之前，他要一直不斷地向世界發聲。目前，在伊斯蘭恐怖組織IS瓦解之後，伊拉克正努力推動轉型正義（Transitional Justice）。然而，紀實攝影師是時代的「目擊者」，他們沒有時間停下來休息，必須持續地跑在最前線。

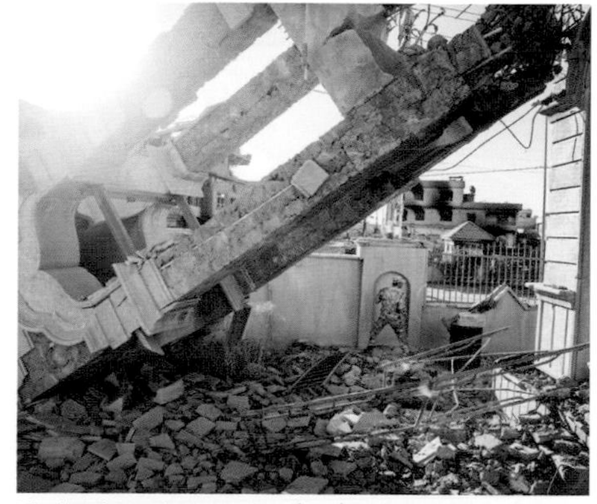

Displated Worshippers, a project by Alessio Mamo & Marta Bellingreri ©Alessio Mamo

Jin Jiang

就算從懸崖上摔下來，也得緊抓著攝影機不放。中國新銳紀錄片導演晉江，溫暖地關注著在祕境中生活的傈僳族

「我覺得紀錄片就是愛的過程。所以，靠紀錄片的力量，世界一定能轉往更好的方向。」說出這段話的人，是年輕的中國紀錄片導演晉江。有一天，他在不經意的情況下，產生了好奇心進入紀錄片的世界裡。2012 年某日，新聞剛好播出生活在深山祕境的傈僳族。晉江深深受到吸引，突然產生一股按捺不住的衝動——想拍攝他們。就在這一刻，從事攝影、剪輯工作的晉江，開始奔向紀錄片導演這條道路。「在拍攝完成後，我覺得自己的臉更像一個真正的人了。」晉江說。在這段探尋的旅程中，或許他發現了人類內心最原始的那份淳樸吧。

我覺得自己的臉，變得更像一張真實的臉了

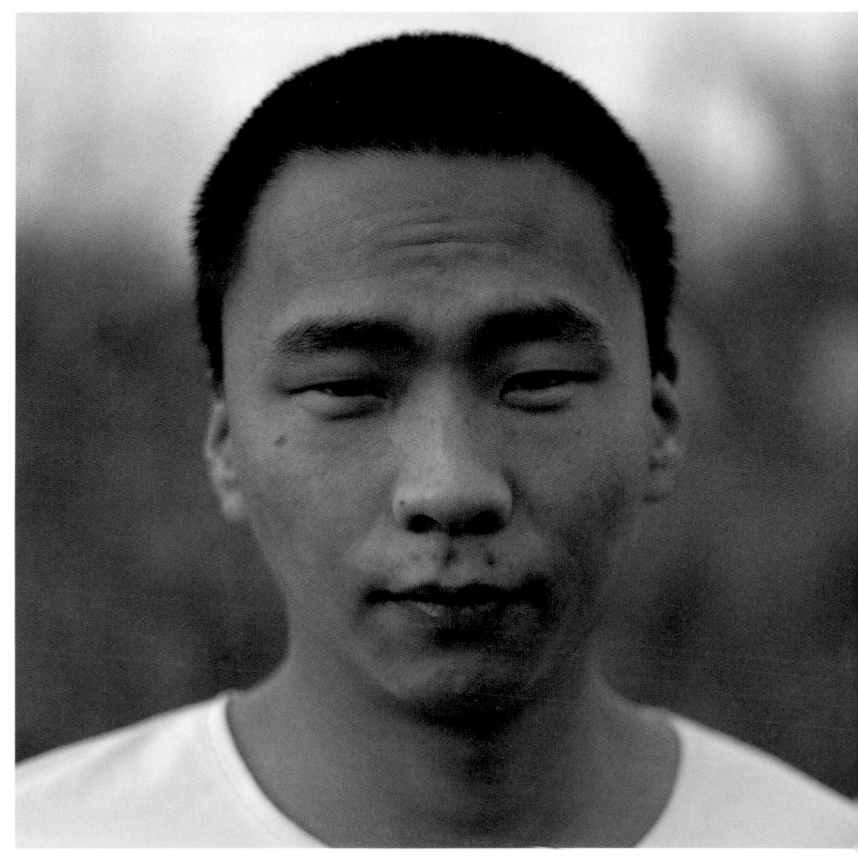

Jin Jiang

電影導演 晉江

1989 年出生於中國河南洛陽市。藝術家、影像導演。高二休學後，從事DJ、錄音師、炸雞店老闆等工作，同時也進行當代藝術工作，包括畫畫、拍照、雕塑、裝置、行為藝術等。2013 年，舉辦個人作品展《在希望的田野上》(Land of Hope)。2014 年，從事攝影、剪輯工作，開始學習電影製作邁向導演之路。《上阿甲》為首次執導作品。之後於IDFA發表作品《一天》(短篇)、《Republic》。

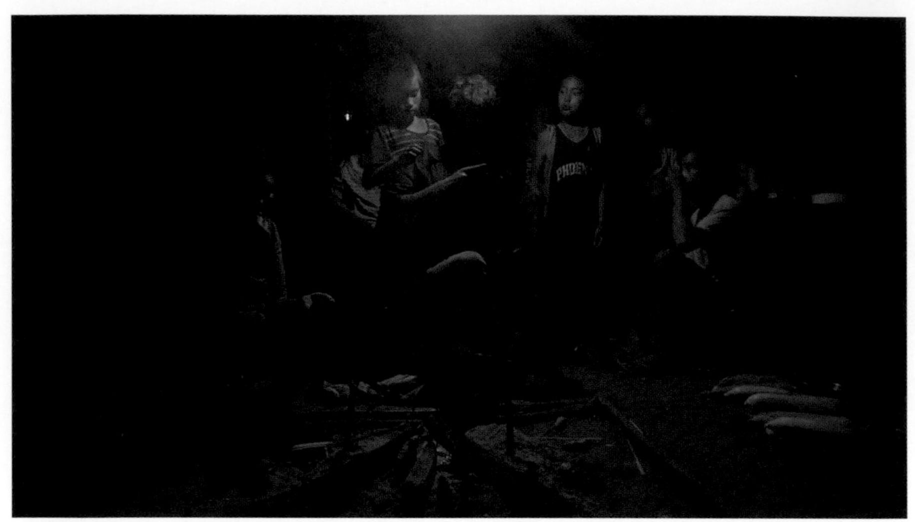

Taken by Jin Jiang

受到拍攝對象吸引，決定往深山前進

2016年7月，晉江導演籌措的電影資金到位。他整裝待發，朝向位於雲南省標高4649公尺的高山地區——怒江傈僳族自治州前進。他以為抵達目的地，實際上卻沒那麼簡單找到他們的蹤跡。他四處尋找，走了一個星期之後，好不容易抵達上阿甲村，終於見到了傈僳族的人。接著，他展開連續2天的密集拍攝，確信自己拍到的畫面非常精彩。然而，為了讓作品的內容更完整，他決定繼續留下來拍攝。晉江導演表示：「我第一次翻山越嶺來到這裡，就下定決心要完成這部作品。後來借了一臺DV攝影機、外接硬碟，再塞進幾件衣服把背包裝滿，隨即出發前往拍攝。為抵達上阿甲的村落，必須從福貢縣的山區走5個小時以上。DV裡的90G硬碟容量要是滿了，還得花相同的時間下山一趟，找一間網路咖啡廳，把拍好的影像檔案移到外接硬碟裡。在不停往返的拍攝過程中，我的腳底磨出了一大堆水泡（笑）。後

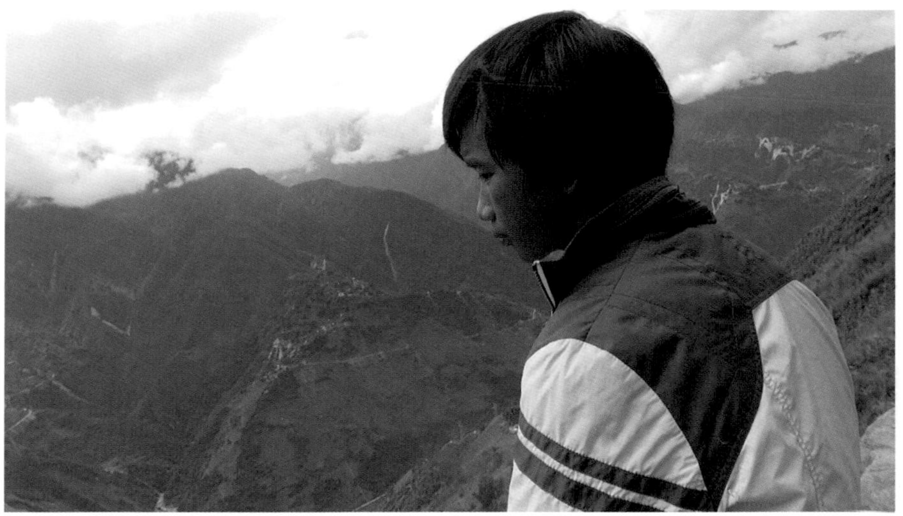

Taken by Jin Jiang

來，紀錄片中的老師借給我一臺年代久遠的筆記型電腦。多虧老師的幫忙，電腦雖然老舊，但以結果來說，讓我增加了許多在山上拍攝的時間。」晉江導演認識了一對傈僳族的兄弟，分別是17歲的此利華，以及10歲的甲利華。他們的父親很早就過世了，當時弟弟只有6個月大。母親改嫁後就離家下山，並沒有帶走倆兄弟。他們留在山上與表兄弟們一起生活，舅舅、舅媽照顧他們如同親生子女一樣。山中生活貧窮，也沒有學校可供就讀，只需要每天幫忙家務，然後隨意消磨時間。他們這樣的生活，不像大家認知中每天忙於經濟活動、有著繁榮景象的中國。儘管貧窮，晉江卻為他們每天笑聲不絕於耳的生活著迷，後來還多次去山上拜訪他們。

鏡頭緊追著奔跑的孩子，就算跌倒也要繼續拍攝

影片中的孩子就像家庭生活影片一樣自然，活力充沛地在山間上竄下跳。在畫面中，多次出現晉

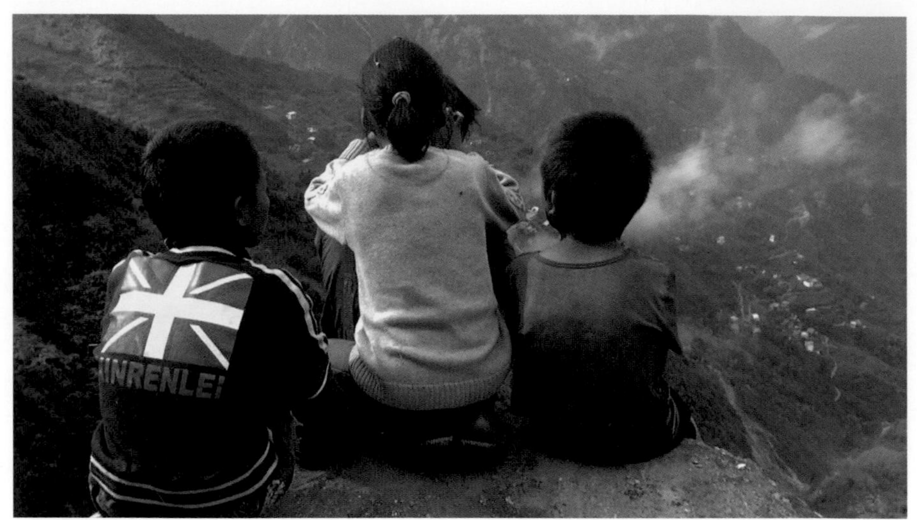

Taken by Jin Jiang

江導演緊握攝影機、腳卻差點被石頭絆倒的景象。即便如此，他仍然緊隨其後，孩子們也毫不在意導演是否跌倒，繼續玩耍不停奔跑。「才開拍第一天，我的DV攝影機就摔到山坡下。雖然我嚇了一大跳，但還好只有電池裂開，真是不幸中的大幸。我貼上膠帶把它固定，接著繼續拍攝。」晉江導演說。他認真拍了2個月以上，有1/3的時間都在山中度過，其餘時間就下山到福貢縣的市區休息。每次攝影1週，一共有3個星期的時間都在山上拍攝。因為往返非常耗費體力，所以每次下山都得在街上休息個好幾天。他在山上有2所住處，時而住一位老伯伯家，時而住在倆兄弟家裡。從開拍到最後一天，他經常以泡麵果腹，有時候一天只吃一碗飯而已。因此在結束拍攝、離開山中這座村落之後，他的腸胃出現問題，痛了好幾個月。他說：「要是沒有想拍攝的對象，這一個又一個的特殊經歷，我早就忍耐不下去了。」那麼，傈僳族的人到底有哪些魅力讓導演如此著迷呢？「剛好就在怒江拍攝的最後一天，我和

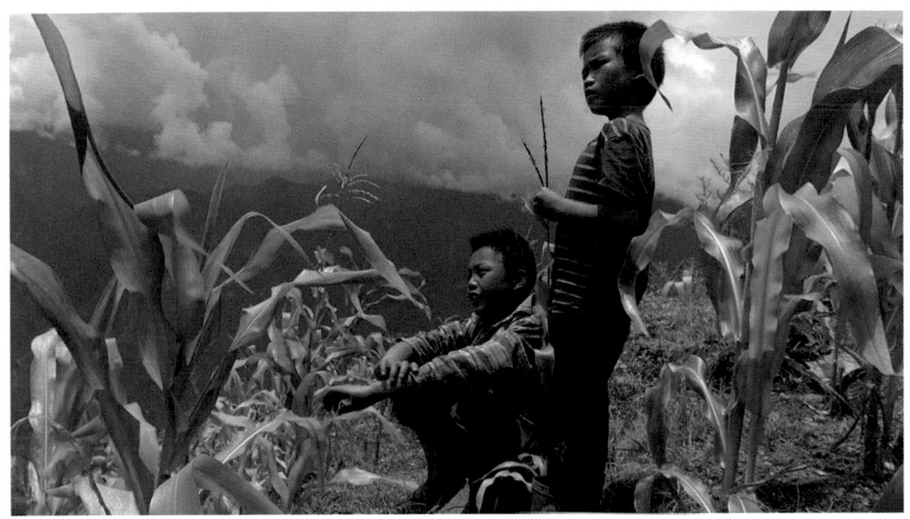

Taken by Jin Jiang

孩子們一起往山上走，途中突然感到非常疲倦，於是坐在半山腰的溪邊休息，雙腳浸在水中，疲累頓時消散。陽光灑落下來，戴著孩子們為我編織的草帽，我感受著足部在冰水中的涼爽；波光粼粼的水面閃耀著銀色光芒，藍色天空的雲朵正緩緩飄動著。在怒江對面的那頭，還有一座聳立的高山，環繞在群山之中的除了我以外別無他人。溫暖的太陽、清新的空氣，還有潺潺的流水聲，就在這個瞬間，我突然有一種前所未有的感覺——尊嚴與清淨湧上心頭，那是真正活著的人所擁有的感覺。以前，我從來沒喜歡過自己的臉，只要一照鏡子，羞愧的感覺總會油然而生，所以我很討厭照鏡子。但這時候，我為自己拍了2張照片，一張是腳泡在水中的我，另一張是戴著草帽的我。我不曾看過如此坦然的自己；因為照片中的這張臉，是一張真實的人臉。

從理解傈僳族到領悟自我

電影的後半段，總是笑容滿面的哥哥利華，有時會露出寂寞的神情。有一幕是他與同齡女孩透過手機通話，他好幾次想約她都沒有成功，甚至還被掛上電話。不過，他察覺到晉江導演的鏡頭正對著自己，立即又恢復往常開朗的笑容，以若無其事的口吻表示對方似乎很忙。然而，從他的黯然神情中看得出來，他隱約已察覺到自己身處的環境與外界隔絕。他受到的教育機會實在太少，每天與年幼的弟弟與表兄弟們，過著蹦蹦跳跳的生活。雖然無拘無束地成長，但相反地，從文明社會的角度去看，他比實際年齡還要幼稚天真。他的日常是追著屋簷下的老鼠跑，或是去湖邊嬉戲玩水，與電話那頭每天忙著上學與購物消費的女生朋友們相去甚遠。這到底是好還是壞，作品中並沒有給出任何答案。提到這個問題，不少人一定會聯想到另一部題材相同、由王兵導演執導的《三姊妹》作品吧。王兵導演以獨特的觀點，仔細觀察現代中國一般人的日常生活（而且經常是困難的），對於強調中華人民共和國的興隆——也就是所謂的中國夢想來說，他從內部揭發了其中的矛盾、黑暗面與各方面的差距。觀眾透過《三姊妹》，同樣也能思考現代中國社會面臨的各種問題。然而，晉江導演從他們的共同生活中，領悟到一項事實，那就是與現代文明隔絕，反而能過著更像人應有的真正生活。傈僳族在這座深山中活出他們的人生，過著和平的生活。晉江導演表示，若提到他們的國籍，雖然被稱為是住在怒江的中國人，但卻與中國人活在完全不同的社會。晉江導演最初接觸傈僳族時，以為他們不知道外面的世界，沒有物質干擾，所以會過著這樣的生活。但最後終於了解，並不是他們的生活比較差，倒不如說是他們擁有文明之後，仍然選擇過著淳樸的生活吧。1909 年，有一位基督新教的英國傳教士富能仁（James Outram Fraser）來到了怒江沿岸的村落，他透過傳教活動，把西方文化與英文字母帶進傈僳族裡。在富能仁來到這裡以前，傈僳族是個尚未接觸中國的少數民族，連寫字的文化都沒有。因此，傈僳族接受西方傳教士傳來的文明，他們直接受到了西方文明的影響，所以在中國過著幾乎與外國人的生活一樣。「我了解這件事之後，才明白這個地方為什麼能帶給我不曾有過的尊嚴感覺。我真的非常感謝他們。我不認為他們的生活或世界會改變，他們的生活是非常美好的，至少他們的生活過得比我們還要像個人。因為物質上的富足是最廉價的東西。倘若中國這個國家沒有任何改變，我盼望他們能一直過著這種生活。」晉江導演說。過去，中國地方政府曾經允諾，要給他們移居生活的住所，然而現在的情況依然沒有任何改變。一位中國青年如此著迷的文化，若要永久保存維護，必須使它在經濟上以及教育上獲得保障，同時還要去愛這片土地，永遠堅持對自己的尊重。

透過紀錄片能夠改變的事情

晉江導演說，拍攝紀錄片能讓自己保持人性，他確信那是一個「愛的過程」。「對許多紀錄片導演來說，與被攝者建立彼此信任的關係，具有相當大的意義。相信帶著誠意去拍攝，一定會進展得更順利。」他表示。藉由紀錄片這種方式，築起了大都市青年與深山中傈僳族少年的一段新關係。就這層意義而言，相信紀錄片工作者擁有無限潛能，他們的存在，一定能把世界導向更好的方向去吧。

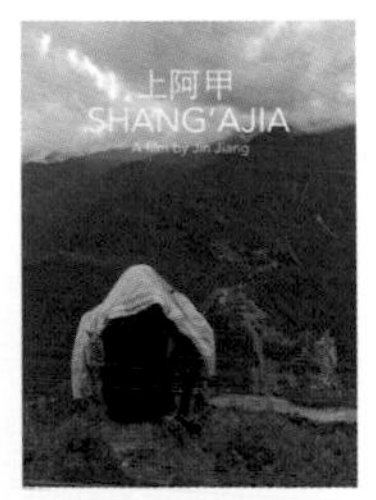

中國／2017／99 分

《上阿甲》(Shang' Ajia)

本紀錄片追蹤住在中國雲南省怒江傈僳族自治州的一對兄弟生活——17 歲的哥哥此利華，以及 10 歲的弟弟甲利華。他們的父親很早就過世了。母親改嫁後就離開下山，並沒有帶走倆兄弟。他們留在山上與表兄弟們一起生活，舅舅、舅媽撫養倆兄弟如親生子女一樣。山中生活貧窮，也沒有學校可供就讀，然而導演卻發現了他們的生活方式才是「真正像人一樣的生活」。

紀錄片主義的解剖學
內山直樹／中村真夕／康世偉

在第二章「紀錄片主義的解剖學」中，我們將針對象徵著承載紀錄片導演與被攝者的「命運」之船——「SHIP」，以及與代表兩者之間「關係性（Relationship）」的「SHIP」，分析接下來的三位紀錄片導演。內山直樹熱愛非洲的原始之美，他完成一部描述在剛果首都金夏沙人們熱衷的「剛果摔角」運動及其命運；受到311東日本大地震的核災影響，有一個被政府列為返家困難的區域，那裡一位獨居的男人與遭到遺棄的動物們一起生活，中村真夕透過鏡頭追蹤這裡的景象；最後介紹中國籍導演康世偉遇見了一位西藏詩人索達的記錄過程。他們都為人類的魅力著迷，登上紀錄片這艘同舟共命的船，一起航向名為故事的這片無垠大海。本章將讓我們檢視並思考他們展現的態度，以及紀錄片導演與被攝者的關係。

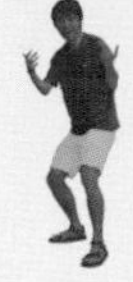

Naoki Uchiyama

內山直樹

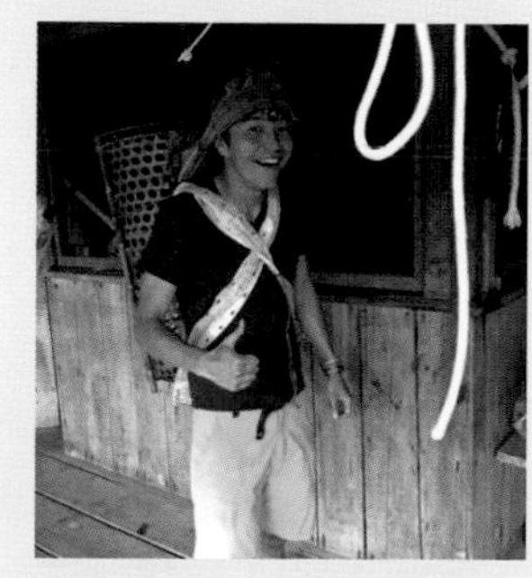

1982 年出生，製作多部非洲、南美以及戰爭證言的紀錄片節目。以《遙遠的祖國：巴西日裔抗爭的真實》（遠い祖国 ブラジル日系人抗争の真実）獲頒日本非營利機構放送批評懇談會主辦的銀河獎（ギャラクシー賞）。接著，拍攝過去戰爭時期被遺留在中國的日本孤兒第二代的故事，以他們組成的愚連隊「怒羅權」為主題的作品。偏好深不見底的社會故事，持續追蹤這一類的題材。隸屬日本鐵木真電視公司。紀錄片工作者的團體BUG的共同負責人之一。

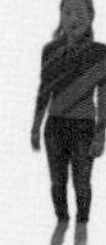

Mayu Nakamura

中村真夕

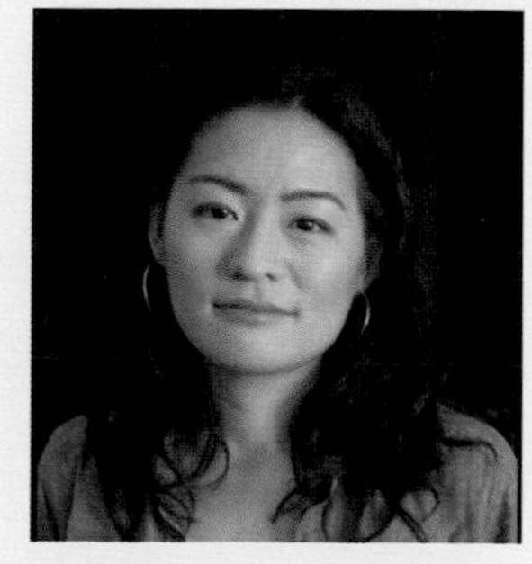

倫敦大學、哥倫比亞大學研究所、紐約大學研究所畢業。首次執導電影長片《刺魚的夏天》（ハリヨの夏）受邀參加韓國釜山國際影展。以一群居住在日本靜岡縣浜松市的巴西裔日本年輕人為主題，持續追蹤的紀錄片《孤獨的燕子們：生為出外打拚的孩子》（孤独なツバメたち:デカセギの子どもに生まれて）獲得巴西聖保羅國際影展最佳紀錄片獎。《一個人的福島》（ナオトひとりっきり）獲邀參加拿大蒙特婁紀錄片影展，並於日本全國公開上映。2020 年，記錄政治活動家鈴木邦男的紀錄片《愛国者に気をつけろ！鈴木邦男》公開上映。

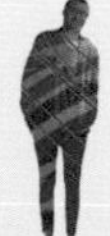

Shi-wei Kang

康世偉

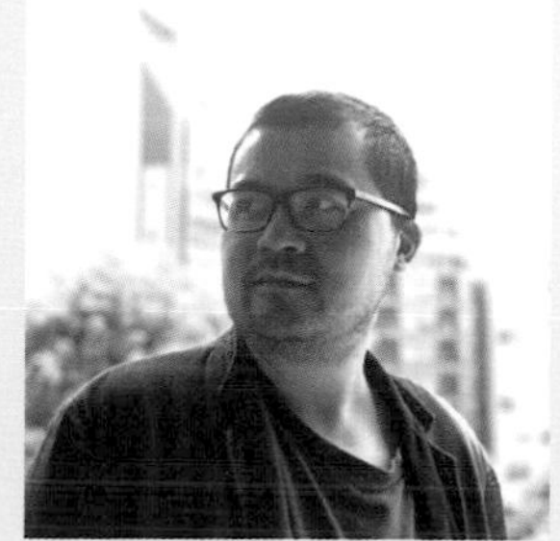

出生於中國。電影導演、畫家。上海喜瑪拉雅美術館藝術總監。CTAA會員。International Open Film Festival（国際オープン映画フェスティバル）評審。作品曾獲頒歐洲國際電影節最佳紀錄片獎。

《剛果摔角》（コンゴプロレス）

內山直樹

我以非洲為舞臺，總共製作了5部紀錄片，毫無保留地揭露非洲「駭人聽聞」、「卑劣」、「淒涼悲慘」的生活——不斷上演著生與死的貧民窟；充滿絕望感的難民營；因土地開發而搞得天翻地覆的人民生活；滿口謊言與貪汙腐化的總統選舉等主題。然而，我為一種堅定的精神感動，它超越了善惡，而且非常地美麗。說得極端一點，我只是一個想接觸人類本能與原始躍動的人而已。之所以接觸剛果摔角，是由於看到了一張由比利時攝影師拍的照片——一位衣衫襤褸的中年人站在垃圾山前。過了2個月後，我獨自一人帶著攝影機前往剛果首都金夏沙。夜晚中，在貧民區小巷內的一處空間，地上的木屑上僅鋪著一條墊子，卻有數不清的大塊頭正在進行訓練。儘管這項運動幾乎無法創造收益，但他們卻異口同聲地表示：「摔角就是我的全部。」以現今社會的角度來看，他們完全屬於一群「落伍的人」。然而在這個國家，只要一有摔角選手出現在街頭，人們便會拍手鼓譟，甚至還會手舞足蹈。舉行比賽的場地，就在貧民窟的路邊，摔角臺的周圍，聚集了各種社會矛盾的人，其中有毒品成癮者、妓女、街頭流浪兒等，大家對摔角極為狂熱。對剛果人來說，摔角與死亡只有一線之隔，是日常生活中最精彩的娛樂，社會的縮影就在這裡。我希望人們強烈渴望生存的意義，能夠藉由這部紀錄片，百分之百地忠實傳達呈現。

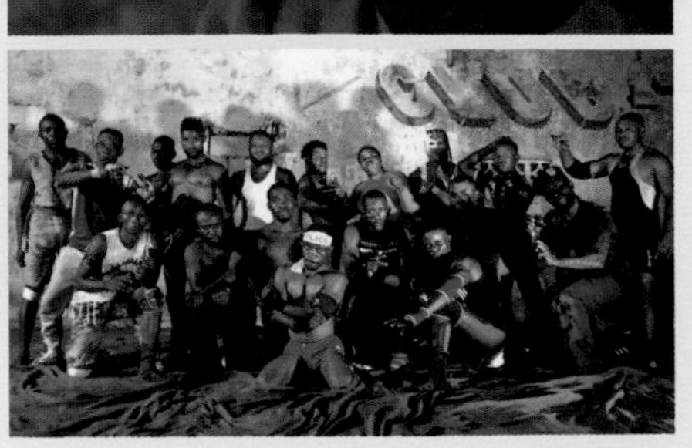

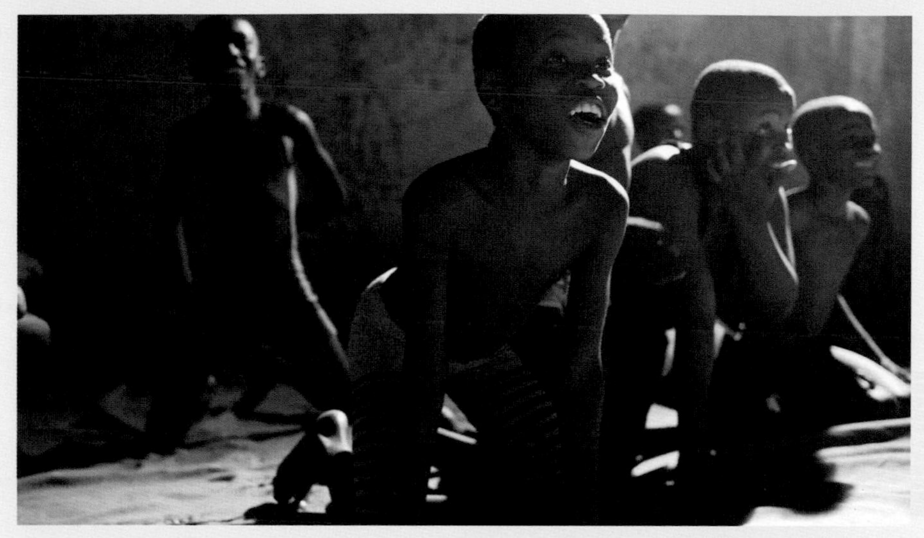

憧憬一個沒有分隔而彼此緊密相繫的群體

內山直樹是一位對人類完全展現本能之美感到熱血沸騰的紀錄片導演，從非洲到巴西，走遍了世界各地。在他製作的《旅旅叨擾》（NHK綜合頻道）節目中，集結了許多隨心所欲生活的「旅人」，對觀眾來說猶如一座心靈燈塔。有一次他做節目調查，看到了一張剛果摔角的照片，深深地受到吸引。這一刻，也成為了這位影像導演決定製作剛果摔角題材的瞬間。在剛果這個國家，摔角風潮已超過35年。這項廣受人民喜愛的「摔角」運動，過去曾經遭到政治利用而成為一項工具。在政治紛爭的影響下，摔角差點消失，變成過去的歷史，它活生生地見證了剛果的盛衰榮枯。如果再這樣下去，「10年之後摔角的文化將會消失。」正當摔角選手們感到危機時，內山直樹導演就這樣與摔角相遇了。結果，內山導演開始拍攝，他再次點燃大家的熱情，甚至進一步舉辦國際比賽。接下來，他把鏡頭轉向另一位少女康果（Kanku）的成長故事，康果是摔角俱樂部負責人赫立可（Heriko）收留的孩子，拍攝紀錄片這件事情刺激了她的鬥志。「我一定要狠狠地來一記金臂勾，送給拋棄我的父母！」康果猛力咆哮著，堅強地活在當下，展現人類自立自強的生存本能。

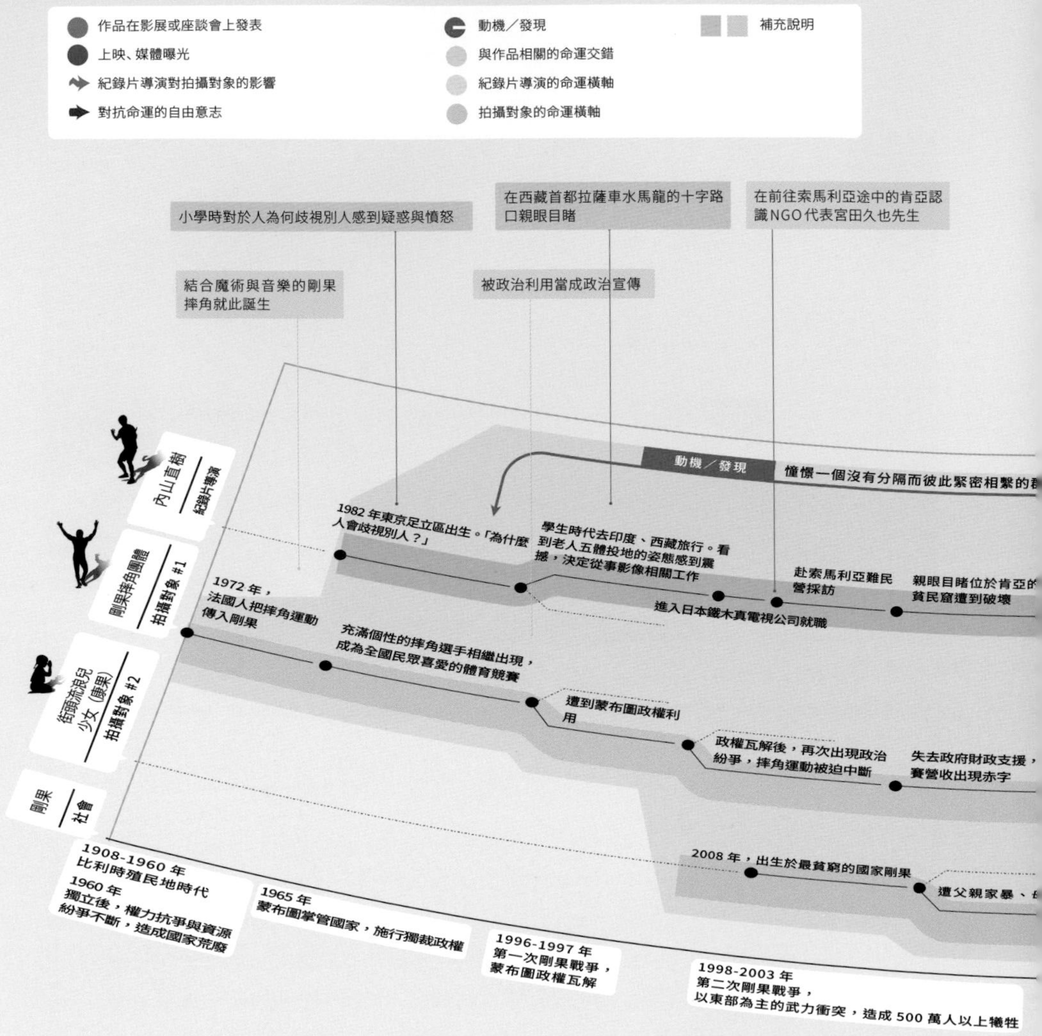

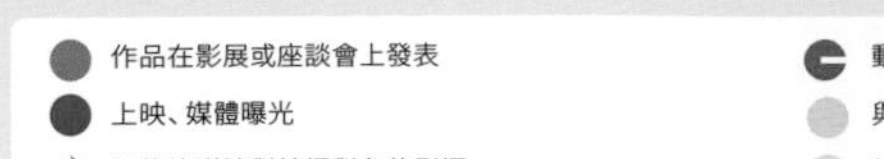

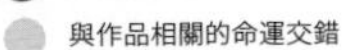

補充說明

小學時對於人為何歧視別人感到疑惑與憤怒

在西藏首都拉薩車水馬龍的十字路口親眼目睹

在前往索馬利亞途中的肯亞認識NGO代表宮田久也先生

結合魔術與音樂的剛果摔角就此誕生

被政治利用當成政治宣傳

內山直樹｜紀錄片導演

剛果摔角團體｜拍攝對象 #1

街頭流浪兒少女（康果）｜拍攝對象 #2

剛果｜社會

動機／發現　憧憬一個沒有分隔而彼此緊密相繫的

1982 年東京足立區出生。「為什麼人會歧視別人？」

學生時代去印度、西藏旅行。看到老人五體投地的姿態感到震撼，決定從事影像相關工作

進入日本鐵木真電視公司就職

赴索馬利亞難民營採訪

親眼目睹位於肯亞的貧民窟遭到破壞

1972 年，法國人把摔角運動傳入剛果

充滿個性的摔角選手相繼出現，成為全國民眾喜愛的體育競賽

遭到蒙布圖政權利用

政權瓦解後，再次出現政治紛爭，摔角運動被迫中斷

失去政府財政支援，賽營收出現赤字

2008 年，出生於最貧窮的國家剛果

遭父親家暴、

1908-1960 年
比利時殖民地時代
1960 年
獨立後，權力抗爭與資源紛爭不斷，造成國家荒廢

1965 年
蒙布圖掌管國家，施行獨裁政權

1996-1997 年
第一次剛果戰爭，
蒙布圖政權瓦解

1998-2003 年
第二次剛果戰爭，
以東部為主的武力衝突，造成 500 萬人以上犧牲

剛果民主共和國　位於非洲中部的共和制國家。人口多達7,800萬人，面積為非洲大陸第2名，可與西歐匹敵。擁有豐富天然礦物資源，除了金、鑽石、銅之外，還有製造電器用品不可或缺的鉭、錫、鎢等金屬資源。1960年脫離比利時殖民，完成國家獨立，但權力鬥爭與天然資源的紛爭不斷，導致國家荒廢，成為世界上最貧窮的國家之一。

金夏沙　剛果民主共和國首都。人口超過1,000萬人，是非洲數一數二的大都市。社會、經濟的基礎建設脆弱，約有8成市民每天過著1美元以下的生活。一般平民生活多靠賺取日薪工作為主，包括戶外工作、賣東西、修理工等。繳不出學費而無法上學的孩子非常多。雖然生活困難，但其中也有人創造了偉大的音樂與藝術。例如：有剛果倫巴搖滾之王美稱的帕帕．文巴，以及以紀錄片電影造成話題的音樂團體Staff Benda Bilili。

蒙布圖政權　蒙布圖（Mobutu Sésé Seko, 1930-1977），1960年，在第一任總統卡薩武布與美國的支持下，蒙布圖發動軍事政變，推翻首任內閣總理盧蒙巴，並接管其政權。5年後，再度發動軍事政變，卡薩武布亦遭到流放。後來的32年，以總統身分建立獨裁體制。然而，在冷戰結束後，蒙布圖失去美國的支持，政權突然急遽分崩離析，遭到以反體制派為首的卡比拉推翻，失去政權而流亡海外。1977年，死於摩洛哥。

肯亞貧民窟　首都奈洛比一共有大小加起來130個貧民窟左右。其中基貝拉貧民窟占了奈洛比人口的1/3，約有100萬人在這裡生活。近年來，肯亞政府開放外資，大規模進行土地開發，一口氣拆除許多貧民窟。在事前未通知的情況下，強制拆除房屋與驅離居民，造成數萬人無家可歸，成為嚴重的社會問題。

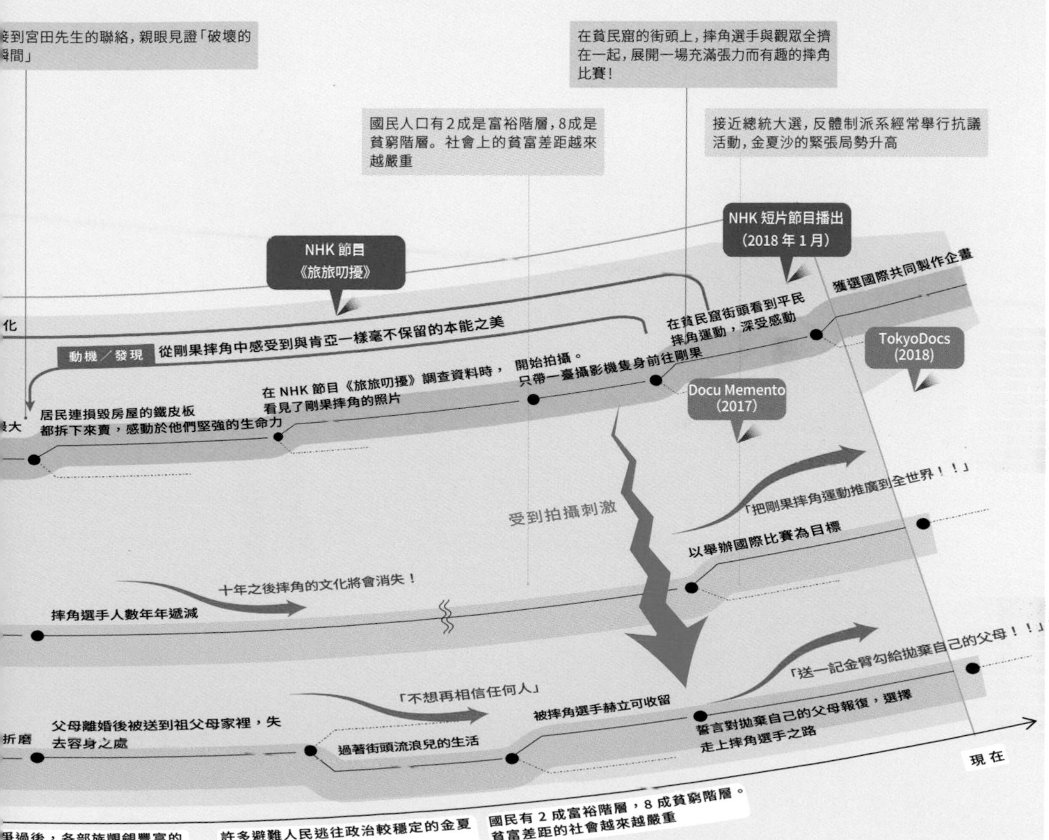

剛果摔角 剛果最受民眾喜愛的運動比賽。1972年，由法國摔角選手把這項運動傳入剛果。剛果摔角最大的特色，就是運用撒哈拉以南非洲地區流傳的巫毒詛咒來進行比賽，正如文字所述，不必碰觸對手就能施展法術攻擊。在金夏沙有超過60組團體、600名以上別具特色的摔角選手，每到週末，就會在街頭與廣場進行比賽。然而比賽的報酬微薄，因此沒有任何一人是職業摔角選手。

宮田久也 為肯亞奈洛比的孩子提供醫療服務。非營利組織兒童醫生理事。提出每月1000日圓捐款進行協助的專案構想，提供國外志工與貧民窟兒童的一對一協助，藉以改善兒童的死亡率。以社會創業家身分，提供各種醫療相關服務。

《旅旅叨擾》(旅旅しつれいします) 由總監內山直樹、太田信吾、創意事業單位SOMEONE'S GARDEN製作的紀錄片節目，透過主題去追蹤世界各地的年輕旅人，以及他們的真實生活樣貌。已於NHK綜合頻道播出2集。

Docu Memento 集結松井至、內山直樹等新生代紀錄片工作者，打破「製作者、對象、觀眾」的框架，重新結合社會與紀錄片的活動。

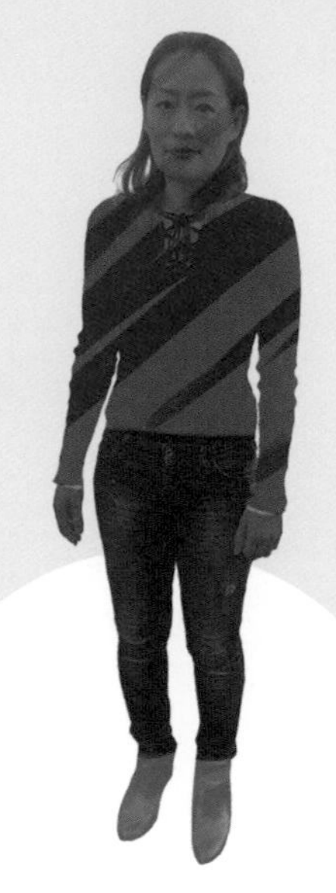

中村夕真
《一個人的福島》

我得知松村先生與動物們的事情，是透過一次國外媒體的報導。由於海嘯來襲，整座城市遭到沖毀，所有的動物都在大街上亂竄，松村先生卻留下來照顧牠們，因此媒體封他為動物的救世主。然而，真相到底是什麼？我想透過自己的雙眼證實。在2013年的夏天，我初次造訪位於日本東北地區的富岡町。我見到了松村先生，他與報導中的形象完全不同，既不是畜牧業者，也不是動物保育人士，他只是一個比任何人還深愛富岡町的居民而已。他拒絕離開自己的家園，把這些被遺棄的動物當成故鄉同胞，留下來照顧牠們，一起生活下去。「核能發電廠雖然為這個地區帶來豐饒的生活，卻也帶來毀滅。我再也無法忍受核電廠繼續捉弄我們的生活了。」松村先生寧靜的生活背後，我深深地感受到他的憤怒與抗拒，因此產生了強烈的共鳴。很明顯地，大型媒體無法報導松村先生在此獨居，與一群動物一起生活的事實。所以，我主動提議拍成一部電影，告訴大家現在這個地方究竟發生什麼事情，以及仍有許多生命活著的事實。最後，我隨著季節變化，展開長期的拍攝工作。

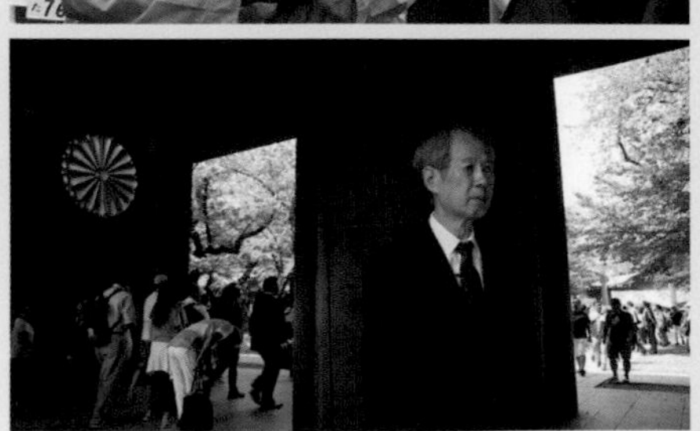

（上）松村先生與駝鳥。照片取自《一個人的福島》
（下）鈴木邦男先生於靖國社拍照留影。

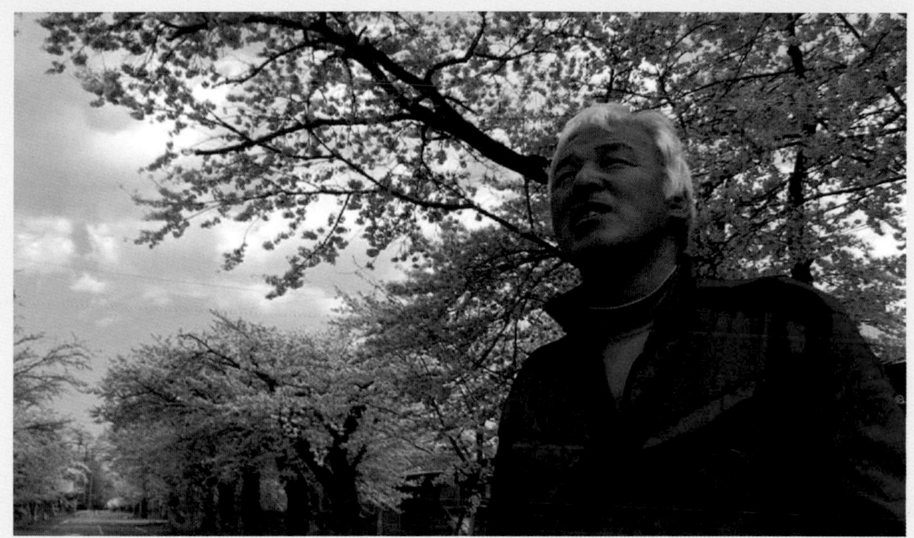

松村先生與櫻花。照片取自《一個人的福島》

想親眼見證真實

中村真夕導演刻意接觸稍微「疏離」世俗的人，她想透過這些人去關注社會看不見的地方。2013 年，她花了將近 1 年的時間，持續拜訪獨自居住在返家困難區域的 Naoto——松村直登先生。這個地區受到福島核災汙染，政府強制居民搬遷，但松村先生卻自願一個人留在這座被遺棄的地方，與一群動物一起生活，許多國外媒體紛紛封他為「高尚的動物保育人士」。然而，隨著時間過去，中村導演逐漸了解松村先生，反而認為他是抱著「命運共同體」的心態在這裡生活。彷彿這個世界被人類「汙染」，他與這群動物處在諾亞方舟上一樣。中村導演為了拍攝工作，重新考取汽車駕照，車窗貼著新手駕駛的標誌，不顧自己受曝在輻射環境下的風險，持續地拜訪富岡町。不知道是否感動了松村先生，他終於打開了心房。2016 年 3 月，她完成的作品於法國巴黎的日本文化中心上映。此外，中村導演目前正在製作另一部紀錄片，拍攝對象是一位從左翼到右翼，交流相當廣泛的政治活動家——鈴木邦男先生。藉由貼近這一位充滿魅力且不可思議的人物紀錄片，期盼能找出正確看待日本的線索。

作品在影展或座談會上發表
上映、媒體曝光
紀錄片導演對拍攝對象的影響
對抗命運的自由意志
動機／發現
與作品相關的命運交錯
紀錄片導演的命運橫軸
拍攝對象的命運橫軸
補充說明

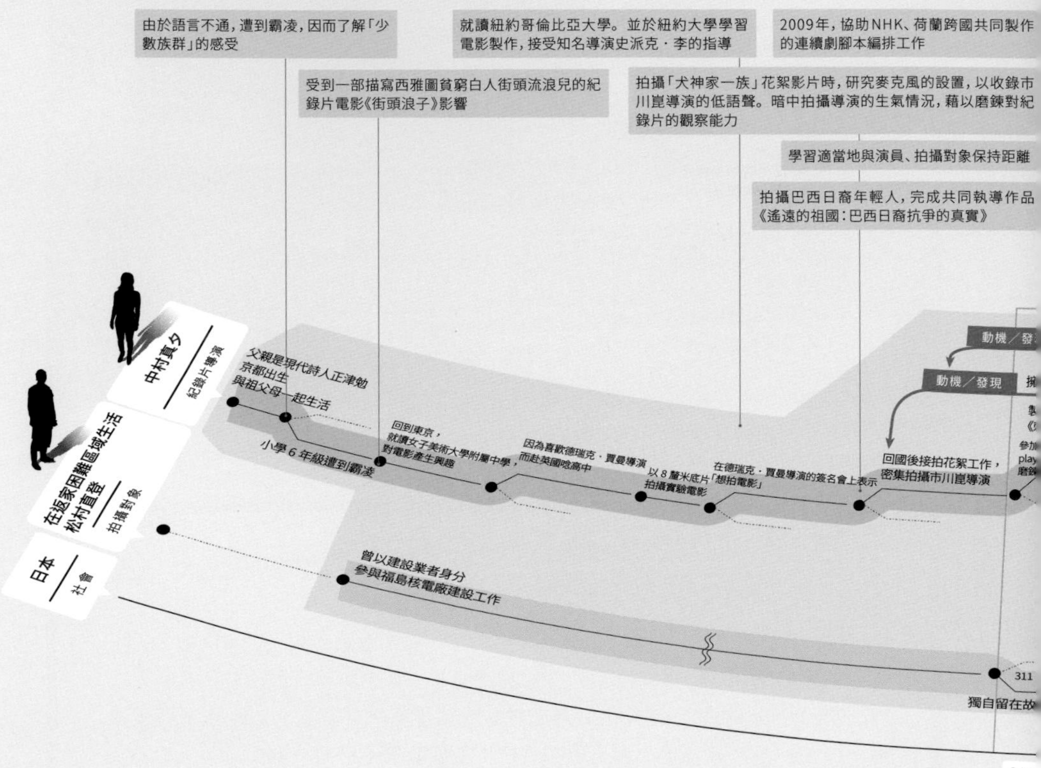

《街頭浪子》(Streetwise) 以美國西雅圖為故事場景，由馬丁・貝爾導演拍攝一群以賣春、扒手維生的十多歲青少年紀錄片電影（1984年製作）。導演受到1983年《Life》雜誌上的文章啟發而拍攝這部電影。

NPO加油福島 松村直登先生於2012年成立的非營利組織，主要從事的活動：受災區域的家畜、寵物救援相關活動，以及除去輻射汙染與宣傳等工作。主要目的為復興受災地區、推動社區營造，為故鄉提供貢獻。

德瑞克・賈曼(Derek Jarman) 出身英國的藝術家、電影導演。作品與音樂關係深厚，另外拍攝以同性戀、頹廢的近未來影像、唯美等主題居多。過世前一年完成的電影《藍》(Blue)，描述愛滋病吞噬患者自我為主題的作品。

史派克・李(Spike Lee) 美國電影導演、作家、演員。作品多以社會問題為題材，每當發表時，總會引發爭議，並以此著稱。於紐約大學、哥倫比亞大學、哈佛大學任教。

市川崑 日本電影導演。代表作為《緬甸的豎琴》、《東京奧林匹克運動會》、《犬神家一族》、《細雪》等。經常以大膽的實驗精神與風雅灑脫的拍攝手法風靡觀眾，1997年《黑色十人之女》二度上映時，受到年輕世代的大力讚賞，造成當年轟動並創下紀錄。

劇本丼(しな丼) 日本知名編劇、導演岩井俊二啟動的一項計畫，他開設大量募集劇本的網站，並且定期發布講評。playworks計畫的前身。

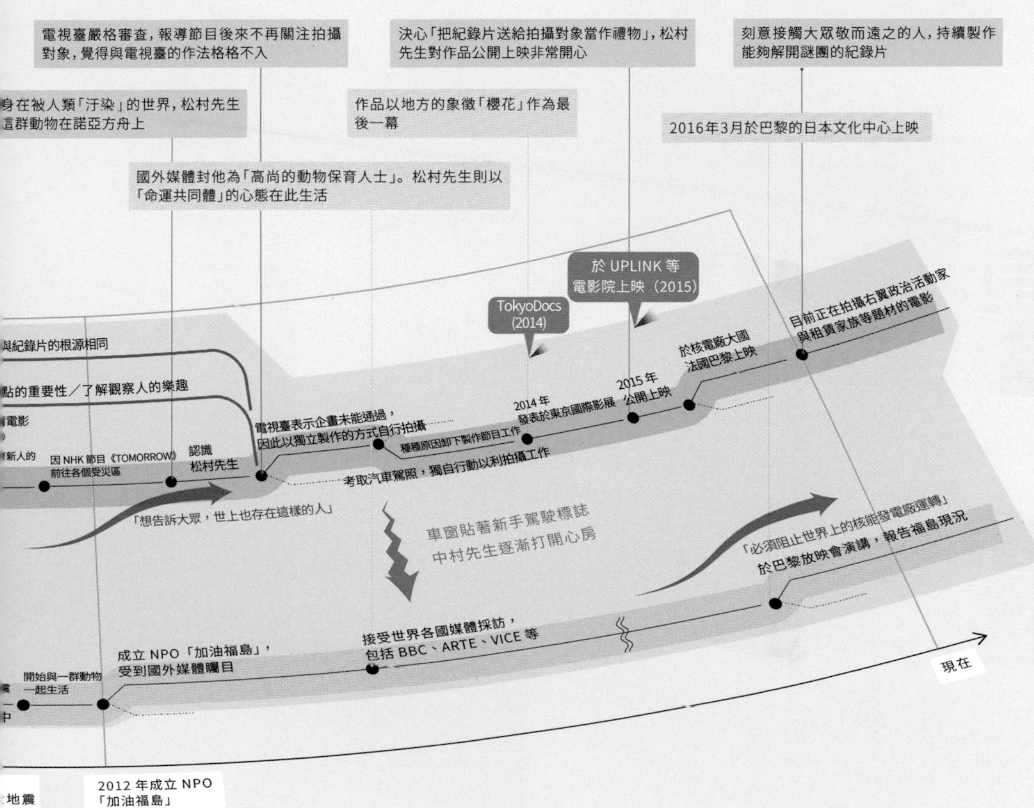

《刺魚的夏天》(ハリヨの夏) 2006年，中村真夕首次執導的電影長片作品，以她出生的故鄉京都為舞臺，由當年就讀高中的新人高良健吾主演的青春故事劇情片。

《TOMORROW》 NHK BS1與NHK世界頻道於2012年4月播出的電視紀錄片節目。本節目是參加NHK東日本大地震計畫的活動節目之一。

playworks 2004年，岩井俊二啟動一項計畫，以培育未來電影界的棟梁之材為目的。其中已成功拍成電影的作品：《電影情人夢》(虹の女神，日本／2006上映／117分)、《樂團年代》(BANDAGE バンデイジ，日本／2010上映／119分)。中村夕真擔任製作《樂團年代》的廣播劇版，榮獲銀河獎的廣播劇獎。由劇作家渡邊綾發掘。

鈴木邦男 日本政治活動家。早稻田大學在學時期開始參加民族派學生運動，與另一個學生運動組織全共鬥嚴重對立。「全國學協」的第一代委員長。離開學生運動後任職於產經新聞社。1972年成立右翼團體「一水會」。

康世偉《輪迴情》

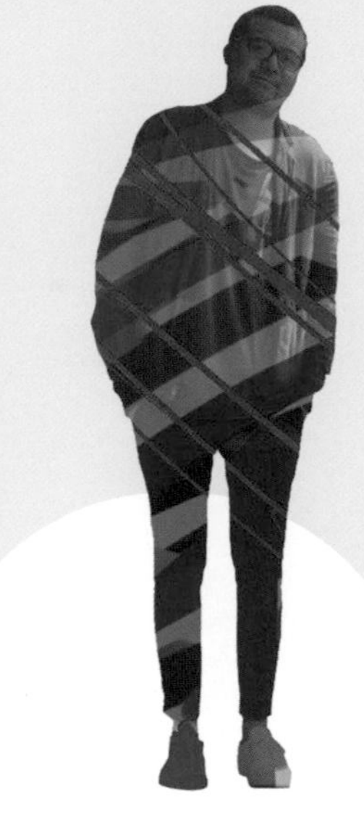

索達6歲進入色達喇榮五明佛學院成為喇嘛。他喜歡沉思，個性開朗、浪漫。我覺得他是一個充滿魅力的人，所以留在美麗的山谷下，為描述他的人生而持續拍攝。複雜的中國社會，改變了這位僧侶詩人的人生。當他的哥哥過世時，無論是科學或神明也都愛莫能助。漢民族的人們用一種奇異的眼光看待他，有著強烈自尊的藏族人，在都市裡簡直被迫過著乞討般的生活。索達無法不去思索人性與自己民族的關聯性。他複雜的性格逐漸被改變，直到最後完全解放。儘管他不停夢想，總有一天自己寫的詩會受到社會肯定，中國的出版社一定會出版他的詩集。然而，經濟與社會的巨大力量，卻一點一滴吞噬他那高尚的性格。精神上的信仰曾經是他人生的重心，卻被欲望與愛取代。原本想打造一個潔白無瑕的完美童話，結果卻變成現實社會中的愛情故事。不過，在中國社會的變革之中，能夠見證少數民族的精神世界出現轉變，從這層意義去看，可說迎接了「完美的」結局吧。

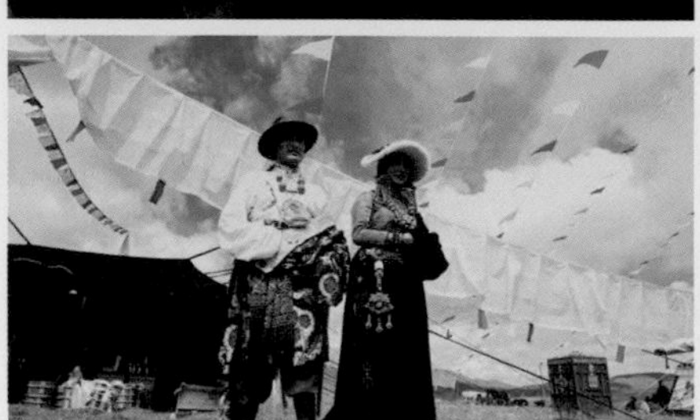

《輪迴情》（中國／2018／28分）

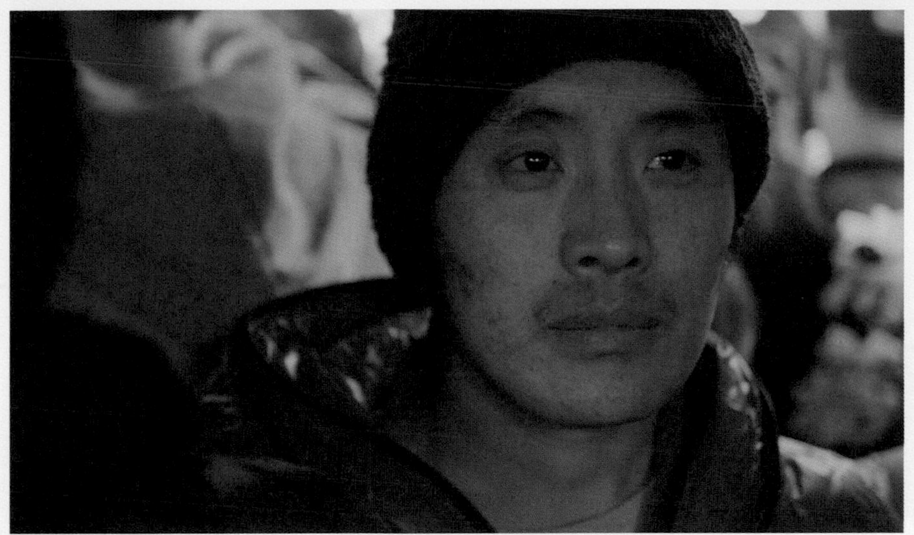

《輪迴情》

我們能從閱讀尼采的僧侶身上看見什麼？

康世偉從中國藝術界的頂尖學府——中國美術學院畢業，他極力想擺脫陳腐的藝術，於是向親戚借錢，展開學習影像藝術之路。據說，他在追尋全新藝術表現的日子裡，不經意地把鏡頭對著在錢塘江畔生活而感到孤獨的自己，完成了人生中的第一部紀錄片。

由於交往已久的女友提出分手，康世偉在療癒情傷的旅程中，出現了人生的轉機。他從中國出發到西藏、印度，走進獲頒諾貝爾和平獎的德蕾莎修女建立的「垂死之家」，意外地獲得領悟。雖然那裡有許多日本人從事志工活動，但這些人來此並非信仰堅定，只不過是為了把這項經歷填在履歷表上，好幫助以後順利就業，動機極為膚淺。那一刻，他感覺到某種「虛無主義」賦予自己靈感，決定以一種獨特的紀錄片風格來拍攝。在這部作品中，主角索達身為出家人，同時也是詩人，甚至是開店的生意人，他曾開口問：「你讀過尼采的書嗎？」索達不盲目信仰神明，建立起自己的獨特哲學觀，不停地尋找生命的意義。在這一部記錄索達的作品中，同時也包含了康世偉欲傳達的強烈訊息。

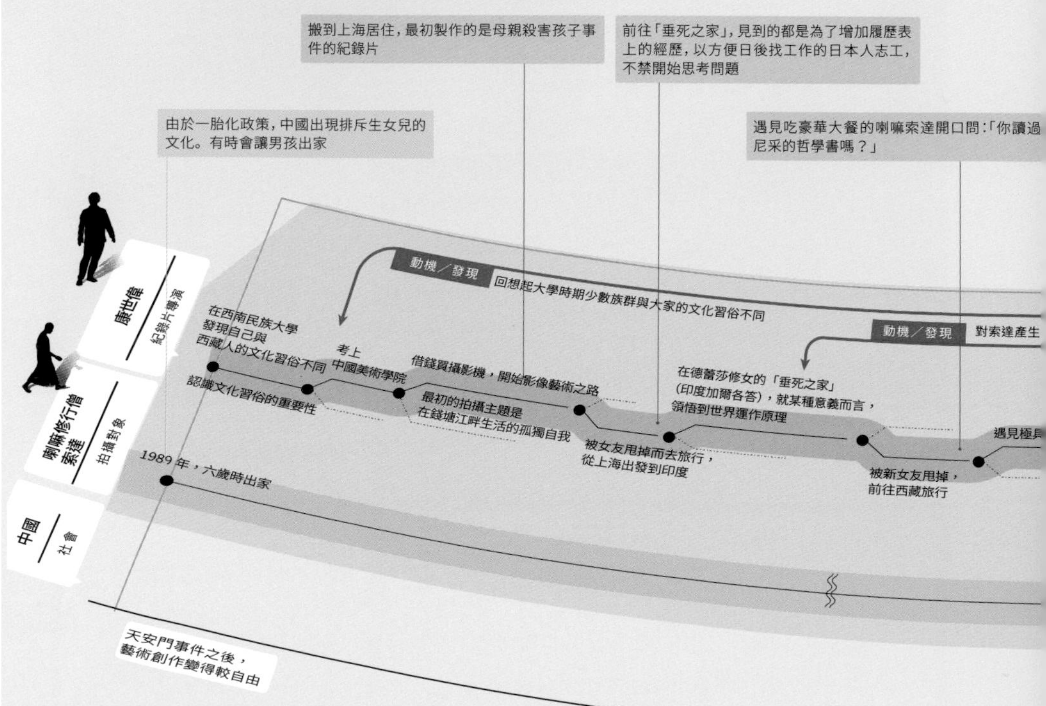

西藏僧侶　西藏佛教制定的出家制度中有非常嚴格的戒律，許多人在幼年時期便離開雙親出家。喇嘛是尊崇高僧的稱呼名稱，所以有時也會稱為喇嘛教(Lamaism)。

德蕾莎修女(Mater Teresia)　為羅馬天主教修女，「羅馬天主教仁愛傳教會」的創辦人。本名阿爾巴尼亞語是雅格妮斯・崗莎・博扎丘(Agnes Gonxha Bojaxhiu)。她在印度加爾各答推展協助街頭窮困者的各項活動，並由後進的修女們齊心協力拓展至全世界，榮獲1979年的諾貝爾和平獎以及多項獎項。1996年成為美國榮譽市民。

弗里德里希・威廉・尼采(Friedrich Wilhelm-Nietzsche)　德國哲學家，同時也是存在主義的代表思想家之一。著有《善惡的彼岸》、《道德譜系學》、《人性的，太人性的》、《查拉圖斯特拉如是說》、《瞧！這個人》等多部名作。1900年55歲罹患肺炎過世。

西南民族大學　位於中華人民共和國武漢市洪山區國家民族事務委員會直屬的綜合大學。作為中國少數民族教育的國立高等學府，以培養人才為目的，將中國56個民族的學子聚集在一起。共計有20種類的學院，包括：科學、技術工學、農業、醫學、文學、歷史、哲學、法律、經濟學、教育學、經營學等。

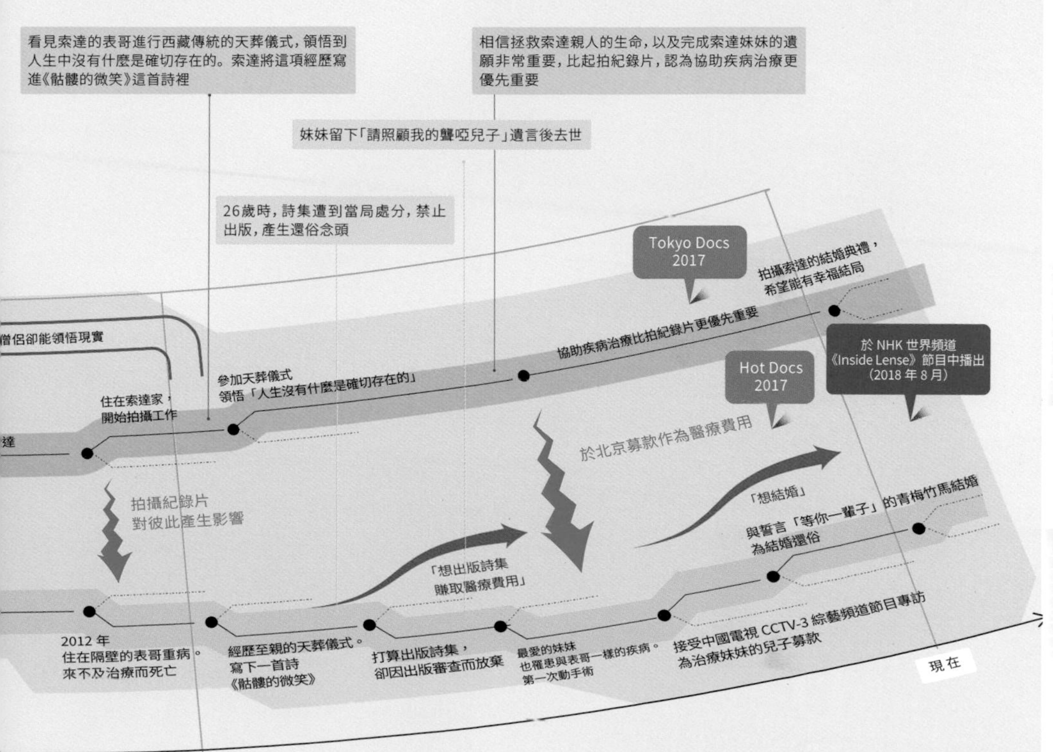

CCTV-3綜藝頻道 中華人民共和國中央電視臺的電視、網路直播頻道。1995年成立，主要播出音樂及歌舞節目等各類文藝性質節目。

NHK世界頻道 日本放送協會（NHK）的國際播放頻道，透過人造衛星以及針對日本國外播出節目的總稱。包括日本與亞洲的及時新聞與節目，於全世界各國播出。

InsideLense 集結來自世界、包括歐美或亞洲出身的優秀節目製作人，與NHK共同採訪、製作的紀錄片系列節目，透過獨特觀點，介紹目前亞洲或日本所發生的大小事。過去曾播出的節目包括：中國觀光客赴日的「爆買」現象、緬甸軍事政府控制下而不為人知的紅寶石礦山等紀錄片。

西藏天葬 西藏的喪葬儀式分為：塔葬、火葬、天葬、水葬、土葬共5種類型。其中塔葬是達賴喇嘛以及大活佛等極少數人可以享受的儀式，一般人則採用其餘4種儀式。住在高地的西藏人，最常採用的就是天葬儀式。對西藏人來說，舉行儀式解放靈魂之後，肉體只不過是具空殼而已。屍體交由專門執行的天葬師處理，將遺體骨肉剝離，骨頭用石頭砸碎，把分解的屍骨給禿鷹啄食，幾乎不會留下任何部位。天葬透過西藏佛教傳播的區域非常廣泛，不只在中國的西藏文化圈，還擴及不丹、尼泊爾北部、印度等具有西藏文化的一部分地區，蒙古也有零星地區會採用天葬儀式。

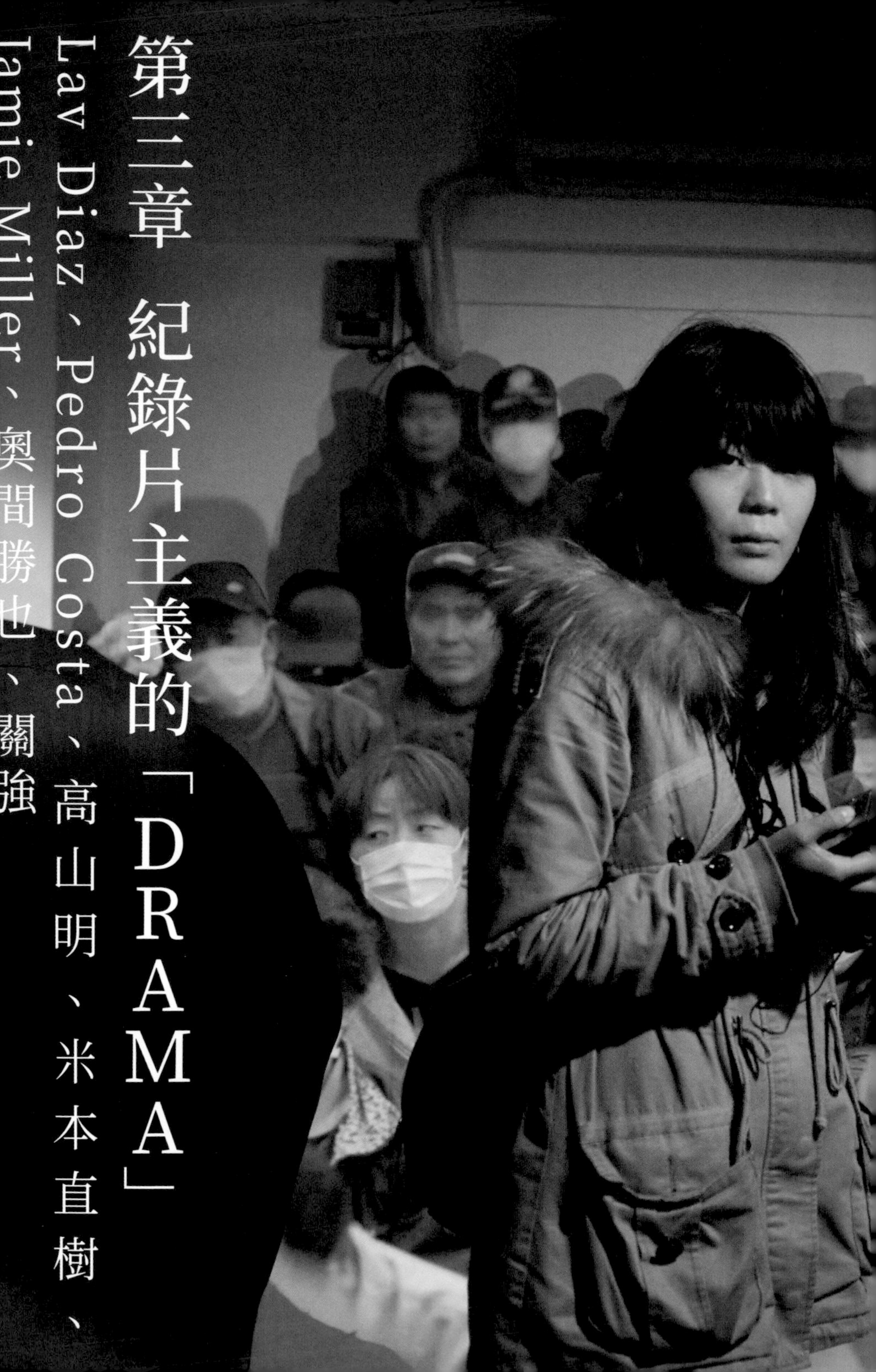

第三章 紀錄片主義的「DRAMA」

Lav Diaz、Pedro Costa、高山明、米本直樹、Jamie Miller、奧間勝也、關強

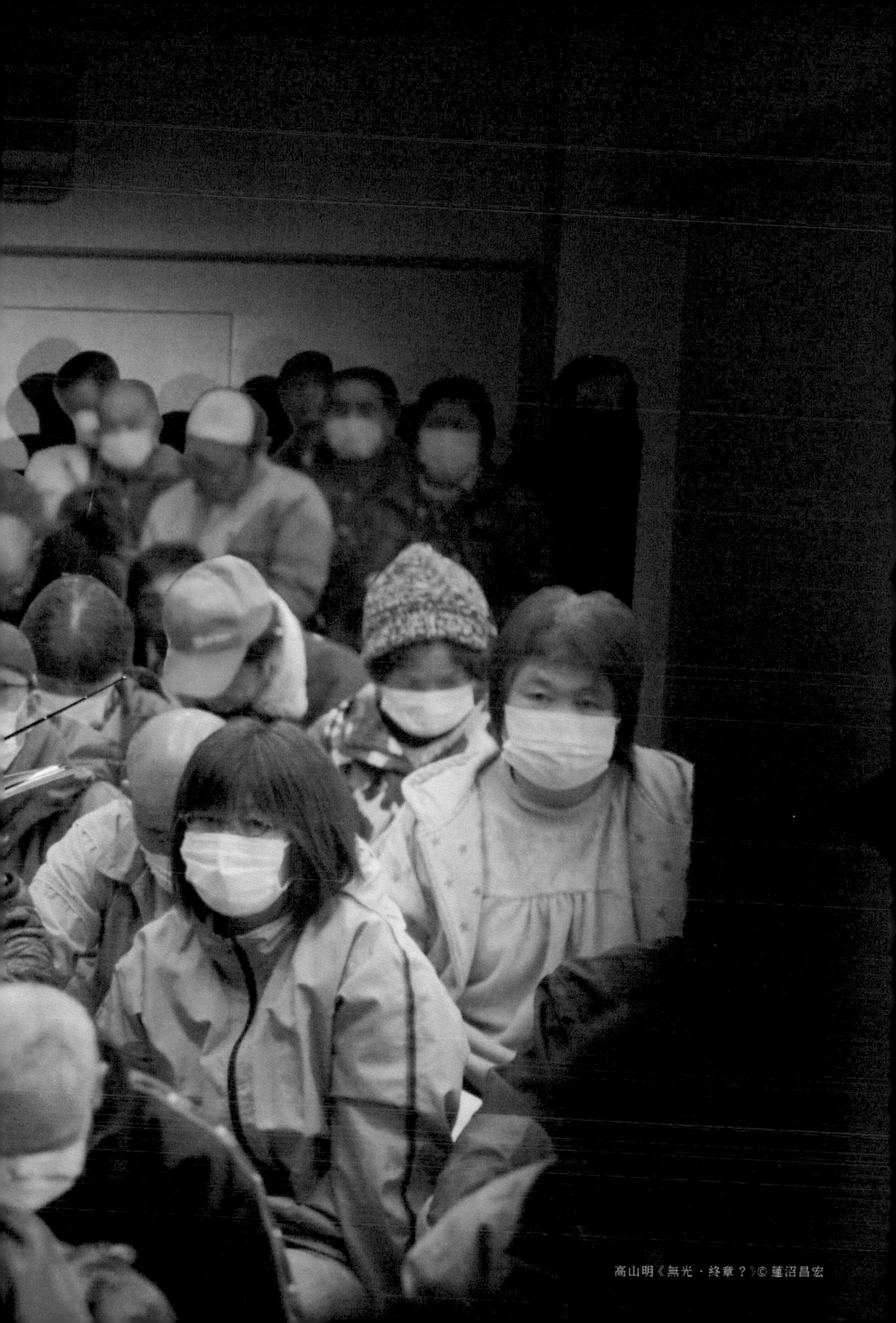

高山明《無光・終章？》© 蓮沼昌宏

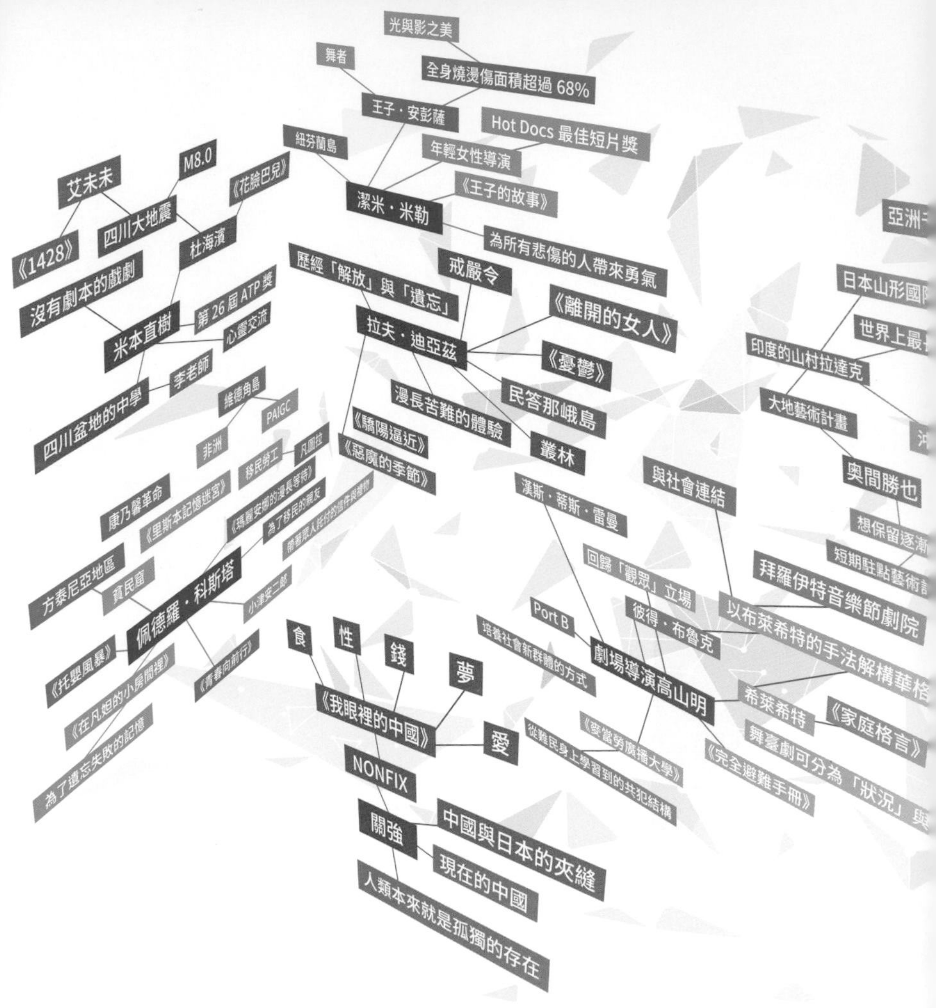

將真實編織成故事，為即將消失的聲音代言

有一種紀錄片是導演們透過紀錄片的「戲劇」，把逐漸被遺忘或即將消失的聲音，以有形的方式替它代言並且保存。對能夠說故事的人而言，這或許是一項重要的責任吧。

紀錄片主義中的「戲劇」究竟是指什麼呢？如果發現了必須告訴世人的任何事物，拍成一部能夠打動人心的紀錄片，將「看不見的聲音」或「消逝的語言」傳遞出去，有時候必須仰賴「代言人」。

2018年8月10日，筆者我津留崎遠赴馬尼拉的郊外馬利金納市，只為採訪榮獲柏林影展、威尼斯影展等各大獎項肯定，猶如怪物般存在的菲律賓導演拉夫·迪亞茲。同行者包括過去在EUROSPACE工作時期的恩師Tereza大竹久美子女士，負責管理菲律賓在日支援團體Angat的永井愛子姊姊，以及菲律賓的傑特·雷伊可導演。迪亞茲導演曾有一部著名作品長達11個小時，實在令人驚嘆不已。我們完成採訪工作，坐著計程車返回馬尼拉市中心。然而就在途中，颳起了一陣陣出乎意料的狂風驟雨，天空降下傾盆大雨，當我們抵達市中心時，耳邊傳來陣陣急促的警報聲。回過神來，才驚覺它已發展成一場超級暴風雨，我們在日本從未曾經歷過。不久之後，我們透過社群網站得知，剛才拜訪迪亞茲導演的馬利金納市，一條貫穿市區的馬利金納河已泛濫成災。瞬間暴漲的河川泥水把整個馬尼拉淹沒。我在那一刻體會到，如果採訪的時間再晚幾個小時，我們一定會捲入這場可怕的災難吧。

災害發生時，臉書有一項「災害應變中心」的服務。我們透過手機螢幕，看著大家從災難現場不斷上傳的實況影片。它猶如迪亞茲導演的作品《風暴中的孩子》（Storm Children）中出現的場景——道路變成一條巨大的河流，人們必須游泳才能移動、新娘漫步在水中的紅毯、河水泛濫導致垃圾堆積在路邊、群眾擠在救援物資前爭先恐後 這部作品描述2013年襲捲整個菲律賓的強烈颱風海燕，幾個小時前眾人走在街道上的平和景象，在颱風無情的摧殘下瞬間改變樣貌。

看著不停上傳到社群網站的影片，我內心產生了一個疑問。大家上傳到社群網站的影像，將會伴隨著時間逐漸消失，但這些影片與紀錄片導演拍攝的影像作品，兩者之間到底有什麼不同呢？

我們其實知道答案。就像拉夫・迪亞茲這樣的紀錄片導演，拾起了隨著時間逐漸消失的各種聲音，成為「代言人」創造出「戲劇」作品。雖然散布在社群網站上的影片沒有主體，也會有人稱之為「紀錄片」，但兩者的差別在於，我們能夠在紀錄片導演的作品中感受到強烈的訊息，因為他們為即將消失的聲音代言，以「戲劇」的方式呈現重要的問題。

迪亞茲導演運用令人快要暈厥的長鏡頭，表現出法西斯主義侵略祖國的歷史。他認為「所謂紀錄片，就是追著實際發生的事情，並以虛構的故事去翻譯它」，讓觀眾透過影像，體驗巨大權力之下逐漸消失的人民聲音。另外，葡萄牙導演佩德羅．科斯塔追蹤生活在里斯本貧民窟的移民，記錄他們的煩惱，透過故事重演，呈現出移民過去到現在的真實生活樣貌，代言他們「記憶中的真實」。這些導演都是藉由「戲劇」，讓「代言人」鏗鏘有力地發聲。

有世界上第一部「紀錄片」之稱——羅伯特．佛萊赫堤（Robert Flaherty）導演的作品《少年莫亞那》（Moana），正是讓演員遵照導演準備好的「戲劇」腳本，演出薩摩亞群島人們的日常生活。另外，代表真實電影的影像文化人類學者尚．胡許（Jean Rouch）導演，也在《人類的金字塔》（The Human Pyramid）電影中，讓象牙海岸的黑人與白人高中生扮演他們自己。尚．胡許導演透過「戲劇」的方式，再次刻意描述真實，讓過去未能察覺的關係浮現出來。

所謂「戲劇」，就是將記憶或即將消失的真實聲音，藉由「代言人」，讓這些聲音能被看見，所以導演們需要創造屬於紀錄片的故事。

Interview

Lav Diaz

電影導演
拉夫・迪亞茲

在菲律賓，法西斯主義依然存在。它持續在社會、精神層面支配著菲律賓。電影導演拉夫・迪亞茲運用長鏡頭的美麗影像，描述當時人們生活中「解放」與「遺忘」的經歷。其中有一部長達10小時半的作品，實在令人驚訝不已。然而，就算電影的時間再長，也遠遠不及菲律賓的苦難漫長歲月。近期作品《驕陽逼近》(From What Is Before) 與《悲傷祕密的搖籃曲》(A Lullaby to the Sorrowful Mystery)，以及新作《惡魔的季節》(Season of the Devil)，都是探尋法西斯主義起源的史詩鉅作。導演說：「我希望大家能在作品中，看見這些歷史上曾經被否定、甚至是被遺忘的事件。」在電影的最後，主角喃喃自語：「祖國忘記悲劇，歷史還會不斷地重複上演。」這句話，似乎也是導演心中的吶喊。菲律賓在杜特蒂掌權執政之後，社會越來越動盪不安，此時迪亞茲導演的作品上映，具有相當大的意義，為了轉變菲律賓國民受虐的意識，他必須不斷地創作下去。

電影描述的煩惱與抗爭，將會化為自己的一部分

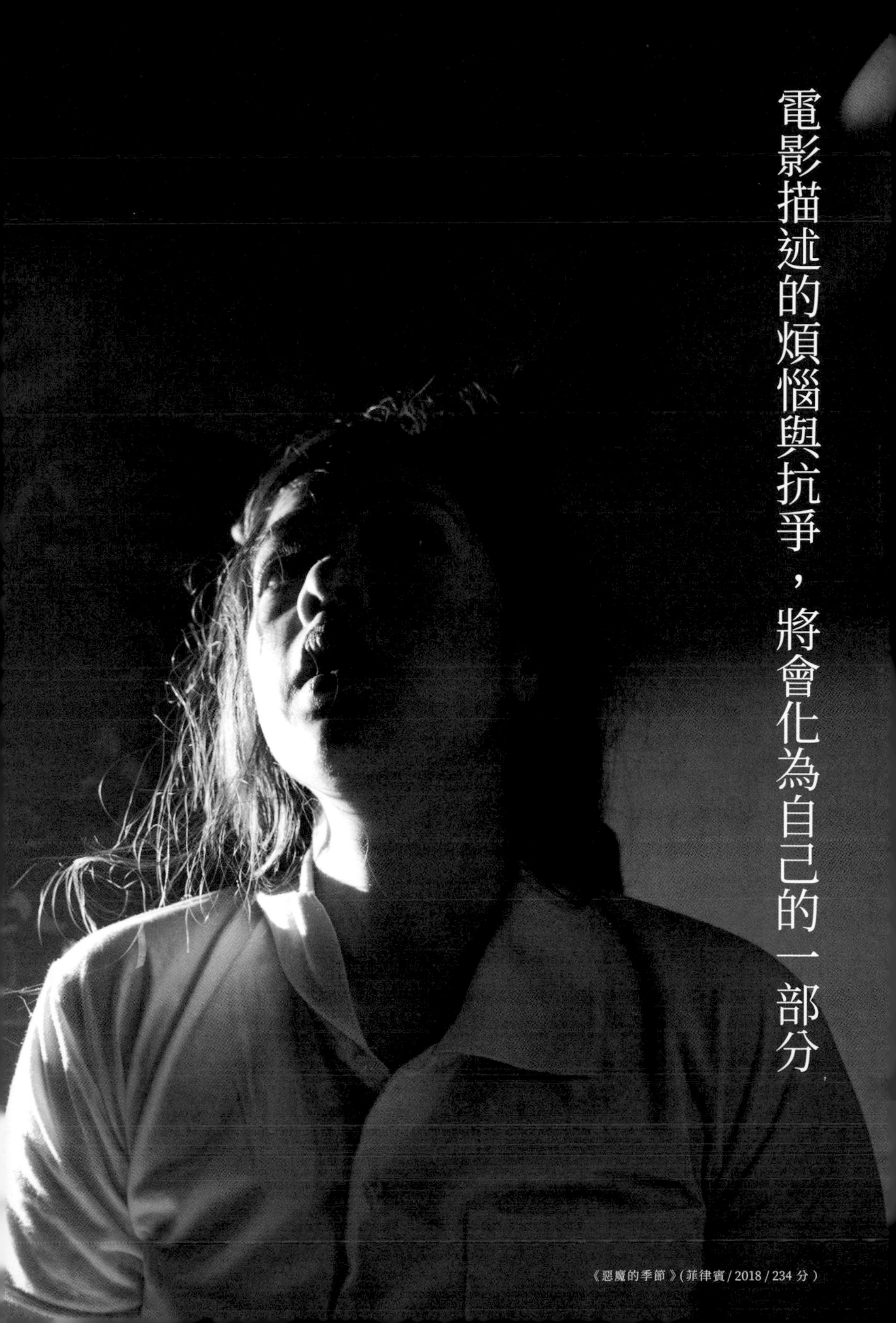

《惡魔的季節》(菲律賓/2018/234分)

電影的力量，就是能讓觀眾體驗曾經發生的事件

在你的作品中，經常出現「解放」與「遺忘」這2個主題。我們透過作品，感受出不只從權力或政權中得到「解放」，也從憤怒與悲傷之中得到解放。

拉夫・迪亞茲（以下稱為LD）：
它意味著菲律賓人歷經好幾個世紀未曾停歇的「抗爭」（Struggle），從心靈創傷的悲傷之中得到「解放」。菲律賓受西班牙殖民統治超過3百年、美利堅合眾國殖民統治約50年，接著大日本帝國又統治了3年，長期以來一直被不同的國家占領。正式獨立之後，馬可仕實施獨裁政權，宣布戒嚴令，長達20年以上，人民持續受到控制。現在的杜特蒂政權與過去的馬可仕政權非常相似，我認為恐怕會上演過去的悲劇，再一次造成人們的心靈創傷。其中一項最具代表性的事件，就是2016年，杜特蒂總統不顧反對派的聲浪，在一個神不知鬼不覺的早上，偷偷地把馬可仕的棺材移葬至國家英雄墓園。此舉當然成為了一大問題，引發人民激烈的示威抗議。從這類的事件中，我們總會感到巨大的悲傷。1950年的菲律賓時代，共產黨游擊隊的總指揮──菲律賓共產黨瓦解，當時的拉蒙・麥格塞塞（Ramon Magsaysay）政權，希望人民能從共產黨的毒害中獲得解放，因此把都市的學生送往菲律賓南部的民答那峨島，讓他們再教育。當時人們順應潮流，我的父母親也不例外。我的母親來自西部維薩亞斯群島的班乃島、父親從呂宋島北部的伊洛克斯省，他們都搬到了民答那峨島居住。後來，他們在這個地方墜入情網，生下包括我在內的5個孩子。我們從小聽著父親故鄉的伊洛克斯語成長，它成為了我們的母語。當時有非常多人像我父母親一樣，加入民答那峨島的志工行列。然而卻有大量的外商企業進駐菲律賓，他們一副地頭蛇的姿態，蠻橫霸道地搶奪土地。其中包括美國的都樂食品（Dole）、臺蒙食品（Delmonte）、雀巢（Nestle）等各大企業，以及日本的企業與採礦公司。菲律賓政府與這些外商企業官商勾結，對他們的行為睜一

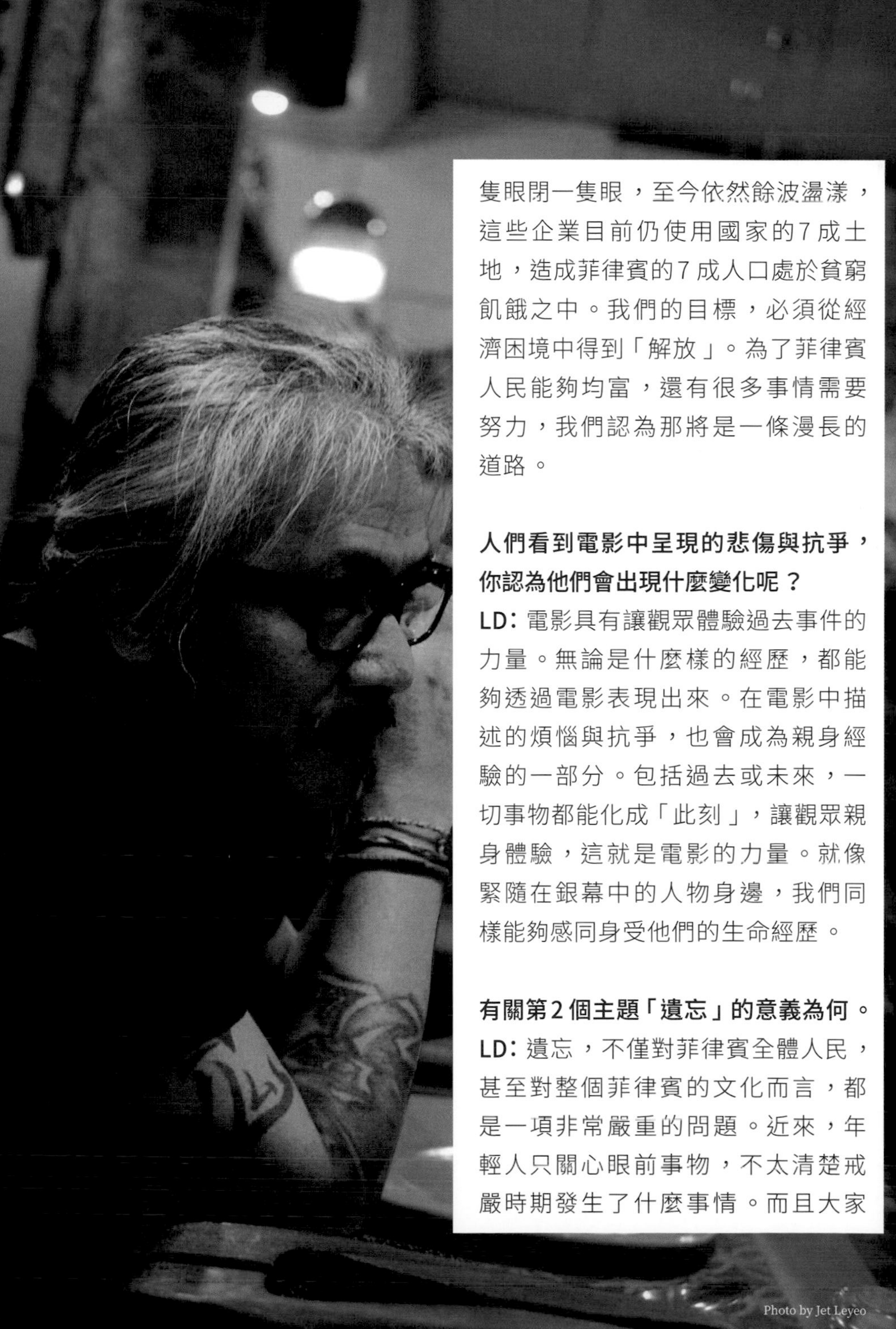

隻眼閉一隻眼，至今依然餘波盪漾，這些企業目前仍使用國家的7成土地，造成菲律賓的7成人口處於貧窮飢餓之中。我們的目標，必須從經濟困境中得到「解放」。為了菲律賓人民能夠均富，還有很多事情需要努力，我們認為那將是一條漫長的道路。

人們看到電影中呈現的悲傷與抗爭，你認為他們會出現什麼變化呢？

LD：電影具有讓觀眾體驗過去事件的力量。無論是什麼樣的經歷，都能夠透過電影表現出來。在電影中描述的煩惱與抗爭，也會成為親身經驗的一部分。包括過去或未來，一切事物都能化成「此刻」，讓觀眾親身體驗，這就是電影的力量。就像緊隨在銀幕中的人物身邊，我們同樣能夠感同身受他們的生命經歷。

有關第2個主題「遺忘」的意義為何。

LD：遺忘，不僅對菲律賓全體人民，甚至對整個菲律賓的文化而言，都是一項非常嚴重的問題。近來，年輕人只關心眼前事物，不太清楚戒嚴時期發生了什麼事情。而且大家也幾乎快忘記過去發生的事件。因此，現在才會有那麼多年輕人相信奉行民粹主義的領導者杜特蒂。到目前為止，杜特蒂打著消滅毒品的口號，動用私刑隊進行掃毒之戰，以法外處決的手段殺害了數萬人，然而這一切只不過是他口中的「作戰」而已。大家還記得2017年，民答那峨島實施的戒嚴令嗎？那實在是極為過分的一件事……

想請教導演在戒嚴時代經歷過的事情。

LD：當時我15歲，就讀高中一年級，也就是所謂戒嚴時期成長的戒嚴令嬰兒（Martial Law Baby）世代。1972年，我出生在民答那峨島的馬京達瑙省，由於實施戒嚴令，經常出現武力鎮壓，這裡成為苦難特別多的地方。有一部描寫這個時代的作品《驕陽逼近》，靈感正是源自於我自身的回憶。這部作品是在戒嚴令實施的2年前開始拍攝，當時我們一家人就住在像電影中出現的深山小村落。政府把軍隊送往村落展開控制手段，所以待在村落反而比都市還要危險。實際上有許多人慘遭殺害，我身邊的人也陸陸續續失蹤了。軍隊在這裡建立一所學校，召集所有居民並實施戒嚴令的相關教育。在暴政的管制下，大家根本無法務農，也無法做任何事情。每天都會出現殺人、強暴、動用私刑，甚至拷問逼供等情況。在馬可仕掌控政權的法西斯主義時代，這樣的事情形同家常便飯。後來改朝換代，軍隊離去，大家以為和平終於到來，卻又出現反政府的伊斯蘭派系武裝分子，他們對政府心生不滿，展開突襲村落的叛亂行動。就像《驕陽逼近》中出現的年輕野蠻叛亂軍隊一樣，他們把我們的農田破壞殆盡，一次又一次地展開殘暴的殺戮。

透過電影，讓觀眾置身在歷史的悲劇中，一切都是為了不遺忘過去

你以自身的經驗完成這部《驕陽逼近》，也是為了把戒嚴令到現在仍持續著的情況告訴全世界，希望大家千萬別忘記它的可怕吧？

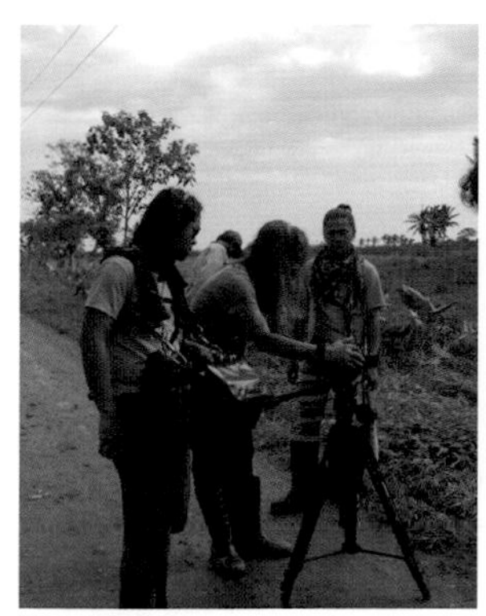

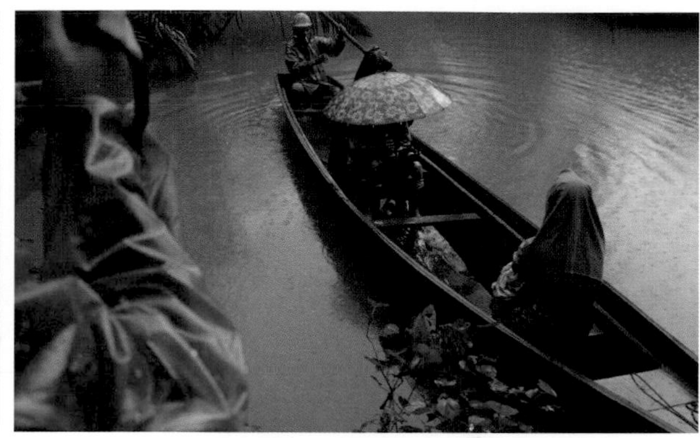

（左）拍攝情景 Photo by Hazel Orencio
（右）《驕陽逼近》拍攝情景 Photo by Hazel Orencio

LD：正是如此。觀眾看了這部電影，就能把過去菲律賓發生的事件，當成「此刻」正發生的事件去感受它；看過的人都會覺得身歷其境，把它視為切身相關的問題。截至目前為止，包括《驕陽逼近》在內，我一共拍了4部以戒嚴時期為題材的作品：《一個菲律賓家庭的演化》（Evolution of a Filipino Family）、《憂鬱》（Melancholia）《惡魔的季節》，這4部作品都是描述暴政時代的故事。另外，還有許多新生代導演，例如：傑特．雷伊可與基普．奧本達（Kip Oebanda）等，他們同樣也製作以戒嚴時期為題材的電影。因為現在這個時代，新的法西斯政權已經誕生了。這群新生代導演害怕過去的歷史事件被大家遺忘，所以非常認真地思考自己生存於這個時代的問題。

看到電影中法西斯主義的實際情況後，你認為觀眾產生了什麼樣的變化？

LD：我只希望他們能夠「了解」這些過去的歷史。透過電影故事的體驗，我希望觀眾能夠學習、感受，有所反應。我們想表達什麼？必須表達什麼？觀看電影這項體驗，能成為觀看者的生活與人生，甚至還能夠鼓舞人生。這正是影像所展現出的力量。

你的作品中之所以大量出現森林或叢林，是因為它一直存在你的內

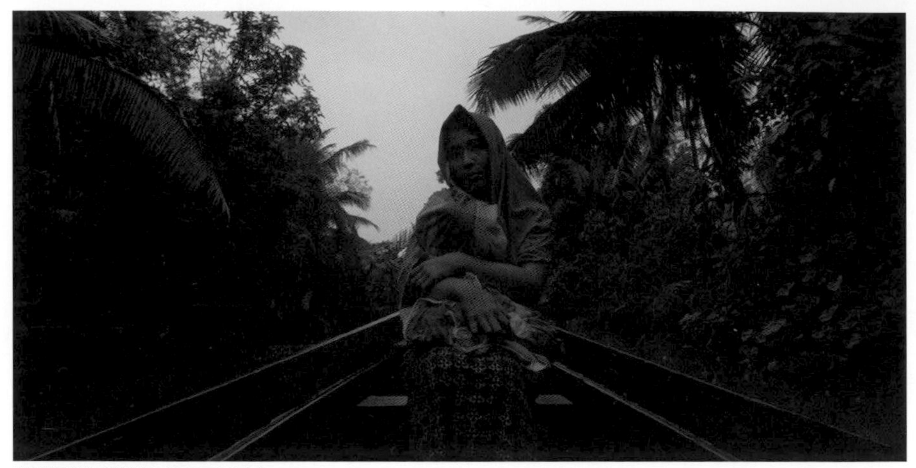

《驕陽逼近》（菲律賓／2014／338 分）

心深處嗎？

LD：是。我過去住在民答那峨島的鄉下，由於父親是教育工作者，每天都會上山教書，那裡住著少數民族的原住民。在我上高中之前，家裡都沒有電，所以從小到大，我經常會穿梭在不同的森林或叢林之間。在這樣的環境中成長，形成了我對電影的思考方式。比方說，我會想到這裡的居民，面臨著飢餓與災害的問題，因為眼前總是出現人們貧困吃不飽的景象，他們煩惱的問題，一直伴隨在我的生活之中。所以叢林對我而言，是極為重要的一個「登場角色」。我們有時候會走進窄小的道路，有時候也會迷路，我們的人生就像叢林一樣。就像我們在市區裡尋找道路，在叢林中也是如此，即使在家裡也是一樣的道理。因此，無論叢林或道路，它們全部都是重要的登場角色。

在《離開的女人》（The Woman Who Left）中，主角荷拉夏的家裡有各式各樣的人進進出出，我們覺得它也是一個「叢林」。

LD：沒錯，還有她待了30年的監獄也是相同的隱喻，就像在森林裡長大，不斷地茁壯，她的見聞與想像就是人生的全部。作品中的人物，沒有一個人能夠找到正確的答案，因為人生是悲哀的，人們無法逃避，為了找出答案，只能奮戰到底。因為它是神祕不可解的事物，所以大家才會不斷地尋找「何謂幸福？」的答案。

紀錄片能夠捕捉真實，虛構能夠翻譯真實

作品中有些場景把歷史真實的事件當成寓言，也有些場景運用了紀錄片的手法吧？

LD：對我來說，它們的目的是一樣的，紀錄片或虛構劇情片都是如此。紀錄片能夠捕捉真實；而劇情片則添加了各種情節，用來翻譯真實，它們的本質其實都相同。透過鏡頭傳達真實，它對我來說就是所謂的電影。

從導演的角度去看，「紀錄片」是什麼呢？

LD：紀錄片是發現事件與找出構成因素的一項作業。虛構的劇情片需要劇本，紀錄片只需要追蹤就可以了，它並不是「可以控制」的事情。不過，還是有人選擇以這種方式去拍攝紀錄片。例如在羅伯特．佛萊赫堤的《北方的南努克》（Nanook of the North）作品

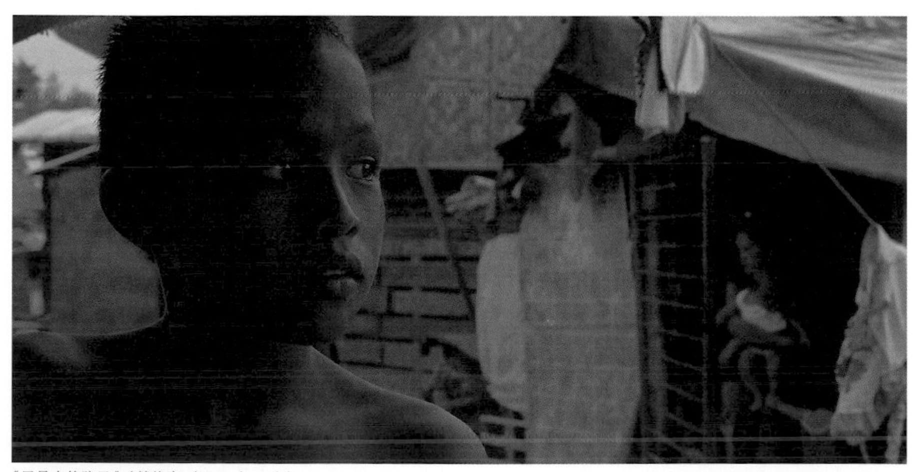

《風暴中的孩子》（菲律賓／2014／143 分）

中，他要求南努克這一位因紐特人（Inuit），重新演出他們平日的生活方式。接著，他從這些過程中「探尋」到底發生了什麼真相，我認為這是一種誠實無偽的態度。

你的紀錄片電影《風暴中的孩子》是一部非常真實的作品。

LD：2013年，強烈颱風海燕侵襲菲律賓過後3個月，我在萊特島獨魯萬市開始拍攝這部作品。在颱風過後，我想了解這裡的居民做了哪些事情？他們談論些什麼？於是決定把這些真相記錄下來。我在這個地方停留數週，去了各種不同的場所，不斷地拍攝與觀察，完成了這一部紀錄片電影。我一共拍了3次，每次大約2到3週，分別在不同的時期與場所，主要以8到12歲的兒童為拍攝對象。

你拍攝颱風受災戶下的這些兒童，想透過鏡頭呈現什麼呢？

LD：我想拍下孩子們的純真無邪。強烈颱風是一種惡的隱喻，這些孩子就是其中的受害者。我拍下「惡」與「純真無邪」的對比，想藉此了解，在如此巨大力量之下，孩子的純真無邪遭受摧殘的過程。許多孩子失去父母、無家可歸，不知如何才能溫飽。他們會感到孤單寂寞，有時候會嚎啕大哭，但儘管如此，他們很快地就會忘記失去父母的悲傷，甚至覺得幸運而繼續生活下去。當然，他們心中的創傷不會就此消失，只是，反覆不停地經由「忘記」這道程序，他們將逐漸失去原有的純真無邪。作品中，出現了孩子們不斷尋找的長鏡頭場景，觀眾能夠感覺出來，這一幕象徵著孩子對「爸爸媽媽去哪裡了？」的疑問。我看到這樣的情景相當震撼，若要把這一幕比喻成驚悚電影，實在一點也不為過。

純真無邪被惡的巨大力量吞噬這一點，與《驕陽逼近》有許多相似的地方呢。

LD：沒有錯。這兩部作品分別是紀錄片與虛構劇情片，雖然類型有所差異，但它們經由喪失、遺忘的重複循環，描述「純真無邪」逐漸遭到「巨大力量」摧殘——這一點的呈現非常相似。《驕陽逼近》是戒嚴令、《風暴中的孩子》

是大自然的威脅，兩者都是「巨大力量」的隱喻。

想請教你接觸這些孩子的過程。

LD：起初，我並沒有特定想拍攝的對象，只是先到民答那峨島拍了許多影片。接著，我回到馬尼拉的工作室檢視這些影片，發現孩子們像是在忙著什麼一樣，來回地跑來跑去。他們一邊打掃房子，一邊在尋找著，彷彿有非做不可的事情，看到拿著攝影機的我們卻一點也不感興趣。後來，我又去了一次相同的地點，想找到這些孩子，再次拍攝他們。結果他們還是一樣來回地跑來跑去，看起來就像一群只想快樂玩耍的孩子，這樣的姿態與帶著心靈創傷的大人們形成一種強烈的對比。若你問我其中到底有何差異，我也不知道該如何把它講清楚，但或許正是因為孩子們擁有單純，才能展現出他們的「純真無邪」吧。

透過《風暴中的孩子》，你想傳達什麼訊息呢？

LD：只要我一想到孩子們與國家的未來，一股悲傷的情緒不禁油然而生。孩子們失去純真實在令人心酸。菲律賓一點一滴地失去所有，人民已習慣遭到「破壞」——自然災害造成房屋損毀，以及政治上造成生活破壞。無論是菲律賓的哪一個地方，全部都陷入了這兩項破壞的循環。菲律賓每年大約遭受20到28個大型颱風的侵襲，每一位國民早已習慣它了。然而面對困難，我們不應低頭，身為菲律賓人，我們必須展現出堅強的「菲律賓之魂」才行。

所謂電影藝術就是一項約定

你的新作品《惡魔的季節》與《驕陽逼近》相同，都是以戒嚴令為主題的作品吧？

LD：是的。還有這個時代出現的法西斯主義，同樣也包含在電影主題裡面。雖然新作品描述戒嚴時期，但我同時也想拍出「現在」發生的事件。電影主角的後腦杓，有著另一張臉孔，它象徵著馬可仕以及杜特蒂。透過馬可仕，我們就會聯想到杜特蒂說話的樣子。

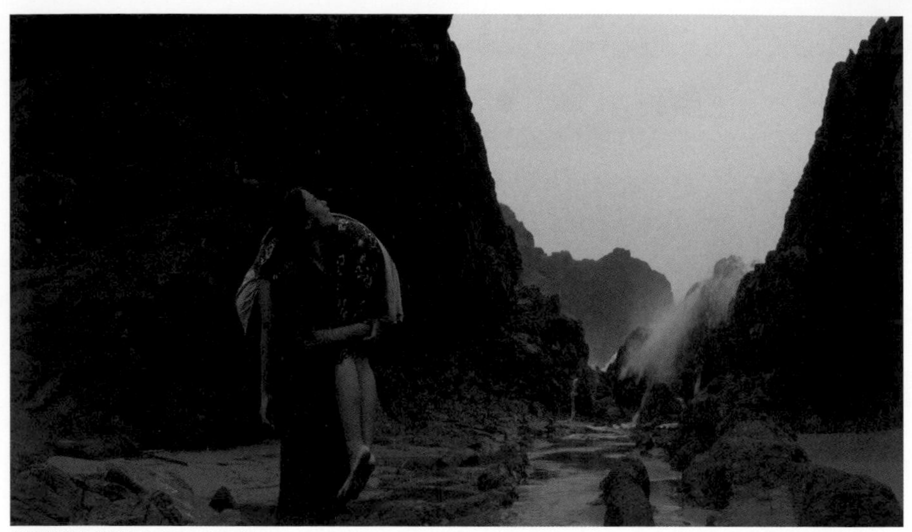

《驕陽逼近》(菲律賓/2014/338分)

這種不曾看過、感受過的奇特體驗,觀眾可以藉由這部電影充分體會。雖然作品已在2018年6月的馬尼拉電影院上映,但在當時,我從觀眾身上感受到他們產生「必須做出一些行動」、「必須向世界約定」的意念。而這部電影的功能,正是為了刺激大家產生這些想法,思考自己應該發起什麼行動?對這項行動又必須做些什麼?我們身為菲律賓人,該如何負起自己的責任?就像日本人對日本有一定的責任在身上,菲律賓人對菲律賓也有屬於自己的責任。所謂電影藝術,就是一項約定(Engage)——讓觀眾了解過去究竟發生了什麼事,並且負起屬於自己應承擔的新約定。

想請教你關於這部音樂劇作品的誕生過程。

LD:在拍完《離開的女人》之後,我去了美國波士頓的哈佛大學留學。在這段期間,我連續好幾天看到新聞報導菲律賓現政權——杜特蒂以掃毒之戰的名目,每天大開殺戒,據聞死亡人數已經超過30萬人了,而且毫無趨緩的跡象。

因此，我開始構思第一部黑色電影（Film Noir），同時寫手稿與作曲。在這過程中，我逐漸地完成了《惡魔的季節》故事。接著，我沒有多想就向製片人提議：「我們放棄黑色電影，改成音樂劇電影如何？」他隨即表示「OK」，於是這部作品就正式開拍了。儘管如此，雖然說是音樂劇電影，但我的內心其實非常抗拒把它拍成商業片。所以它沒有樂器，也沒有舞蹈，只靠「清唱」去表現臺詞。於是，這部作品挑戰了音樂劇電影的全新類型。過去製作《驕陽逼近》同樣如此，我總是在凌晨2、3點起床，邊彈吉他邊作曲。我本來就是個音樂人，詞曲的靈感會自然地浮現於腦海中。由於事前已把故事大綱寫在手稿裡，因此自然而然地形成「創作」，最後只要直接把它寫下來化為具體內容，這就是我的創作方式與過程。

在這個充滿各種創傷的喧囂世界中，接下來你想要表達些什麼呢？

LD：無論是再怎麼小的作品，都一定會有它的責任。對我來說，「拍電影」這件事情的功能，就是幫助這個世界，以及對世界負起應有的責任。你的職責是出版這本書籍吧？而我的職責就是製作電影。我認為，每個人都應該扮演好自己的角色並且發揮功能。

（2018年8月，於馬尼拉採訪）

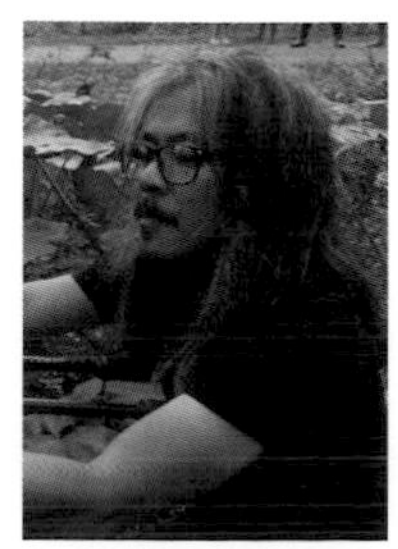

拉夫・迪亞茲　Lav Diaz

1958年，出生於菲律賓民答那峨島。1998年正式出道後，一共拍了12部電影長片，榮獲40個以上的獎項肯定。每部電影以超長時間著稱，再加上屢屢獲得國際影展大獎，因此有菲律賓的怪物級電影導演稱號。2013年，以《歷史的終結》（Norte, the End of History）一片打開知名度，入圍法國坎城國際影展「一種注目」單元；2014年，以《驕陽逼近》榮獲瑞士盧卡諾國際影展金豹獎；2016年，以《悲傷祕密的搖籃曲》榮獲德國柏林國際影展銀熊獎，同年以《離開的女人》榮獲義大利威尼斯國際影展金獅獎。紀錄片電影作品《風暴中的孩子》參加2013年日本山形國際紀錄片影展的「國際競賽」單元，特別公開上映，當時他也擔任評審一職。

佩德羅・科斯塔開創了紀錄片的新地平線，挖掘出在祖國葡萄牙這片土地上「被逼到絕境的記憶」深淵

「方泰尼亞」（Fontainhas）位於里斯本的貧民窟地區，有許多非洲移民在此居住。葡萄牙導演佩德羅・科斯塔側耳細聽這些移民背負的沉重故事，把記憶深處的悲傷與痛苦化為影像，試圖藉此讓大家遺忘。佩德羅・科斯塔導演完成《青春向前行》（Colossal Youth）作品之後，維德角眾多移民中的其中一人「凡圖拉（Ventura)」便成為故事的中心以及象徵人物，藉由他的故事，我們得以了解過去維德角苦難的歷史，因葡萄牙引起的殖民地戰爭、奴隸貿易、乾旱、饑饉、移民勞工 等問題。然而，長久以來徘徊在歷史苦難中的移民又該何去何從？佩德羅・科斯塔以葡萄牙導演的身分，闖進他們的迷宮不願離去。這段關係帶來的片段記憶，到底會讓他看見什麼樣的「戲劇」故事呢？

我忙著分送禮物，蒐集電影的片段

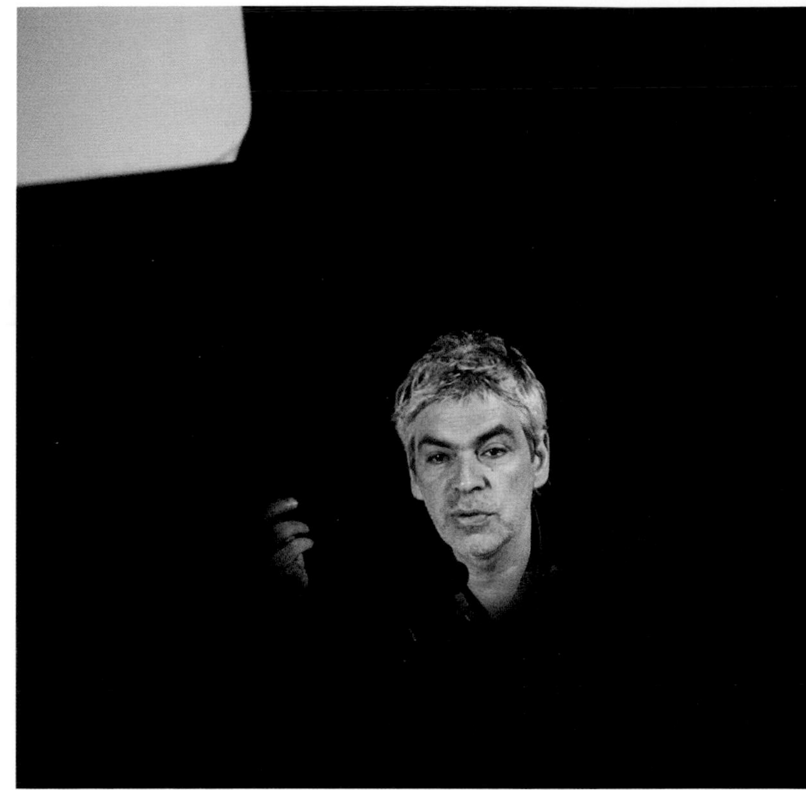

Pedro Costa

電影導演 佩德羅・科斯塔

1987 年發表短片作品《Cartas a Julia》。1989 年發表首部電影長片《血》(Blood)，並於義大利威尼斯國際影展舉辦首映會。後來，在德維角拍攝的第 2 部長片作品《青春向前行》，參加 1994 年法國坎城國際影展「一種注目」單元，以及藉由《托嬰風暴》(Bones) 作品成為葡萄牙極具代表性的導演之一，受到全世界矚目。作品《在凡妲的小房間裡》(In Vanda's Room) 獲得瑞士盧卡諾國際影展與日本山形國際紀錄片影展獎項肯定。2009 年發表記錄法國女演員珍娜・巴麗芭 (Jeanne Balibar) 音樂活動的作品《別改變什麼》(Don't Change Anything)。作品《里斯本記憶迷宮》(Horse Money) 榮獲日本山形國際紀錄片影展的國際競賽單元最佳影片獎，以及 2014 年瑞士盧卡諾國際影展最佳導演獎。

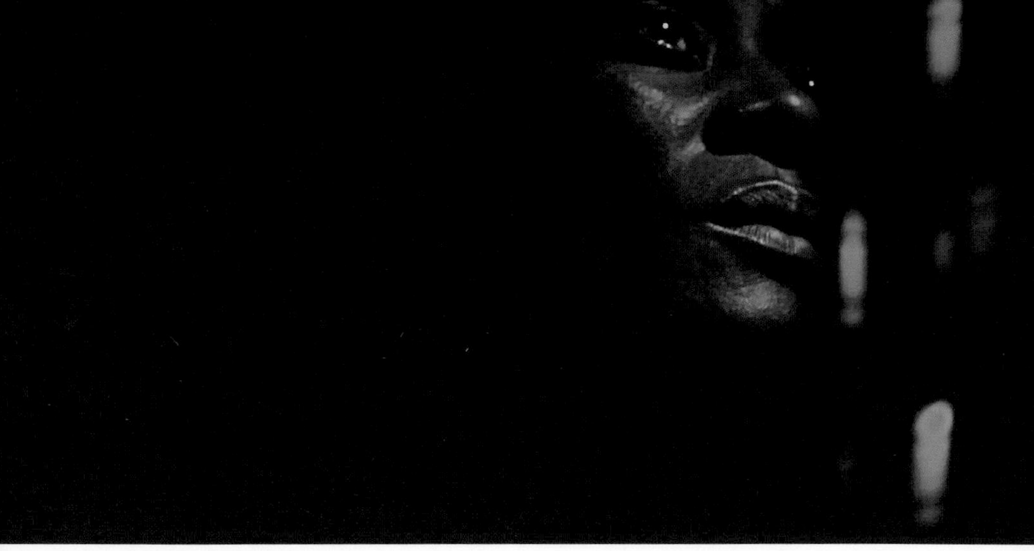

《里斯本記憶迷宮》相片提供：CINEMATRIX

察覺最重要的事——與人們的相遇以及製作電影

1994 年，佩德羅．柯斯塔導演為拍攝第 2 部作品《瑪麗安娜的漫長等待》(Casa de Lava) 前往非洲維德角島。這部作品的兩位主角，分別是一位從里斯本前往維德角的葡萄牙女子，以及另一位維德角移民男子。柯斯塔導演表示，在拍攝的時候，心中掛念的並非劇本中的內容，而是其他的想法。關於當時「想拍什麼」，他說：「因為我想要拍得更像紀錄片，所以刻意把電影的元素控制到最小，呈現出極簡的構圖。在拍攝《瑪麗安娜的漫長等待》時，我一心只想著怎麼做才能把電影拍好。但現在的我，比起過去電影傳統或別出心裁的構思，我反而更重視人與人的相遇，以及如何與大家共同創造出一部作品，這是我現在更在意的事情。如果說過去受到「電影」2 個大字庇蔭，現在的我則是

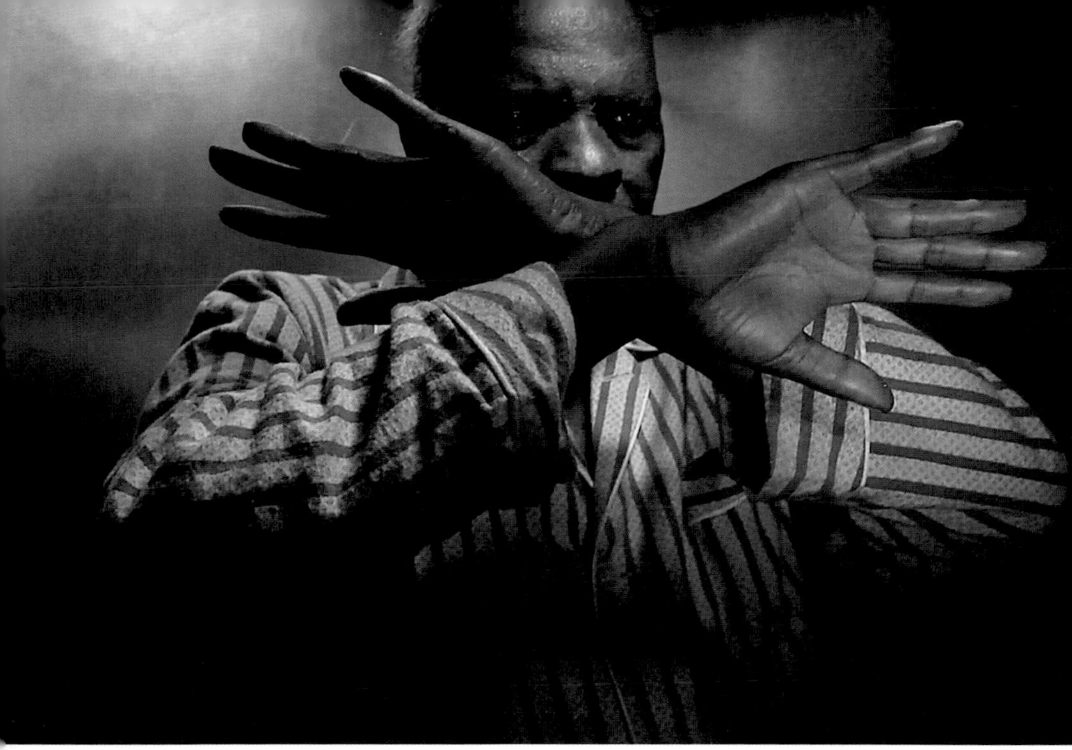

《里斯本記憶迷宮》相片提供：CINEMATRIX

袒裎赤裸的，拍攝現場只有我、演員們，以及街道的景象。」

在結束《瑪麗安娜的漫長等待》拍攝工作後，為了「移民居住在里斯本的親友」，柯斯塔導演帶著維德角眾人託付的信件與禮物，回國後去了一趟方泰尼亞。在那過後，他與這一群背負著歷史苦難而持續並肩走下去的維德角移民碰面。導演表示：「由於拍攝《瑪麗安娜的漫長等待》，我與大家建立了彼此信任的關係。在回到里斯本之前，他們一定會把信件、香菸或伴手禮等禮物，託我轉交給移民到里斯本定居的親朋好友。我彷彿像個聖誕老公公或郵差一樣，拎著一個大包包回到里斯本，把這些信件、禮物分送給當地的每一個人，那是我第一次踏進方泰尼亞這個地區。」柯斯塔導演帶著這些從故鄉來的禮物，說著一點混合語，比其他人更快地被方泰尼亞的居民接納。導演表示：「由於我到處分送禮物，大家也陸

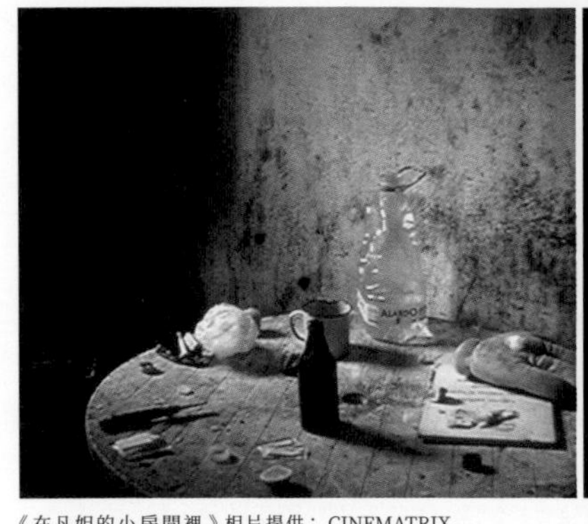
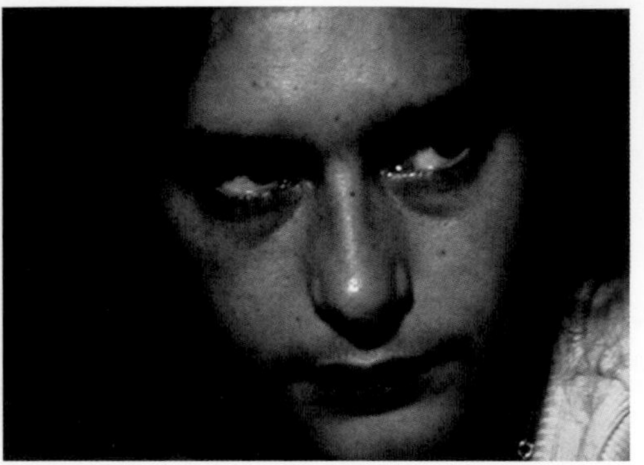

《在凡妲的小房間裡》相片提供：CINEMATRIX

續邀請我去他們家吃飯。漸漸地，我與他們相處的時間就變多了。慢慢我開始產生念頭，想與大家一起拍電影，後來在1997年完成了《托嬰風暴》。」

分送禮物而誕生的電影片段

柯斯塔導演認識了凡妲・杜瓦（Vanda Duarte）之後，在方泰尼亞停留了7個月，構思如何描寫凡妲一家人的故事，最後完成《托嬰風暴》這部作品，它描述了住在貧民窟的年輕人生存的樣貌。導演表示：「在拍攝《托嬰風暴》時，凡妲提出一些攝影的想法與建議，於是催生了後來《在凡妲的小房間裡》這部作品。當我在到處分送信件與禮物時，大家總會告訴我關於他們世界的生活點滴。我認為這是一個非常重要的機會，因為在這些過程中，能夠了解世界與自己的關係。也正因為如此，它成為了我拍電影的一大動力。」攝影機就固定架設在凡妲的房間裡，凝視著凡妲的一舉一動。她的朋友或家人有時也會進出房間，所以大家的動態都會被鏡頭捕捉下來。在這裡雖然是這些居民的「容身之處」，但同時也一併囚禁了他們生活中的種種苦悶。後來，柯斯塔導演把焦點從凡妲的房間，轉移到即將被挖土機移為平地、面臨消失命運的方泰尼亞整片區域，於是製作了《青春向前行》作品。

為了遺忘祖國革命失敗的悲傷記憶

拍攝《在凡妲的小房間裡》時，由於土地重新開發，方泰尼亞地區已逐漸遭到破壞。在拍完電影後，方泰尼亞建了新的大樓，原本住在形同廢墟與破爛平房的居民，大家都搬到里斯本一處名為Casal da Boba的新地區，包括凡妲在內，每個人皆得到了一處空間，能夠維持基本安定的生活。然而，這一所大型住宅區用水泥牆蓋得像牢固的密室一樣，阻斷了居民之間的溝通交流。相較於過去住在貧民窟的整排破爛房屋，新的生活環境與毒品危害問題，恐怕只會更加惡化。幾年過後，柯斯塔導演邀請一位年邁的維德角移民勞工凡圖拉當電影主角，完成了《青春向前行》這部作品。隨著多年

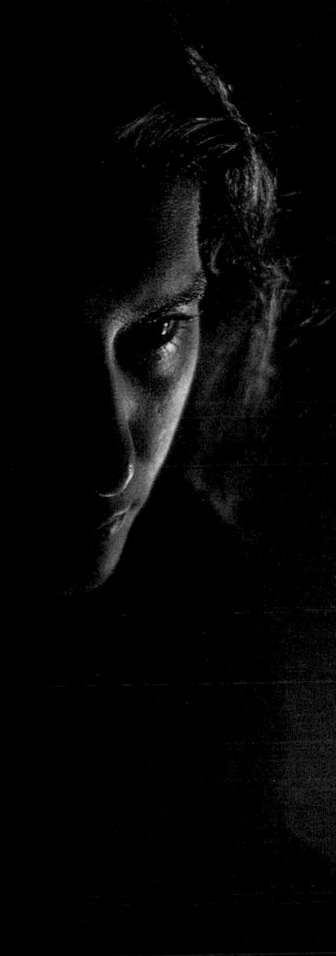
《在凡妲的小房間裡》相片提供：CINEMATRIX

生活在一起的妻子離去，凡圖拉在方泰尼亞遭到破壞的廢棄舊屋，以及新建的社區大樓之間，漫無目的地茫然徘徊，彷彿失去魂魄一樣。有一群年輕居民認凡圖拉為父親，透過他與這些「眾多子女」不斷地碰面交談，就能明白凡圖拉獨自生活在異國葡萄牙這塊土地上的煩惱與痛苦，以及感受維德角移民的悲痛歷史。接下來的作品，柯斯塔導演依然把鏡頭聚焦在凡圖拉的身上，而故事的時間軸，則拉回到1974年的「康乃馨革命」，拍攝《里斯本記憶迷宮》，結束由凡圖拉帶給觀眾的「記憶的故事」系列。

為了讓大家了解凡圖拉過去經歷的歷史，請容我在此簡單介紹，葡萄牙人民為求民主而發動軍事政變「康乃馨革命」，以及維德角殖民地的獨立運動。15世紀，葡萄牙船抵達非洲大陸。從16世紀到17世紀，維德角成為非洲與美洲大陸從事奴隸貿易的熱門集中地。然而，進入19世紀，維德角發生間歇性乾旱，加上葡萄牙實施大莊園土地制度帶來惡劣影響，造成維德角人為求生存而移民到外國居住的這段歷史。另一方面，葡萄牙在1932年由安東尼奧・薩拉查（Antonio de Oliveira Salazar）擔任總理，長期施行獨裁政權「新國家」（Estado Novo）體制。第二次世界大戰過後，許多歐洲國家紛紛承認殖民地的獨立運動。儘管世界潮流如此，薩拉查的獨裁政權仍不願放棄數百年以來的殖民體制，因此形成了強烈的對比。然而，1965年在葡萄牙殖民地葡屬幾內亞，維德角與幾內亞打算獨立，成立了「幾內亞暨維德角非洲獨立黨」（PAIGC）。接著，在1963年，PAIGC發起武裝衝突，到1972年為止，成功地壓制了葡屬幾內亞3/4的區域。後來，1974年4月25日，由中下級軍官組成的「武裝部隊運動」（MFA）組織，身為領導者的斯皮諾拉將軍在葡萄牙提出解放殖民地口號，發起打倒獨裁政權的「康乃馨革命」。受其影響的PAIGC在維德角也非常活躍。最後，1975年7月，維德角終於獲得葡萄牙法律上的正式承認，成功地取得獨立。回到《里斯本記憶迷宮》的話題。這部作品是繼《青春向前行》之

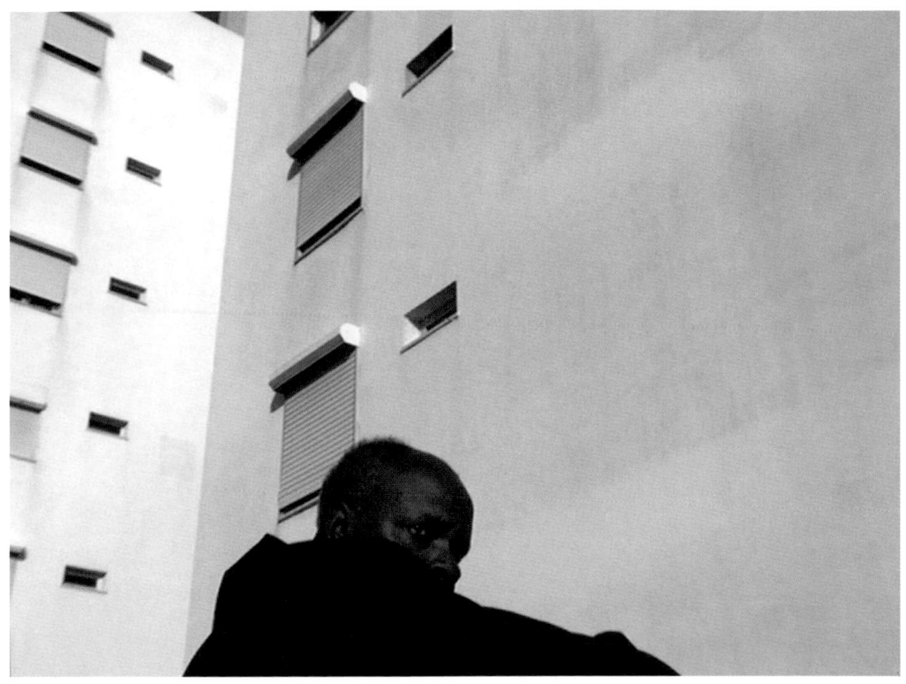

《青春向前行》相片提供：CINEMATRIX

後，以凡圖拉經歷這一段動盪不安的康乃馨革命時代為主軸，回想痛苦記憶的一段旅程。柯斯塔導演表示：「這部作品是我和凡圖拉的最後一部電影。它是為了遺忘祖國曾經革命失敗的悲傷記憶所拍的作品。當年我才13歲，儘管處於革命的年代，但我有女孩玩伴與音樂，每天過著幸福的生活。然而在同一個時空裡，我的朋友凡圖拉受盡恐懼的折磨，只能一直躲藏不被移民局抓到，我卻傻得對所有發生的事情一無所知。為了讓凡圖拉遺忘這段他稱之為『牢獄』的時光記憶，我拍了這部電影。」因此，作品中出現了如同監獄般的醫院、談論往事的士兵亡靈，以及過去的廢墟工廠與戰車。凡圖拉喚醒了過去悲傷記憶中的各種符號，讓人感到極為震

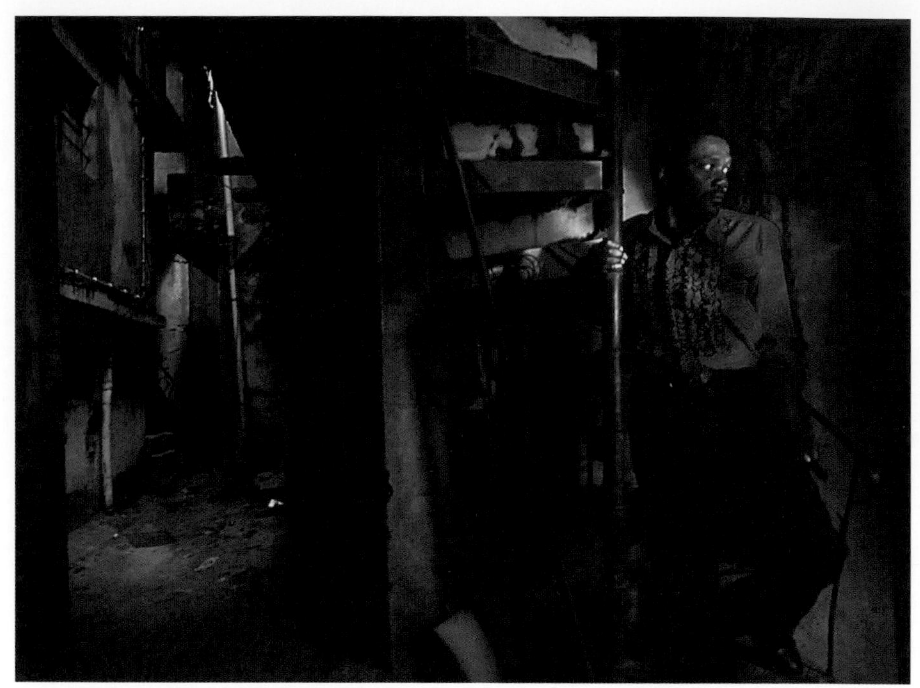

《里斯本記憶迷宮》相片提供：CINEMATRIX

撼。而佩德羅・柯斯塔導演時常把凡圖拉從過去中拉出來，期盼他能看見未來的前進道路。

若無法把他們給我的故事表現在電影中，等於是背叛

凡圖拉與凡妲在電影中的生存樣貌，令觀眾留下了深刻的印象，我們能從電影中的生活時間軸裡脫離，自由地隨著他們的記憶移動。這種影像的呈現方式，是柯斯塔導演遇見方泰尼亞居民後一貫的表現手法，他也因此產生「更重視人與人的相遇，以及與這群人共同創造出一部作品」的想法。導演說：「我要是無法把凡妲與凡圖拉給我的故事完整呈現在電影中，

那就等於一種背叛。不僅是對他們，還包括我所尊敬的小津安二郎導演，以及電影本身，甚至對我自己，都是一種背叛行為。在我製作的電影中，無論是哪一部作品，都具有自己想呈現的關懷本質。目前我最感到興趣的，依然是方泰尼亞地區的命運共同體。就目前而言，我還沒想過自己會離開那裡去其他地方，現在談其他計畫都還言之過早。

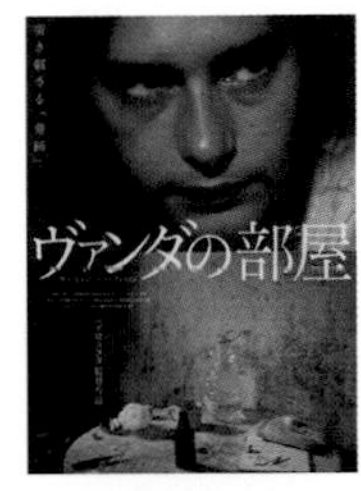

《在凡妲的小房間裡》

葡萄牙、德國、法國合作／2000／180分

描述一位居住在葡萄牙方泰尼亞移民地區的女性「凡妲」，以她的房間為主要場景。她所居住的貧民窟因開發而即將拆除，本作品赤裸裸地捕捉貧民窟居民的日常生活樣貌。柯斯塔導演投入2年時間與演員一同生活，把其中嚴酷、充滿絕望的狀況，交織成如畫一般的美麗影像。

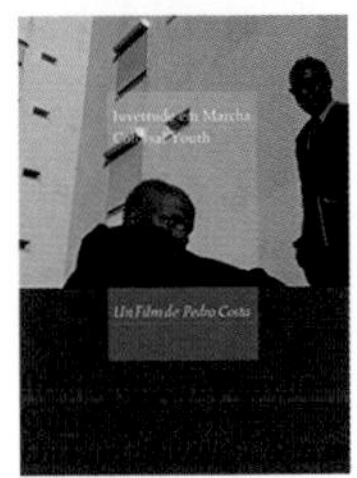

《青春向前行》

葡萄牙、法國、瑞士合作／2006／155分

繼《在凡妲的小房間裡》之後，柯斯塔導演繼續描寫方泰尼亞地區的故事，並邀請當地居民一同參與演出。一群來自非洲的移民隨著土地開發，強制被遷移到新的地區居住，其中一位來自維德角的老人凡圖拉，由於妻子離去，茫然地徘徊於方泰尼亞的荒廢舊屋與現代化的新大樓之間。柯斯塔導演透過鏡頭，捕捉老人落寞惆悵的身影。

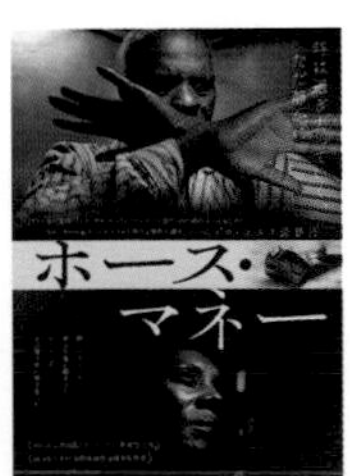

《里斯本記憶迷宮》

葡萄牙／2014／104分

再次以凡圖拉的視角去描寫方泰尼亞地區的作品。故事以葡萄牙的康乃馨革命時代為背景，透過凡圖拉的記憶，以及混合虛構情節的敘事手法，描述生活在葡萄牙的移民過去所經歷的苦難歷史與記憶。本作品榮獲2015日本山形國際紀錄片影展的國際競賽單元最佳影片獎。

Akira Takayama

高山明導演活躍於劇場最前線，持續探索著「社會」應有的樣貌，他一邊連結社會，一邊摸索下一個「劇場」

劇場導演高山明以都市空間作為舞臺，透過創新的劇場手法，持續向大眾拋出疑問，探討「個體」與「社會」之間的關係。其中包括：把德國法蘭克福市區的麥當勞變成《麥當勞廣播大學》；讓人體驗聚集一群生活在都市街友的「避難所」——《完全避難手冊》；雪梨雙年展《我們的歌：雪梨歌舞伎計畫》（OUR SONGS – SYDNEY KABUKI PROJECT）等。高山明融會貫通德國劇場學家漢斯・蒂斯・雷曼（Hans-Thies Lehmann）的紀實劇場理論以及華格納的舞臺裝置手法，讓自己重置歸零，打造出「觀眾」參與劇場創作，以及全新的開放「避難所」劇場舞臺。從紀錄片主義的角度去看，一定不能忽視「社會」與「真實」之間的關係，高山明導演走在潮流尖端，在不斷摸索的過程中，他的語言必然帶著許多智慧。活躍在戲劇最前線的高山明導演，他的眼界將會帶給紀錄片工作者什麼啟發呢？

透過體驗而創造的劇場，不會只有一種型態

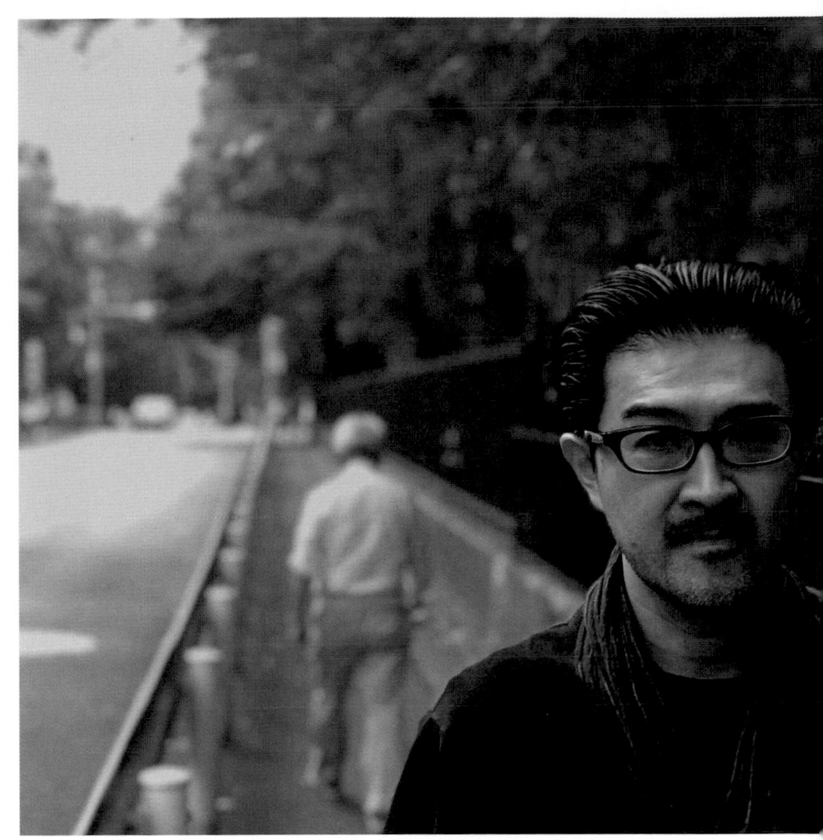

Akira Takayama

劇場導演　高山明／Port B

1969 年出生。劇場導演。2002 年成立創作團隊 Port B，隨著每項創作計畫的不同，呈現出的型態皆有所變化。例如：運用實體都市空間作為藝術裝置、旅遊表演計畫、社會實驗計畫、言論活動、觀光巡訪等多種類型的活動推展。每一項活動的最終目的，都是在探索「戲劇到底是什麼？」的本質問題，他致力擴展劇場的每一種可能性，尋求連結社會的各種方法。2017 年的計畫包括：《麥當勞廣播大學》（マクドナルド放送大学）、《華格維計畫》（Wagner Project）。

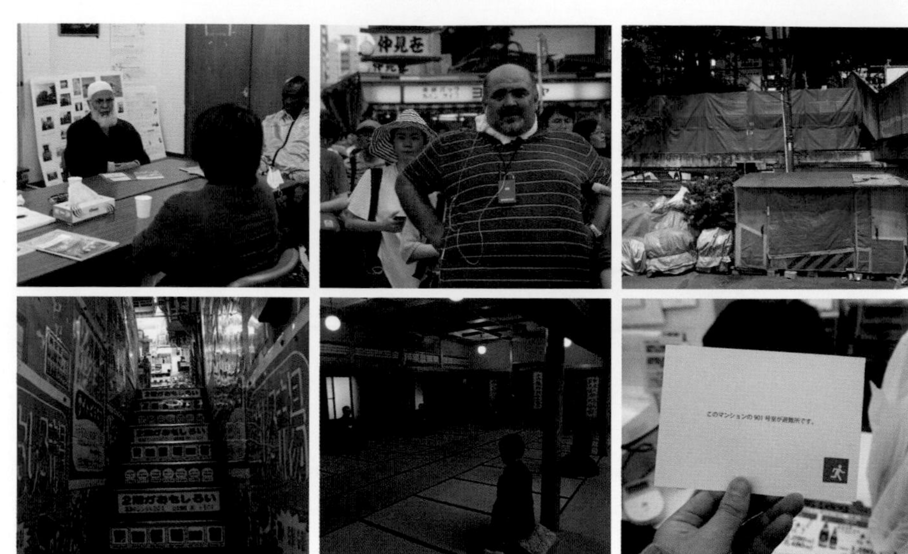

《完全避難手冊・東京版》、《東京修學旅行計畫・庫德族篇》Photo by 蓮沼昌宏

想起自己曾經身為「觀眾」而投身劇場的初衷

2010年的東京國際劇場藝術節（Festival／Tokyo），高山明負責的Port B發表《完全避難手冊・東京版》時，許多人投以異樣眼光，認為它完全「不像舞臺劇」。儘管如此，這種全新的表現手法，迅速地在社群網站上擴散開來。這使得高山先生後來每一次發起行動計畫時，總會受到相當大的矚目。然而，這種劇場式的表現手法是怎麼開始的呢？他說：「我曾經有5年的時間，在德語環境中從事劇場工作，但卻一直無法製作出一部好的戲劇作品。我深受戲劇大師彼得・布魯克（Peter Brook）的影響，全心全意地投入劇場界。但當時每個人都盜用他的表現手法，我在不知不覺中也變得如此。直到有一天，我才驚覺自己的舞臺劇模仿布魯克而露出了馬腳。我覺得再這樣下去不是辦法，必須轉換工作環境，於是回到日本從事其他工作。回到日本後，體會到身處社會竟然如此辛苦，儘管艱辛難耐卻也束手無策。過了3年後，曾

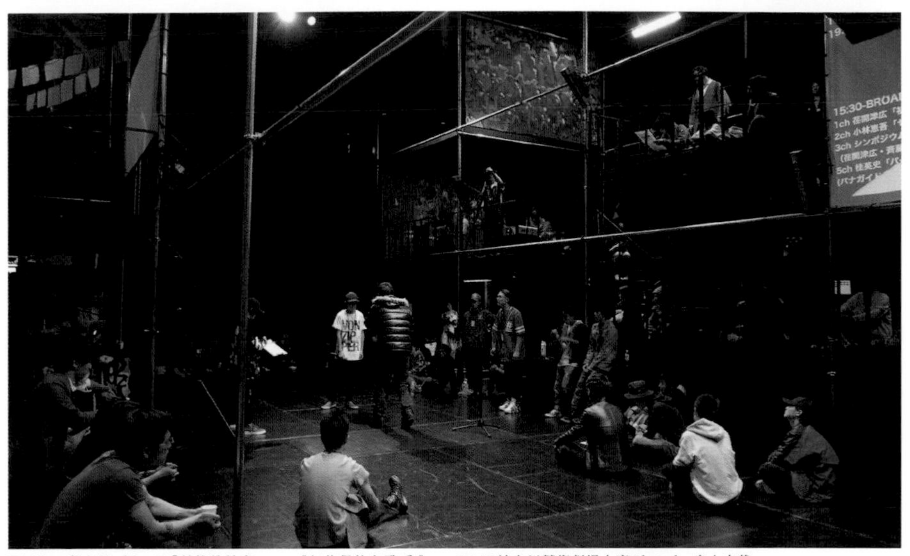

KAAT × 高山明／Port B「華格維計畫」──《紐倫堡的名歌手》──KAAT 神奈川藝術劇場大廳 Photo by 畠山直哉

經投入劇場的自豪完全消失殆盡，但我卻變得輕鬆自在。就在這個時候，我不禁思考自己為何從事劇場工作，同時回憶布魯克的舞臺劇。原來，我一開始只不過是個觀眾，後來產生興趣，才開始從事劇場工作，這就是我的初衷。因此，我思考若以觀眾的角度重新展開劇場工作，或許就能創作更有趣的內容。所以，我成立了現在的Port B。」高山明導演回到觀眾的立場，完成令人讚賞的「出色」作品，已是從事劇場工作10年過後的事了。他說：「2003年，由布萊希特（Bertolt Brecht）的詩集《家庭格言》改編而成的舞臺劇《劇場X・布萊希特式的布萊希特戲劇祭中的10月1日／2日約1小時20分》（シアターX・ブレヒト的ブレヒト演劇祭における10月1日／2日の約1時間20分）作品中，我希望觀眾無時無刻意識到自己是個觀眾，保持客觀的思考，倘若他們只沉浸在身體與知覺的感官體驗，就失去了舞臺劇的本質意義，我抱著這種期待而完成作品。觀眾雖然不會站上舞臺，但就某種意義來說，他們成為了主角。若

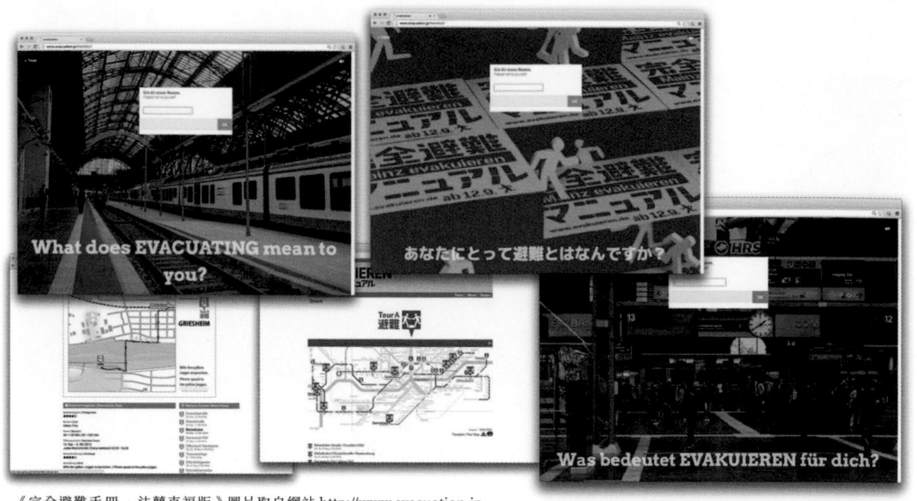

《完全避難手冊．法蘭克福版》圖片取自網站 http://www.evacuation.jp

要分類，這種劇場形式近似於紀實劇場（Documentary Theatre）的類型。」提到這種讓當事人而非演員登上舞臺的紀實劇場，高山先生表示，由於當時嘗試「開放式舞臺」這項實驗，才促成後來創作《完全避難手冊》。他說：「開放式舞臺在一開始就包含了必須具備的要素。我們邀請舞者、影像創作者、音效創作者、小說家、詩人、學者等人，以觀眾的身分，先觀看作品的第1部與第2部。到了第3部之後，再請他們以觀眾代表的身分進行輸出（Output）。例如：音效創作者在第3部時，會播放自己編輯的音效作品；小說家把所見的內容當場書寫。舉例來說，我邀請了最近非常活躍的詩人大崎清夏小姐來參加，雖然她才大學一年級，但在第3部開始時，她隨即把第1、2部接收到的內容進行書寫。」那麼，透過這些表現者的感覺而產生的「各種舞臺」，又如何連結到「避難所」的概念呢？高山明先生表示：「在開放式舞臺的第3部裡，已經具備『避難所』的要素了。布萊希特思想中最重要的意義，就是讓觀眾參與劇場的創作。雖然我知道一般人也能夠創作，但卻不知道該借助何種方法才能讓他們輸出。因此，我選擇運用媒體（Media），就算不以舞蹈或影像這種表現的媒介，任何人也都能夠參與劇場的創作。

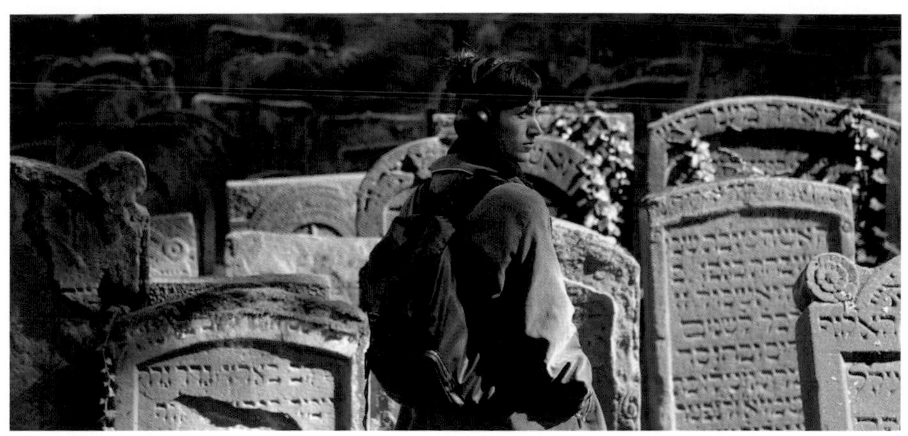
《完全避難手冊・法蘭克福版》Photo by 蓮沼昌宏

透過媒體，眼睛或耳朵無法自主的人，同樣也能以不同形式看見舞臺。所以，舞臺即使只有一個，每個人都會有自己的獨特體驗，所參與創作的劇場也不會只有一種類型。」在此借用高山先生的名言：如果劇場要求觀眾只能有一種感受，就與法西斯主義沒有差別，彷彿假新聞與後真相（Post-truth）一樣，不斷煽動大眾的同一種情緒。「每一位觀眾若能創作屬於自己的劇場、自己的舞臺，我認為是再理想不過的事了。」高山先生說，在這樣的理念下，他構思了一項計畫──「避難所」，讓大家不必受到時間與地點的限制，即可自行前往。「我在東京鐵道的山手線沿線車站旁設置了29個舞臺，大家可以根據自己的喜好、方便的時間自由巡訪，毫無限制地隨意組合行程。隨著每一個人不同的行動，就能產生完全不同的劇作，這正是所謂的『避難手冊』。」

舞臺劇是「狀況」加上「肢體語言」

德國劇場學家漢斯・蒂斯・雷曼的論文寫道，一部舞臺劇的構成，大致可分為「狀況」與「肢體語言」兩項要素。高山先生表示：「具備這兩項要素，就能形成一部舞臺劇，但我們似乎總忘記『狀況』這

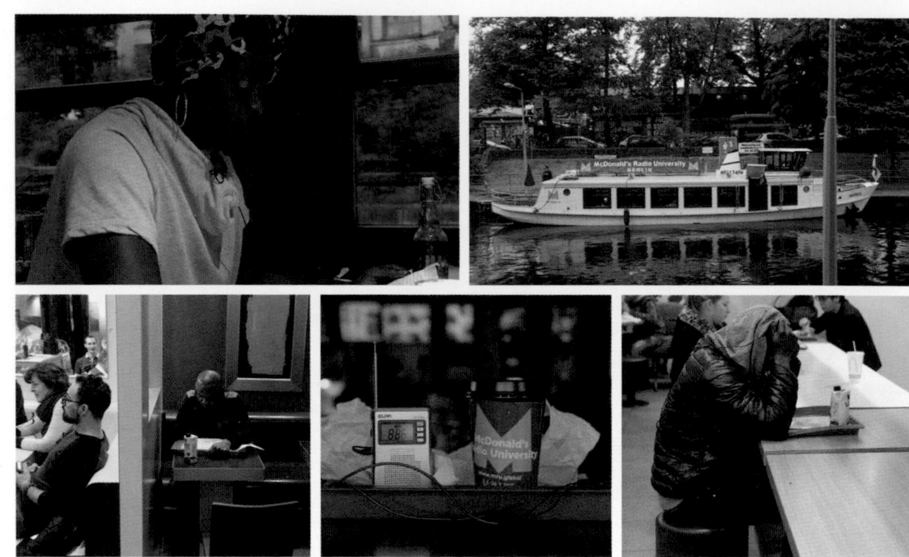

（上）《麥當勞廣播大學．柏林版》Photo by 田中沙季
（下）《麥當勞廣播大學．法蘭克福版》Photo by 蓮沼昌宏

一項要素了。曾幾何時，有人自顧自地主張：舞臺劇＝舞臺。事實上，我只是稍微延伸舞臺的定義，於是就誕生了《避難手冊》計畫。」高山先生由實驗產生的「狀況」，據說在某一刻發生了有趣的現象。參加計畫完成29站舞臺的人開始自稱：「我是避難民。」接著又去問另一位參加者：「你也是避難民嗎？」在這樣的交談中，逐漸形成了一個社會群體。高山先生說：「在計畫的最後一天，我受邀來到他們創作的『避難所』。換句話說，對我而言，它形成了非常理想的狀況。我認為大家的創意與創造力非常驚人。一旦種下種子，就能培育成一棵大樹。如果沒有社群網站或推特的存在，我想就不會產生這樣的結果吧。」

從難民身上學習到的共犯結構《麥當勞廣播大學》

2007年展開的《麥當勞廣播大學》計畫，在德國法蘭克福市區的一

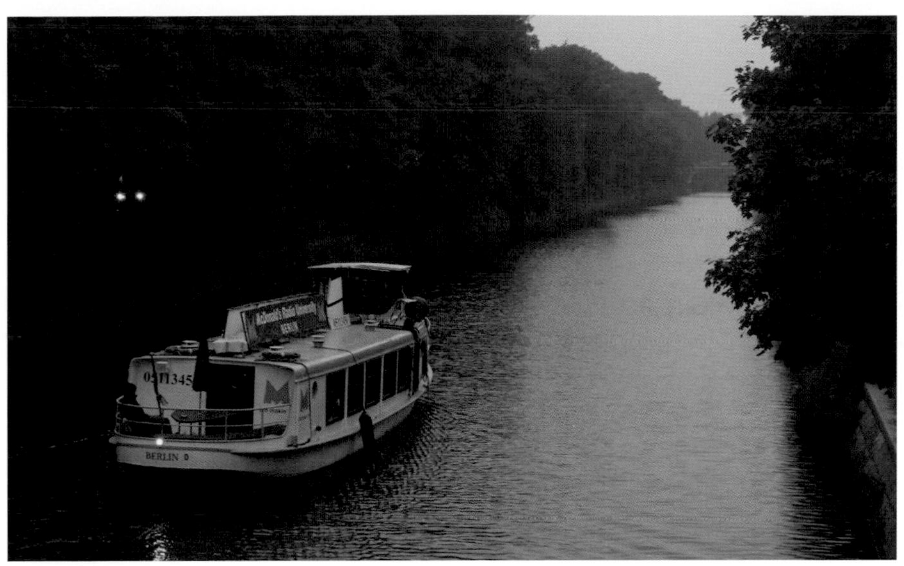

《麥當勞廣播大學 · 柏林版》Photo by 田中沙季

間麥當勞店裡舉行。如此隨處可見的「日常」中，正悄悄進行一場顧客毫不知情的「非日常」表演。高山先生表示：「這些難民各自有擅長的專業領域，我讓他們按照自己的領域授課。不過地點並非大學，而是在麥當勞進行，難民在店裡成為教授幫大家上課。雖然我取得店家的同意，但卻不能明目張膽，必須在神不知鬼不覺的情況下進行。參加者透過無線耳機接收聲音，扮演教授的難民則透過麥克風說話。參加者雖然扮演學生，但必須裝成店裡的顧客。假如一眼讓人看穿「學生」身分，就不能再繼續使用麥當勞的空間了。因此，就某種程度來說，他們形成了一種共犯結構的關係。」據說，在德國觀賞戲劇的人口約有3%，絕大多數都是受中等教育以上的白人。一般人也不認為他們會喜歡來麥當勞。那麼，這些白人來到麥當勞店裡，到底會發生什麼事呢？高山先生說：「他們似乎忘記自己在這裡像個異類，有人甚至指向把麥當勞當作避難場所的移民，表示為何不救救這些人。在優渥環境下長大的他們就算否定資本主義，對難民而言，能使用免費無線網路，長時間待在麥當勞，就是他們最重要的避難場所。」高山先生打造這所《麥當勞廣播大學》的非現實空間舞臺，傳遞了他們一項事實——自己與一般社會的差距有多大，因為這裡呈現了世界的縮影。高山先生接著表示：「我認為拍紀錄片的人一定會有很深的感觸，每當他們發表作品時，只要一想到能為社會帶來什麼轉變，經常會陷入一種絕望與無力感。我雖然不認為自己能夠改變社會，但內心始終期盼與社會產生更多連結。」

透過「劇場」培養社會群體的正確認知

目前，高山先生表示想再次回到「劇場」，並思考新的社會群體模式。他以華格納與布萊希特來說明比較：「華格納以總體藝術（Gesamtkunstwerk）概念製作歌劇，他雖然是打造拜羅伊特音樂節劇院（Bayreuth Festival Theatre）與拜羅伊特音樂節的偉人，但身處於動盪不安的年代，一直到晚年為止，他的評價依然不高。他在流亡期間構思的劇作《尼伯龍根的指環》（Der Ring des Nibelungen），在河岸旁的臨時劇場需要連續5天才能演完，整項計畫極為耗時費力。結束之後，他甚至想一把火燒掉舞臺與樂譜。在這樣的情況下，他遇見了路德維希二世（King Ludwig II of Bavaria）。這位國王是華格納劇作的超級愛好者，國家傾注龐大資金建造的新天鵝堡（Schloss Neuschwanstein），其中有一個房間就是專門為華格納準備。獲得國王大力支持的華格納心想，反正只與上流社會打交道也無所謂，突然之間行為一反常態，或許是他感到疲倦了吧。得到國王的援助而建造的拜羅伊特音樂節劇院，不再僅限鄉下，還吸引了整個歐洲知性派的精英分子齊聚一堂。直到現在，連德國前總理梅克爾也會慕名而來，足見其歷史地位之重要。只不過，像這樣藉由戲劇建立的社會群體，卻遭到納粹成功地模仿利用。換句話說，華格納打造的劇場具有『凝聚眾人力量』的功效，納粹充分地運用了這種水能載舟亦能覆舟的戲劇力量。但相反地，布萊希特在遭到納粹放逐的流亡期間，卻為了觀眾善用戲劇功能，創作出使每一個人都能針對群體反思、批判的戲劇。所以我曾經想過，若是運用布萊希特的手法，去解構華格納的戲劇，不知道會出現什麼結果？」高山先生表示，劇場雖然給人一種開放環境的印象，但若是刻意「排除異己」，淪為打造共同體的工具，將會是一種非常有效的手段。因此，高山先生才會顛覆華格納創作戲劇中的共同體結構，舉例來說，他邀請在街頭玩嘻哈音樂的年輕人來到劇場，展開一場形成新「關係」的實驗。「這群街頭年輕人裡，有些人會瞧不起劇場，在一般情況下，他們對劇場總是遠而避之。但相反地，假設都是一群街頭年輕人來劇場時，又會產生什麼情況呢？我認為將會形成一個新的共同體。正因為『劇場』是封閉的，所以能夠觀察這個新群體的形成過程。因此，它能夠成為一種典型範例，即使在劇場表演結束過後，也可以當作一種參考，提供正確培養社會新群體的方式。我認為在這過程中，一定能找出改革現實情況的方法。」

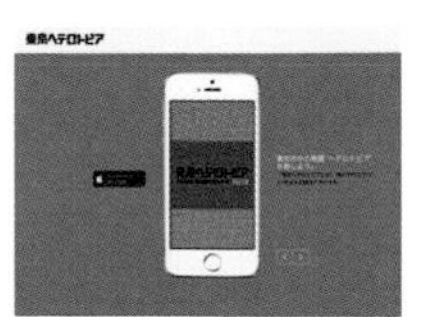

東京異托邦（Tokyo Heterotopia）

http://portb.net/App/

這項計畫是擴大範圍到2020東京奧林匹克運動會的「東京異托邦」計畫。參加者可透過手機，下載專屬應用程式，在東京進行一場亞洲之旅，前往應用程式中地圖的指定地點，聽取詩人、小說家共5人（管啟次郎、小野正嗣、溫又柔、木村友祐、井鯉KOMA）寫下該場所可能發生過的故事。這些地點包括：宗教設施、紀念碑、難民收容所遺跡、異國料理餐廳……共計有30個地點，到了2020年預計還會再增加50個地點。在習以為常的「TOKIYO」城市景觀中，來一場異國般的「旅行」，這些作品將會召喚無數個偶然，參加者也會經歷一場只屬於自己的相遇。這項「異托邦」計畫也在臺北、雅典、貝魯特、阿布達比、里加等國外城市推展。

Jamie Miller

潔米・米勒導演寫下了一位舞者戰勝全身燒燙傷而奇蹟生還的「戲劇」故事，他為生命奮鬥的姿態，深深地打動觀眾的心

2012年，一場意外大火造成舞者王子・安彭薩（Prince Amponsah）全身燒燙傷面積超過68%，他徘徊在生死邊緣，最後卻以舞者之姿，奇蹟似地浴火重生。年輕導演潔米・米勒首次執導紀錄片電影，精彩地記錄了舞者發揮肉體極限的光影之美。本作品《王子的故事》（Prince's Tale）參加Hot Docs加拿大國際紀錄片影展，放映時沸騰了全場，拿下最佳短片獎、觀眾票選大獎，因此受到全球矚目。潔米・米勒導演出生於天然資源豐富的加拿大紐芬蘭島，在一個充滿愛的家庭中成長。熱愛科學紀錄片的她，是如何遇見這位充滿奇蹟的舞者？並且透過鏡頭描繪出16分鐘的生命之舞呢？

期盼能為曾經遍體鱗傷、失去珍惜之物的人帶來勇氣

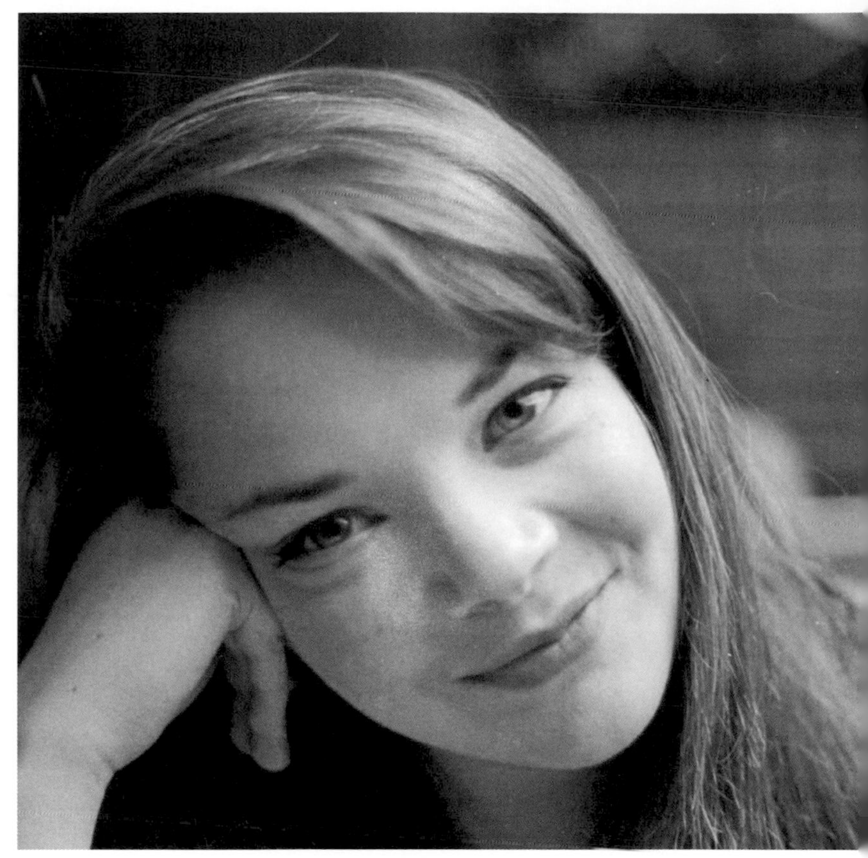

Jamie Miller

電影導演 潔米・米勒

出生於加拿大東岸紐芬蘭島。2012年畢業於紐約大學電影系。目前以多倫多為據點，藉由感受不同「場域」散發出的靈感，拍出極具故事性的電影或紀錄片。這種細膩的感覺，正是她作品中的重要元素。最近，她首次著手拍攝電影長片，同時以另一部描寫舞者演員王子・安彭薩的紀錄短片《王子的故事》榮獲2018年Hot Docs加拿大國際紀錄片影展最佳短片獎以及觀眾票選大獎。日前正製作一部以女性為主題的系列作品《Likeness》。

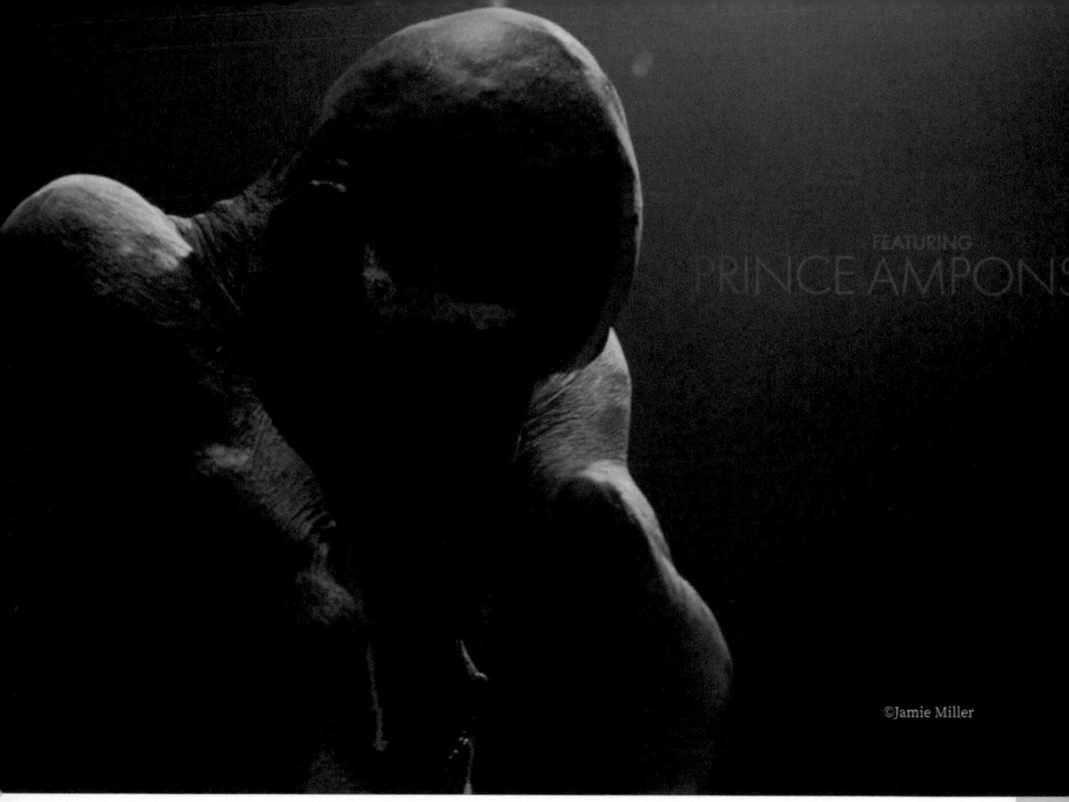

©Jamie Miller

遇見王子・安彭薩

就某種意義而言，他們的相遇是一種註定。在多倫多時，潔米・米勒看到王子在朋友導演的舞臺上演出。「我第一次見到他時，覺得他的表演充滿魅力，簡直難以置信。於是，我產生一股衝動，想把自己看到他在舞臺上演出的內心震撼，以及他這位表演者與觀眾之間情感互通的感覺，透過視覺影像呈現出來。」潔米回憶說。實際上，她之所以下定決心拍攝王子的故事，主要與摯友的死去有相當大的關係。「王子遭遇火災事故的兩週過後，我的好朋友因為其他原因離開人世。所以，只要一想到王子遭遇事故的悲傷感覺，就會與我失去好友的痛苦回憶重疊。」潔米說。接下來的4年，王子漸漸恢復身體健康，很想重新回到舞臺上。潔米看到他時，自然立刻為他的故事吸引。潔米期盼，王子的舞蹈能為所有背負傷痛的人帶來勇氣。「他奇蹟般地浴火重生。他的故事教會我重要的事情——無論是誰，都能展現堅韌的生命力；無論聲音再如何微弱，我也要將它傳遞出去。」

獲頒Hot Docs加拿大國際紀錄片影展最佳短片

潔米協助王子放大說話時的音量，在16分鐘的作品裡，娓娓道出王子的故事，展現在黑暗舞臺中充滿戲劇化的舞姿。潔米未料想電影會如此受到讚賞。「作品獲得加拿大國際紀錄片影展最佳短片的那一刻，我真的嚇了一大跳。當時，我只知道自己的作品引起了許多人的共鳴與迴響。」然而，毫無疑問地，王子的存在確實給人強烈的感受。潔米不曾想過，告訴大家這個故事，竟然會獲得如此高的評價。「至今我還沒有得過任何獎項，完全沒做好心理準備，所

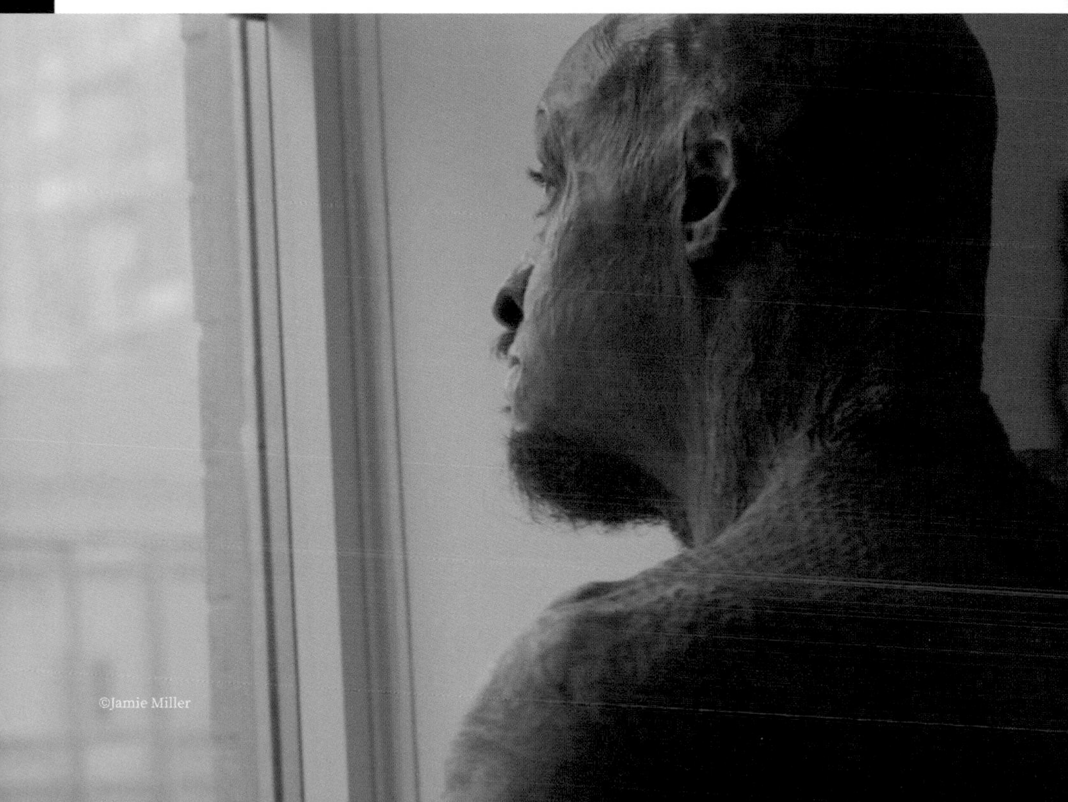
©Jamie Miller

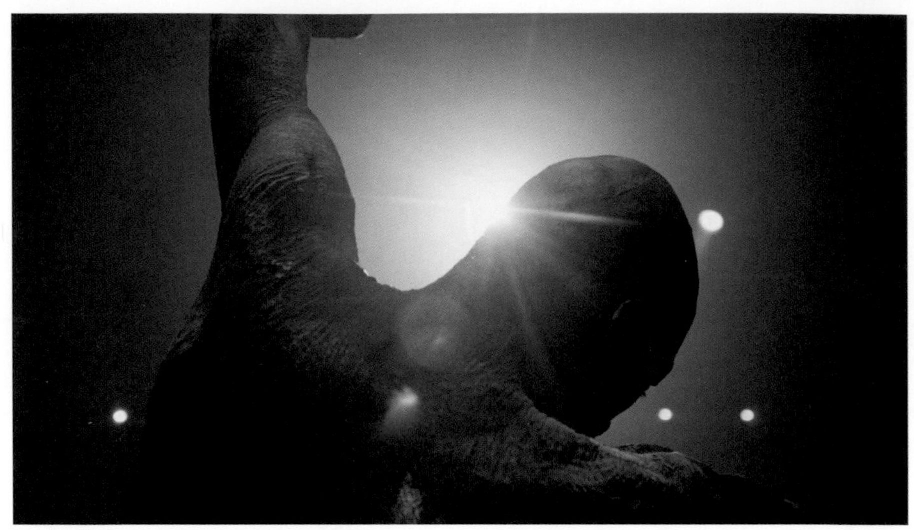

©Jamie Miller

以覺得自己不適合站在頒獎臺上。不過，我認真努力做好這項極具意義的工作。因此，當有人說我把非常重要的價值帶來這裡與大家分享時，給了我相當大的勇氣，讓我覺得自己站在一個正確的地方。」王子・安彭薩戰勝了身體的障礙，追求更高深的藝術表現，潔米真誠地直視這一位藝術家，把他「逐漸蛻變的姿態」，化為令人屏息凝視的美麗影像。那麼，這部作品對她自身帶來了什麼轉變呢？「我對自己所處的環境產生了自信。雖然曾經疑惑，這真的是一部好作品嗎？有辦法拿下獎項嗎？但正因為走過焦慮的階段，我學會忠於本能的重要，認真去面對眼前的現實，磨鍊出更敏銳的感覺。另外，將有意義的價值分享給不同於自己的人，讓我學到許多事，了解今後應以何種道德態度去面對電影課題。」

這位新生代紀錄片導演潔米・米勒表示，希望有一天能夠拍攝一部關於故鄉紐芬蘭島的作品。她走出喪失摯友的痛苦，用心記錄孤高的舞者王子・安彭薩轉變的美麗身影，相信她的下一部作品必定會更精彩。

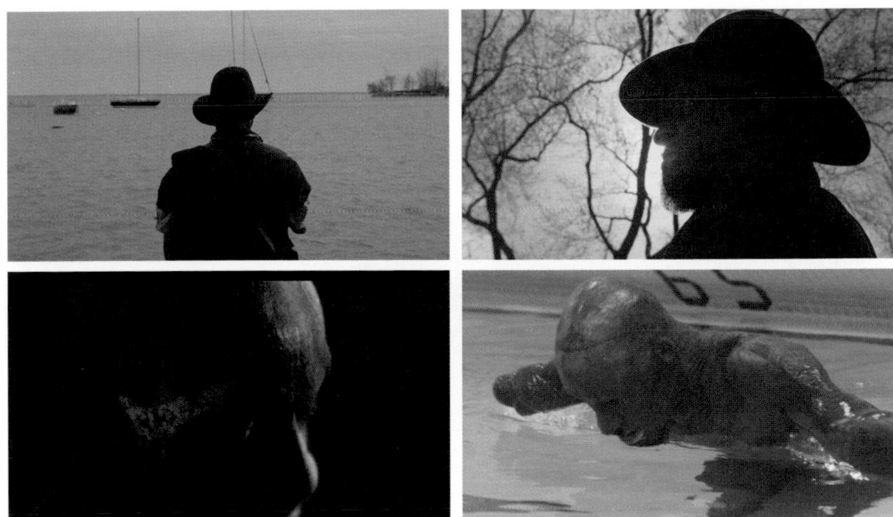

©Jamie Miller

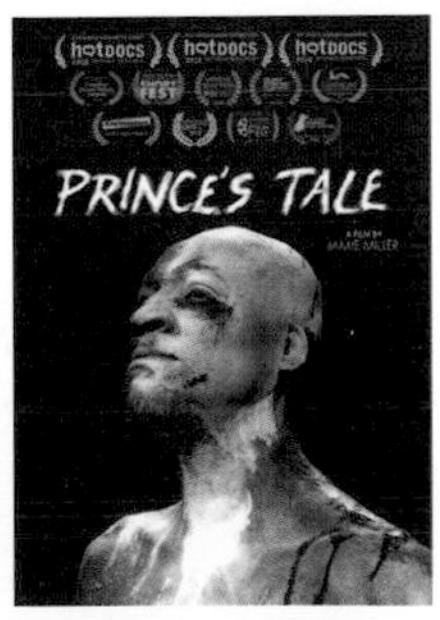

《王子的故事》

加拿大／2017／16 分

2012 年，一位年輕演員王子．安彭薩捲入一場火災，全身遍布致命性的燒燙傷，本紀錄短片記錄了他的這段心路歷程。王子曾經徘徊在生死邊緣，卻以堅韌的意志力獲得重生，希望再次站上舞臺。儘管遭逢事故失去了雙手前臂，王子依然下定決心，展現出「不同過往」的自我藝術表現，抵達更高的境界。王子藉由「身體」最原始的表現，找到心靈救贖的力量。他深具藝術性的舞蹈，不知不覺地深深感動觀眾以及全世界。

紀錄片主義的解剖學
米本直樹／奧間勝也／關強

第3章的「紀錄片解剖學」中，將分析活躍在電視圈的3位年輕紀錄片工作者。紀錄片總監米本直樹在中國的四川大地震中，記錄下相互扶持的老師與學生，但他卻糾結著是否該介入他們的故事；奧間勝也優雅地記錄了長久以來在印度北部山岳地帶的拉達克村落，試圖找出這個地區口述傳統的答案；紀錄片總監關強把自己放在祖國——目前中國的「真實」社會中，大膽地記錄下親眼所見的真實樣貌，榮獲全日本電視節目製作社連盟（ATP）優秀新人獎。

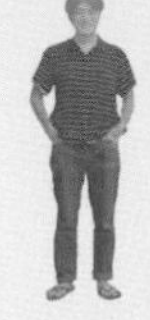

Naoki Yonemoto

米本直樹

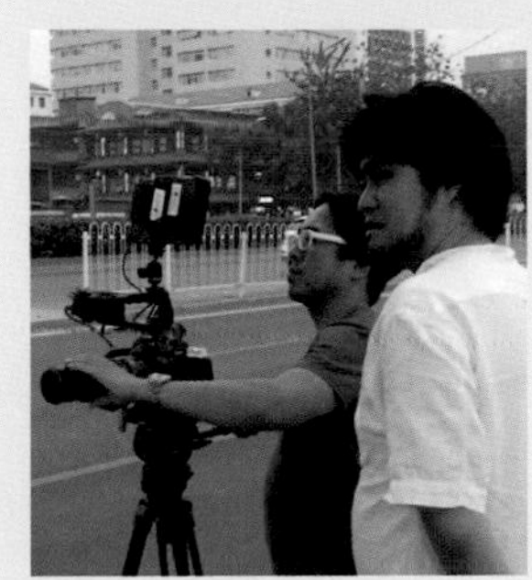

出生於東京。節目總監、製作人，於NHK製作多集《新日本風土記》等紀錄片節目。以紀錄片《李老師與三十個孩子》（李先生と三十人の子どもたち，BS世界紀錄片）入圍2010年義大利獎（Prix Italia）「特別獎」最終候選名單。2017年，與CNEX視納華仁（臺灣）、DOCDAYS（德國）共同製作一部描寫外國人紅衛兵的紀錄片《紅孩子》（Red Children），同年於CCDF（CNEX CHINESE DOC FORUM，CNEX華人紀錄片提案大會）主辦的CNEX主題紀錄片影展特別上映。

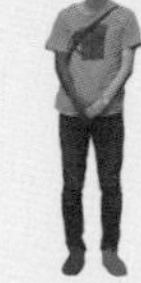

Katsuya Okuma

奧間勝也

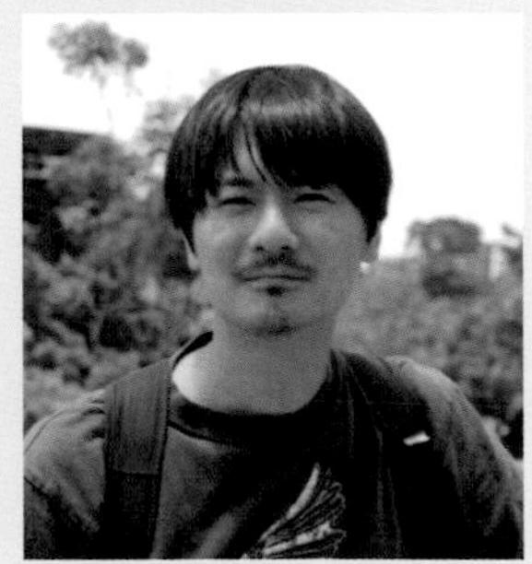

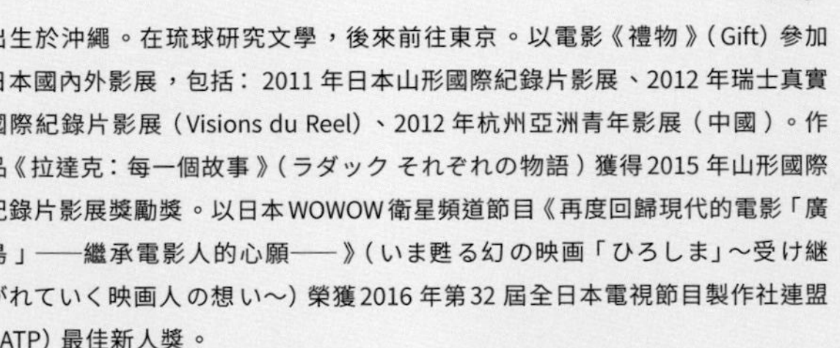

出生於沖繩。在琉球研究文學，後來前往東京。以電影《禮物》（Gift）參加日本國內外影展，包括：2011年日本山形國際紀錄片影展、2012年瑞士真實國際紀錄片影展（Visions du Reel）、2012年杭州亞洲青年影展（中國）。作品《拉達克：每一個故事》（ラダック それぞれの物語）獲得2015年山形國際紀錄片影展獎勵獎。以日本WOWOW衛星頻道節目《再度回歸現代的電影「廣島」──繼承電影人的心願──》（いま甦る幻の映画「ひろしま」～受け継がれていく映画人の想い～）榮獲2016年第32屆全日本電視節目製作社連盟（ATP）最佳新人獎。

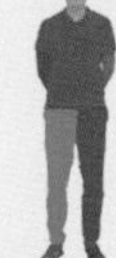

Guan Qiang

關強

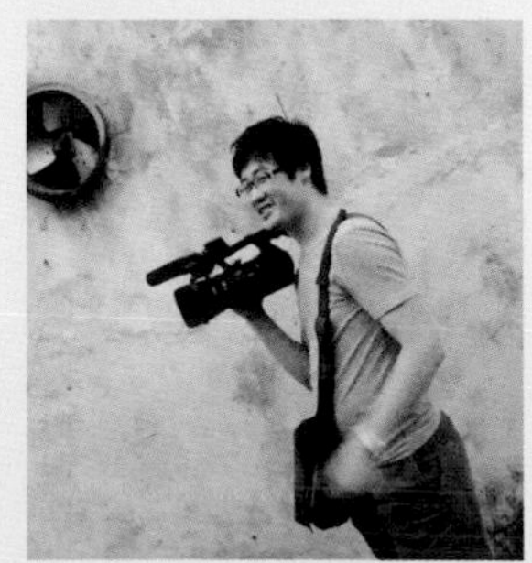

出生於北京。首都師範大學畢業後前往日本，就讀東京造形大學學院，接受諏訪敦彥導演的指導。2013年進入電視節目製作公司Ortus Japan，2014年起以「現今中國」為主題，開始製作《NONFIX》節目（日本富士電視臺）的《我眼裡的中國系列》紀錄片，並以該系列中的《風花雪月──我眼裡的祖國・性解放》（風花雪月～ボクが見た祖国・性の解放～）榮獲2016年第32屆全日本電視節目製作社連盟（ATP）最佳新人獎。

《李老師與三十位孩子》

米本直樹

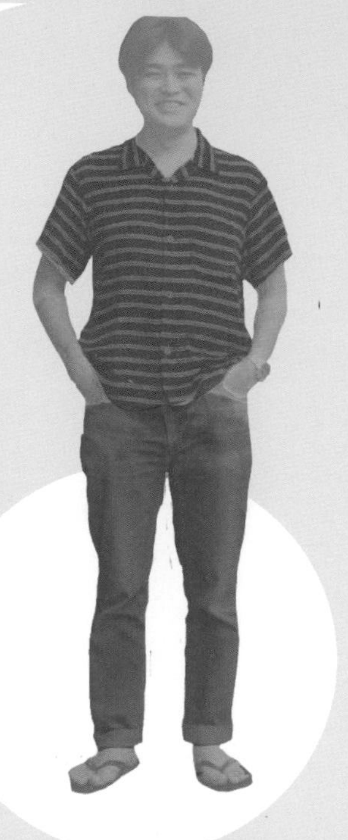

我製作這部紀錄片時經常煩惱，鏡頭如此貼近他人的內心世界是件好事嗎？我不僅不是個受災者，甚至連國籍都與他們不同，拍攝這群失去至親的人，記錄他們的悲傷，到底具有什麼意義呢？儘管如此，實際在當地進行採訪工作，我感受到「在死亡與悲傷這種毫無道理的現實中，人們有著共通的悲傷情感」這項殘酷的事實，以及我這種「希望能感受他人痛苦」的欲望。每天與李老師以及學生們一起度過，我與大家的距離越來越近。在地震過後，一直沒有返家的李老師，卻帶著我們去看她房屋倒塌的老家。在家裡，她對著鏡頭一一介紹過世女兒的遺物。原本無法在心理諮商時打開心房的李老師，後來卻對著鏡頭談起女兒的點滴回憶。就在這一瞬間，我發現紀錄片發揮了特殊的功能——儘管扮演的角色是個「旁觀者」，卻因為好奇心、想體會他人的痛苦，厚臉皮地以「工作人員」身分介入，記錄其中發生的過程，因此才出現了令人意外的結果。

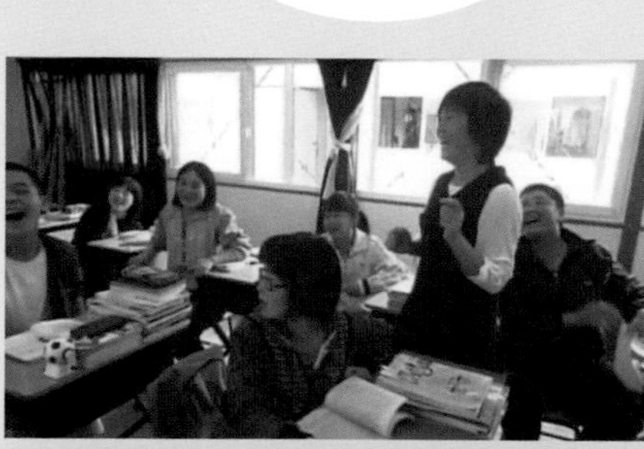

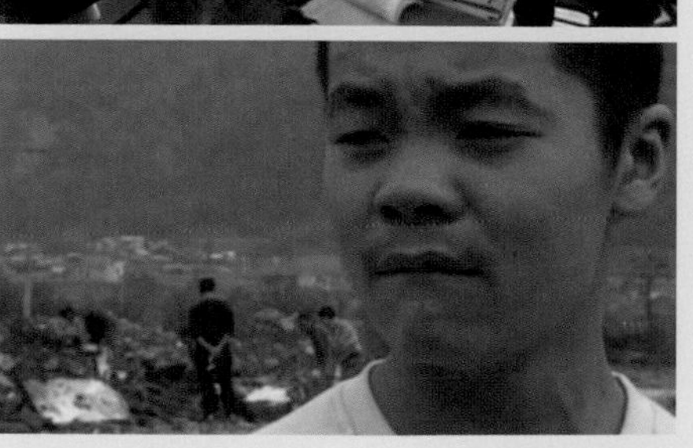

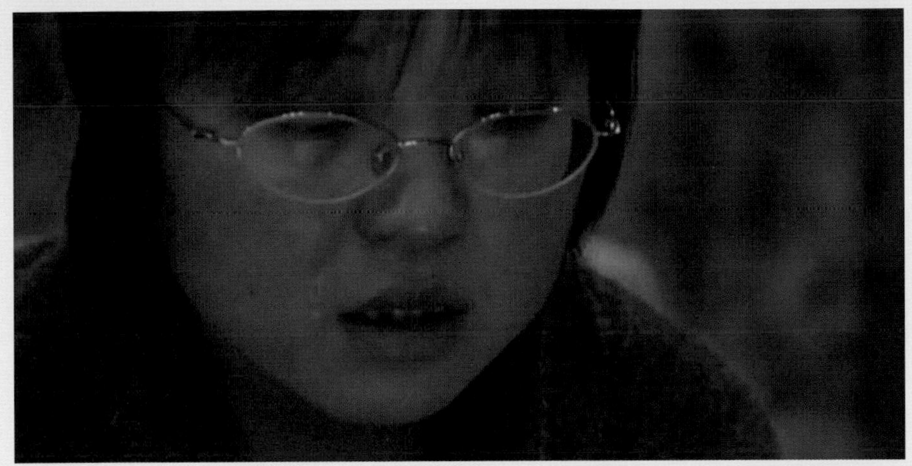

BS世界紀錄片系列——四川大地震災區現況《第二回：李老師與三十位孩子～紅白中心學校》
（導演：米本直樹／製作：日本鐵木真電視公司／播出：NHK衛星頻道）

只要活下去，就會出現令人感同身受的溫暖故事

2008年5月，中國發生了規模8.0的「四川大地震」。由於發生的時間在下午2點28分，造成許多兒童不幸在學校中喪命，死亡與失蹤人數超過了8萬7千人。全中國瀰漫著一股哀傷的氣氛，許多紀錄片導演紛紛以作品表達對這場災難的關懷，包括：杜海濱以受災者「生存」為關鍵字，完成紀錄片電影《1428》（榮獲威尼斯國際影展最佳紀錄片獎）；艾未未在網路上進行一項公開受災戶名單的計畫《花臉巴兒》。在地震發生過了8個月之後，來自日本的紀錄片工作者米本直樹，前往四川盆地的一所中學，這間學校有許多學生不幸在地震中罹難。他透過鏡頭，記錄一段心靈交流的感人故事。拍攝對象是一群身心受創、準備升學的孩子，以及在地震中一位失去女兒的女性教師——李老師。儘管李老師在學生面前不曾掉下一滴眼淚，但米本直樹認為，讓學生看見老師內心深處是件非常重要的事情，於是悄悄地告訴學生老師準備去掃墓的時間。結果，故作堅強的老師看到學生如此關心自己，第一次在他們的面前流下了眼淚。對於介入拍攝對象這種行為，雖然各有贊成與反對的意見，但是透過紀錄片，這座小村子出現的心靈奇蹟成為大家向前邁進的原動力，卻是毫無疑問的事實吧。有一位妻子看著過世丈夫的影片流下了眼淚，米本直樹表示，從她的真情流露中，找到了「關懷拍攝對象」的方法及其意義。這部作品在2009年榮獲第26屆全日本電視節目製作社連盟（ATP）最佳紀錄片獎。

作品在影展或座談會上發表
上映、媒體曝光
紀錄片導演對拍攝對象的影響響
對抗命運的自由意志
動機／發現
與作品相關的命運交錯
紀錄片導演的命運軸
拍攝對象的命運軸
補充說明

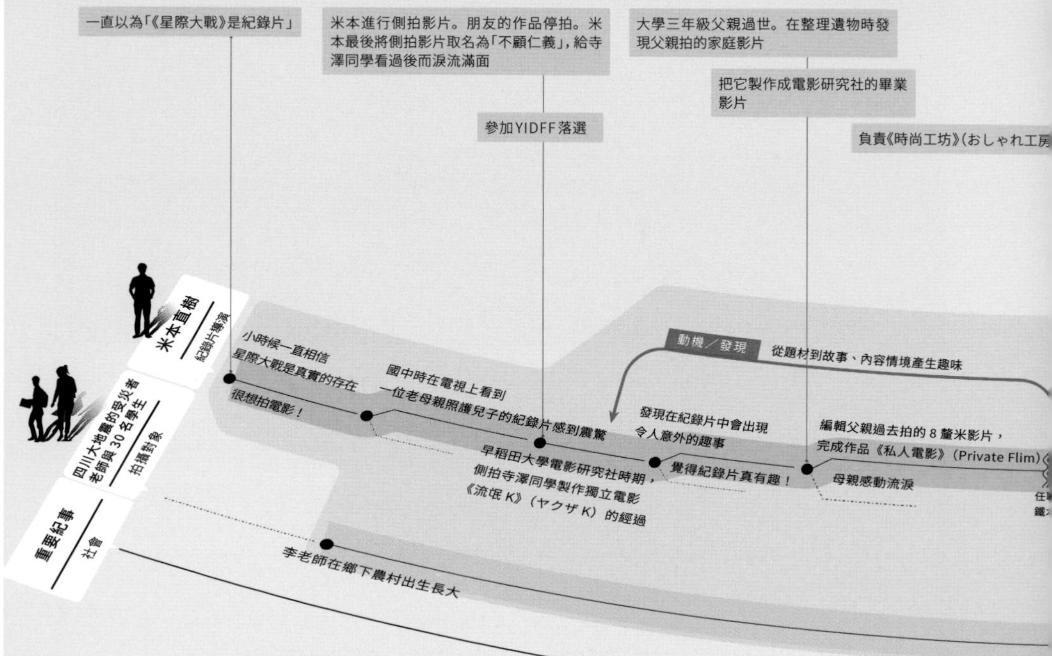

ATP獎 全日本電視節目製作社連盟以「提升節目製作公司的功能，鼓勵每一位節目製作工作者的熱情與氣魄」為目的，特別設置表揚優良電視節目的獎項。

BS世界紀錄片 2004年4月1日，在NHK衛星頻道BS1開始播放的紀錄片節目。播放時間多為深夜時段，以國際上獲得高評價的優良紀錄片為主，以及在世界各地製作的紀錄片。除了播出米本直樹的《李老師與三十位孩子》(ATP獎)以外，還有《生命之家～蘇珊與9位孩子～》(いのちの家 ～スーザンと9人の子どもたち～，2003年阿姆斯特丹國際紀錄片影展觀眾票選獎)、《潁州的孩子》(2007年美國奧斯卡紀錄片短片獎)等。

義大利獎 由1948年成立的義大利廣播電視公司(Rai)舉辦的國際節目競賽獎。最高獎項是「義大利獎」(Prix Italia)。為世界上最具歷史與權威的一項國際節目競賽。

時尚工坊(おしゃれ工房) NHK教育頻道從1993年至2010年間播放的節目，是一個以女性為收視群的「婦女百科」趨勢講座節目。開播時為強化其節目印象，以「新・婦女百科」為副標題。節目內容包括：手工藝、流行時尚、美容保養等，主

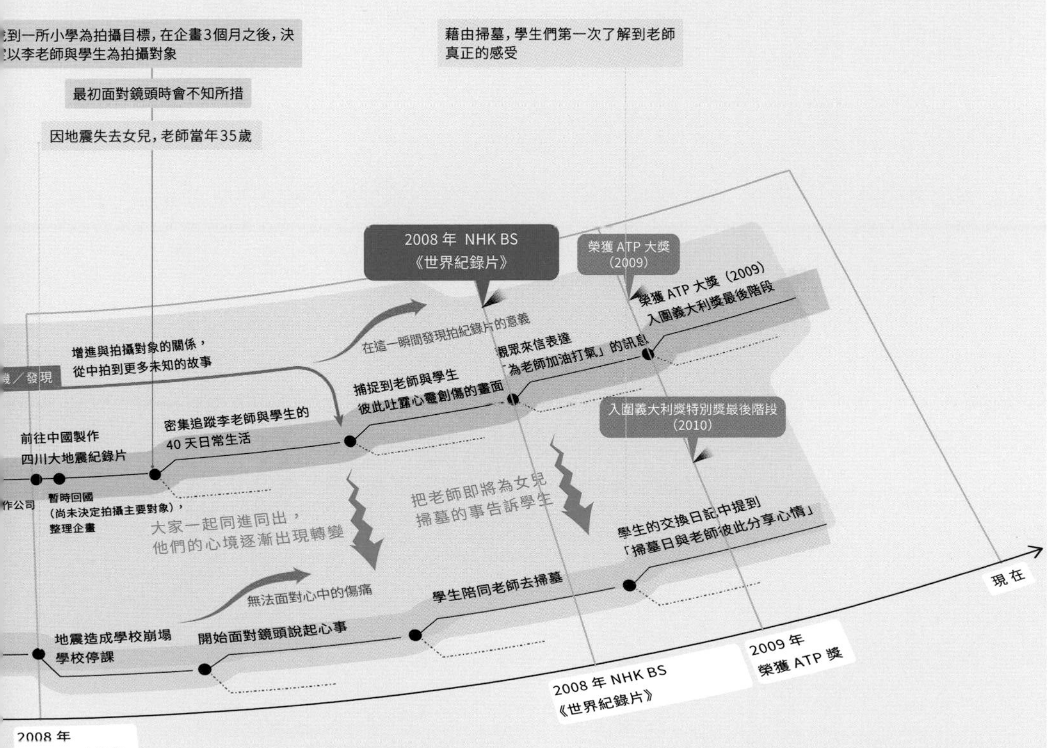

持人與專家透過深入淺出的對談方式討論各種主題。邀請許多知名藝人擔任節目主持人，包括：羽野晶紀、原日出子、羽田美智子、西村知美、大島美幸（森三中）、加藤紀子。

鐵木真電視公司 以製作紀錄片為主的日本電視節目製作公司。主要成員過去曾經在TBS電視臺擔任監製，於1987年成立。最初製作的節目是《NHK特集》（NHK Special）。提出現場主義的概念，製作世界各地的紀錄片節目。

四川大地震 也稱為「汶川大地震」，發生地點為中華人民共和國中西部的四川省阿壩藏族羌族自治州，時間為2008年5月12日14時28分（UTC6時28分）。死亡人數與失蹤人數合計超過87,000人。由於多數房屋、學校倒塌損毀，造成許多兒童犧牲，因此許多人強烈譴責政府的「豆腐渣工程」。

《拉達克：每一個故事》

奧間勝也

印度北部的拉達克地區四面環山，海拔高達3500公尺，我在此處的一所村落停留2週，展開一項藝術計畫，完成作品的拍攝工作。我走遍村裡，詢問村人，想藉此拍攝一部電影，內容是有關世界上最長的口傳文學故事「格薩爾王傳」。我採訪每一位村民，決定把「你對故事中哪一段情節印象最深刻？」設定為作品的主軸。我認為每個人的人生經歷不同，所挑選的故事段落可能會出現不同的特徵，最後的結果一定會非常有趣。

結果，幾乎沒有一個人記得格薩爾王的故事，當初的計畫恐怕淪為一場空。其中最大的因素，就是全球化的經濟模式在拉達克迅速發展，讓傳統生活出現重大轉變的這項事實。不過，當我提到「格薩爾王傳」，每一位村民倒是對這個故事有著各自的記憶。

因此，我把他／她們話語之間流露的回憶，融合我的想像力，創作成一部村民與我的共同故事，呈現在這部電影裡。

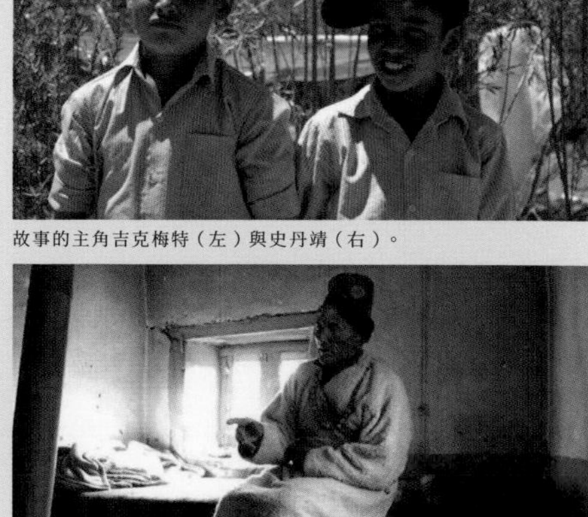

故事的主角吉克梅特（左）與史丹靖（右）。

住在村裡傳統房屋的娜姆迦爾紀（77歲）。

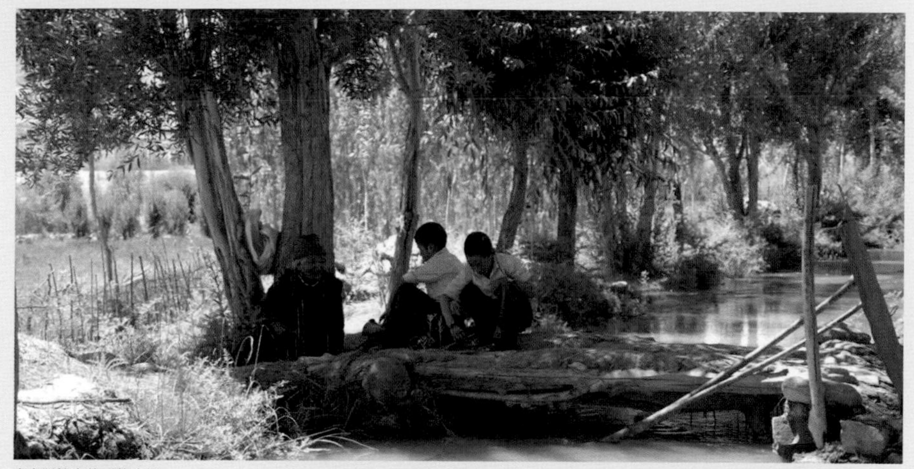

瓊宗阿嬤家後面的小河。

拉克達與沖繩——失去的事物與相繫的事物

在距離日本非常遙遠的印度拉達克高山村落中，紀錄片導演奧間勝在這裡想起自己的故鄉——沖繩的原始風貌。奧間勝也遇見2名少年為他帶路，於是靈機一動，試著在村裡四處訪問村民，關於世界上最長的口傳文學故事「格薩爾王傳」的回憶。導演的提問包括了「該怎麼做，才能保存這些逐漸被大家遺忘的故事？」然而，再繼續往下聊之後，重點反而遠離了「格薩爾王傳」，而是每一位村民極為鮮明的個人歷史。一位內心糾結的母親希望留下女兒繼承家業，然而女兒卻想去都市升學念書；另一位每天穿梭於都市與村落之間的巴士司機表示，與其記住格薩爾王的故事，倒不如記得每天的工作更重要；一位農家老翁看到攝影機對著自己，立刻表明不想穿著便服上鏡頭，最後換上了民族服飾才願意受訪；還有一位老婦人搞錯了格薩爾的故事，以嘹亮嗓音唱著記憶中的歌曲……等。這座猶如祕境與呈現懷舊風情的村落，開始急速地朝向全球化發展，在這股趨勢潮流下，我們可以感受到拉達克人們生活在「現代」中的想法與生活態度。這項短期駐點的藝術計畫「大地藝術計畫in拉克達2014」（Earth Art Project in Ladakh 2014）下完成的紀錄片，榮獲2015年日本山形國際紀錄片影展千波萬波競賽單元的獎勵獎。少年們透過這部紀錄片，獲得與外面世界溝通的經驗，相信他們未來有更多走向世界的機會，得以懷抱更遠大的夢想。

作品在影展或座談會上發表
上映、媒體曝光
紀錄片導演對拍攝對象的影響響
對抗命運的自由意志
動機／發現
與作品相關的命運交錯
紀錄片導演的命運軸
拍攝對象的命運軸
補充說明

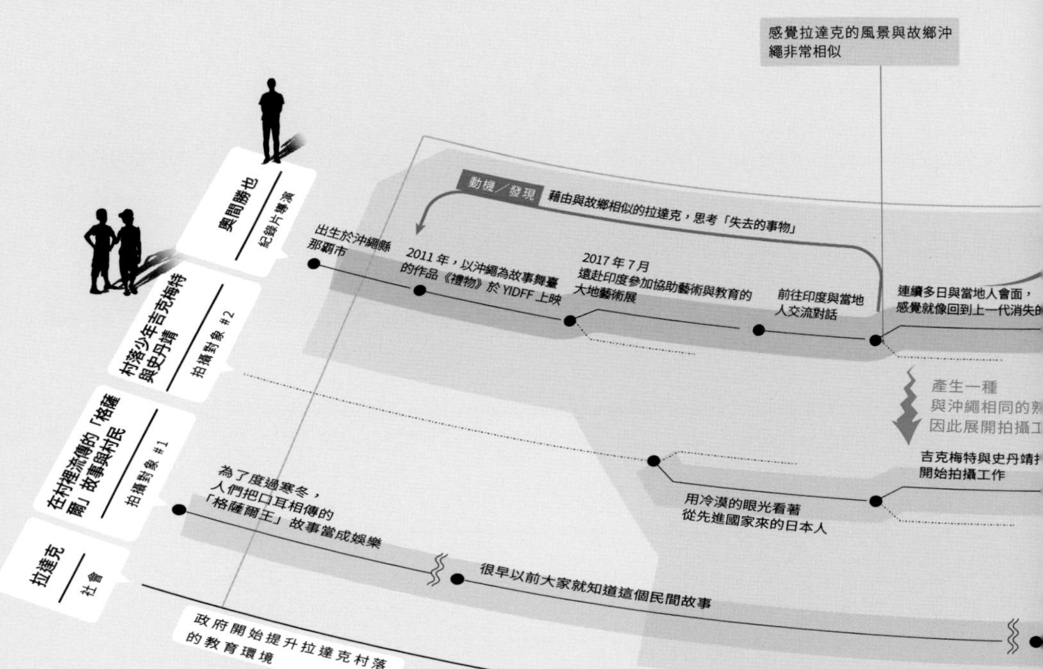

拉達克地區　位於喜馬拉雅山脈與喀喇崑崙山脈中間、查謨和喀什米爾邦的東部，同時也鄰近中華人民共和國，以及靠近阿富汗北部。以藏傳佛教的主要地區之一聞名，相較於遭受文化大革命破壞的西藏自治區，據說拉達克地區保留了更多古老的文化。

《格薩爾王傳》　流傳於西藏和中亞地區的著名史詩。目前尚有140位吟遊詩人在說唱這部作品，是現存少數的史詩之一，極具重要的文化價值。據推測它出現於1,000年以前，內容講述傳說中嶺國的國王格薩爾王的英勇事蹟，以及他降妖伏魔、除暴安良的傳奇故事。一般認為它是世界上現存文學作品中，內容篇幅最長的史詩作品。

拉達克的全球化影響　為對抗全球化經濟發展，許多人以實踐反發展運動為目標——這項運動的提倡者，正是受到世界矚目的瑞典語言學家海倫納．諾伯格霍奇（Helena Norberg-Hodge）。1974年，拉達克對外開放，她以紀錄片的拍攝成員身分進入這個地區。後來，她持續守護著這片土地的傳統文化、自然、經濟活動，30年來不曾間斷。

大地藝術計畫　這項計畫希望能透過藝術活動，以協助教育為主要目標，選在喜馬拉雅的拉達克地區所推展的一項塗鴉藝術計畫。此外，2010年，塗鴉藝術節也曾在印度農村與日本地區的學校舉辦，從牆壁當成畫布的「塗鴉藝術」開始，再到印度原住民瓦力族的傳統房屋舉行的「noco project」，以及推廣瓦力族的生活能夠永續保存的「世界森林會議」等，目前一共有3項計畫正在推展當中。

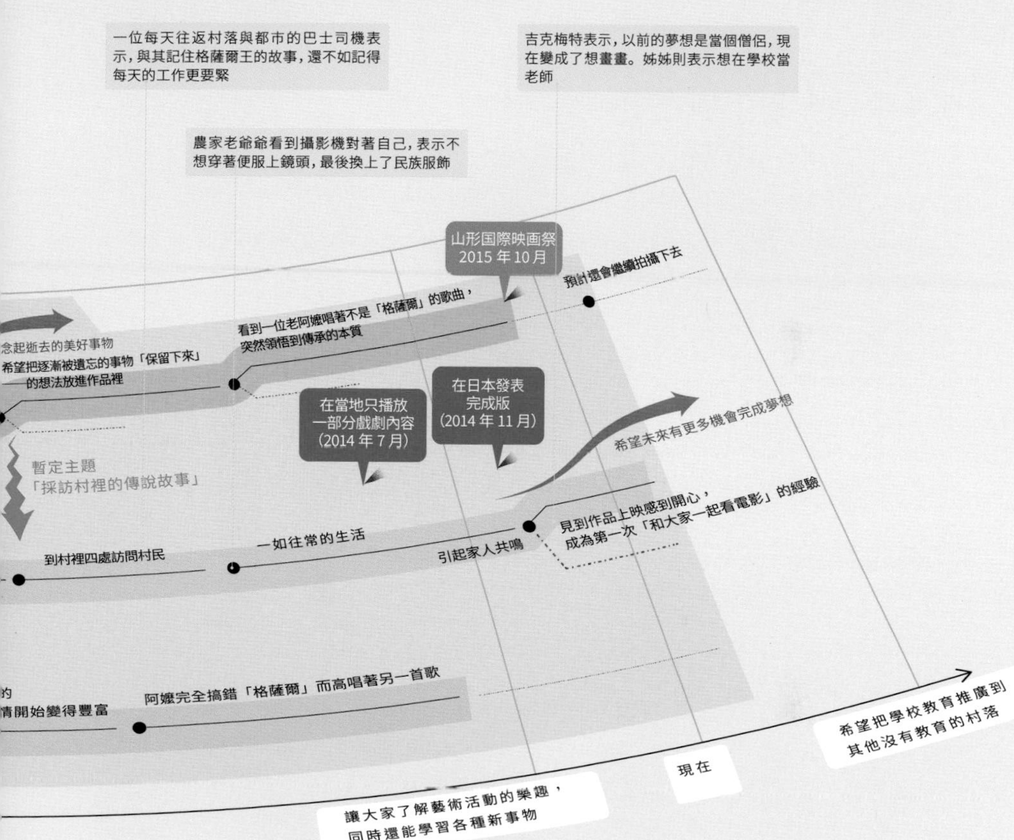

《再度回歸現代的電影「廣島」——繼承電影人的心願》（いま甦る幻の映画「ひろしま」～受け継がれていく映画人の想い） 奧間勝也於2015年執導與廣島原子彈爆炸相關的記錄片，於《非虛構W》（WOWOW衛星頻道）節目中播放，榮獲2016年第32屆ATP獎最佳新人獎。

ATP獎 由日本一般社團全日本電視節目製作社連盟（ATP）成立的獎項，藉以彰顯優良的電視節目。自1982年成立以來，為提升電視節目品質，期盼能對電視傳播的發展與提高文化生活層面做出貢獻，以此為目標而推展各項活動。此外，AIP為培育與確保人才充足，每年舉辦「CREATORS FES」活動，媒合學生與節目製作公司，以及為促進國際共同製作電視節目，亦積極推廣「東京紀錄片提案大會」（Tokyo Docs）事業。

《禮物》（Gift） 本作品是奧間勝也於2011年以沖繩為舞臺製作的電影。在2011年3月沖繩縣立美術館支援會主辦的「沖繩藝術行動」（オキナワ・アート・アクション）中製作、播放。此外，本作品也參加了山形國際紀錄片影展（亞洲千波萬波單元）、瑞士真實國際紀錄片影展（Visions du Reel）等國內外影展。

關強

《我眼裡的中國》

中國有著兩個截然不同的世界——金錢、性愛等貪婪欲望滿盈的都市，以及人們貧窮卻過著淳樸生活的農村。朱在17歲那年離開農村到都市，靠著跳性感舞蹈開始賺錢，留下家裡年邁的奶奶、以勞力賺錢的父親，以及小她四歲的弟弟。母親在她小時候，無法忍受貧窮的苦而離家出走。朱在17歲時，為自己取了另一個名字「黃可」，這是她晚上從事性感舞孃工作的藝名。曾經單純的朱，拋棄了過去的自己，學會人類世界的骯髒行為。她一點一滴失去淳樸的自己，沉浸在充滿欲望的世界裡。儘管如此，她沒有一天不去思念故鄉的家人。這部紀錄片，透過一位穿梭在都市與農村2個世界、有著兩種不同人格的少女，讓觀眾一窺經濟發展變化急遽的中國，以及任何事都改變不了的人間溫情。在日本住了10年左右的關強導演表示：「我從遙遠的日本始終關注著中國的變化，並以它為主題拍攝作品。我從3年前開始拍攝朱的故事，她賺了錢之後，讓弟弟上一流的中學，現階段則記錄到她與父親一起搬到都市生活。我希望最後能夠順利完成一部長片紀錄片。」

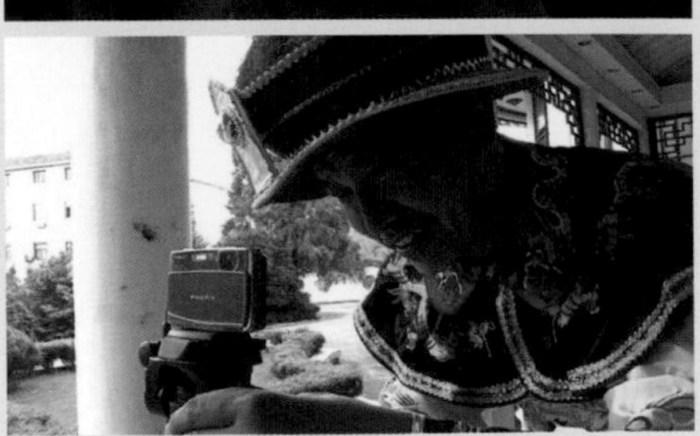

(上)《風花雪月——我眼裡的祖國・性解放》(2015)
(下)《飛蛾撲火——我眼裡的中國・電影追夢人》(2016)

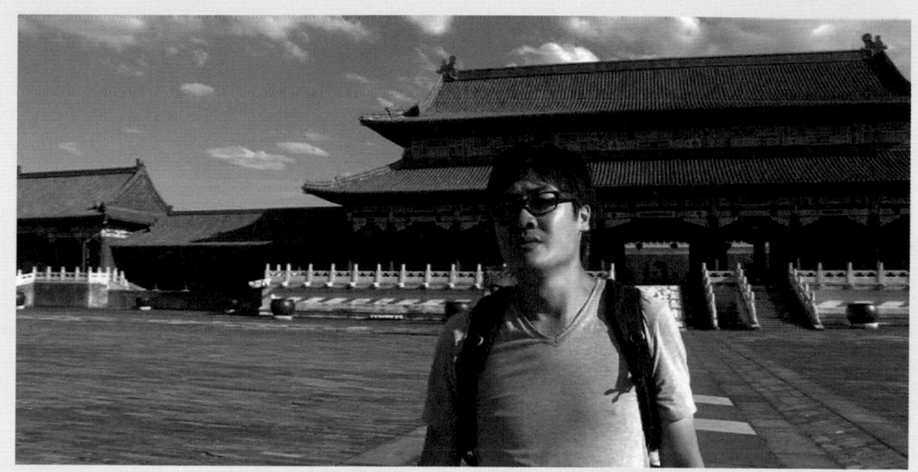

《飛蛾撲火——我眼裡的中國·電影追夢人》(2016)

儘管人類的存在始終孤獨

紀錄片導演關強從小就認為「人類本來就是孤獨的存在」，他持續記錄著現今中國與日本兩地，在夾縫中求生存的情色產業。1989年10月起，富士電視臺開播一個紀錄片節目「NONFIX」，強調不定、無常的精神，以及探尋事物的本質。關強從2015年開始，每年在這個節目上推出一部紀錄片，積極地傳達「現今中國」的樣貌。截至目前為止，一共有5部《我眼裡的祖國系列》作品：《風花雪月——我眼裡的祖國·性解放》、《花好月圓——我眼裡的中國·中國的金錢與慾望》、《飛蛾撲火——我眼裡的中國·電影追夢人》、《萬家燈火——我眼裡的中國·結婚這件事》、《裊裊炊煙——我眼裡的中國·「食」》。關強說：「不管我再怎麼拍，總覺得人的距離依然遙遠。」對他來說，鏡頭是「靠近人的重要手段」。正因為他有著堅定的眼神，在日本待了近10年的關強，才能透過鏡頭打開一扇「窗」，把兩個國家的文化繫在一起。儘管我們不清楚，關強在廣大遼闊的中國旅途中，靠著什麼方法找到過著普通生活的中國人，並且記錄他們的「性」、「錢」、「夢」、「愛」與「食」，然而我們卻能看到他在畫面中時而露出煩惱的神情，時而一副樂在其中的樣子。

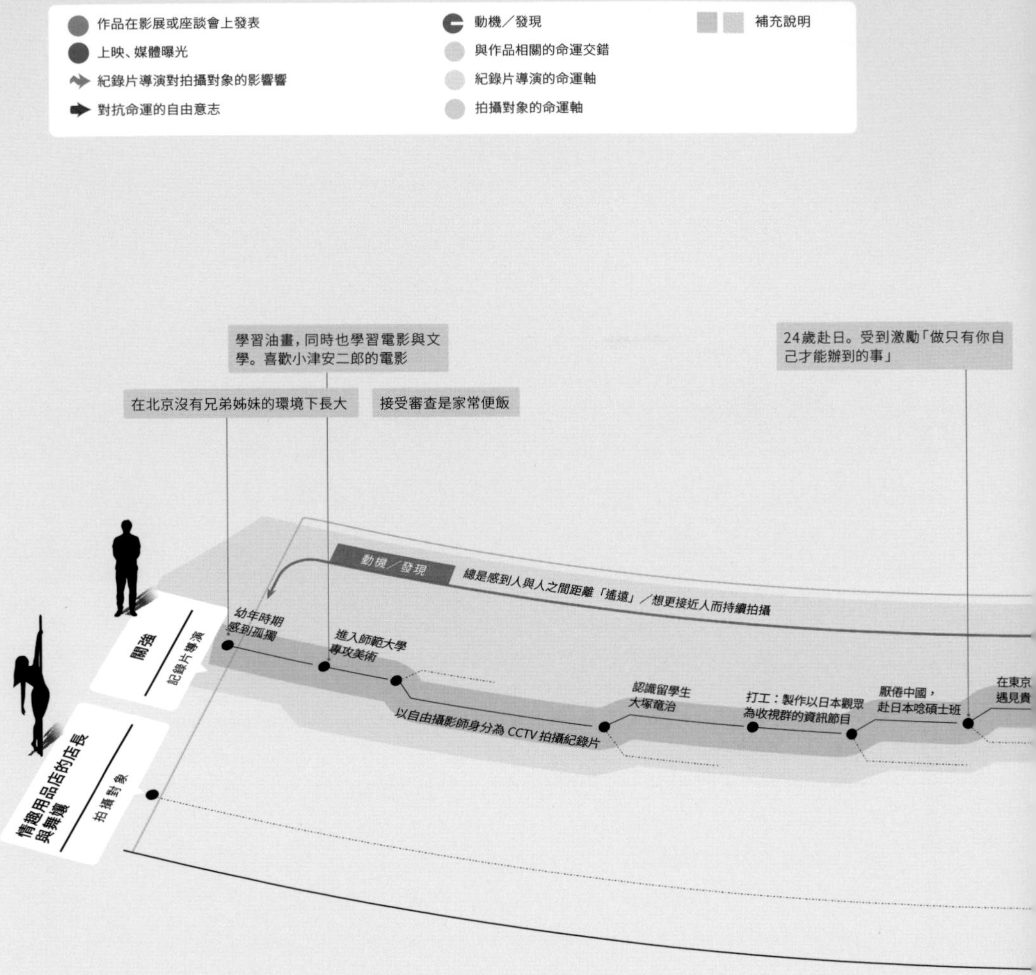

作品在影展或座談會上發表
上映、媒體曝光
紀錄片導演對拍攝對象的影響
對抗命運的自由意志
動機／發現
與作品相關的命運交錯
紀錄片導演的命運軸
拍攝對象的命運軸
補充說明

學習油畫，同時也學習電影與文學。喜歡小津安二郎的電影

24歲赴日。受到激勵「做只有你自己才能辦到的事」

在北京沒有兄弟姊妹的環境下長大

接受審查是家常便飯

動機／發現　總是感到人與人之間距離「遙遠」／想更接近人而持續拍攝

關強　紀錄片導演

幼年時期感到孤獨

進入師範大學專攻美術

以自由攝影師身分為 CCTV 拍攝紀錄片

認識留學生大塚竜治

打工：製作以日本觀眾為收視群的資訊節目

厭倦中國，赴日本唸碩士班

在東京遇見貴

情趣用品店的店長與舞孃　拍攝對象

CCTV　China Central Television、中國中央電視臺。中華人民共和國國務院．國家新聞出版廣電總局直屬的電視臺。遵照中國共產黨的指示播報新聞。過去在中國政府的負擔下維持經營，但進入1990年代後，國庫提供的補助款減少，因此開始播放廣告。目前100%已靠廣告收入來維持營運。

NONFIX　富士電視臺於1989年10月開播的紀錄片節目。NONFIX的意義代表「不定、無常」。節目宗旨希望製作方無須受到民間電視臺的限制，能夠將想傳達的訊息直接呈現在節目中，也因此誕生許多優秀人才，包括：電影導演是枝裕和、瀨瀨敬久、小野SAYAKA、森達也、西原孝至等。多數作品亦獲得銀河獎與ATP獎項肯定。

亞洲戲劇性電視獎（Asia Dramatic TV Award）　東京紀錄片提案大會頒發的獎項之一，表揚以亞洲為主題的優秀紀錄片獎項。

Ortus Japan　「Ortus」在拉丁語中有「起源、出發、開始、誕生、上昇」等意義。由曾經在日本電視臺擔任節目總監／製作人，並製作許多紀錄片節目的小田昭太郎所創立的節目製作公司，製作各種類型節目，至今數量已超過3,000部。

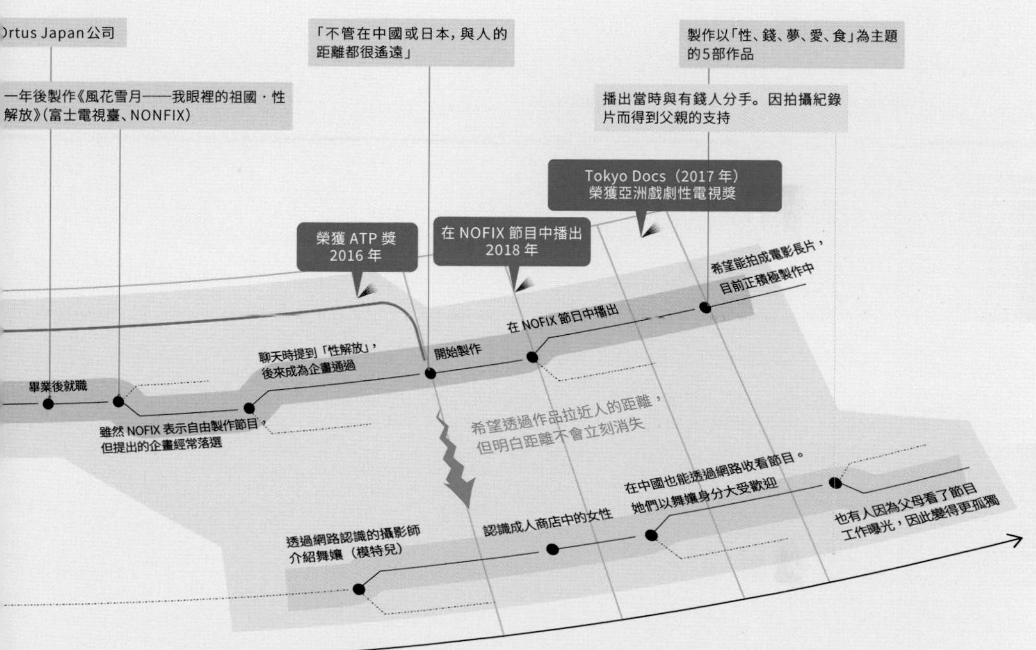

大塚竜治　住在北京的日本導演。曾以共同執導的中國電影《笨鳥》在第67屆柏林國際影展中獲得國際評審委員特別表揚。

諏訪敦彥　以即興演出方式聞名的日本導演。2008至2013年擔任東京造形大學校長，目前在東京藝術大學擔任教授。《二分之一的母親》(M/OTHER)作品在第52屆坎城國際影展國際影評人獎中，經由評審一致通過獲得殊榮。《現代離婚故事》(不完全なふたり)榮獲第58屆盧卡諾影展評審團特別獎。

一胎化政策　中華人民共和國為有效削減人口，嚴格地控制全國總人口，從1979年開始到2015年實施一胎化政策。2014年開始進入鬆綁階段。

小津安二郎　日本電影導演、編劇。以獨樹一幟的影像世界，陸續拍出多部出色優異的電影作品。擁有來自世界各地的影迷。最具代表的作品為《東京物語》，每一部與女演員原節子合作的作品皆獲得極高評價。

第四章 紀錄片主義的「CHANGE」

Apichatpong Weerasethakul、Tokyo Docs、山形國際紀錄片影展、Hot Docs、IDFA DocLab、台灣國際紀錄片影展、東京記錄片影展、《neooneo》雜誌、SUNNY FILM、竹岡寬俊、太田信吾、日向史有

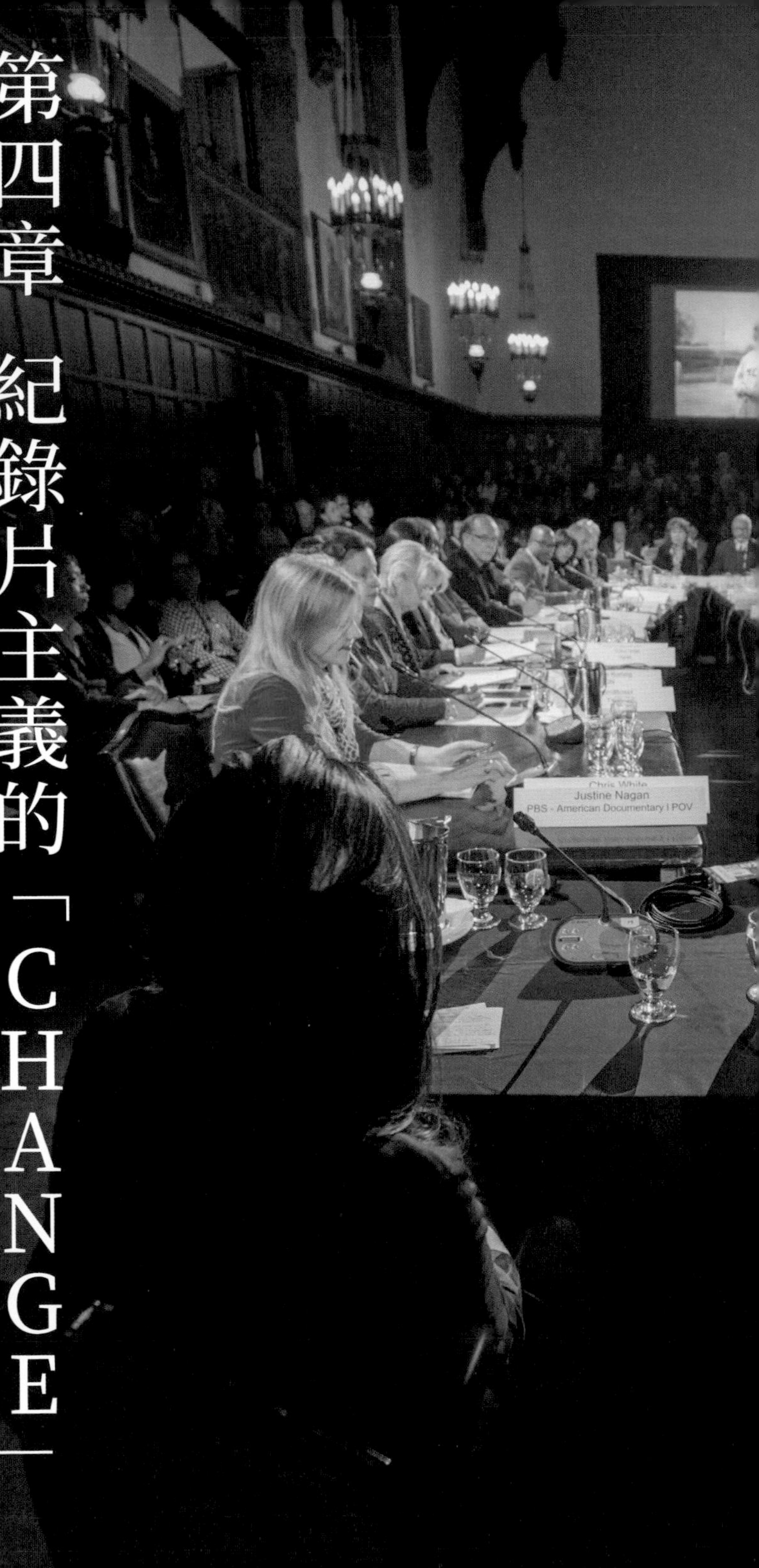

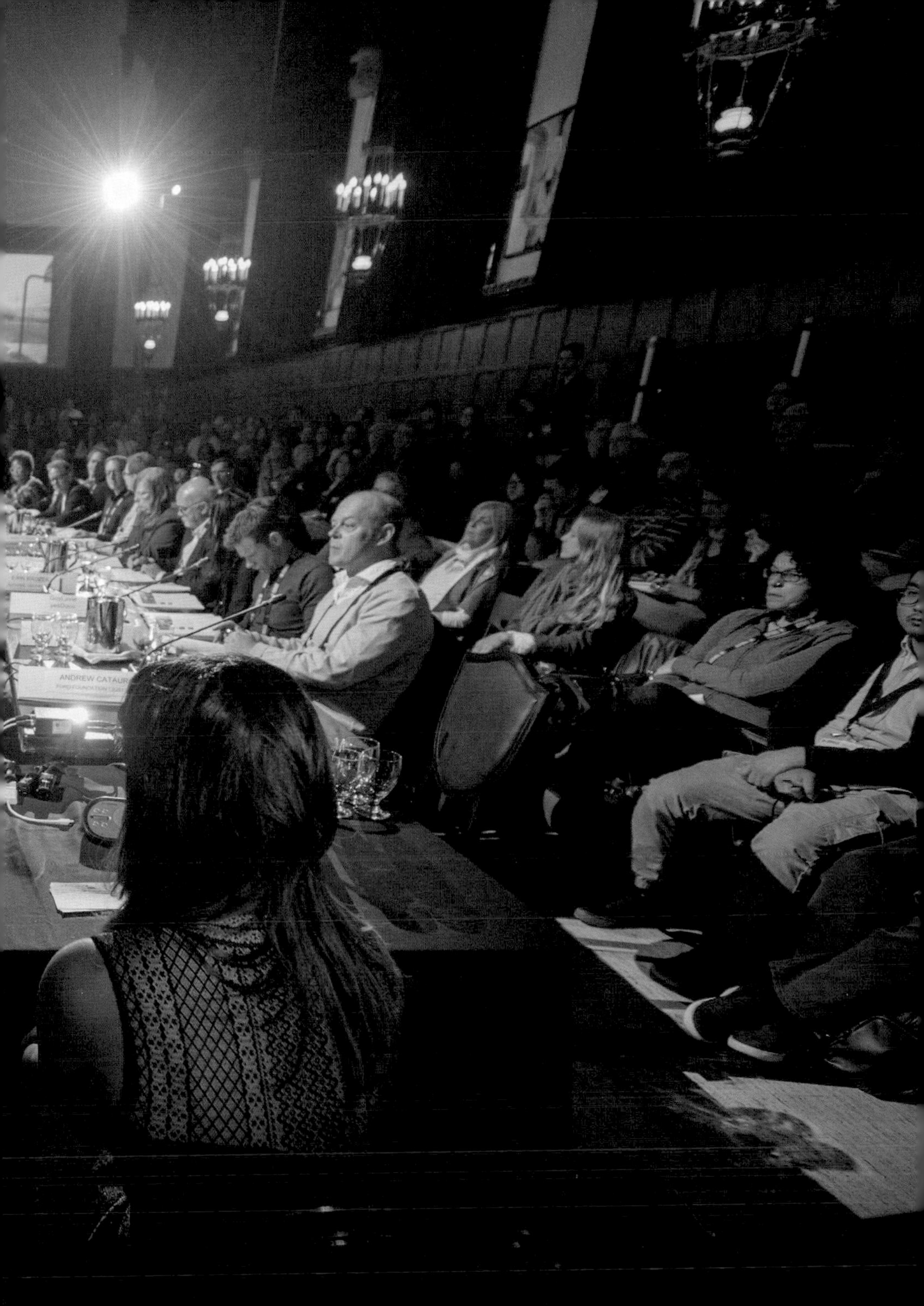

Hot Docs Forum

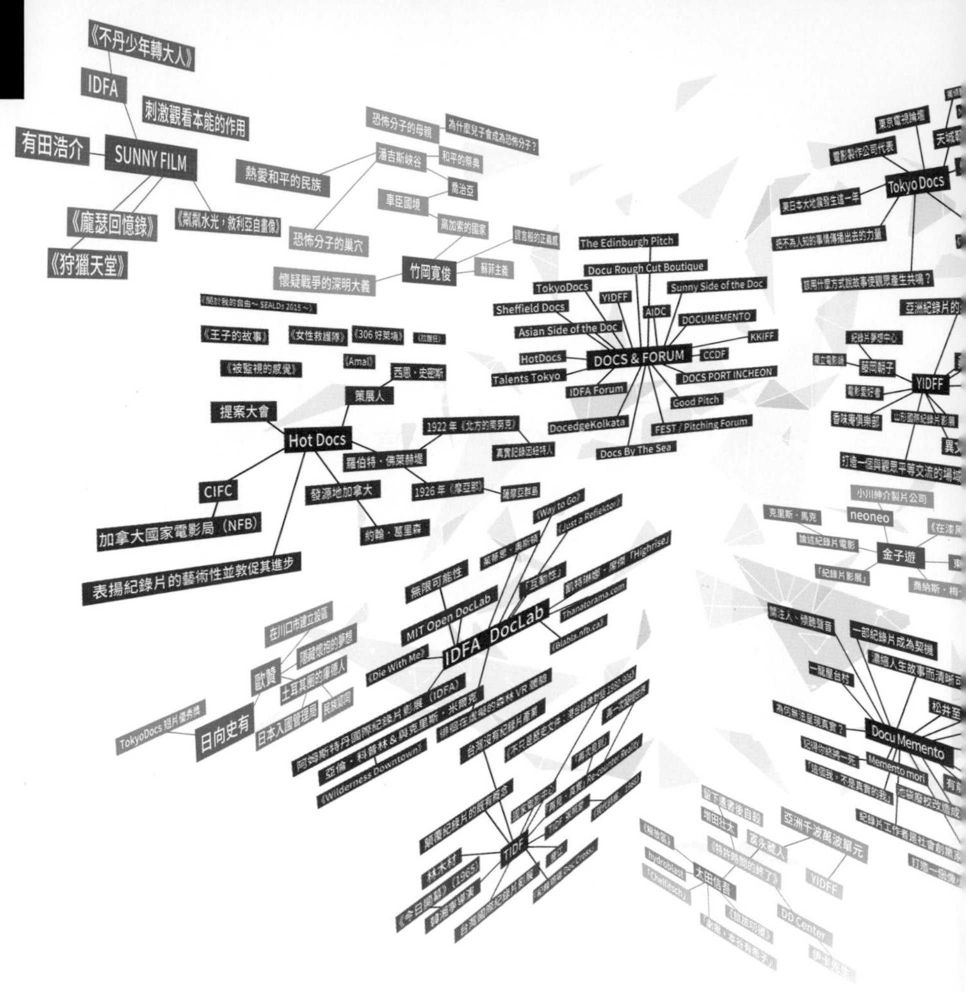

紀錄片改變了什麼？

以「GAME-CHANGING DOCUMENTARISM」為發想的延伸下，我們介紹了各個紀錄片工作者的理念。最後，我們將試著去思考關於「CHANGE」這件事情。

Change的語源出自於拉丁語「Cambium」這個字，意即植物組織。它表現了整個生命從發芽、開花到走向枯萎的過程。那麼，在以人為主軸的紀錄片之中，「CHANGE」的涵義又是什麼？我們當初之所以撰寫本書，是基於一種想確認——紀錄片是否能改變世界的心態。人類正面臨著各種難題，宛如《聖經》啓示錄的預言，黑暗即將逼近世界。這些問題包括：生態環境遭到破壞、假新聞充斥的資訊戰、超高齡化的社會，以及難民問題等。我們期待，紀錄片能透過影像，發揮改變世界的力量。然而，在實際採訪每一位紀錄片工作者之後，我們發現了一個共通之處——紀錄片的本質不僅是追求改變。

以世界規模最大而聞名的紀錄片平臺——Hot Docs加拿大國際紀錄片影展，擔任策展人的西恩．史密斯（Shane Smith）告訴我們：「所謂最棒的紀錄片，不光是事件本身的改變，更希望促成每一位觀眾的轉變，藉由個人的力量，一同協助改變世界。」另外，在山形國際紀錄片影展的發展中，扮演著重要角色的藤岡朝子表示，紀錄片是「意外的人生之美」，以及「奮力扭轉無法如願的現實，並且在過程中尋找解答」，它充滿了各種樂趣。提出許多國際性紀錄片計畫——Tokyo Docs東京紀錄片提案大會的負責人天城靭彥說：「紀錄片有一種力量，潛藏著『尚未發現』的可行方法，等待著我們去挖掘。」

2010年6月，筆者們在終身學習複合式設施「中野ZERO Hall」，參加創出版舉辦的紀錄片《血色海灣》（The Cove）放映會與論壇。這是我們第一次觀看這部紀錄片，它把日本和歌山縣太地町的驅獵海豚傳統活動視為一大問題。它在2009年的東京國際影展上映之後，就不斷接到抗議電話以及抗議活動的預告，許多地區相繼停止放映。然而，在創出版負責人篠田博之的堅持下，這一場放映會在警方的森嚴戒備中仍照常舉辦。儘管有人把這部作品稱為「環保團體海洋守護者協會（Sea Shepherd）這個恐怖組織製作的政治宣傳電影」，但把美國奧斯卡最佳紀錄片頒給這部作品的評審團卻表示「這是一部傑作，它揭發了過去無人提起的捕鯨問題」。沒有人知道哪一個才是正確的答案，但揭露過去無人談論的故事，促使人們思考，進而成為「改變」的契機，卻是無庸置疑的事實。實際上，這部作品之後過了6年，八木桂子導演發表了《海豚灣背後》（Behind THE COVE）紀錄片電影。到了2017年，佐佐木芽生導演也發表了作品《鯨魚先生／小姐：兩個正義的故事》（おクジラさま ふたつの正義の物語）。這些後來出現的作品，可說都是在一個作品發聲之後，所產生的後續效應吧。

那麼，目前這些紀錄片工作者，透過什麼方式或管道傳達理念呢？在臺灣，有藉由年輕人的藝術與舞蹈等方式，運用靈活的觀點結合紀錄片，每年舉辦一屆盛大的台灣國際紀錄片影展；另外，IDFA荷蘭阿姆斯特丹紀錄片國際影展與i-Docs運用尖端技術，不斷地追求創新表現，推出一種名為「互動式紀錄片」的新型態紀錄片；在日本國內，負責《neoneo》雜誌的金子遊等人，推出了一項另類企畫《東京紀錄片影展》。此外，他們希望透過紀錄片打造新社會，於是推展嘗試各項挑戰的祭典活動「Docu Memento」。

當紀錄片工作者內山直樹熱情地表示：「我希望能打造一個全新的節目，集結在世界各地想實現夢想、目標的流浪旅人。」這一刻，我們感覺到世界是能夠改變的，看到這群旅人絕不放棄、數度挑戰夢想，以及描寫他們的故事、持續奮戰的內山直樹，我們突然靈機一動，想到「旅旅叨擾」這一句話，於是就直接拿來當成新節目的名稱，並於NHK綜合頻道播出。我們串聯在世界各地旅行的旅人，打造連結世界的網路平臺，讓夢想馳騁在共同描繪的未來世界裡。就像內山直樹的紀錄片把「旅人的夢想」串聯起來一樣，紀錄片一定也能描繪出大家夢想的美好世界吧。

Interview

Apichatpong Weerasethakul

藝術家／電影導演
阿比查邦・韋拉斯塔古

阿比查邦・韋拉斯塔古成長在距離寮國境內不遠的泰國依善地區，他描繪出故鄉森林徘徊不去的靈魂，釋放出一段記憶與歷史。這些包括了古代戰爭的王室靈魂；人民被懷疑成立共產黨據點而遭到屠殺的歷史；以及阿比查邦個人的記憶。這段記憶再次告訴觀眾，是什麼形成了現在的脆弱。它將成為解放觀眾知覺的裝置，讓觀眾看見真實與現實的脆弱，就像鏡子般的存在一樣。阿比查邦導演接下來將在泰國清邁成立紀錄片工作室。我們請教他對於觀看世界方式的轉變過程。

《華麗之墓》（泰國・英國・法國、德國、馬來西亞／2015／122分）拍攝情景

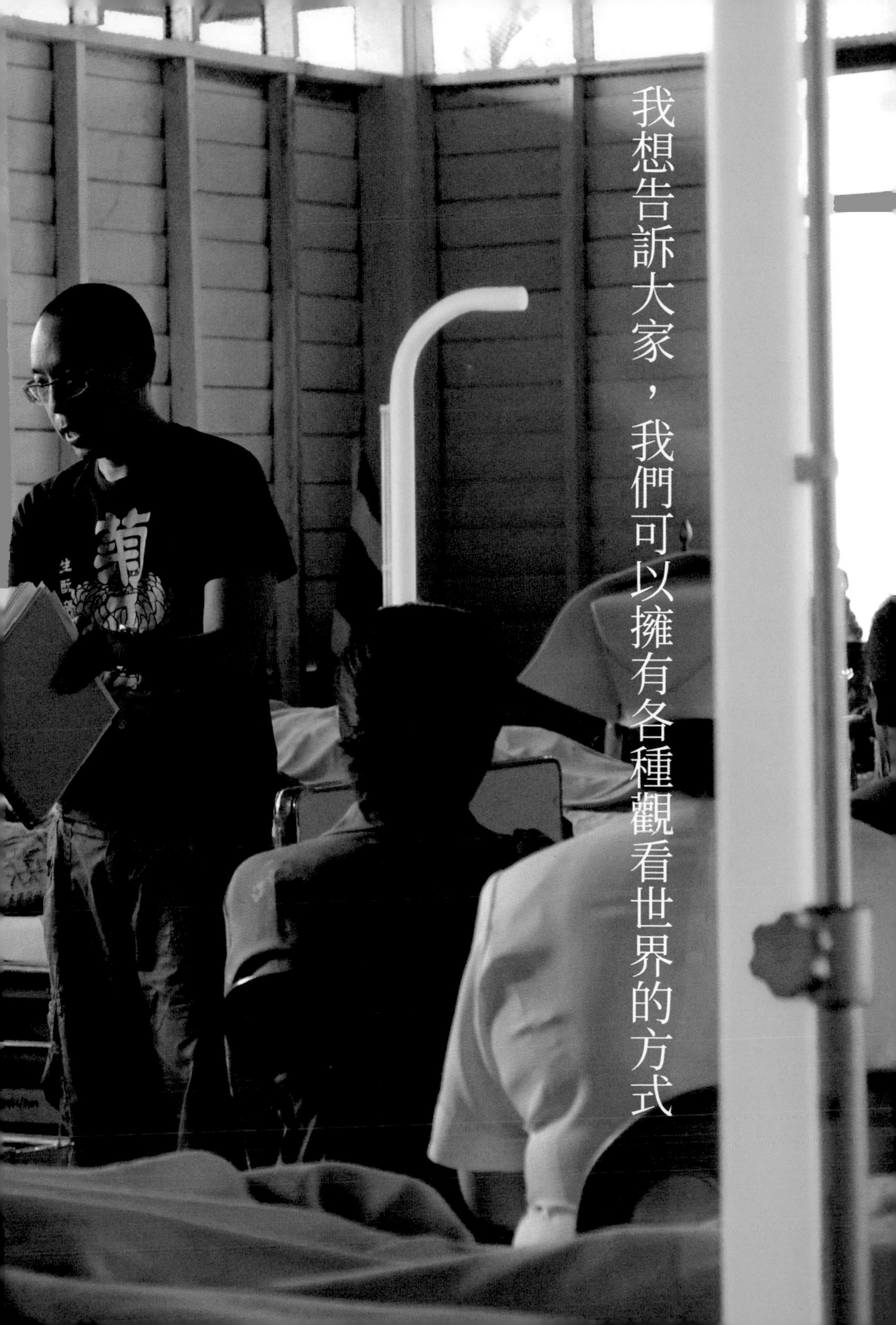
我想告訴大家，我們可以擁有各種觀看世界的方式

電影必須喚起大家的注意

想請教你關於在森美術館舉辦「MAM Project 025：阿比查邦・韋拉斯塔古＋久門剛史」展覽的想法。

AW：這項展覽活動是我與藝術家久門剛史先生共同合作的藝術創作。我們研究了彼此的作品，一起討論我現在製作的新電影，從這些過程中完成作品的創作。圓形的窗戶與隧道的創作概念，不久之前同樣在久門先生的作品中出現過；也曾發表於大田秀則畫廊舉辦的《隧道》展覽會上。

從洞穴看見的光，宛如作品《波米叔叔的前世今生》（Uncle Boonmee Who Can Recall His Past Lives）中出現的怪物眼神一樣。

AW：其實我並沒有這樣的意圖。倒不如說，作品中反射的陰影與參觀者的剪影，這些都不屬於任何物質，反而是作品聚焦的重點。而隧道狀的洞穴，就像橋樑般地發揮作用，把光明與黑暗連接起來。在我電影中呈現的一個最初原點，就是過去人類一直生活在洞窟時代的記憶。遠古時代的祖先最初看到的故事，正是從「影子」與「石頭」開始，人類開始記錄（Document）生活與生命，同時也開始創造故事（Fiction）。我曾經思考該如何運用創意去表現，把事實與虛構連接起來。如此一來，作品必然會帶著政治性的訊息。泰國長久以來具有政治宣傳的歷史，就像我小時候學習的知識，在長大成人後，接收到不同的觀點以及重新認知，才發現過去以為的真實，反而成了虛構的故事。因此，我會透過表現將這一切反映在作品之中。

你是否想透過這些隱喻，告訴觀眾過去的歷史？

AW：還不如說是透過媒介，向觀眾傳達「脆弱」的感覺與知覺這件事情。比方說，在我創作的《熱室》作品裡，就是為了讓參觀者體驗自己在感覺與知覺上的脆弱，藉此發現知覺的機制，進而對自身產生更多領悟。在本作品中，參觀者最先會看到投射出的平面影像，並從中解讀自己掌握到的故事。接下來，影像空間會延伸為三次元的立體空間，參觀者能夠

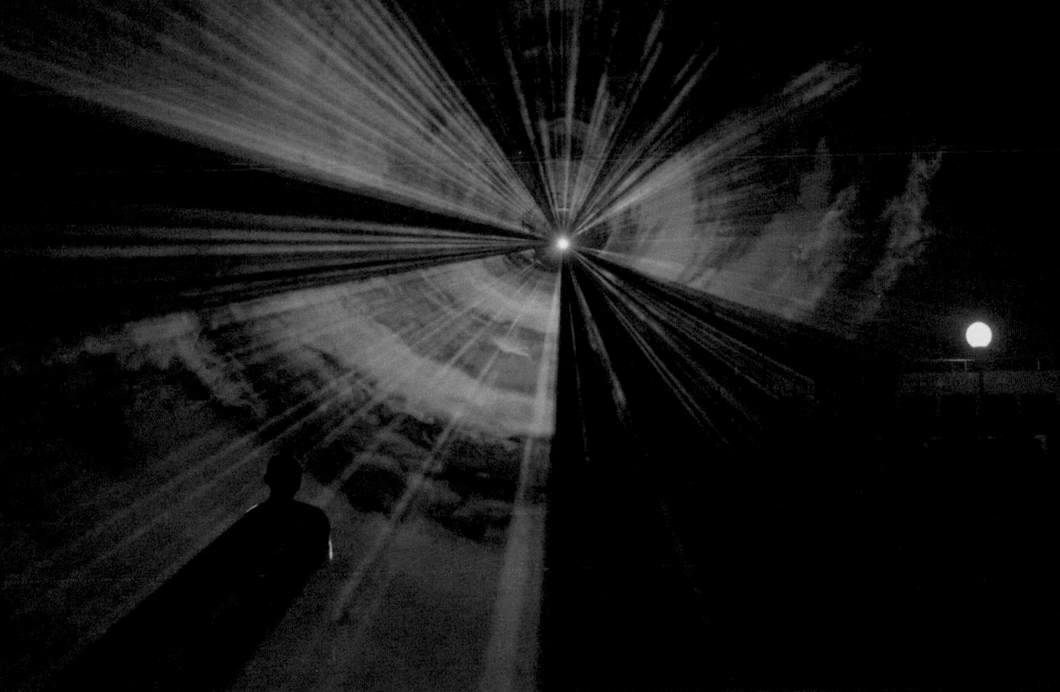

《熱室》(Fever Room) Courtesy of Kick the Machine Films

意識到距離與空間感。最後再加上陰影與剪影，形成更遼闊的影像空間。

你的這些靈感都是源自於哪裡呢？

AW：所有的靈感都從製作電影而來。電影的銀幕是二次元平面，投射在上面的影像，都是假象或演戲場景。當觀眾在看電影時，往往受到劇情吸引，就像沉浸在夢境裡一樣。但是對我而言，電影必須「喚起觀眾的注意」，如此才能觀察電影背後的訴求意義，因為這些都是「人工」刻意安排的設計，好比電影中的角色會透過鏡頭高喊「這一切都不是真實」的宣言一樣直視著觀眾。

若要了解你的作品，睡眠與夢是不可或缺的元素。

AW：睡眠與夢，以及光明與黑暗，關係著「移動」與「逃避」，可以從一個現實逃避到另一個現實裡。人在做夢的時候，可以從現實中逃脫，進入另一個世界。這與看電影的道理相同。從這層意義來看，電影也許可以成為一項工具，人類得以藉由它移動到另一個世界。

我們感覺到你的作品中帶著輪迴轉世與救贖的良善世界觀。

AW：我過去有一段時期，對輪迴轉世這件事情深信不疑（笑），但我現在反而對科學比較有興趣。我在電影中有許多表現，都是小時候的記憶與信仰，我認為它對「現在」產生了影響，這種美麗也是一種迷信。事實上，印象的形成，非常容易透過人為去操控。泰國有非常多的信仰融合在一起，例如：泛靈主義、佛教、印度教等。所以，我不想發出「我信仰某個宗教」的宣言。倒不如說，我把這樣的混沌狀態反映在作品之中。

請教你在作品中曾出現的法政大學大屠殺事件（血腥星期三）的想法。

AW：這些話可以告訴其他國家——我們必須了解與牢記一個悲慘時代發生的真實事件。當時我才6歲，能記得的只有電視上看過的卡通而已。我認為，無法告訴大家那個時代發生的真實事件，或許就是現在獨裁者何以穩坐大位的一項理由吧。日本是不是也存在著相同的事情呢？譬如二戰時期，日本在國外犯下的過錯，在孩子們的教科書裡卻什麼也看不到。1976年發生的這起屠殺事件，泰國的任何一本雜誌或書刊都隻字不提，顯然所有的資訊遭到嚴格監控。

透過作品告訴觀眾，我們可以擁有各種觀看世界的方式

即使在這樣的情況下，泰國的年輕人也想打造一個美好的社會吧？

AW：是。同時，我不認為自己拍的電影或藝術創作能夠改變什麼事情。透過作品我只想告訴大家，我們可以擁有各種觀看世界的方式。像泰國這樣的發展中國家，國家與統治者的聲音不容置喙。假如有一天全世界都能尊重「每一個人的聲音」，就是再好不過的事了。此外，不只有我的聲音，也希望各種不同的聲音都能夠被聽見。

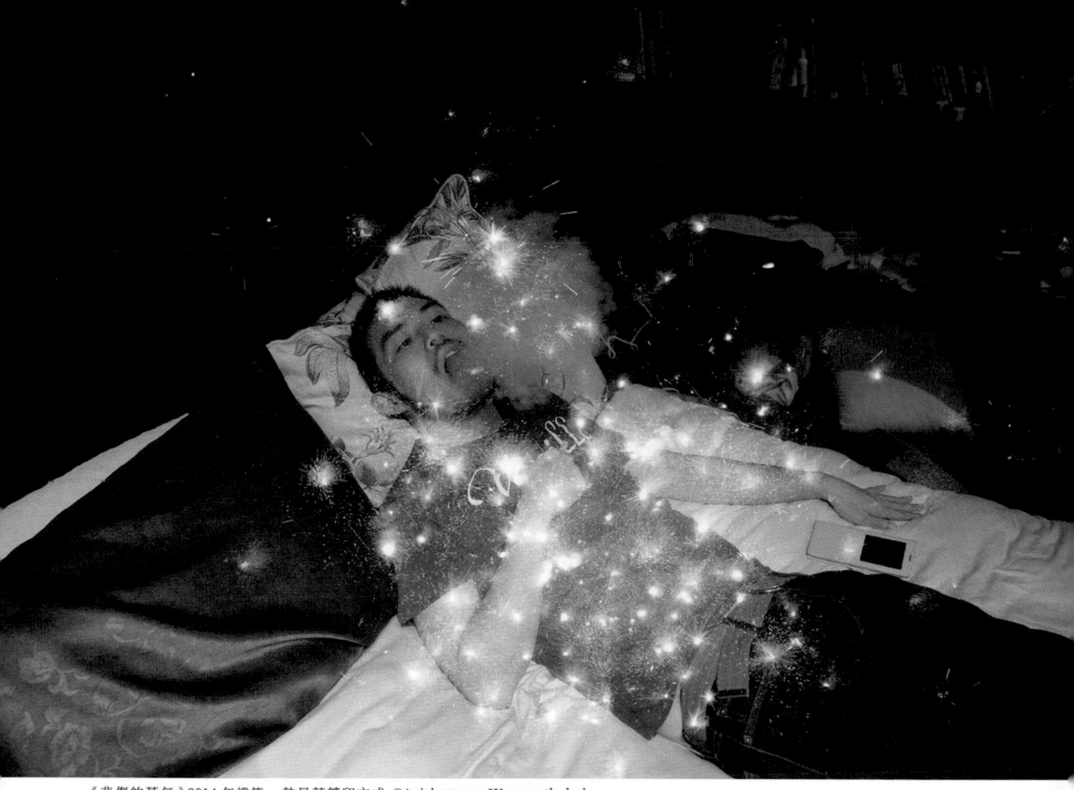

《悲傷的蒸氣》2014 年燈箱、熱昇華轉印方式 ©Apichatpong Weerasethakul

聽說你安排非演員者參與演出是想增添更多真實性。

AW：打個比方說，在我生活中的真實，就像和愛犬相處的時光一樣，並不需要演戲，而是實際上自然而然發生的事。透過這種真實臨場感，可以傳達出美麗與脆弱，這並不是靠演技就能表現出來的，我們還有許多地方都需要向這些人學習，也能夠彼此分享各種不同的創意。

你的作品曾經從新聞中得到靈感嗎？

AW：我現在除了政治新聞以外，其他的新聞都沒有在看，所以目前與愛犬窩在一起、與人相處或讀書的時間變多了。當然，我還是很關心世界上發生的大事，只是不像過去那樣而已。目前，世界正在重整取得平衡，因此我們應該重新思考，制定出一套規則，以取得彼此「界線」之間的平衡。我們當前面臨的問題，就是人們凡事都越過了界線。這樣的現象，往往會出現能忍容或不能接受的結果，形成左翼或右翼這類極端思想，最後造成彼此強烈衝撞。其實，這不見得全然是壞事，我們反而必須跨越它才行。

關於在哥倫比亞以非本國人的觀點拍攝的新作品《備忘：海邊的男孩》（Memoria, Boy at Sea）

聽說你目前正在哥倫比亞拍攝最新作品《備忘：海邊的男孩》。

AW：雖然這部作品以「記憶（Memoria）」為主題，但在哥倫比亞，這個字具有特定的政治意義。舉例來說，就像游擊隊向政府抗爭的政治意義一樣，是那個國家的重要記憶。由於抗爭產生的暴力、游擊隊、毒品藥物等，在過去10年來不斷地發生，如今人們想終結這一切。許多死去的人深刻地留在人們的記憶中，該如何對待犯下罪過的人，全體人民現在仍不斷嘗試各種方法。因此，出現了許多議論，對我這個從外國來的人來說是很好的學習。而這些過程也是我自身的「記憶」，以及國家的記憶。只不過，這部作品對我來說有些政治不正確，因為它與泰國的記憶並沒有任何關係，而是以一部外國人觀點在哥倫比亞拍攝的作品。

你在哥倫比亞拍攝這部《備忘：海邊的男孩》，感覺這個國家與泰國有什麼不同呢？

AW：我從以前就很喜歡拉丁美洲的文化，想試著離開泰國來這裡。我認為每個國家都有它的問題，拉丁美洲的政局動盪這一點與泰國非常相似。若提到文化與自然鬼神方面，信仰及其轉變至今的樣貌，也都與泰國非常相似。

想請教女演員蒂妲·史雲頓（Tilda Swinton）參與這部作品演出的契機。

AW：我非常久以前就曾邀請她一起工作，但她表示想在泰國以外的地方拍電影。由於我們兩個人在哥倫比亞都是外國人，所以我感覺非常棒，就像是挑戰全新的競賽。

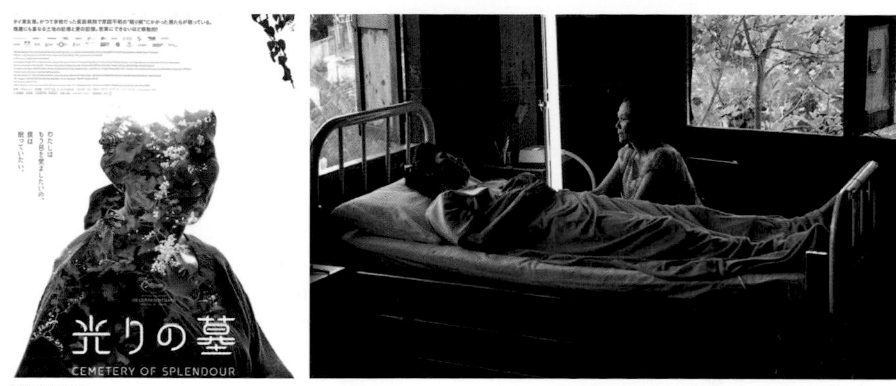

《華麗之墓》
© Kick The Machine Films / Illuminations Films (Past Lives) / Anna Sanders Films / Geißendörfer Film-und Fernsehproduktion / Match Factory Productions / Astro Shaw (2015) 電影發行／照片提供： MOVIOLA

她曾經參加德瑞克・賈曼導演的電影。請問你喜歡他的作品嗎？

AW：我很喜歡。過去學習電影製作時，我經常會看他的電影。我覺得《英倫末日》(The Last of England)與《藍》非常棒。作品完全展現他所有的憤怒與能量，而這一切都透過鏡頭與觀眾產生交流，他的情感非常透明純粹，流露出一種動物般的自然率性。

若提到日本的導演，我也很欣賞今村昌平與伊丹十三，他們的作品也都充滿了能量。另外，我還喜歡曼諾・迪・奧利維拉(Manoel de Oliveira)、賈克・希維特(Jacques Rivette)、蔡明亮、楊德昌、安迪・沃荷(Andy Warhol)等導演。我參加山形國際紀錄片影展時，也受到了相當多出色作品的啟發。

泰國的新聞業界

想請教你準備在泰國成立工作室推出紀錄片的想法。

AW：紀錄片在泰國雖然並不興盛，但我希望泰國人應該知道更多泰國發生的故事，因此才會興起在清邁成立紀錄片工作室的夢想計畫。不過，我遇到了一個很大的問題。紀錄片與新聞業界密不可分，然而泰國卻沒有扎實的新聞報導文化。也就是說，泰國並沒有確實培養新聞評論的文化。在這個國家，人人攜手相連猶如一家人，所以評論者不會去寫任何壞的事情。泰國社會有明顯的社會階級差異，並沒有完全達到真正的民主化，倘若想調查任何內幕公諸於世，性命將遭受黑道威脅。舉例來說，如果有誰去寫有關「鬥雞」的真相，就等於挑戰政治家，因為其中牽涉到他們的利害關係。所有事情幾乎都與權力有所掛勾，稍有不慎就會命喪黃泉。而這也是泰國沒有優質新聞環境的一項理由。

構思中的工作室會召募哪些人？

AW：它會是一個混合著各種人的工作室，同時我也想和年輕人一起工作。若要製作紀錄片，就一定離不開政治性的題材，我認為這相當重要。我的辦公室從曼谷遷移到清邁，也是為了先做好事前的準備。雖然清邁與曼谷這樣的大都市不同，但我會在這裡慢慢培養新人才。清邁地區還不太穩定，但它卻能刺激我的大腦，這個地區的政治狀況啟發了我。我在清邁拍電影時，心裡總會同時出現「危險氣息」與「安逸舒適」這2種完全相反的心情。因此，我的新作品《備忘：海邊的男孩》的拍攝地點才會移到哥倫比亞。就製作電影的層面來看，在泰國比較容易進行，所以電影短片還是會選擇在泰國製作。

成立工作室之後，你想傳達什麼訊息給觀眾呢？

AW：我有很多目標。其中一項，就是與工作夥伴一起完成作品，向大眾拋出問題——何謂真實？真實與虛構又有何不同？——不斷地追問下去。另外，還會在作品中提出其他問題，讓觀眾去思考紀錄片的表現是什麼？電影中的真實到底又是什麼？這些真實的確存在嗎？我希望大家經常去討論這些問題。過去我常拍紀錄片，在拍攝過程中，總會產生許多疑問。我到底該呈現什麼？要給觀眾看什麼？而後者的目的，就是希望泰國能持續推出更多紀錄片，我由衷期盼它能實現。

你會製作哪一種紀錄片呢？

AW：現階段還沒有任何決定，因此還沒有答案。紀錄片需要團隊合作，也會牽涉到風格與做法，不過以內容或故事而言，我個人對泰國鄉村的流行疾病較有興趣，比如拍攝瘧疾或登革熱造成的影響，描述人們對抗這些疾病的過程等。

你認為目前傳達真實最好的方法是什麼呢？

AW：所有的事物都是經由個人主觀認定，要完全傳達真實幾乎不可能做到。就像你看的世界與我看到的世界，會是完全不同的樣貌一樣。真實對我來說，就是經過某種組合而形成的事實，對你來說也是如此，你的真實也是經過了某種組合所形成的。每一個人都從各自對應的「框架」中去看事實。基本上，新聞報導就是運用了這樣的框架去報導內容，並將它稱之為「真實」。好比美國川普總統的真實，就是不斷展現他認為政治上的正確方式，因此與「操作」有極大關係。但我認為最重要的是，人們應持續討論並且了解各種現象，把發生的事情記錄下來，留下證言，如此才是最明智的做法。

（2018 年8 月29 日，於六本木採訪）

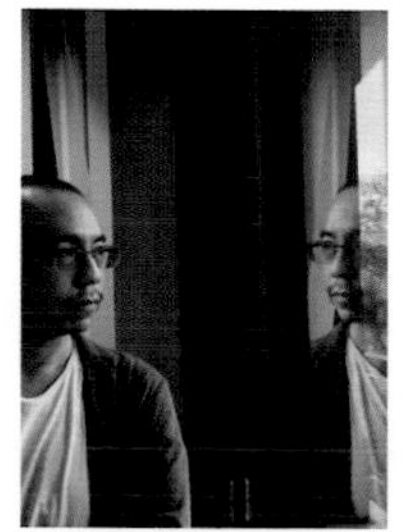

阿比查邦．韋拉斯塔古

藝術家／電影導演。1970 年出生於曼谷，定居清邁。孔敬大學建築系畢業後，前往美國芝加哥藝術學院修讀電影製作。1999 年，短片《第三世界》(Thirdworld) 於山形國際紀錄片影展上映，同年成立電影製作公司 Kick the Machine。2000 年，發表首部電影長片《人造傳說》(Mysterious Object at Noon)。2010 年，以長片《波米叔叔的前世今生》榮獲法國坎城國際影展最高榮譽金棕櫚獎。2015 年，作品《華麗之墓》於法國坎城國際影展一種注目單元上映。作品也於日本的 SCAI THE BATHHOUSE、東京都現代美術館、「橫濱3 年展」(2011) 參加展覽。2016 年，於東京都寫真美術館舉行個人藝術展《暗中亡靈》。2017 年，於橫濱 KAAT 舉辦的放映劇場《熱室》引發廣大迴響。

全力支撐日本紀錄片文化，創造機會並挑戰未來的場域

-Tokyo Docs *p232*

- 山形國際紀錄片影展（YIDFF）*p240*

日本有許多人擁有紀錄片主義的堅定精神。他們運用哪些方法，把反映人們心中信念的紀錄片向全世界宣揚呢？我們在本章節中，將介紹2組具有代表性的活動組織及人物，他們開啟了一扇「窗」，發揮與外界交流的功能。天城靭彥先生向世界推廣日本與亞洲的紀錄片不遺餘力，成立Tokyo Docs東京紀錄片提案大會，透過公開提案大會活動，促成國際共同製作的紀錄片；藤岡朝子女士是山形國際紀錄片影展（YIDFF）的中心人物，她藉由舉辦國際性的紀錄片影展，協助亞洲紀錄片發展，發揮了重要的功能。對於想傳達故事而拍攝作品的所有人來說，這2個人的寶貴建議，一定能成為重要的啟發吧。

把觸動內心深處的真實故事，由日本開始傳播到全世界

Yukihiko Amagi

天城靭彥

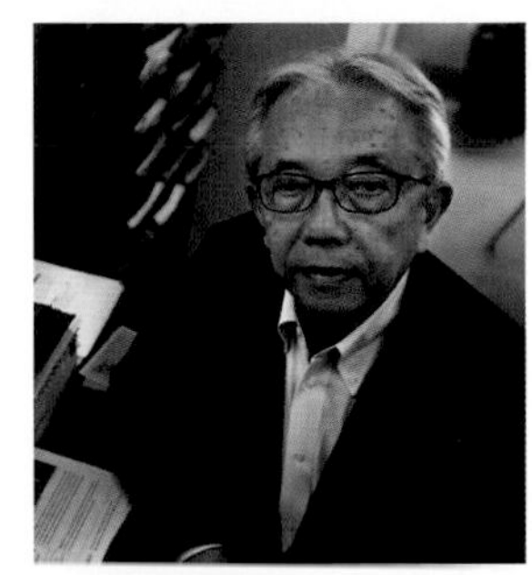

曾擔任NHK新聞播報部以及特別節目部的監製、製作人，製作《NHK特集》等紀錄片節目。其中包括《絲綢之路》等50部以上的知名NHK特集節目。曾任職NHK美國總部，擁有豐富的海外工作經驗。2003年後轉任NHK旗下的國際媒體有限公司（Media International Corporation）以及NHK ENTERPRISES，主要負責電視節目銷往海外的內容行銷、經營管理工作。目前擔任多數國際節目競賽的評審、內容行銷、經營管理的國際會議指導講師、專家，並且成立透過公開提案活動、促成國際共同製作紀錄片的Tokyo Docs東京紀錄片提案大會，擔任NOP法人Tokyo Docs理事長。2012年，獲頒由法國政府授與的藝術文化勳章騎士勛位（Chevalier）。

Asako Fujioka

藤岡朝子

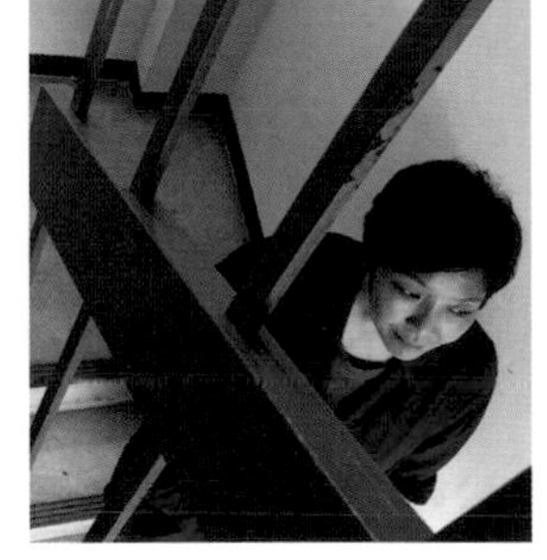

山形國際紀錄片影展東京事務局理事、Documentary Dream Center負責人、獨立電影鍋理事。曾從事電影發行公司、攝影師助理等工作，1993年任職山形國際紀錄片影展，經過「亞洲千波萬波」項目的統籌協調、東京事務局總監等工作，目前擔任理事。1997年開始負責各項業務，包括行銷日本電影到海外，例如德國柏林國際影展等。另外也經常負責電影相關的口譯工作與字幕翻譯等，以跨越國界、串聯電影與觀眾等工作為重心。2006年，參加韓國釜山影展亞洲電影基金成立的亞洲紀錄片聯盟基金（Asian Network of Documentary Fund），全力支援亞洲紀錄片的製作，擔任指導顧問提供製作方面的協助。

Tokyo Docs

策畫國際共同製作的紀錄片，
提供展現創意才華的平臺

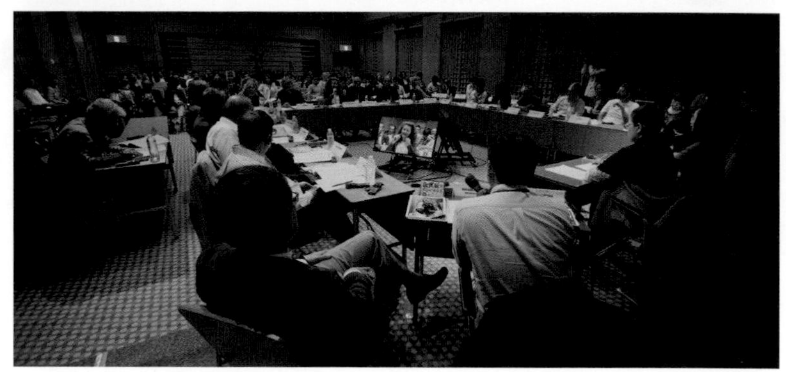

Tokyo Docs提案大會實際情況。©Tokyo Docs

2011年，在東日本大地震發生的這一年，Tokyo Docs東京紀錄片提案大會成立，透過提案大會的論壇形式，期盼能促成亞洲紀錄片的國際共同製作。這是日本首次導入公開提案大會制度，期盼能串聯紀錄片工作者與媒體，創造更多優異出色的作品。另外，Tokyo Docs最近與雅虎合作，掀起一股話題，令人記憶猶新。現在的時代已稱之為後真相時代，紀錄片工作者傾注心力完成的「每一個真實」，來到東京紀錄片提案大會進行討論，最後會讓大家看見什麼樣的未來？我們採訪實行委員會委員長的天城靭彥先生，他是Tokyo Docs成立當初的重要人物，我們將請教他Tokyo Docs的功能以及未來紀錄片的發展計畫。

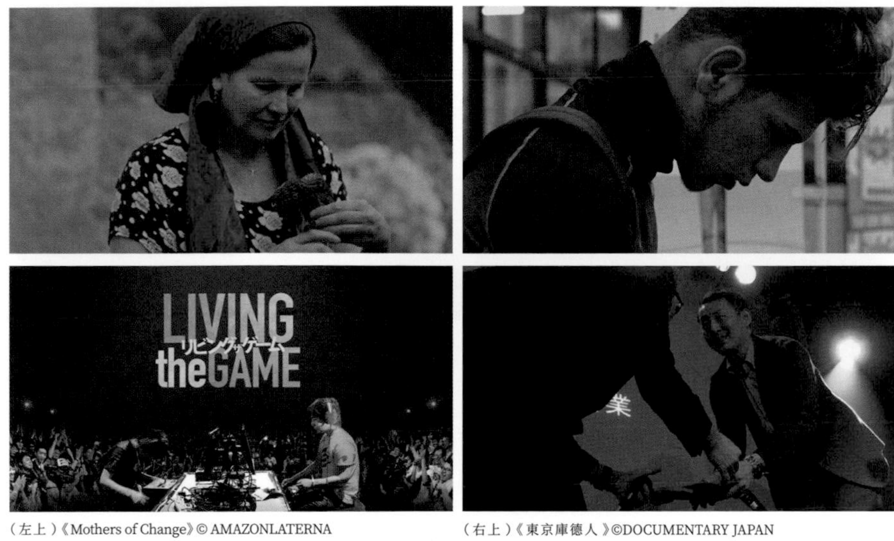

（左上）《Mothers of Change》© AMAZONLATERNA
（左下）《LIVING the GAME》©WOWOW / Tokyo Video Center / CNEX Studio
（右上）《東京庫德人》©DOCUMENTARY JAPAN
（右下）《Businessman Rap》

在提案大會（Pitching Session）制度導入日本以前

紀錄片製作人公開紀錄片的拍攝想法與製作流程，尋找協作夥伴或募集資金的手法稱之為「Pitching Session」（提案大會），這幾年來在日本已逐漸受到大家接受。其中Tokyo Docs東京紀錄片提案大會發揮了重要的角色功能。天城先生表示：「世界上第一次開始提案（Pitching）是在20年以前。我最初去的是加拿大班芙影視節（Banff World Media Festival），派特・費恩斯（Pat Ferns）是全世界提案大會創始人之一。如今，Tokyo Docs已邁入第8年。但在這之前，日本根本沒有提案大會。」在國外早已行之有年的是Hot Docs加拿大國際紀錄片影展與IDFA荷蘭阿姆斯特丹紀錄片國際影展，而日本的先驅者則是Tokyo Docs。那麼，在沒有提案大會以前的時代，國際共同製作的企畫是透過何種方式進行呢？「只要有NHK的存在，就無須為企畫擔心。製作人會捧著一疊厚厚的計畫書前來詢問，要不要一起嘗試看看

（左）《YOUNG MOTHER ON VAI THAI PEAK》©Red Bridge / Temjin
（右）《Burung Berkicau》©PT Dua Pulau Digital / Tokyo Video Center

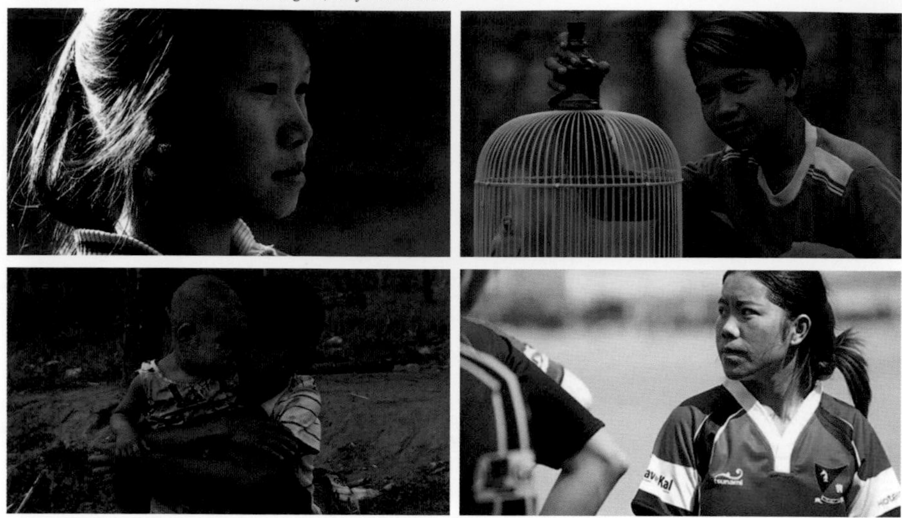

（左）《Dream over Monsoon》©PS-Perfect Services Co., Ltd / DIGITAL SKIP STATION, INC
（右）《Because I am a Girl》©Lao New Wave Cinema Productions / PAONETWORK. Inc

呢？從NHK員工的角度去看，能夠製作《NHK特集》這種類型的節目，實在非常受到眷顧。」天城先生說。進入2000年之後，極少數的提案人會參加美國懷俄明州西北部、每2年舉辦一次的傑克森霍爾野生動物電影節（Jackson Hole Wildlife Film Festival），以自我行銷的方式提出企畫。當時，一切都還很封閉，並不像現在透過公開的方式舉行。後來，天城先生一行人參加法國馬賽召開的紀錄片論壇「法國陽光紀錄片大會」（Sunny Side of the Doc, SSD），第一次親眼見到「開放的」紀錄片提案大會。天城先生表示：「原來是以這樣的方式進行，我好好地把它學起來了。」

提案大會之必要性

2011年，東日本大地震發生。天城先生說：「為了能從日本向世界傳遞重要訊息，鉄木真電視公司的社長矢島良彰先生下定決心，日本一定要成立紀錄片提案大會。這是在發生大地震之後不久的事。」接下來，天城先生在6月卸下了NHK ENTERPRISES副社長的職務，與矢島良彰先生共同成立了Tokyo Docs。「雖然資金與時間有限，但我認為在日本這個非常時期，做這件事是有意義的。」他們抱著「不管任何困難都必須做好」的決心而成立的Tokyo Docs不停成長茁壯。如今，不只在電視圈，從電影到網路媒體，也都開拓了一條寬廣的道路，得以實現各種創意想法。「起初，我一心只想著，如何確實做好傳統媒體的電視紀錄片。其中的一項證明，就是當初我把組織名稱取為東京電視論壇。」天城先生說，剛開始運作的前面2年，不斷地從錯誤中嘗試失敗。到了2013年左右，才逐漸拓展視野，試著從電影與網路等各種不同的媒體發展，最後終於形成了現在的樣貌。他們建立了公開紀錄片提案大會的模式，聚集世界各地才華洋溢的紀錄片工作者，帶來各式各樣的題材故事，成為非常重要的平臺。「我無法斷言現在與過去的紀錄片到底哪一種比較好，然而現在紀錄片能夠迅速擴散，卻是無庸置疑的事實。過去，攝影師必須熟練傳統膠卷底片的使用方式，拍攝後必須進行底片的剪輯工作，之後又歷經一部要價數百萬日圓的電視攝影機時代，直到最後轉變成現在的數位攝影機。目前，甚至連智慧型手機都能夠拍成紀錄片了，我們根本不必帶著像電視般那麼大的機器設備出門，也能夠透過手機即時傳送各種影片。從這層意義去看，其傳播的速度不但驚人，數量更是叫人眼花繚亂。但要是提到影片內容的品質，則又是另外一回事了。」天城先生表示。儘管內容的表現越來越豐富，但論及紀錄片的品質與影響力，實在相當難以論斷。

紀錄片能做到的事

那麼，天城先生認為「紀錄片」到底是什麼呢？「提到世界上第一部誕生的紀錄片，可回溯到1920年，羅伯特．佛萊赫堤拍攝因紐特人的親子紀錄片作品，距離現在大約100年左右。在這段期間，經常有人帶著『到底什麼才是紀錄片』的質疑心態去拍攝紀錄片。在如此不斷詰問之下，最後才形成紀錄片目前的樣貌。然而，即使以完全不同的觀點製作紀錄片，有人卻隨心所欲製作自以為是的紀錄片，我認為實在非常草率隨便。」

紀錄片工作者是否能像社會創業家一樣，具有改變世界的力量呢？天城先生表示：「也許是可以的，但我認為不限於此，我想到的範圍更廣一些。由於社會創業家全身投入，影響對方而產生改變，這一點正是紀錄片工作者製作紀錄片所展現出最純粹的一種態度。但除了這一點以外，紀錄片還具有把不為人知的事情傳播出去的力量。目前，幾乎全世界所有的人都會傳播資訊。但不同的地方在於，就算是任何人都知道的資訊，由於紀錄片呈現另一種觀點，人們才會了解事實的不同層面。然而，只有像NHK這樣大型公共電視廣播媒體，才能做到大規模的調查報導，它與身為社會創業家的紀錄片工作者的型態截然不同，這也是他們能夠發揮巨大功能的原因。」紀錄片能夠做到的事不只有一個，它就像一扇窗，能夠反映多元世界，在觀眾心中埋下種子、留下深刻的印象。紀錄片具有這樣的作用，剩下的就交由觀眾看過之後決定了。

從提案到走向世界

Tokyo Docs實際上如何支援紀錄片工作者？協助他們順利完成作品推出問世呢？天城先生表示：「由於實際案例太多，無法一次詳述介紹。就最基本的例子來看，獲選Tokyo Docs的最佳提案時，會先從總金額5百萬日圓的開發費用中提撥1百萬日圓，運用在拍攝協商時所需要的經費或追加預算等，有助於每一部作品的製作。另外，在Tokyo Docs提案，形同在國際場合上大力宣傳企畫，吸引每一間電影製作公司代表的目光。當然，其中有人提案順利通過，但也有許多人無法如願。舉例來說，在亞洲紀錄片項目中提出的企畫若沒通過，下一次同樣能再度回來提案。最典型的例子，就是反覆參加提案，在過程中不斷修正，最後企畫獲選取得資

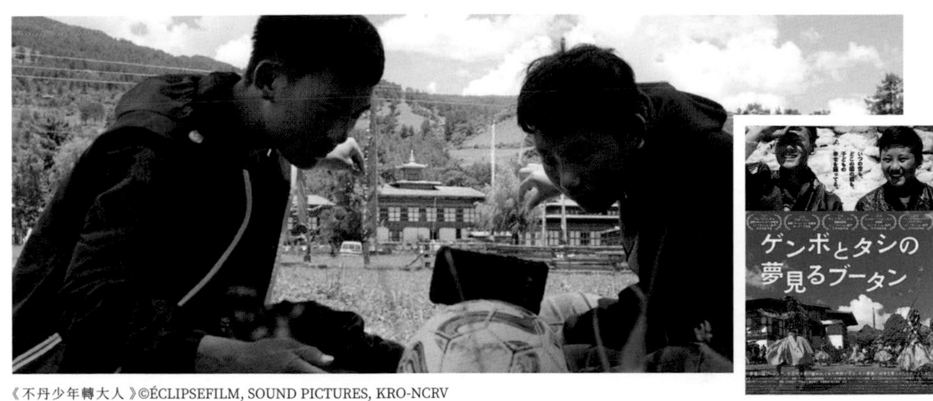

《不丹少年轉大人》©ÉCLIPSEFILM, SOUND PICTURES, KRO-NCRV

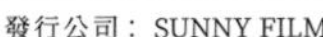

發行公司：SUNNY FILM

金，展開製作直到完成作品。例如，目前已確定上映的紀錄片電影《不丹少年轉大人》（The Next Guardian）。這部作品大大小小加起來，至少提案10次。像這樣經過多次提案才開始製作，可以說是司空見慣，反而一次提案過關的企畫極為罕見。」甚至有許多人表示，提案大會之所以重要，正是因為藉由反覆提案，才能讓「提案者整理思考」。天城先生說：「《不丹少年轉大人》最初提出的企畫，主角是一位屬於LGBT族群的女孩，她非常想變成男孩。然而，在Tokyo Dcos提案大會上，有人提出建議，何不以女孩的哥哥為主角。最後，在主角、片名一併修改之下，完成了這部電影。」紀錄片必須呈現出客觀的立場，因此透過他人的觀點，更能明確地呈現出作品最想傳達的訊息。

最重要的是保持好奇心，拍攝過後的思考沉澱

如果有心成為紀錄片工作者，該如何發表完成的作品呢？天城先生表示：「我認為不僅是紀錄片，包括在新聞界裡，若要把工作做好，最佳方式就是保持好奇心。倘若失去好奇心，就會毫無幹勁。一個人開始做一件事情，最需要的原動力就是好奇心。我認為缺少了它，則代表根本不適合這份工作。不過，若覺得只要有

好奇心，想做什麼都可以，反而是一種錯誤想法。我們必須對自己有正確的認知。我認為，一個人失去真誠而徒具好奇心，是沒有資格製作紀錄片的。即使幸運找到拍攝對象，但對方是否希望作品在世界上曝光，也並不是一件簡單的事。因此，我認為紀錄片工作者應適時停止腳步，讓思考暫時沉澱，這是一件非常重要的事。」在Tokyo Docs成立初期，有一位曾經擔任提案大會主持人的加拿大籍製片人彼得・溫特尼克（Peter Wintonick），與另一位定居在加拿大的中國籍導演范立欣一起合作，拍攝一部出色的作品《歸途列車》（Last Train Home）。天城先生說：「這部作品描述離鄉背景掙錢的中國民工返鄉的故事。一對夫妻暫時結束嚴苛的工廠勞動工作，返鄉回家之後，面對女兒對他們的憤怒。女兒不滿地以為，父母親在都市裡過著好生活，卻把他們姊弟丟在窮鄉僻壤的山上。爭執的過程全被攝影機的鏡頭記錄下來。當時，女兒竟與父親扭打成一團，眼見爭吵場面越演越烈，女兒甚至對著鏡頭大聲咆哮『這就是真正的我啦！拍到這些你們滿意了吧！』我見到這一幕，詢問彼得，為什麼作品要收錄這一段爭吵過程？結果他回答『因為已經拍下來了嘛』。他接著又表示，在鏡頭前拍到的畫面就是一切，因為有攝影機，才能捕捉到這樣的聲音。當時，我只淡淡回了一句『如果是我，一定不會用這樣的畫面』。至於是否有權這樣做，則是另外一回事。不過，一位在中國鄉下過著普通生活的女孩，她的人生還要繼續走下去。我不禁想像，10 年過後，女孩再回頭看當年的自己，不知會作何感想？我總是會不停地思考這類的各種問題。」在好奇心的驅使下，花費許多時間拍攝作品，就算捕捉到珍貴畫面，但該不該放在進紀錄片裡，我認為這是所有紀錄片工作者必須認真思考的問題。

燃燒鬥志尋獲的題材該如何傳達？

最後，我們請教天城先生，紀錄片未來的發展趨勢，以及是否能

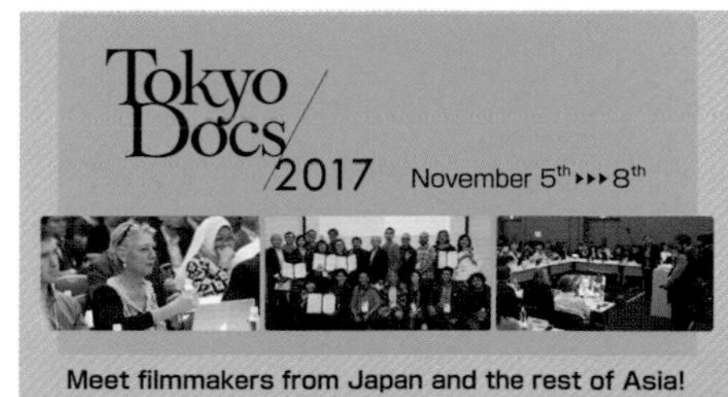

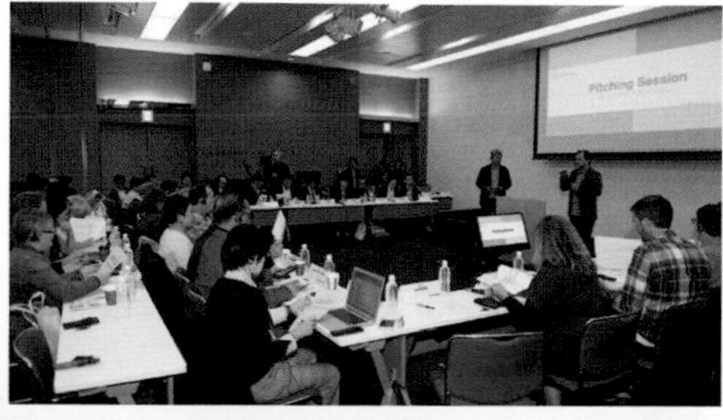

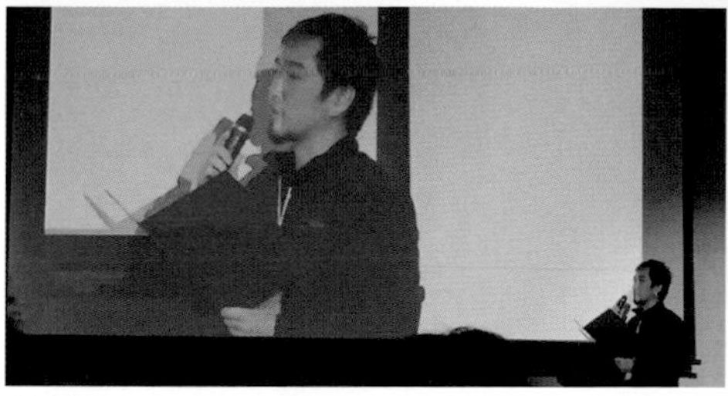

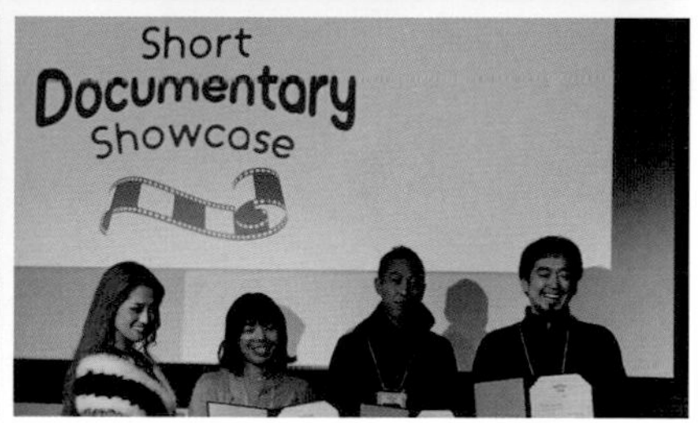

（左上）Tokyo Docs 2017 宣傳單。 （其他）Tokyo Docs 會場情景。©Tokyo Docs

夠改變世界？「所謂改變世界有2種可能——可能變好，也可能變壞。世界不一定會朝向好的方向改變。我認為，若是把改變世界當成首要任務，一定會覺得在紀錄片的掌握上有些勉強。在旺盛的好奇心下所尋獲的題材，我認為必須投入精力，用心拍出深入淺出的內容。紀錄片必須重視製作過程，在一定的時間裡分享內容，最後得到觀眾的認同。紀錄片工作者該如何下功夫，才能完成一部出色的作品，將重要的價值分享給觀眾？為了傳遞重要的訊息，該用什麼方式說故事，觀眾才能產生共鳴？若每一個過程都能用心，我想這個社會也許會出現變化。不過，也有可能變得更糟糕，儘管這是結果上的問題，但我相信沒有一位紀錄片工作者會想製作出讓社會變壞的紀錄片。總之，我們必須朝著自己堅信的方向走，表達自己明確的信念，這才是最重要的事。」紀錄片工作者不應想著去改變什麼，而應重視故事與訊息是否能傳達到觀眾的心中。如此一來，觀眾必然會有所感受與領悟。

山形國際紀錄片影展（YIDFF）

日本寧靜山城山形，每 2 年舉辦一屆的影展，來自世界各地的紀錄片工作者們齊聚一堂，出席這場盛大的國際影展

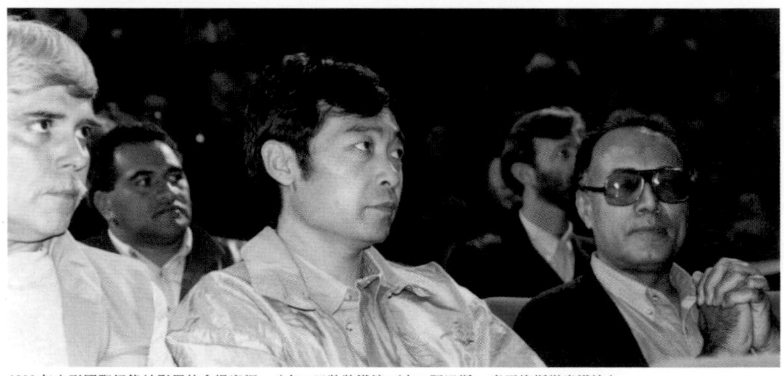

1993 年山形國際紀錄片影展的會場實況。（左：田壯壯導演／右：阿巴斯．奇亞洛斯塔米導演）
照片提供：山形國際紀錄片影展

1989 年 7 月 25 日，在藏王溫泉的一間旅館宣布了「山形國際紀錄片影展」的消息，正式啟動山形國際紀錄片影展（YIDFF）。在日本山形這個寧靜地區，每 2 年都會舉辦一屆熱鬧非凡的影展。截至目前為止，已成功孕育無數個電影新芽。在影展上，紀錄片工作者並非單方面把作品拋給觀眾，而是彼此認真對待、互相討論電影，一起深耕紀錄片的電影文化。透過紀錄片工作者與觀眾的平等對話，能夠激發全新的創作潛能。

我們將請教建立影展的重要協助者——藤岡朝子女士，探討培育電影文化的重要性。

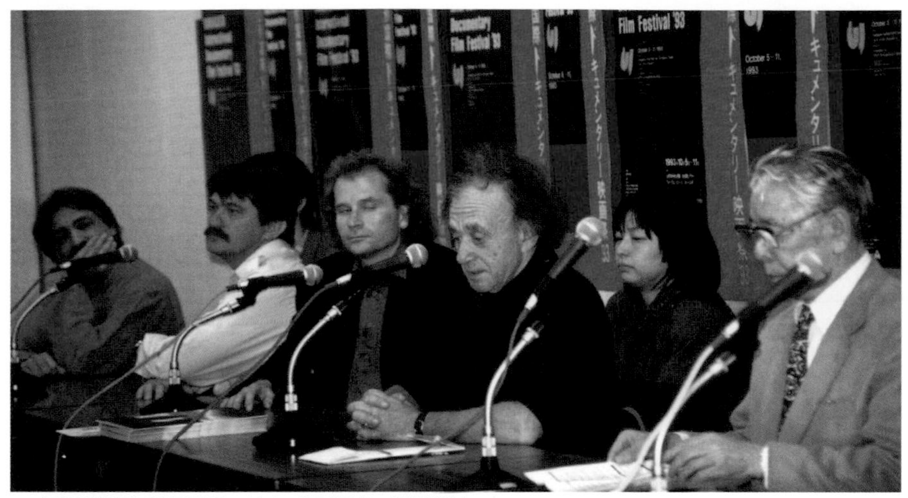

1993 年山形國際紀錄片影展記者會。（中央：佛雷德里克 · 懷斯曼導演）
照片提供：山形國際紀錄片影展

小川紳介的理念——活絡亞洲電影

以描述三里塚抗爭紀錄片聞名的巨匠——小川紳介，從1980 年代開始定居於山形縣的牧野地區。不知不覺，他對紀錄片的熱情，逐漸從山形的山區潛移默化到平地，於是催生了第一個強化亞洲紀錄片的國際影展「山形國際紀錄片影展」。小川導演當初揭示的「活絡亞洲電影」理念，能從記錄第一屆YIDFF的電影《電影之都》（映画の都，導演：飯塚俊男，製作：小川製片）的映後座談會中充分地感受到。亞洲的新生代導演齊聚一堂，熱烈地討論亞洲紀錄片的現在與未來。如此盛況，即使過了30 年以上，至今依然熱情不減，絲毫不遜於當年。當時，亞洲面臨的問題，多半是由社會因素所引起。許多國家剛擺脫軍事政權，在刺痛的壓迫感之中，有不少人認為「必須仰賴電影的力量去改變社會」。相較之下，這個時代的日本，由於結束了60 至70 年代興盛的學生運動，多數人認為，與其拍電影，還不如沉浸在咖啡館中優雅地喝杯咖啡，社會瀰漫著一股慵懶的和平氣氛。藤

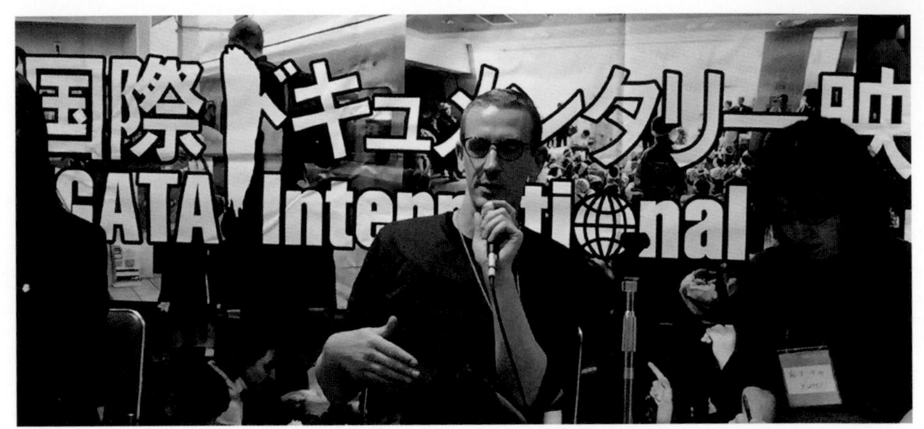

2017 山形國際紀錄片影展
《在寧和的老家》(A House in ninh hoa，德國／2016 年／導演： Phillip Widmann) 映後於會場大廳舉行導演與觀眾的座談。

岡女士表示：「我認為小川導演口中的亞洲，指的是那個世代特有的『亞洲』夥伴堅定意識。小川導演曾經培養了一群如共同體般彼此團結的夥伴——小川製片的成員。然而，在日本高度經濟成長期中，這群夥伴逐漸失去熱情。隨著年紀不斷增長，大家越來越焦慮，最後全都選擇回歸平淡的生活。我非常能了解，小川導演對亞洲電影製作者寄予厚望，正如同過去生活在小川製片中的那群人一樣，有著共同的理念與熱情。」小川導演過去對亞洲紀錄片展現無比的熱情，成為YIDFF重要的骨幹。目前，則由藤岡女士主導，推展「亞洲千波萬波」單元，持續栽培亞洲極具潛能的人才，並推向世界舞臺。

紀錄片工作者與觀眾平起平坐的交流場域

草創期的YIDFF有著極具個性的單元項目，受到廣大電影愛好者的喜愛，在世界上打響了名號。以前衛大膽、走在潮流尖端的單元項目，與日本其他影展走相反路線，並展現一股貫徹意志的強烈氣勢。因此，才會獲得像蓮實重彥這群一流影評人的一致推崇。但藤岡女士表示，YIDFF的魅力不只如此：「我在1993年開始加入YIDFF行列，當時非常感動的原因，絕對不是因為它是一個以作品至上的影展，而是它有著海納百川的精神，是一個能包容任何人的場域。無論是在映後座談，或是在休息大廳裡，都充滿著開放自由的氣氛，任何人都能平等地進行自由交談。我認為這種氣氛充分展現出紀錄片工作者的本質，可說是體現了紀錄片中的表現自由，以及民主主義的思想精髓。」其中最具代表性的，就是在1993年臺灣參展的短片《小金剛》（臺灣／許菱窈／1992）映後座談上，有一件令人印象深刻的事情。藤岡女士回憶：「導演在這部作品中，把弟弟遭遇交通事故而不幸身亡的過去，透過強烈的影像風格，完成一部如散文隨筆般的短片。在放映後的座談會上，有一位貌似本地人的女性舉手表達感想，『我非常明白你失去弟弟的悲傷心情，但若能更強烈地呼籲大眾重視交通安全，督促駕駛人小心開車，朝這樣的方向製作電影會不會更好呢？』乍聽之下，似乎是稀鬆平常的座談問答，然而我卻解讀到『2個國家在價值觀、文化差異之間的相互衝擊』。雖然這位女性的日常生活與電影無關，但像她這樣認真提問的人，發出的聲音一定是最真實的，我們得以進一步思考，電影的價值到底是什麼？追求藝術表現的臺灣導演與主張合理主義的日本當地觀眾，能夠針對一部電影的內容展開對話，我認為這樣的場域非常難得。」這也證明YIDFF影展，提供了紀錄片工作者與觀眾平起平坐的對話空間，更證明它是一個能讓眾人產生「共鳴」的場域。藤岡女士認為，這也代表著互不相識的任何人，都能在這一個場域裡彼此見證，有更多理解不同觀點的機會。

在YIDFF中，還有另一個具有代表性的空間「香味庵俱樂部」，它成立於1993年，無論是影展的貴賓或觀眾，任何人都能在這裡吃吃喝喝，同時進行平等的交流對話。藤岡女士說：「山形市到了晚上10點就會一片漆黑，在車站前附近剛好有一間居酒屋。第1年舉辦影展時，來自世界各地的導演，到了晚上沒有交流的場所。

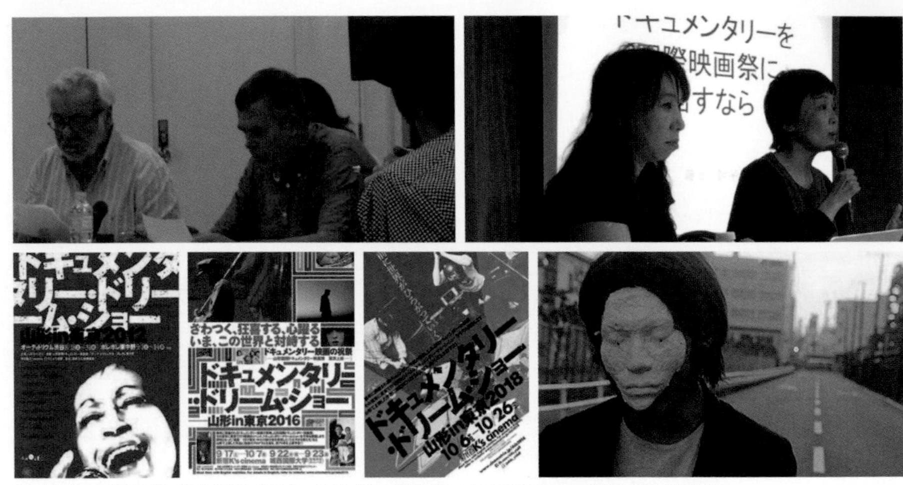

（左上）「DDS特別企畫：與伊卡先生對話！」（2012年）照片提供：CINEMATRIX　（右上）獨立電影鍋
（左下起）「Documentary Dream Show」海報（2012年、2016年、2018年）照片提供：CINEMATRIX
（右下）《特許時間的終了》（わたしたちに許された特別な時間の終わり／日本／2010／導演：太田信吾）

山形市民想展現『貼心款待』的精神，所以辦了這場盛大聚會。」紀錄片工作者與觀眾們針對作品提出尖銳的建議，大家互相切磋琢磨。藤岡女士參與打造的這一個空間，自然出現了平等對待的關係，她認為正因為產生「想讓人與人聚在一起」、「想成立這樣一個場域」的念頭，所以成為舉辦這些活動的原動力，也促成後來的Documentary Dream Center（DDC）與獨立電影鍋。

「我認為，與其說紀錄片電影是我最愛的類型，倒不如說是拍電影的人更有趣，因此我才產生了動力。比起看電影的時間，我覺得活著的時間更加重要。所以，我才能在YIDFF找到平衡點，剛好可以發揮自己的功能。實際上，我確實在影展中設立走在潮流尖端的單元項目，我把非電影愛好者的電影類型帶進了影展裡。」當年，小型電影院蔚為風潮，藤岡女士在獨立電影發行片商的先驅者Cine Saison旗下工作，負責宣傳與採購業務，此外她也曾做過攝影師的助理工作。最後，她加入了YIDFF的行列。過去，Cine Saison曾引進《誰殺了陳果仁？》（Who Killed Vincent Chin？／崔明慧／1998）這類的美國獨立電影，在這股潮流中，也包括許多紀錄片電影。從那個時候開始，藤岡女士已把極具國際性與思考人性的作品當成利器，在培養日本電影文化方面有卓越的貢獻。

YIDFF不以兵家必爭之地為目標，而是成為培育作品的場域

YIDFF是2年舉辦一次的影展，在沒有舉辦影展的那一年，主辦單位將彙整上一年影展的作品，在東京舉辦名為「Documentary Dream Show山形in東京」的特映會。之所以命名為「DDS」，靈感是來自於沖繩電影特輯中，一部由高嶺剛導演的公路電影《沖縄夢想秀》（沖縄Dream Show）。「DDS」活動除了特映會以外，還會舉辦多場電影論壇與公開講座。2012年企畫的公開討論活動「特別企畫——伊卡先生來了！！」，主辦單位邀請芬蘭的知名製作人伊卡（Iikka Vehkalahti）先生前來日本，實現一項獨特的活動項目。伊卡先生針對事前企畫入選的未完成紀錄片，與一群紀錄片導演交換意見。在本書後面章節介紹的電影導演太田信吾也參加了這項活動，他表示因此獲得啟發，成為完成《特許時間的終了》作品的重要契機。目前，這項公開討論的活動已經轉變型態，從2018年秋天起，改名為「山形紀錄片道場2018」的藝術家駐村（Artist-in-Residence）工作坊，預計將招募4名亞洲紀錄片的製作者，於藏王的溫泉旅館停留4週。其中，有4天為工作坊活動，他們將接受日本導演、講師的協助指導。這個地方不為出資者的金錢所動，而是提供編輯者、電影人或音樂人等喜愛電影的專業人士，針對尚未完成的作品展開對話、討論而特別打造的一個場域。藤岡女士表示：「我看過其他的提案大會論壇，有一些感觸。有人站在臺上口若懸河，也有人展現出驚人的表達能力，但這並不代表他們一定就是優秀的導演。也許歐美國家特別重視表達能力，但有些人整理思考必須花一些時間。有時候，我看到亞洲人拚命用不流利的英語說著蹩腳笑

話，就會感到一陣心痛；相反地，在看過辯才無礙的人完成的作品反而覺得失望。所以，我認為不應該讓提案的地方淪為『競爭』的展示秀，而是一個『培育』人才的場域，才開始了山形紀錄片道場這項活動。」藤岡女士告訴我們一件重要的事，山形的理念是打造一個能彼此依靠、溫柔體貼的世界，並且正視每一位導演不同的人生。DDC過去曾發行一部馮艷導演的作品《秉愛》，她目前即將完成另一部新作品，但由於中國嚴重打壓言論自由，不論製作或發表，都必須經過中共當局嚴格的審查。藤岡女士思考著「是否有辦法協助這群面臨嚴峻考驗的導演」，因此在7年前參與了NPO非營利組織「獨立電影鍋」（独立映画鍋），這個機構除了紀錄片，也經常舉辦與獨立電影相關的活動。負責領導的是土屋豐先生與深田晃司先生兩位電影導演，一共有260名成員加入。藤岡女士表示：「這些成員包括製作人、廣告業人員、演員，甚至還有舞臺劇的從業人員，參加者的身分非常多元。我一直關注著紀錄片產業，它是一個容易走向封閉化的行業，總覺得這個世界不大。但是，透過這個組織的活動，我們開始感到視野變得更寬廣了。」獨立電影鍋所舉辦的活動非常多元化，包括：凝聚獨立電影所有從業人員的力量，大聲呼籲獨立電影的重要價值；邀請法律顧問，舉辦電影與法律相關的研習營；舉行與印尼電影業界人士的交流會、由日本政府機構文化廳提供補助款的相關講座等。

社會影響紀錄片
與功能主義

「在最近的5、6年裡，以歐美為主流，有越來越多人認為，能夠直接對社會發揮影響力的作品，才是最棒的紀錄片，一般稱之為『社會影響紀錄片』。但這種紀錄片只不過是想讓出資者能輕易接受吧。」藤岡女士說。美國川普政府帶來不穩定的政治因素越來越多，在這樣的趨勢中，產生危機意識的富裕階層開始投資文化或電影產業，有關社會影響的補助金也不斷增加。然而，藤岡女士對此抱

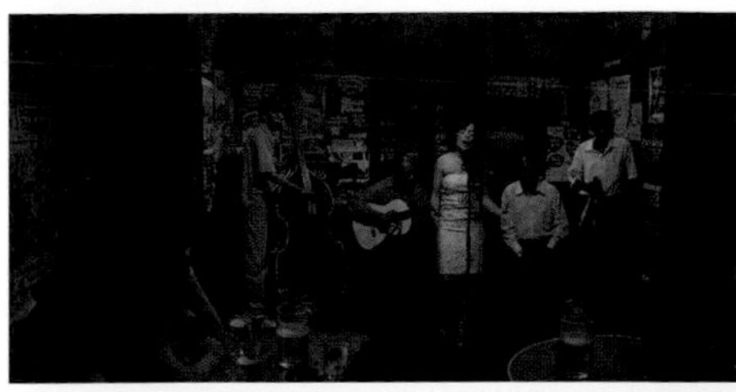

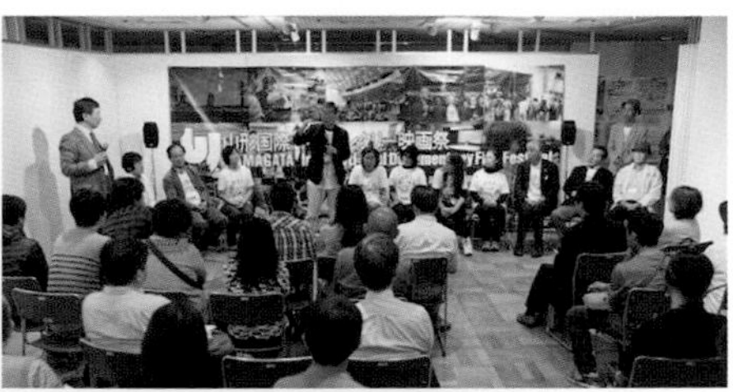

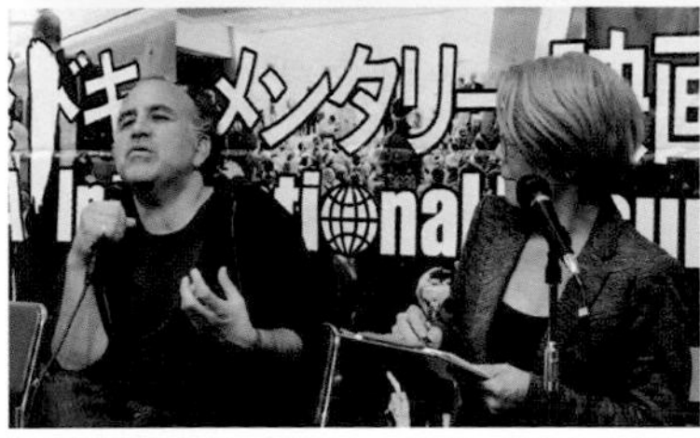

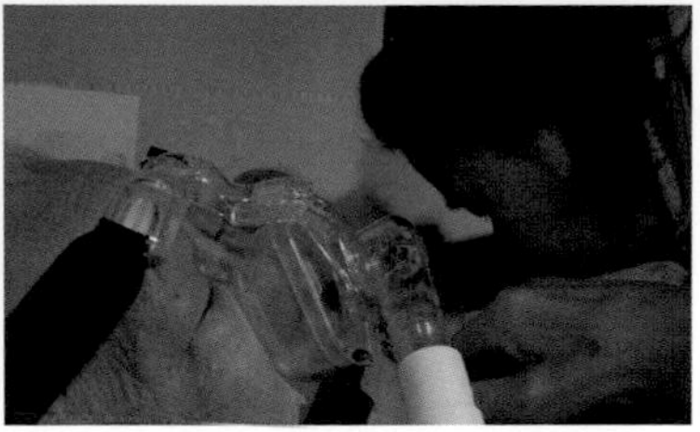

（左上）《我仍存在》（I Still Being／秘魯．西班牙／2013／導演、劇本、攝影、編輯、錄音：哈威爾．柯庫耶拉 Javier Corcuera）
（左下）2015 山形國際紀錄片影展《我仍存在》映後於會場大廳舉行柯庫耶拉導演與觀眾的座談。
（右上）2015 山形國際紀錄片影展《日本國 VS 泉南石綿村》映後於會場大廳舉行原一男導演與觀眾的座談。照片提供：山形國際紀錄片影展
（右下）《日本國 VS 泉南石綿村》（日本／2017／導演：原一男）

持著懷疑的態度，她說：「如果過於相信電影擁有政治性的宣傳力量，期待電影價值應立刻展現效果，這種想法反而容易把人困住。所謂電影，不應該是功能主義，非得對什麼有幫助才具有價值。由於電影的價值因人而異，太過偏重某種類型的電影，我認為這才是一件危險的事。原一男導演的作品《日本國VS泉南石綿村》聚焦在村民受到石綿危害而對政府的訴訟過程，成功地喚起了社會輿論。假如只剩下宣傳社會問題的意圖，那豈不是非常單調無聊嗎？描述不丹國家一對兄妹的作品《不丹少年轉大人》也是一樣，若按照當初提案企畫「女孩踢足球後改變人生」這種充滿美國夢的理想設定，那麼這部作品就太可惜了。確實，性少數族群大量出現在社會流行關鍵字中，對於追求社會影響效果的人來說或許一拍即合，但若按照原訂腳本製作完成，或許就變成一部毫無創見的刻板電影了。所幸完成的作品令人驚喜，它成功地描繪了出乎預料的人生之美。雖然人類活著會面臨各種阻礙，但在無法如己所願的日子裡，我們更應活出自我。我認為拍電影也是相同的道理，面對不如預

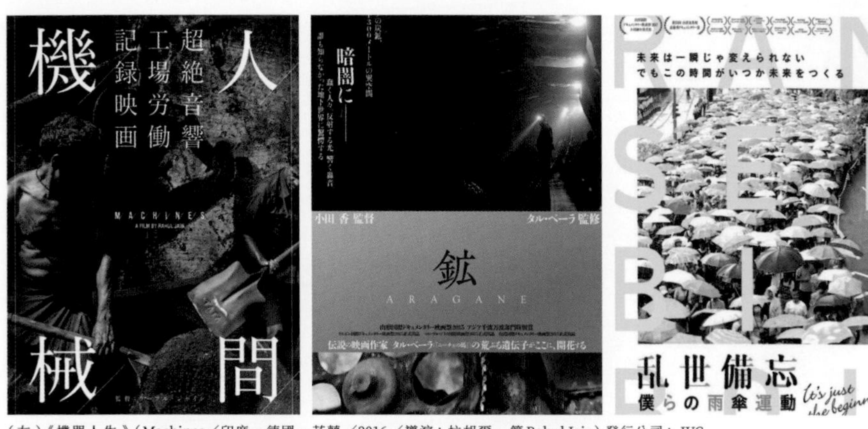

（左）《機器人生》（Machines／印度．德國．芬蘭／2016／導演：拉胡爾．簡 Rahul Jain）發行公司：IVC
（中）《鑛 Aragane》（波士尼亞與赫塞哥維納．日本／2015／導演：小田香）發行公司：sleepin
（右）《亂世備忘》（香港／2016／導演：陳梓桓）發行公司：太秦

期的現實情況，努力地打破框架與僵局，如此的電影才會格外有趣吧。」

從影展到電影院，以及未來展望

2019 年，YIDFF 迎接了 30 週年，同時也是數位時代交替的一年，紀錄片的發展越來越多元化。20 年以前，就某種程度來說，知識分子或歐美人士製作的紀錄片占大多數。1989 是 YIDFF 的創辦元年，許多人看過當時的作品，表示留下了以西方為主的知性印象。在數位技術發達之前，亞洲人拍攝的紀錄片非常少，有餘力拍電影的國家也沒那麼多。然而到了 2000 年以後，拍攝紀錄片電影的手法越來越高明，在娛樂取向的主題或敘事手法上，可說是越來越多元化了。那麼，作品參展結束後，進一步洽談電影發行或電影院上映時，又會遇到什麼不同情況呢？藤岡女士表示：「電影發行公司與電影院的工作者，如果遇到了驚艷的作品，都會希望這些電影趕快上映。比方說，在泰國有專門發行紀錄片的電影公司『紀錄片俱樂部』，雖然一部紀錄片無法在電影院長期播放，但他們會與大學、電影咖啡館或其他業者合作，安排上映計畫。在印尼各地，有許多人希望電影能在自己的社區播映，因此製作人可以立即接洽，將電影發行到這些地區。電影院並不是唯一的選擇，仍有許多其他出路。比如臺灣就有許多線上影音平臺，透過網路提供線上收視服務，對於住在鄉下地區或行動不便而無法去電影院的人來說，這項貼心的服務增加了許多觀賞電影的機會。在同一個時代，這些不同的活動，都能在亞洲各地同時展開。」藤岡朝子女士串聯世界各地的人，不遺餘力地發展日本紀錄片文化，具有卓越的貢獻。她對於今後的紀錄片發展又如何看待呢？「我認為影展不該淪為商業活動，應以文化事業的型態來經營，今後必須訂出一套遵循的經營規則，不管做得到或做不到，我們必須先展現全力以赴的決心。」YIDFF重視人的想法，相信參與其中的每一分子必定會越來越茁壯吧。

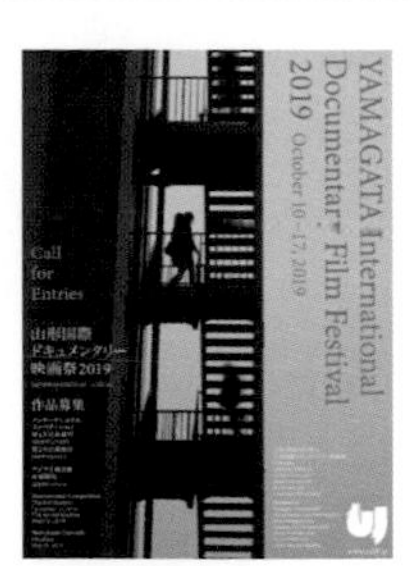

2019 山形國際紀錄片影展

2019 年 10 月 10 日（四）至 17 日（四）
https://www.yidff.jp/
海報提供：山形國際紀錄片影展

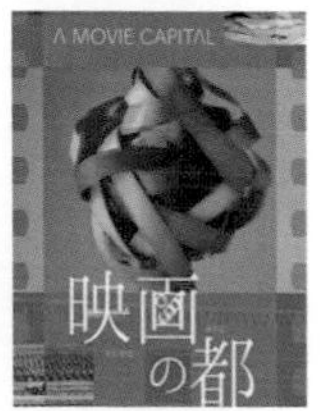

電影之都：山形國際紀錄片影展'89

日本／1991 年／導演：飯塚俊男／內容編排：小川紳介

過去，小川製片持續地拍攝紀錄片電影，為使紀錄片文化深植社會，並延續亞洲發起紀錄片電影的氣勢，以及適逢紀念山形市的市政百年紀念事業，因此發行本作品，完整記錄山形國際紀錄片影展的舉辦過程。

誕生記錄片的聖地加拿大；運用尖端科技的阿姆斯特丹；不斷挑戰的臺灣

《麥胖報告》（Super Size Me）向大眾提出了速食業界的問題；《不願面對的真相》（An Inconvenient Truth）喚起人們面對環境保護的意識；《黑魚》（Blackfish）告訴全世界水族館中虎鯨的處境。紀錄片工作者奮勇地記錄世界上發生的各種變化，即使在這一刻，他們的手上仍緊抓著攝影機。在本章節中，我們將介紹3個活動組織及其重要人物。「Hot Docs加拿大國際紀錄片影展」或許是世界上最具影響力的紀錄片影展，同時也是紀錄片工作者鯉躍龍門的最佳跳板，我們採訪了策展人西恩・史密斯先生；在阿姆斯特丹「IDFA DocLab阿姆斯特丹國際紀錄片影展」結合了科技與哲學，持續向世界發聲的卡斯帕・松內先生；以及紀錄片業界的新秀、以靈活多變的創意備受矚目的台灣國際紀錄片影展（TIDF）策展人林木材先生。我們將在本章請教他們對於紀錄片主義的想法。

Shane Smith

西恩 ・史密斯

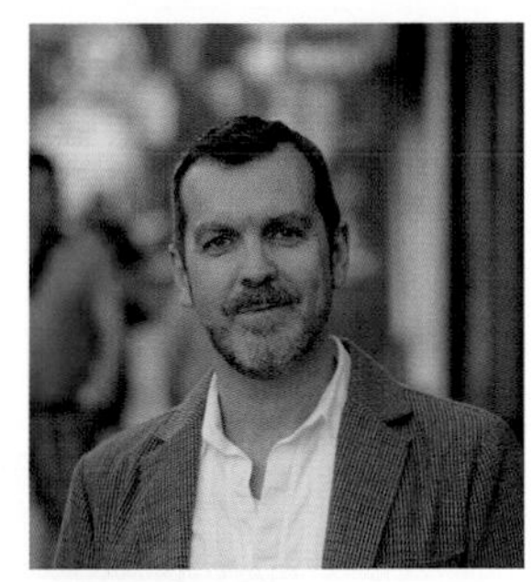

出生於澳洲。擔任CFC世界短片電影節（CFC Worldwide Short Film Festival）總監6年之後，負責多倫多國際影展公共節目單元（Public Program）。後來，以專案總監身分著手《TIFF in the Park》、《銀色、性、男女》（Short Cuts），也製作多倫多LGBT電影節（Inside Out Toronto LGBT Film Festival）與日舞影展（Sundance Film Festival）的節目準備工作。除了Hot Docs的公共節目單元外，也參與組織整體營運工作。

Caspar Sonnen

卡斯帕 ・松內

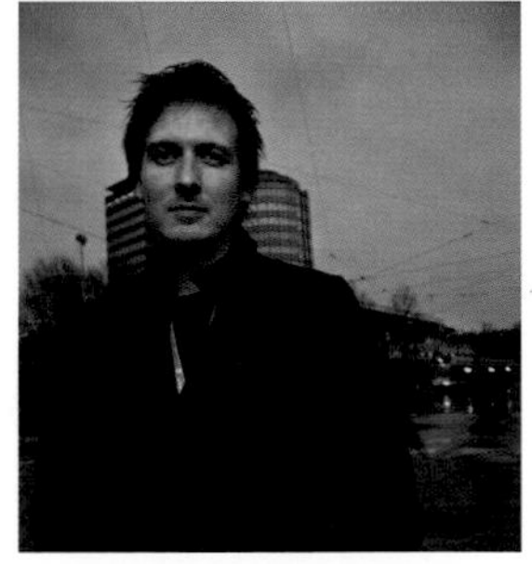

1975年，出生於荷蘭阿姆斯特丹。共同成立Open Air Festival Amsterdam，曾經擔任記者工作，後來加入IDFA，擔任新媒體總監（Head of New Media）。2007年，於IDFA內部成立紀錄片實驗室（DocLab），成為紀錄片藝術／表演、數位科技的新型態展示平臺。另外，也在坎城與南方音樂節（SXSW）負責策展工作，以及日舞影展、世界新聞攝影大賽（World Press Photo）與紐約翠貝卡影展（Tribeca Film Festival）擔任評審。

Wood Lin

林木材

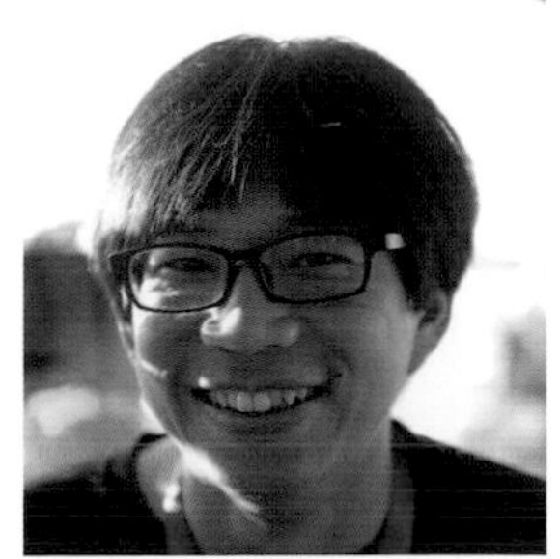

Photo by Tughan Anit

1981年，出生於臺南，國立臺南藝術大學畢業。2012年，採訪6名紀錄片導演集結成冊，出版《景框之外：臺灣紀錄片群像》（遠流出版）。2013年起，擔任台灣國際紀錄片影展策展人，目前也是荷蘭阿姆斯特丹影展選片人，亦擔任各大國際影展的評審，包括：DMZ韓國國際紀錄片電影節（DMZ Docs）、荷蘭鹿特丹國際影展、捷克伊赫拉瓦國際紀錄片影展（Ji.hlava IDFF）、伊朗國際紀錄片影展（Iran International Documentary Film Festival）、科索沃國際紀錄片暨短片電影節（Dokufest）、香港國際電影節（HKIFF）、臺北金馬影展（Taipei Golden Horse Film Festival）。

加拿大國際紀錄片影展（Hot Docs）

由紀錄片大國加拿大主辦的盛典，醞釀紀錄片文化的場域

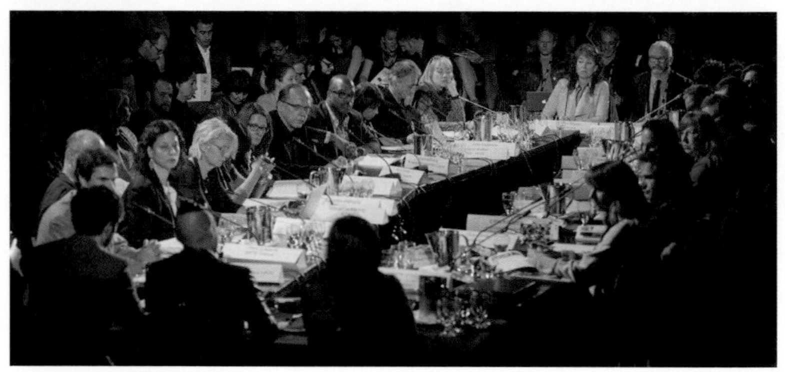

Hot Docs Forum 會場情況。

紀錄片工會者以獨特觀點發現真實，如果想藉由作品向世界提出疑問，由紀錄片大國——加拿大舉辦的Hot Docs，無疑就是最重要的平臺了。1922 年，美國導演羅伯特·佛萊赫堤在加拿大的北極圈，生動地捕捉在嚴峻環境中生活的因紐特人，一般認為這是世界上第一部誕生的紀錄片。在紀錄片發源地的加拿大，精彩豐富的紀錄片文化急速成長，它成為一家大小生活中的娛樂。透過Hot Docs，許多故事得以透過提案大會、群眾募資，或參加影展等不同方式送往世界各地。我們採訪了多年來擔任策展人的西恩·史密斯先生，一同探討Hot Docs扮演的角色，以及紀錄片的未來發展。

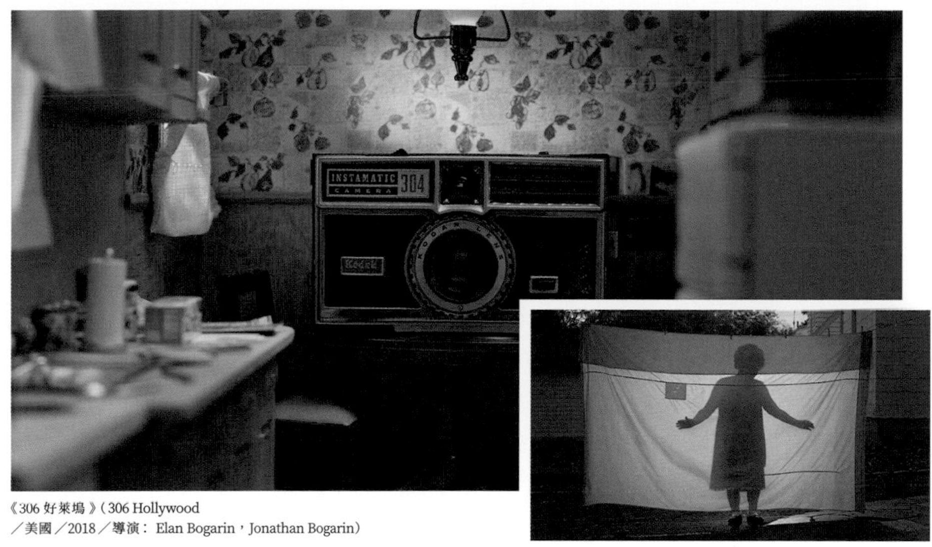

《306 好萊塢》(306 Hollywood／美國／2018／導演： Elan Bogarin，Jonathan Bogarin)

從紀錄片的聖地誕生的 Hot Docs

1922 年，羅伯特・佛萊赫堤在魁北克省北部，拍攝紀錄片《北方的南努克》，記錄了因紐特人住在因努伊特石堆村落的家庭生活。過了4 年後，佛萊赫堤拍攝一段新聞報導，介紹薩摩亞群島人們的日常生活《摩亞那》，加拿大國家電影局（NFB）之父的英國導演約翰・葛里森（John Grierson）對這部影像作品，第一次使用了「紀錄片」（Documentary）一詞。自此之後，加拿大就成為紀錄片的聖地，Hot Docs以此作為核心，挑起紀錄片的重責大任。

1994 年，當時的加拿大獨立影片聯誼會CIFC（The Canadian Independent Film Caucus，為加拿大紀錄片組織Documentary Organization of Canada的前身）成立Hot Docs，它成為了加拿大紀錄片工作者評鑑每一部紀錄片作品的場域。史密斯先生表示：「當時，紀錄片的文化似乎很符合加拿大人的喜好，所以紀錄片才能伴隨著觀眾成長茁壯。」Hot

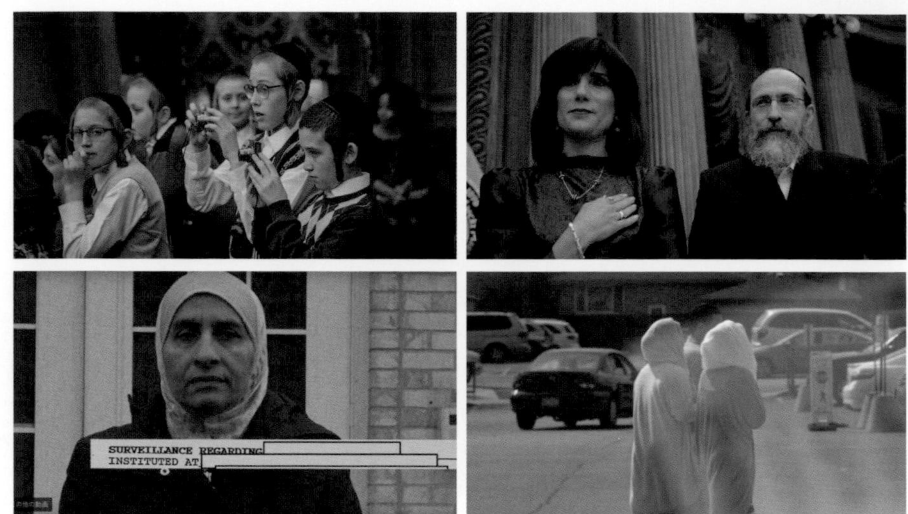

《女性救護隊》(93Queen／美國／2018／導演：Paula Eiselt)

Docs紀錄片提案大會「Hot Docs Forum」提供舞臺，讓紀錄片工作者與製片人發表作品構想，尋找資金援助與發行契約，每年如火如荼地展開。Hot Docs Forum參考IDFA早一步實施的提案大會，以它為模型如法炮製，在成立後的第6年到目前為止，Hot Docs的提案大會論壇，已成為了紀錄片業界在募集資金時首選的提案大會。史密斯先生說：「Hot Docs除了表揚紀錄片的藝術性，敦促其進步以外，我們最大的使命，就是提供舞臺，讓紀錄片工作者有機會發表作品，獲得製作的機會。」Hot Docs期盼不同的國家能攜手合作、跨越國境，把感動人心的故事傳播到世界各個角落，因此成立了國際共同製作的計畫。另外，從調查到攝影技術、資金籌措，以及媒體發行等，Hot Docs也會提供各種協助，克服種種困難，讓作品最後在電視或電影院中呈現。Hot Docs提供各方面的專業協助，成為紀錄片工作者的強大後盾。

透過Hot Docs發光發熱的紀錄片工作者們

那麼，在Hot Docs的大力支持下，這些開花結果的紀錄片作品，傳遞給觀眾哪方面的訊息呢？史密斯先生表示：「最近一部作品《女性救護隊》，描述了一群虔誠的猶太女性，她們生活在紐約布魯克林區，為醫療問題奮戰到底的過程。另一部是描寫一群在美國生活的阿拉伯人，不斷遭到FBI監視的作品《被監視的感覺》（The Feeling of Being Watched）。還有一部《306好萊塢》，描寫一對兄弟如考古學家般地調查祖母的土地，挖掘出一段壯闊的故事。這些出色的作品都是透過Hot Docs Forum誕生的，有這麼多優秀的紀錄片作品與Hot Docs關係密切，我實在引以為傲。」以上作品都參加了2017年Hot Docs論壇，經由提案大會獲選，拍完後於2018年的Hot Docs上映。其中最特別的，就是《306好萊塢》在日舞影展NEXT單元舉行全球首映，這是首次有紀錄片類型獲得這項殊榮。其他還有許多作品也相當受到矚目，例如：《阿馬爾》（Amal）描寫叛逆青少年在埃及革命過後的環境下，如何成長的故事，這部作品在影展基金Docs-Blue Ice Group Documentary Fund的支援下完成，預計2018年於Hot Docs上映。另外，來自日本的《拉麵狂》（Ramen Heads）與《我在快打求旋風》（Living the Game）這兩部傑出的作品也在Made In單元中上映。」這些作品在影展結束後，與各個國家簽訂發行合約，因此在Hot Docs上映具有相當重要的意義。

Hot Docs提供的協助

Hot Docs以什麼方式支援紀錄片工作者呢？史密斯先生表示：「我們以各種資金援助與獎學金的方式提供協助。例如：有一個在過去評價過低的基金組織Cross Currents Doc fund，其特色是以說故事的方式完成紀錄片，屬於非常獨特的基金組織。」Hot Docs不局限紀錄片工作者，即使是一般電影導演，每一個人都能提出創意或計畫，

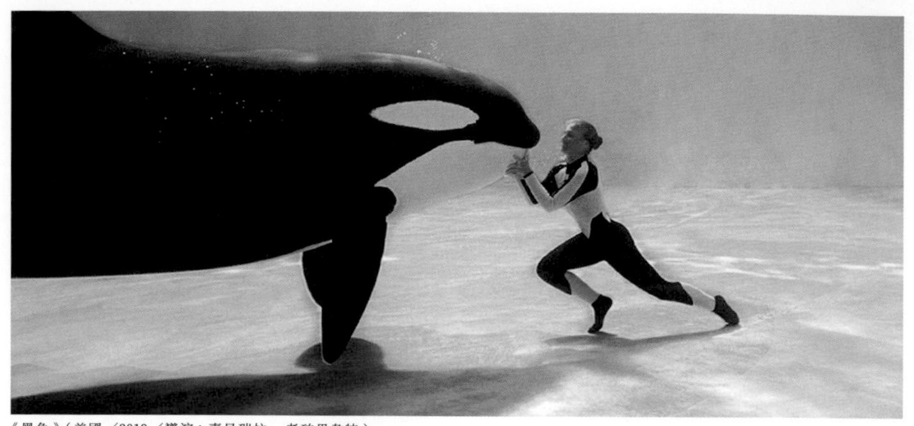
《黑魚》(美國/2013/導演:嘉貝瑞拉・考珀思韋特)

透過簡報的方式提案,這對Hot Docs而言也具有重要的意義。「像論壇這樣的場域,能夠提供資金周轉,協助影像創作者持續運作。電影製片人若要在國際市場尋找資金協助,可以在Hot Docs Deal Maker項目中,以一對一的方式提案,與投資者直接面對面洽談。Hot Docs提供各種論壇,針對各個不同的領域去細分支援項目,以達到協助製作方為主要目的。」

紀錄片賦予人們「改變」的力量

最後,我們想請史密斯先生給今後有志從事紀錄片工作的創作者一些建議。「每一位獲得成功的紀錄片工作者有2項共通點——熱情、全心全意奉獻的精神;必須有完成故事的熱情,以及將自己的作品,盡一切力量傳送給世界上的每一個人。當然,對工作產生熱情,拍出引起觀眾共鳴的主題固然重要,但必須誠實地修正募資計畫與故事內容,應注意的細節非常多。有時候,一項計畫可能需要耗費好幾年的時間,得做好長期抗戰的心理準備。即使作品具有改變世界的力量,但若無法確實傳遞給觀眾也沒有任何意義。」因此,紀錄片工作者有責任盡一切努力,把想要表達的重要訊息傳遞給觀眾,

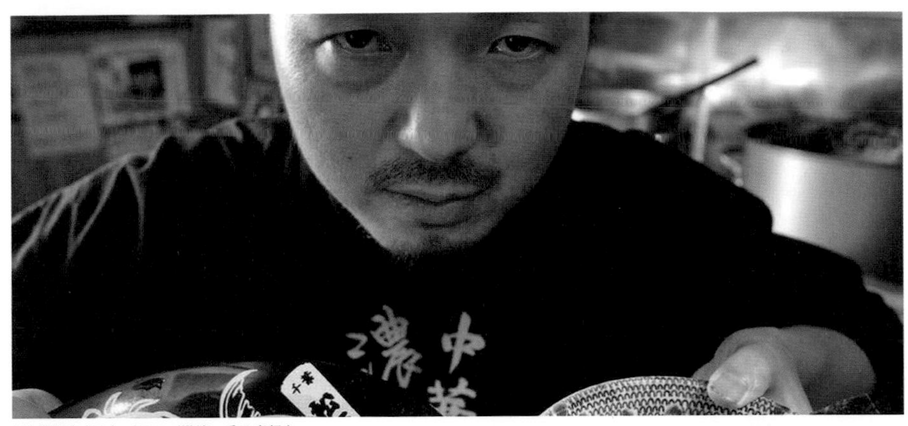

《拉麵狂》（日本／2017／導演：重乃康紀）

史密斯先生說。「有許多電影在紀錄片工作者的熱情與積極下完成，引起全世界的觀眾共鳴，帶來了深遠的影響。比方說，《黑魚》這部紀錄片電影的主題，雖然描述美國佛羅里達州的海洋世界，訓練員遭到虎鯨攻擊而死亡，但就結果而言，海洋世界終止了虎鯨的表演，最後實現了虎鯨回歸大海懷抱的理想。另外，《正義難伸》（The Thin Blue Line）是一部追查冤獄事件的紀錄片，由於這部電影掀開黑幕，揭發遭到掩蓋的真相，主角最後獲判無罪，步出監獄重獲自由。《麥胖報告》向世界揭露，速食危害身體健康的可怕事實。《不願面對的真相》提出全球暖化問題，啟發大眾更加重視環境議題。《美國哈蘭鎮》（Harlan County, USA）記錄肯塔基州布魯克賽德礦區的一群礦工對雇主發起罷工活動，正因為攝影機的鏡頭存在，最後大大地阻止了這場抗爭。有數不清的紀錄片都具有這樣的力量。我們絕對不能忘記，最棒的紀錄片並不只是改變事情，而是敦促每一位觀眾產生變化，最後各自發揮力量，一起協助改變這個世界。

IDFA DocLab

歐洲首屈一指的阿姆斯特丹國際紀錄片影展（IDFA）運用尖端技術，成為持續追求創新表現的場域

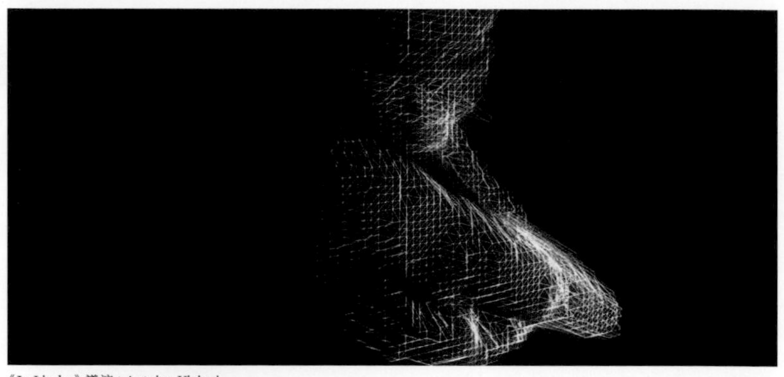

《In Limbo》導演：Antoine Viviani
https://www.doclab.org/2015/in-limbo-qa

阿姆斯特丹國際紀錄片影展（IDFA）每年在荷蘭阿姆斯特丹舉行，是世界上最具權威的紀錄片影展之一。從紀錄片上映到製作協助，提供各式各樣的單元項目。其中最獨特的紀錄片實驗室（DocLab），靈活地運用了尖端科技與媒體，從科學家到藝術家，聚集了各個領域的紀錄片工作者，成為表現的場域，並且發揮新穎、另類的實驗室功能。我們將請教新媒體部門的總監卡斯帕・松內，紀錄片在未來的表現形式，以及互動式紀錄片到底是什麼呢？

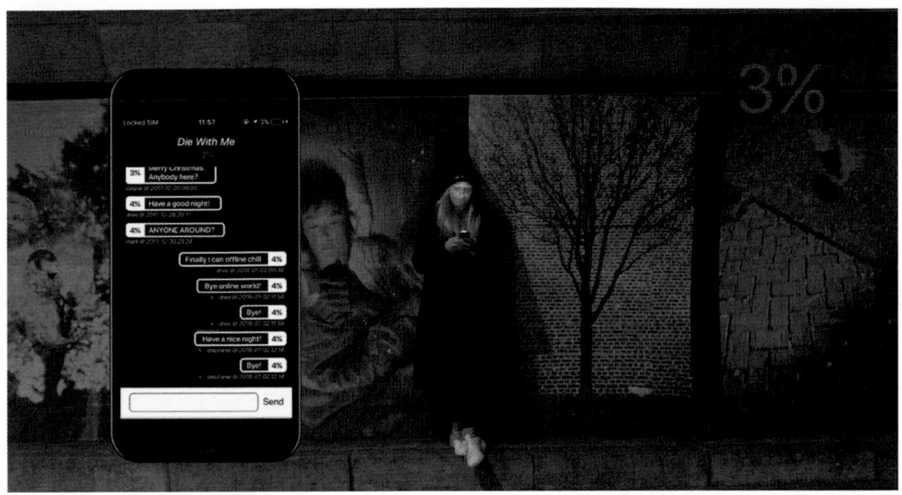

「Die With Me」app by Dries Depoorter & David Surprenant。於 IDFA Doclab 合作展示。http://diewithme.online

關於互動式紀錄片

互動式紀錄片不局限於影像，它運用了所有尖端技術製作而成。卡斯帕・松內表示：「真正有趣的作品是無法定義的。就像Web2.0一樣，誕生各種新的概念：網路故事（Web Story）、多媒體新聞（Multimedia Journalism）、分歧型旁白、地點敘事（Location Story）。「比方說，DocLab學院有一位傑出的比利時藝術家狄波特（Dries Depoorter）開發的App『Die With Me（diewithme.online)』，它只能在電池剩5%時使用，是一款相當有趣的聊天應用程式。另外，亞倫・科普林（Aaron Koblin）與克里斯・米爾克（Chris Milk）開發的一款互動式音樂影像程式『Wilderness Downtown』也非常經典，譬如使用者在介面中輸入小時候的地址，畫面會出現懷舊歌曲，搭配著Google街景一起播放，使用者可以透過它重溫兒時記憶。『Bear 71』能夠透過監視器觀賞動物，而同時使用者也會被對方看見。」

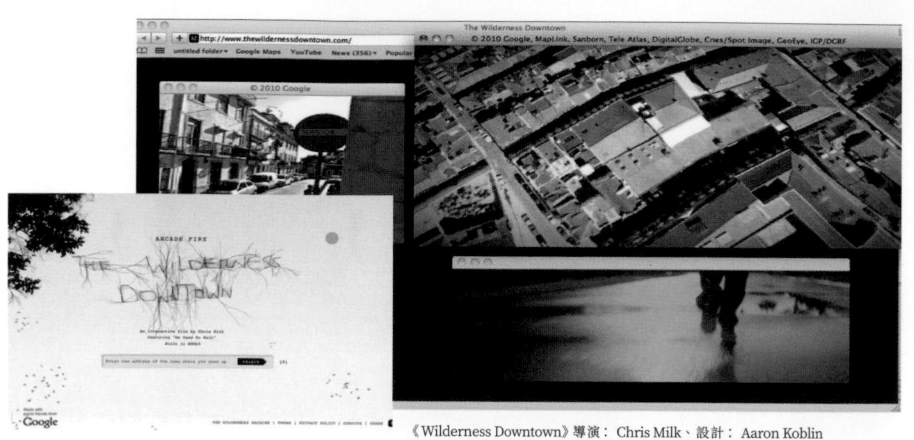

《Wilderness Downtown》導演： Chris Milk、設計： Aaron Koblin
https://www.doclab.org/2010/the-wilderness-downtown

DocLab開始的原因

卡斯帕・松內在DocLab成立以前，曾經開發一款互動故事型的作品《Thanatorama》，它的概念是「人死亡之後會如何？」。據說在這之後，他才從2008年起正式展開DocLab。後來，DocLab不斷追求具有藝術性的探索互動式真實劇情，並且嘗試各種方法，在實際的影展中將它具體呈現在觀眾眼前。於是，DocLab就成為了IDFA重要支柱，在為期10天的影展期間，從機器人到虛擬實境VR、現場實況等，為敘事者開拓出各種新的表現，讓觀眾有耳目一新的全新體驗。

互動式能賦予紀錄片什麼？

互動式最棒的地方，就在於體驗者自身能成為主體，卡斯帕先生說。它主要的目的，不只讓使用者體驗虛擬3D空間，還能隨著故事情節發展去解謎，最後獲得「極具價值」的特別體驗。「例如凱特琳娜・席傑（Katerina Cizek）與加拿大國家電影局製作以高樓大廈住宅生活歷史為主題的《Highrise》（highrise.nfb.ca），以及Skindeep的｛The And｝計畫（www.theand.us），能讓大家進一步思考現代社會中人與人之間的關係。」

《Highrise》導演：Katerina Cizek http://highrise.nfb.ca

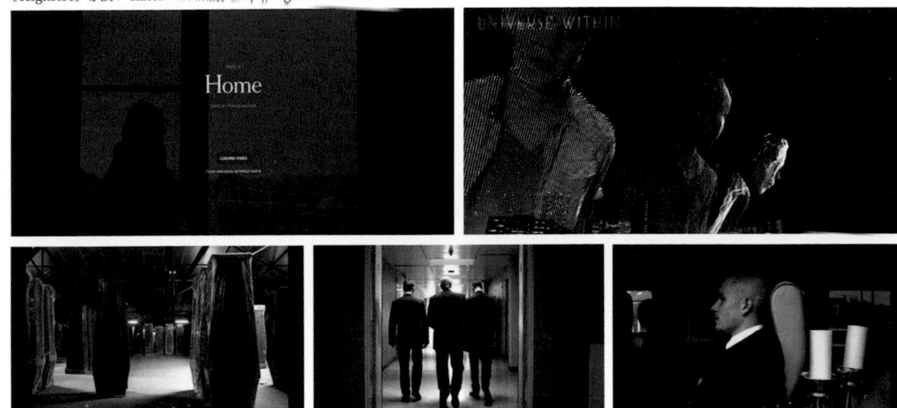

《Thanatorama》導演：Ana Maria de Jésus http://thanatorama.com/

互動式與「鹽」非常相似

「正如料理時只要加一點提味，就會變得非常美味。比方說，iPad專用的應用程式《Alma, a Tale of Violence》就是非常經典的互動式紀錄片。只要手指輕輕一滑，故事就會往下發展。藉由體驗者把自己『編輯』進影片裡，便能沉浸於它的世界。如果有人開始對著鏡頭說起難以忍受的事情時，只要手指輕輕一滑，就能切換其他影像，這與一般的影片非常不同。」那麼相反地，採用互動性更高的作品又有什麼特點呢？「2006年，Sep Kamvar與喬納森・哈里斯（Jonathan Harris）合作的《We Feel Fine》（wefeelfine.org）作品，則透過線上蒐集幾千人的個人故事，以日曆格式整理出每一種情感，這項計畫能讓大家深入地探索人們情感的各種樣貌。」

非人時代的人文主義意義

過去，網際網路只是單純地被當成工具，沒有人想過它能表現出人與人之間的關係或者藝術，卡斯帕先生說。「因此，戈蘭・萊文（Golan Levin）在IDFA發表作品——表現『愛』的《The Dumpster》，以及表現『死亡』的《Thanatorama》。他偏好將新

「Robots in Residence」創作：Alexander Reben https://www.doclab.org/2012/robots-in-residence

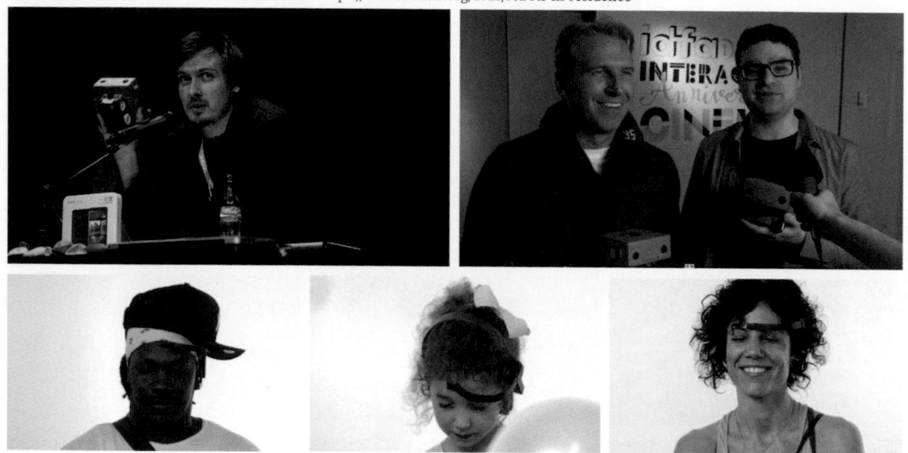

《Emotional Arcade》導演：Brent Hoff, Alexander Reben http://www.emotionalarca

技術運用在能夠體驗人類情感的平臺上，藉此探索各種情感的表達。」後來iPhone問世，革命速度更加驚人，虛擬實境、擴增實境等侵襲性強的媒體相繼出現，再加上機器學習與生物辨識等技術，數位與現實世界的界線越來越模糊。卡斯帕先生說，亞歷山大·雷本（Alexander Reben）發表以可愛機器人完成的互動式紀錄片——《Robots in Residence》，以及Brent Hoff發表的《Emotional Arcade》等，這些作品的出現，並不是對科技世界發出反烏托邦式的訊息，而是使大家思考，今後我們該如何面對非人類的數位真實世界，以及應採取什麼行動。「這些作品運用了人臉辨識系統、分析腦波裝置、機器學習……等技術，產生了連藝術家都無法想像的各種結果，它能夠成為人類的參考，以因應現代社會越來越發達的尖端科技，這一點也唯有透過互動式紀錄片的手法才得以實現。」卡斯帕先生說。就像過去人類首次接觸到「速食」一樣，既便宜又好吃，然而帶來方便快速的同時，卻也令人擔心成癮與健康的問題。卡斯帕先生指出，現在正是我們思考問題的時刻——透過這些互動

(左)「DocLab Live: Bloodless – Guided by the Ghost of a Korean Sex Worker」導演：Gina Kim https://www.doclab.org/2017/bloodless
(右)《Notes on Blindness VR》導演：Arnaud Colinart, Amaury La Burthe, Peter Middleton, James Spinney https://www.doclab.org/2016/notes-on-blindness-vr

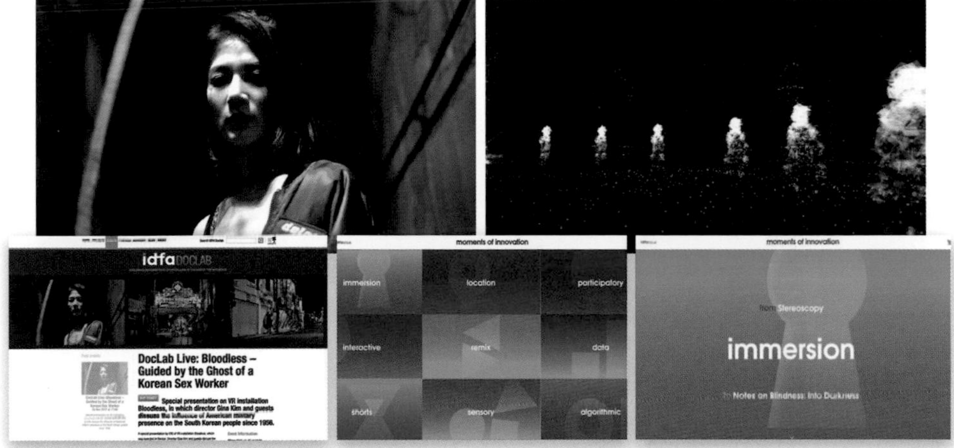

(左)IDFA DocLab官網 https://www.doclab.org
(中)MIT Open DocLab官網 https://momentsofinnovation.mit.edu
(右)MIT Open DocLab 官網 https://momentsofinnovation.mit.edu/immersion

式紀錄片，尖端科技到底能為人類帶來什麼？

IDFA DocLab的未來

2006年起成立的IDFA DocLab迎接了10週年，展開名為「IDFA DocLab Interactive Documentary Canon」的計畫。另外，我們也能在MIT Open DocLab中，了解它從過去到現在的歷史。IDFA DocLab有許多傑出的互動式紀錄片工作者，包括：凱特麗娜・席傑、亞力山大・布拉斯(Alexander Brasch)、馬爾戈・米西卡(Margaux Missika，upian)、喬納森・哈里斯、勞倫・麥卡錫(Lauren McCarthy)等。過去，IDFA DocLab就像班尼頓集團的媒體實驗室「Fabrica」一樣，從世界各地召募了許多有才華的人。卡斯帕先生表示：「日本有瘋狂製作互動式藝術的人才嗎？有沒有人能用新方法說故事呢？我很想看到互動式紀錄片的新表現，如果有藝術家能夠自由地玩藝術、真實與科技，請務必介紹這些人讓我認識。」

台灣國際紀錄片影展（TIDF）

臺灣新生代紀錄片工作者的挑戰，追求自由表現的紀錄片影展

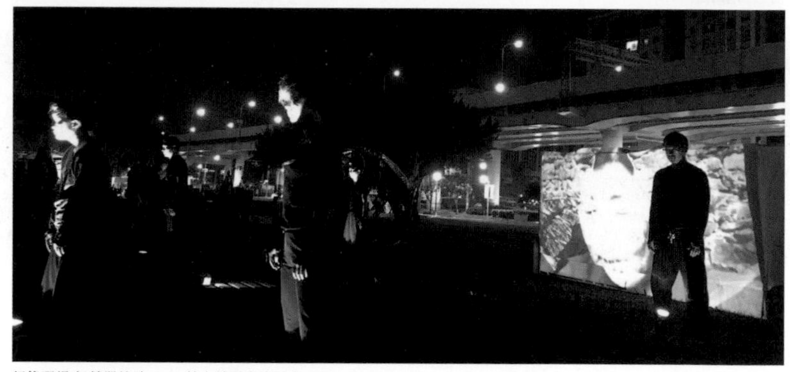

紀錄現場 無菜單放映@120 華山草原自治區（2018.05.10）

臺灣國家的紀錄片產業，雖然稱不上十分成熟，卻比任何國家更大膽地追求激進表現，這也正是台灣國際紀錄片影展（TIDF）的特色。最大的魅力之一，就是擁有豐富的單元項目，以跨平臺的媒體為基礎，含括了藝術、時尚，甚至音樂，藉由多元化的類型，創造更多表現的可能性，以及擴大紀錄片的定義。在這些藝術表現之中，值得大家去探索「紀錄片」的其中精髓。在本章節中，我們將採訪TIDF一位非常年輕的策展人林木材先生，了解臺灣紀錄片工作者在紀錄片上表現出的多元樣貌。

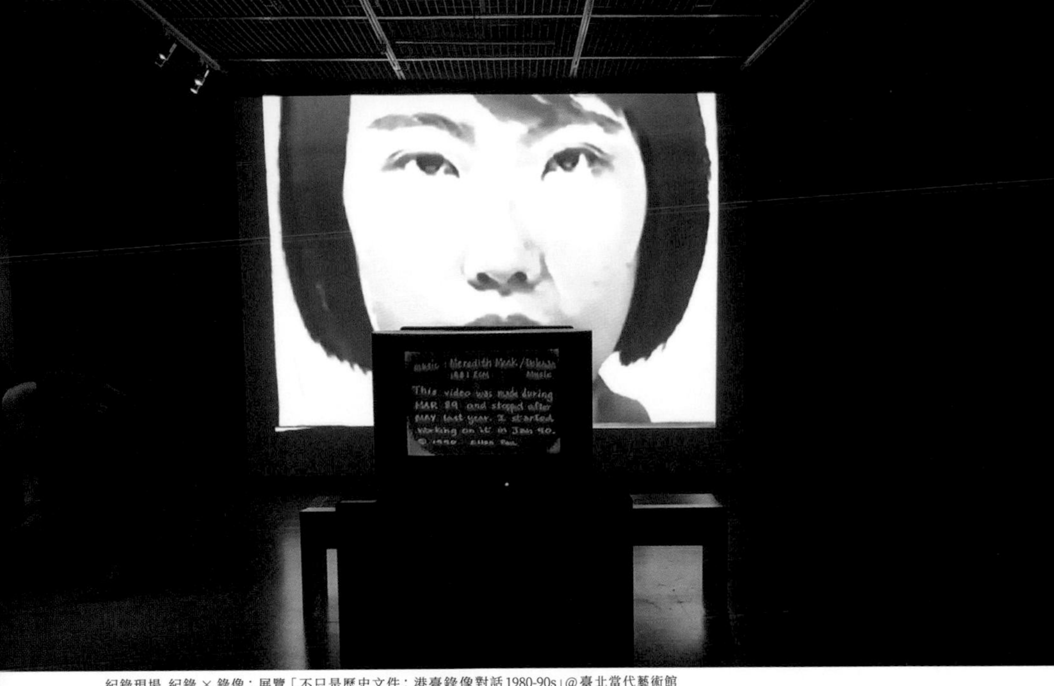

紀錄現場 紀錄 × 錄像：展覽「不只是歷史文件：港臺錄像對話 1980-90s」@臺北當代藝術館

思考「真實與我們的關係」

1998年開始，每2年（偶數年）舉辦一次的台灣國際紀錄片影展，最大的使命是將世界上優異的紀錄片介紹給臺灣觀眾。自2013年起，文化部正式將TIDF委由國家電影中心（Taiwan Film Institute）籌辦。經過多年後，TIDF在紀錄片文化發展上，扮演著極為重要的角色，目前著重於華語／臺語圈、東南亞地區，打造獨立紀錄片的平臺，期許能重新發現臺灣紀錄片的文化，不斷地追求發展。TIDF的理念始終如一，同時也是思考「真實與我們的關係」的重要場域。策展人林木材先生表示，所謂紀錄片，不只是指電影類型，更重要的是它的精神性。「重點在於，當一部紀錄片作品以嶄新的表現手法完成，若觀眾以一般看紀錄片的習慣去思考內容，可能會覺得太抽象或太藝術。但儘管如此，我還是希望觀眾能看到最後結束。因為這些影像的呈現，都與歷史、政治，以及我們居住的世界有著密切關係。」

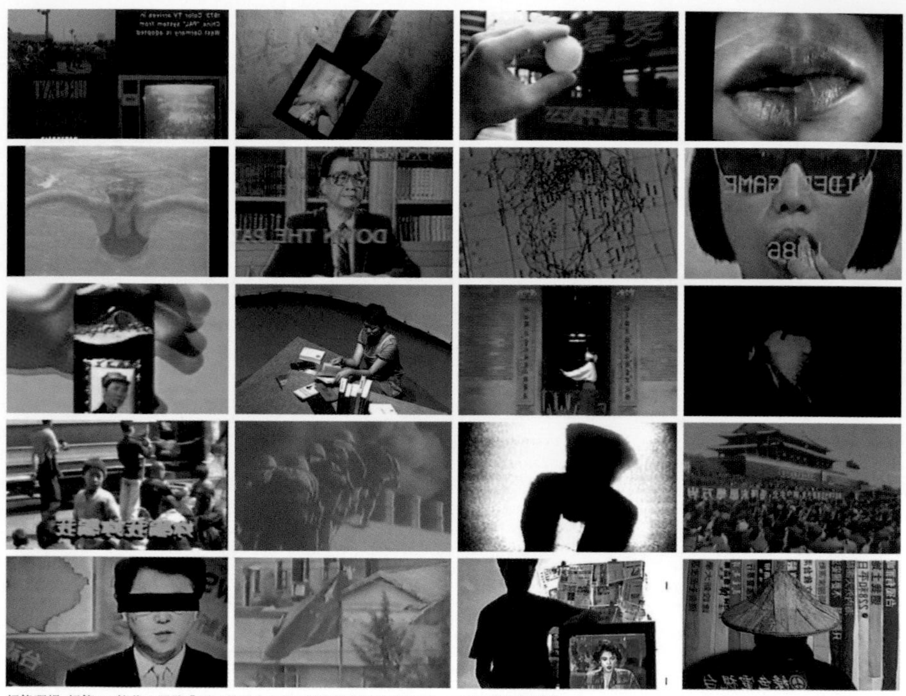

紀錄現場 紀錄 × 錄像：展覽「不只是歷史文件：港臺錄像對話 1980-90s」@臺北當代藝術館

將變化帶進緩慢的表現之中，藉此解放思考

TIDF自2014年起，喊出「再見・真實Re-counter Reality」的口號作為核心精神。若仔細端詳便能明白，其中使用的漢字具有雙關意思。在華語圈裡，「再見」具有「告別」與「再次見到」兩種意思。因此，TIDF提出的「再見・真實」，無非是希望每一位觀眾看了紀錄片，都能開啟自己世界的獨特視野，以及對真實的想像，林先生說：「影展上映的單元確實非常重要。但除此之外，TIDF的工作人員還策畫了許多令人耳目一新的節目單元。其目的在於，希望大家能思考紀錄片的意義與歷史，並且一起互相討論。不過，這樣做並非以評論紀錄片為目的，而是希望把一些變化或多元化的類型，放進原本就趨向緩慢節奏的紀錄片

製作之中，藉此讓思考模式得到解放。」在所有的類型中，若都帶著「紀錄片」的精髓，也許就能找出它們的隱喻與精神性。TIDF具有跳脫傳統束縛的態度，只要看各個單元就能立刻明白這一點。其中，包括從錄像藝術到音樂等，這些類型都追求各種可能表現，因此「紀錄現場Doc Cross」的內容極具挑戰性。2018年，TIDF提出的概念是「顛覆人們對紀錄片的思考想像」，這項宣言可說擴展了紀錄片的各種可能與定義。在這項主題下，節目單元包含錄像藝術、實驗電影、紀錄劇場等各種活動類型。「一部優異的紀錄片作品會拋出各式各樣的疑問。其中包括：道德倫理、思考方式，以及全新的世界觀等，紀錄片經常會提出這些問題。如果你認真思考紀錄片的這些提問，就會發現在日常生活中，大家同樣也會遭遇相同的問題。在這一刻，我察覺現實的表現方法有很多種，何不把紀錄片當成一種生活型態去思考呢。」林先生說。接著，他開始關注紀錄片的本質特性。

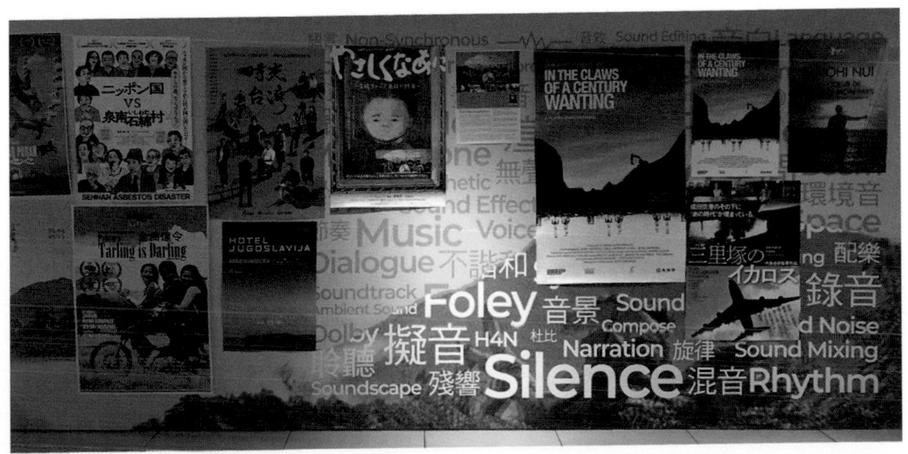

Poster wall of Venues A / B 新光影城

紀錄片對臺灣的歷史、政治訊息，能發揮什麼功能？

2018 TIDF中，有一項獨特的上映單元「(Not) Just a Historical Document: Hong Kong-Taiwan Video Art 1980- 1990s」，中文名稱是「不只是歷史文件：港臺錄像對話1980-90s」。對獨立國家「臺灣」而言，人們有著國家與身分認同的煩惱。因此，在電影製作的意義上，這個單元成為非常好的議題。林先生表示，許多紀錄片導演願意正視政治的問題，拍出不少內容細膩的作品，然而劇情片導演卻不太願意觸碰政治或歷史議題，因此他想要改變臺灣的現況。「我相當感謝這群藝術家，他們以創意呈現出真實。儘管沒有必要把歷史或政治當作議題，但（在臺灣）只要一開始創作，大家都會想透過作品呈現出這些議題。就這層意義而言，這個錄像單元，正是藝術家們能夠自由表現真實的最佳機會。」

回望臺灣紀錄片電影史的新鮮觀點

「臺灣並沒有紀錄片產業。」林先生說，由於沒有電視或電影產業的資金援助，獨立電影導演只能仰賴政府補助金。這種情況對紀錄片電影的製作造成莫大的影響，使得紀錄片導演難以參與、執行龐大計畫，更違論跨國共同製作電影面臨的艱難。「每年在臺灣電影院，上映的紀錄片大約10部，以世界各國的角度去看，這種現象實在極為異常。」因此，在2018年，TIDF舉辦了「臺灣切片｜想像式前衛：1960s的電影實驗」單元。這項調查工作為期2年，總共翻找出1960年代的19部前衛電影，並安排上映時間。其中有兩部作品《今日開幕》（韓湘寧導演）與《現代詩展／1966》（張照堂導演），拍攝完成至今已過50年，終於在今年的TIDF舉行世界首映。另外，牟敦芾導演在TIDF同單元上映的兩部劇情電影《不敢跟你講》與《跑道終點》，是在不停尋找之下發現的作品，同時也是當年疑似被禁止上映的作品。「我們

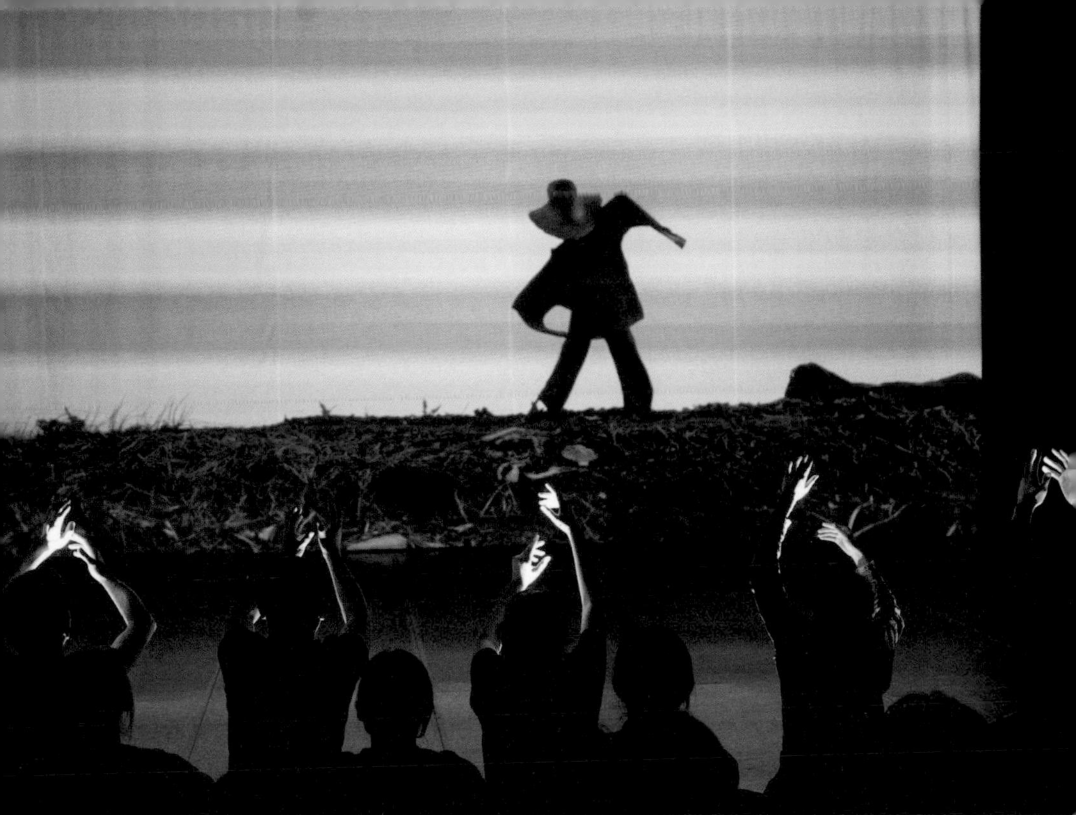

紀錄現場 紀錄 × 劇場 閱讀飢餓@果酒練舞場（2018.05.09）

透過這項單元計畫，得以回望臺灣的電影史，相信能藉此提供新的觀點。由於在尋找電影的過程中，出現了奇蹟與相遇，才能夠實現這麼有趣的單元，這對我來說具有重大的意義。」

林先生表示，紀錄片仍不斷地發展，很不希望再看到禁止上映的情況發生。他非常重視團隊合作，為打造今後更好的臺灣國際影展，持續地提出各種創意、保持全新觀點是相當重要的。「只要你持續把自己置於險境、願意冒險，必然會開創一條新的策展路徑。」林先生留下了這句勉勵的話，為不停尋求突破而努力的新生代紀錄片工作者加油打氣。

藉由新生代紀錄片工作者的力量，再次連結人與社會——影像＋演說的新實驗「Docu Memento」

松井至以「社會邊緣人不為人知的故事」為主題，拍出細膩流暢的影像；內山直樹著迷於人們的「生存」之美，觀眾幾乎能感受到影像中的每一個氣息。他們雖然在紀錄片業界各自努力，卻苦惱著幾乎相同的問題——「為什麼不能直接完整地把真實情況傳播出去？」在東日本大地震時，松井先生製作一部以手語發表證言的紀錄片，提到居住在沿岸地區的聽障人士如何避難。然而，電視臺提出要求：「觀眾大多數都聽得到聲音，所以請幫節目中的聽障人士配音吧。」松井先生覺得莫名其妙。同樣地，內山先生花了一年以上的時間，製作一部戰爭時期被遺留在中國的日本孤兒紀錄片，卻因為「主角不能有前科」的理由，節目內容遭到大幅刪減，他對此感到相當憤怒。於是，他們與志同道合的夥伴組成一個名為「BUG」的團體，希望被攝者、拍攝者、觀眾融為一體，成為一處「為紀錄片而自由上臺發聲的空間」——Docu Memento的活動就此展開。

把紀錄片化為文化！

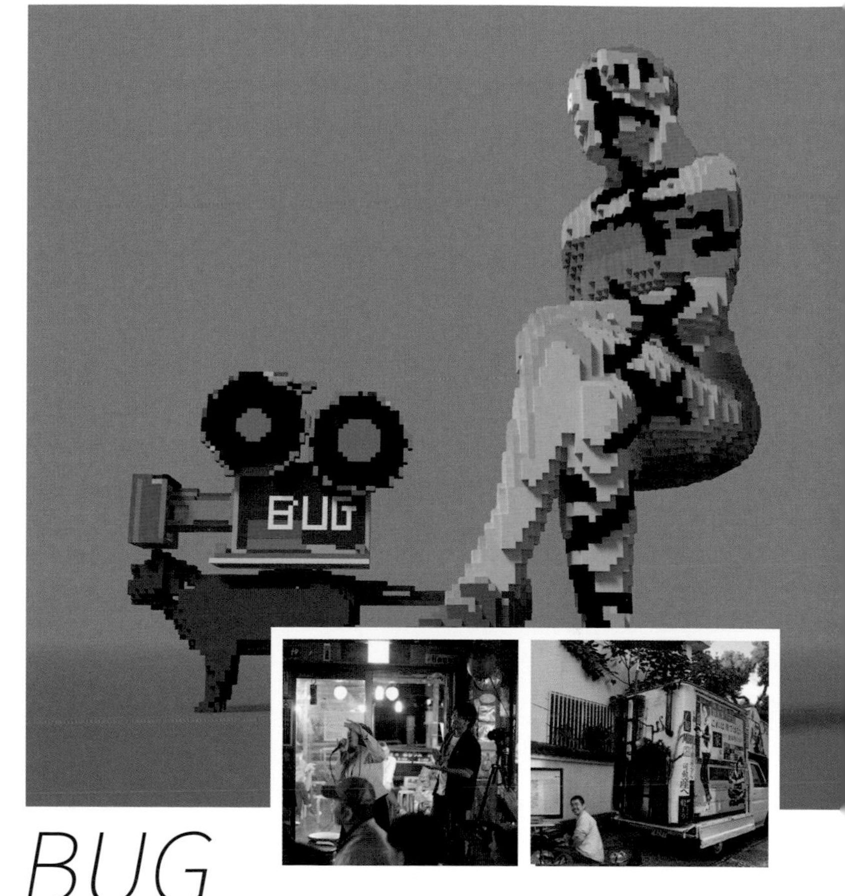

BUG

另類紀錄片工作者團體——BUG

2016年，一群身懷使命感的紀錄片工作者組成BUG團體，創造出屬於自己的文化與空間。他們與設計師、哲學家、編輯者等多元身分的創作者，以充滿趣味獨特的表現形式，共同嘗試將紀錄片與社會重新串聯結合。BUG認為紀錄片也存在於影像之外，因此提出構想，舉辦一項全新的祭典活動Docu Memento。活動邀請被視為社會問題的當事人、分享計畫的紀錄片導演，用自己的語言提出訴求與想法。BUG的負責人為內山直樹與松井至，目前正構思以紀錄片提供協助的社會貢獻型基金。
https://docu-memento.com/

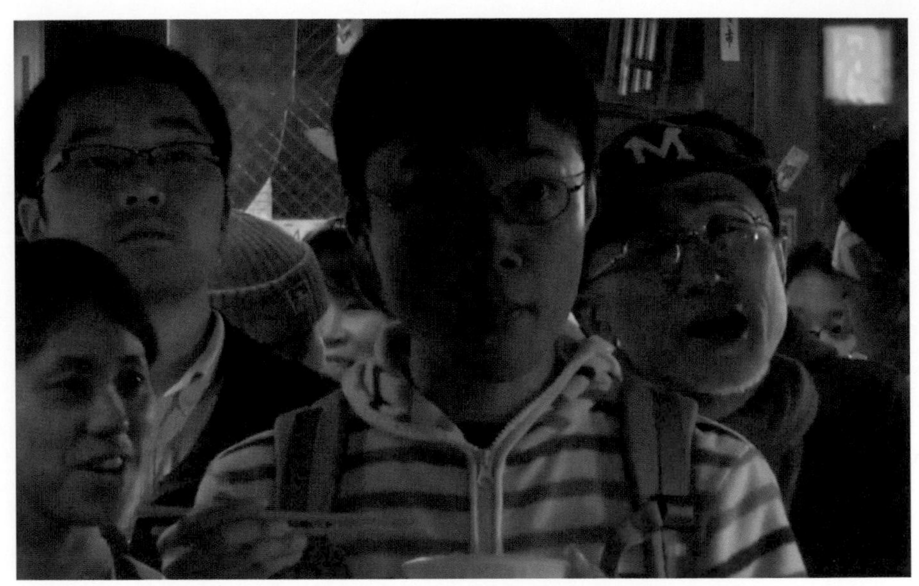

BUG的開始

只要參加祭典活動Docu Memento，就能與從紀錄片中走出來的「真實的人」面對面接觸。舞臺選在品川宿，它從江戶時代開始，就是聞名日本東海道的第一旅店。2017年秋天，由紀錄片工作者組成的BUG團體，選擇在此舉辦活動，希望能擺脫電視臺或電影業界的束縛，將每一個真實的想法傳播出去。BUG成立的契機可回溯至2015年，松井至是發起人之一，當時他正在製作一部NHK東日本大地震的特別節目。當時海嘯逼近，地方政府發布的逃難「警報聲」無法傳達到聽障居民的耳朵裡。因此松井先生拍攝一部以手語發表證言的無聲紀錄片，告訴大眾聽障人士避難的情況。從手語中松井先生感到一種美麗的姿態，想將這樣的畫面直接呈現在觀眾眼前。然而在剪輯階段，節目製作人卻下達「幫他們配音」的指示，理由是觀眾大多受不了節目沒有聲音，按照慣例必須要配音。不過，松井先生主張：「觀眾必須正視它，耐得住沉默無聲的世界，才能明白那一天發生的真實情況。」最後，節目改用手語翻

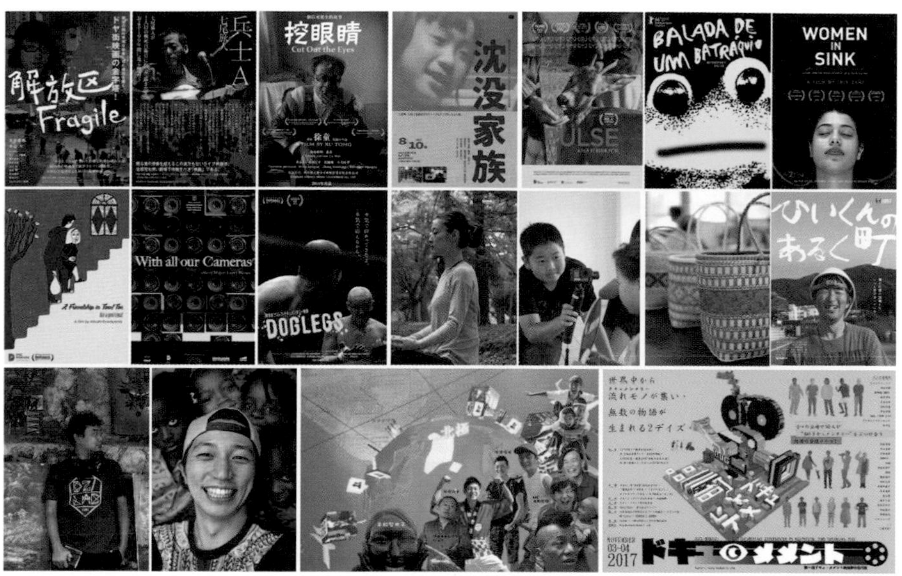

譯與字幕播出，才免去了配音的問題。「無論如何，改變主體——聽障者的聲音，我無法接受。無法忠實呈現當下，本身就是一種歧視，我絕對不妥協。」松井先生回顧當時，依然覺得上字幕播出，不足以完全表現當時的情況。除了對電視臺不想播出真實的聲音感到困惑，一想到未來人生幾十年，還要繼續相同的導演工作，更是產生極度厭煩的感覺。就在同一時期，內山直樹也面臨了進退兩難的局面。他製作一部被遺留在中國的第三代日本孤兒，回憶苦難的歲月，最後於80年代回到日本祖國的100分鐘紀錄片。然而，在長時間的拍攝下，由於主角汪楠（與同為日本孤兒身分的繼母一起於1986年回歸日本）自曝過去身分，造成內山先生與電視臺出現嚴重的對立。因為汪楠是中國幫派組織「怒羅權」的創始者之一，於2014年從監牢出獄，電視臺認為「不能站在有前科的人身邊，並播出他談論的內容」，迫使他的鏡頭遭到大幅刪減。「我想描述汪先生為何成立幫派的過程與原因，以及他眼中的日本社會樣貌。他明明毫不隱諱地揭露自己過去犯罪的歷史，電視臺卻畏懼外界

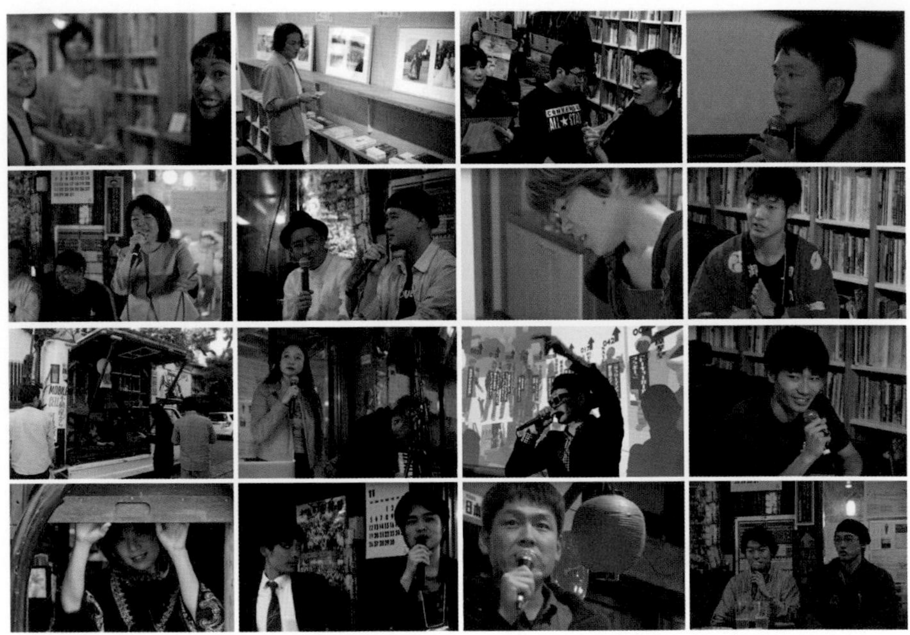

的譴責，以東刪西減的方式完成紀錄片。只顧及組織與製作規定，才是最傷害拍攝對象的做法。我實在無法認同這件事，後來在橫濱市的一間教堂，完整地播放這部紀錄片，毫無顧忌地傳達出身為製作人的初衷。觀眾是協助更生人的志工團體，雖然都是上了年紀的爺爺奶奶，但他們卻對我表達：『真有你的，拍出了這麼一部好紀錄片！』我覺得這群人的迴響，反映出了內心的真實想法。」由於這個時期的覺悟與憤怒，讓他們摸索出一條有別於電視產業的道路，因此最後創立了BUG，不再受限於各種規定，汪楠的影片，可說促成了2017年展開的Docu Memento活動。

登臺的發現——從紀錄片之夜到Docu Memento

2016年4月，他們舉行一場名為「紀錄片之夜in秋葉原」的活動，聚集了一群義憤填膺的導演，互相討論對紀錄片的理念。每個人帶著數分鐘的紀錄片影片，分享平時無法在電視上播出的內容，一同思考紀錄片表現的各種可能，熱情的討論聲此起彼落。當時，在本書中介紹的太田信吾（《特許時間的終了》）與奧間勝也（《拉達克：每一個故事》）也現身其中，這項活動在社群網站上宣布不過一週，參加的人數竟然超過50名。

過了半年，9月他們於池袋一間由廢校國小改造成「未來館（舊校名：大明小學）」的圖書咖啡空間，舉行第2回的活動「紀錄片之夜in池袋」。這回，他們第一次挑戰「登臺」活動。參加者各自攜帶企畫或影片，上臺細說作品中的登場人物或相關內容。據悉，當事人直接登臺講述，能夠把原本透過鏡頭間接感受到的紀錄片，讓觀眾從內側的角度，直接感受登臺者描述的內容。內山先生在臺上發表了一部「限界集落紀錄片」，點出偏鄉地區人口高齡化的嚴重問題，他提出訴求——大家不應只在狹隘的產業中製造作品，必須放下身段與頭銜，以個人立場直接參與社會並且產生連結。本書中曾介紹過的竹岡寬俊、關強與米本直樹也參加了這次的活動。關強甚至表達感想：「第一次看到這麼多人聚在一起，如此明確地說出心中的想法，完全不像日本人呢。」接下來，隨著每個月一次的聚會活動，這個團體逐漸擴地大，在不知不覺中，他們興起了「在社會中發起BUG」的念頭，因此把團體的名稱取為BUG。恰巧就在此時，經常往來東京與山形兩地、經營蔬果店的鬼武先生提議：「我在販賣蔬菜時認識品川宿地區的朋友，要不要打造一處能夠探討紀錄片的空間呢？」過去，品川宿有許多賭場與風化場所，曾經是法外之徒最愛的熱鬧地區。BUG的成員們對這裡產生一種親切感，挑選了明治時期的百年古厝「租賃空間松本」（Rental Space松本），大家每晚在此聚集，帶著自己的影像作品互相討論。這裡的居民總是充滿好奇心，看著BUG「又開始在做什麼事了」。在BUG與居民溝通說明下，松井先生希望在這個沒有劇場的地區，能夠借助並發揮當地的活力，打造一個能體驗紀錄片的場所。接著，在2017年8月，品川宿的屋形船碼頭「一龍屋台村」舉行「BUG之夜」，活動結果相當成功。同年11月，BUG更是一鼓作氣，在品川宿整個地區，舉辦多場紀錄片的盛大祭典活動Docu Memento——由Documentary與Memento mori（拉丁語：記得你終將一死）的自創組合字。這項活動透過品川宿當地人的牽線，結合了古厝、寺廟、居酒屋與咖啡館等空間作為舞臺，合計有24名成員，展開各式各樣的登臺活動，包括：遭遇巴黎連續恐怖攻擊的劇團團員、懷抱目標展開世界旅行的旅人、聽見聾者攝影師唱出真實之歌的電影導演、提供非洲孩子們看免費電影的慈善活動家等，成為各個活動當事人與觀眾一起共享的空間。「我認為在影像的另一端，呈現出另一個不同的人生，觀眾得以感受紀錄片的強大力量。任何人都能自由參加活動，觀眾直接與登臺者或紀錄片工作者面對面接觸。在如此輕鬆自在的飲食空間，透過登臺彼此互動，我覺得是相當民主的做法。」在這兩天的活動裡，總計約有600人參加。

被攝者與觀眾共享同一個空間

登臺是Docu Memento的最大特色。然而，它與世界各地紀錄片論壇中舉行的「提案大會」有何不同呢？松井先生表示：「世界上開始出現提案大會，迄今約30年左右。為了提案成功、獲得電影製作公司青睞，一定有所謂的致勝訣竅，需要擬定策略。無論走到哪一個論壇，我看到的都是缺乏資金的製片人，希望媒體巨擘能買下提案企畫的固定模式。然而，我們真正想做的並不是這種商業行為，而是打造一個任何人都能參加的空間。紀錄片與劇情片不同，因為在紀錄片中登場角色的人生還會繼續下去。在這個空間裡，我們可以聽到他們真實的聲音，甚至還能與他們交談。比方說，從12樓一躍而下，企圖自殺而存活下來的MOCA登臺訴說自己的故事，勾起了臺下一位觀眾的回憶，開始談論過去好朋友自殺的往事。我們活在同一個時代，一個人驚訝於另一個人的行動，進而產生同理心，把別人的事當作自己的事，我認為這正是紀錄片強大的地方。」接著，內山先生繼續說：「影像能夠強化當事人的故事，使其濃縮而變得更清晰可見。我認為除了論壇、電視與電影院以外，運用紀錄片去協助社會與個人的方法實在多到數不清。Docu Memento打破了紀錄片的既定框架，從影片中解放。過去，這些不了解紀錄片的人，由於現在他們的積極參與，我相信大家一定能創造出更多新計畫，擔起Docu Memento平臺的重責大任。」

期盼打造一個感受他人溫度的場域

2018 年，在Docu Memento的活動內容中，有一項「移民卡拉OK」的企畫：在卡拉OK聚集一群人——二戰時期的遺華日僑婦女第二代、中國出身的朝鮮族女性——唱著勉勵人生的歌曲。Docu Memento的成員認為，住在附近的移民們齊聚一堂，透過這項大眾喜愛的卡拉OK娛樂活動，若能引起大家的共鳴，一定能夠帶動日趨冷漠的日本人跨越種族藩籬，進一步拉近人與人之間的距離。內山先生表示：「我認為，由於紀錄片工作者對他人產生好奇心與同理心，因此會想花時間把感覺到的『真實事物』記錄下來。但是，這項工作的成效其實非常差，這些活動結束之後的發展，根本沒有一個人知道，如同執行一項隨時告終的計畫，就某種程度來說，它就形同賭博一樣。」松井先生接著表示：「我認為，所謂的紀錄片工作者，必須竭盡全力地去觀看另一個人的人生。在日常生活中，無論是誰都會扮演自己度過每一刻，包括：工作時、和女兒玩耍時，根據不同的場合與對象，會有不同的詮釋，這些行為代表著自己真實存在的意義。若能仔細觀察每一個人的人生細節，一定能藉此找到解讀社會的線索。例如，從外人的角度看待自殺，不應以善惡去論斷，倘若能從自殺者的精神層面去思考，或許就能得知其中原因。澈底地觀察一個人，自然會打破拍攝者的預設立場，得以看見他人的世界。我希望能與大家分享這一個瞬間。我們必須先體認到『世界比我們想像中還要複雜』這一點，才會出現希望，接著發揮想像力，共同期待變化產生，進而感受他人的溫度。對於拍攝紀錄片以及打造登臺的空間，我都是抱持著相同的信念。」在東京的某個角落，曾經停滯不前的他們，從小小的火種開始生火，逐漸成為溫暖旁人的營火。他們因接納其他人而成長，他們的眼光將連結個體與社會，形成良性的循環。欲知他們的未來，請移駕到這一個為所有人敞開大門的空間吧。

負責紀錄片文化雜誌《neoneo》的金子遊，企畫全新的紀錄片祭典——「東京紀錄片影展」

金子遊以獨樹一幟的風格，大膽地針對影像表現進行脈絡化的評論。他在20多歲時開始世界旅行，並從事電影評論與電視廣播節目的企畫、編排工作。後來，以自行拍攝的實驗電影《在漆黑的宇宙中》（ぬばたまの宇宙の闇に）榮獲奈良前衛電影展首獎；如散文般的論述紀錄片電影《貝爾格勒1999》（ベオグラード1999）是首次在電影院上映的作品。原本以為他會專注於電影導演的工作，但正因為對電影與生俱來的熱情，使他在電影評論領域中同樣嶄露頭角。他以《奪回批評：松男政男論》（批評の奪還 松田政男論）獲得電影藝術評論獎（映画芸術評論賞）；《弧狀的諸島：蘇古諾夫與涅夫斯基》（弧状の島々ソクーロフとネフスキー）獲得三田文學新人獎（評論部門）；著作《影像的境域》（映像の境域）獲得三得利學藝獎（藝術／文學）。之後，他長期進行影像研究的工作，負責編輯紀錄片文化雜誌《neoneo》。我們將在本章請教金子遊先生，日本現存唯一的紀錄片專業雜誌《neoneo》未來將會如何發展？金子先生與夥伴們的「東京紀錄片影展」又是什麼計畫呢？

只要有人指稱，那就是紀錄片了

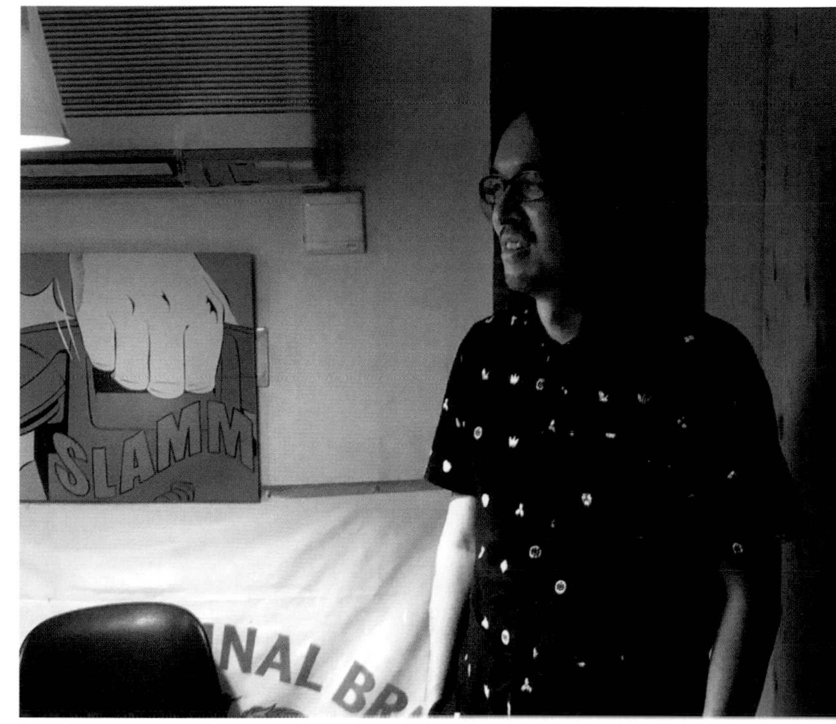

Yu Kaneko

評論家／影像創作者 金子遊

紀錄片文化雜誌《neoneo》編輯委員。東京紀錄片影展策展人。以《奪回批評：松男政男論》獲得電影藝術評論獎佳作（映画芸術評論賞）；《弧狀的諸島：蘇古諾夫與涅夫斯基》獲得三田文學新人獎（評論部門）。另有多部著作《邊境的民俗》（辺境のフォークロア）、《異境的文學》（異境の文学）、《影像的境域：藝術電影／世界電影》（映像の境域 アートフィルム／ワールドシネマ）、《紀錄片電影術》（ドキュメンタリー映画術），並以《影像的境域：藝術電影／世界電影》獲得第39屆三得利學藝獎（藝術／文學）。此外，共同著作有《亞洲：電影森林》（アジア 映画の森）、《亞洲電影看世界》（アジア映画で〈世界〉を見る）、《反對愛奴族否定論》（アイヌ民族否定論に抗する）等。院線公開上映紀錄片電影有《貝爾格勒1999》、《宗男主義：愛與狂騷的13天》（ムネオイズム～愛と狂騒の13日間～）、《帝國：打造戰爭的方法》（インペリアル 戦争のつくり方）等。

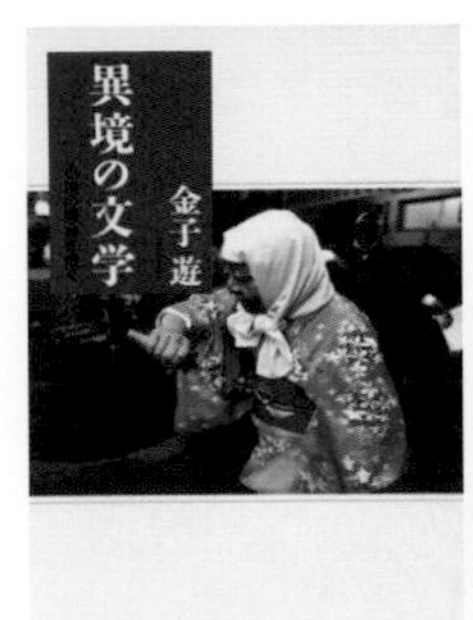

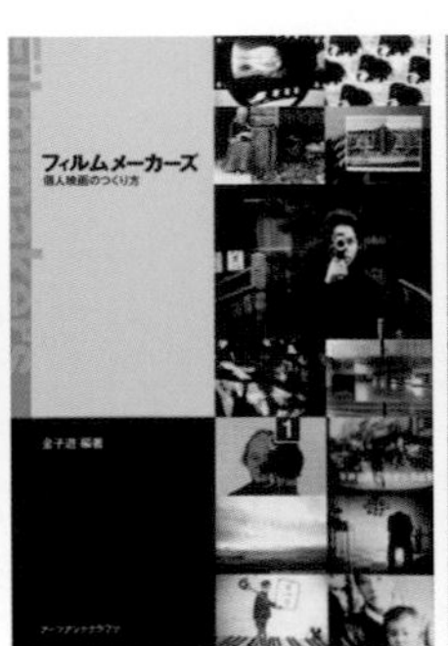

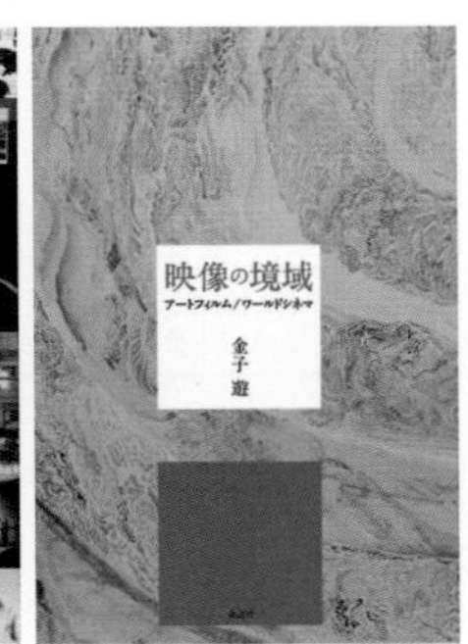

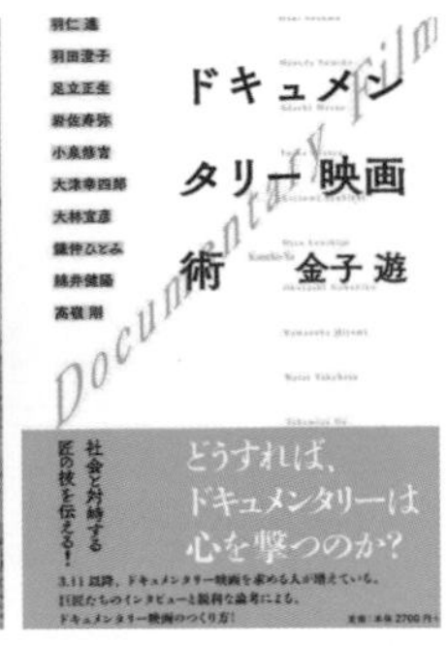

（左起）《異境的文學——踏上小說的舞臺》（異境の文学—小説の舞台を歩く，出版：ARTS AND CRAFTS）
《電影製作：一個人拍電影的方法》（フィルムメーカーズ 個人映画のつくり方，出版：ARTS AND CRAFTS）
《影像的境域：藝術電影／世界電影》（出版：森話社）
《紀錄片電影術》（出版：論創社）

對喬納斯・梅卡斯產生的共鳴

金子遊先生非常崇拜美國第一本另類報紙《村聲》（*The Village Voice*）撰文的專欄作家喬納斯・梅卡斯，非常認同喬納斯理論中的實踐主義。「喬納斯邊寫專欄，同時還策畫電影放映會。他是帶動美國地下電影的推手之一，趁著周遭大家興頭正熱時，心想不如也來嘗試製作實驗電影，於是開始拍攝電影日記，記錄自己身邊的日常生活。其中還包括了約翰・藍儂、小野洋子、安迪・沃荷。」金子先生迷上實驗電影，完成作品《在漆黑的宇宙中》之後，在訪問松本俊夫等電影大師的過程中，成為了一流的影評人。由於他對紀錄片同樣傾注熱情，因此才會成為一流的專家。「去年，我和森達也先生對談時，他還開玩笑說，現在已經找不到像金子先生這樣看紀錄片的人了（笑）。」

有人指稱，便是紀錄片

在電影巨匠小川紳介的時代，儘管當時紀錄片的業界一切以導演至上，但仍然無法完全表現出紀錄片的多樣性。「我認為不只是優秀導演拍攝的作品，即便是自拍紀錄片、花一輩子時間完成的一部作品、電視上的自然生態紀錄片，甚至連音樂錄影帶導演拍出充滿格調的5分鐘影片，也不能說它不是紀錄片。」金子先生定義的紀錄

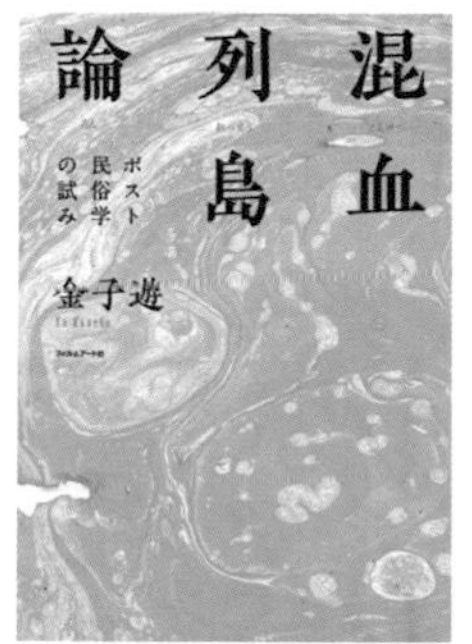

《混血列島論》(出版：Film Art, Inc)

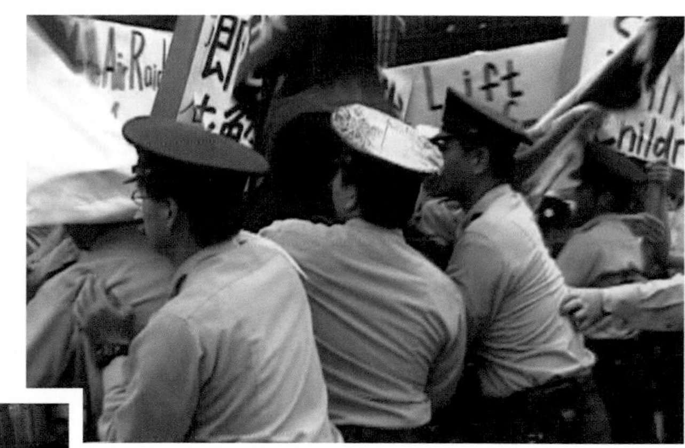

《貝爾格勒1999》(日本／2009／導演：金子遊)

片其實非常明確。他接著說：「只要本人主張自己的作品是紀錄片，那就是一部紀錄片。另外，如果有人指稱一部作品是紀錄片，那它也會成為一部紀錄片。」在金子先生任教的大學中，學生們製作許多獨特影片上傳到YouTube，其中不少影片掀起了流行話題。「其實這是教學上重要的一環，學生以拍攝紀錄片的方式，把各種影片定義為紀錄片，藉此讓紀錄片的類型更多元化。一般人以為紀錄片只會出現在電視節目與電影院裡，因此我認為有必要廣為宣傳，讓大眾明白紀錄片不僅如此，任何出現在不同平臺的影片都可以是紀錄片。」金子先生表示，從事影展或影評雜誌的專業人士具有舉足輕重的影響力，希望他們能夠接受紀錄片更豐富的多樣性，這是非常重要的事情。

雜誌《neoneo》的展開，以及對紀錄片的理念

《neoneo》雜誌是提供紀錄片第一手報導的電子雜誌，最初由曾任職於小川紳介製片公司的製片人伏屋博雄先生成立，後來於2012年3月，加入了電影製片人大澤一生先生、影評人萩野亮先生、劇作

家若木康輔先生，以及金子遊先生等成員，並改為每年發行2次的實體書。金子先生表示：「我們與過去的成員——原一男先生、松江先生、想田先生與森達也先生等活躍在紀錄片最前線的導演們不同，我們只是初出茅廬的團體，大家的手都緊抓著紀錄片產業不放（笑）。我們各有不同的工作，包括：電影發行、宣傳、影評等。我們認為，倘若能成立團體，一定可以活絡紀錄片產業，於是在這樣的信念下，聚集了大家的力量，齊心協力推展活動。」山形國際紀錄片影展是日本紀錄片業界中的代表權威，往好的方面想，大家能夠互相刺激，同時成為一個報導電視、劇場、攝影與藝術作品的媒體，這是當初《neoneo》的創刊目的。「但經過冷靜思考後，我發現《neoneo》都離不開電影的相關話題，這是必須反省的地方。」金子先生一行人不僅出版書籍、撰寫文章，除了個人表現以外，更希望這種努力不懈揮汗的義工志業，能夠活絡紀錄片的全體產業。據說，這些努力的結果，全部都回報到他們的身上了。金子先生表示：「也就是說，最後大家似乎都認為我們是紀錄片的專家吧。」

開啟另一個平臺——東京紀錄片影展

1989年開始的YIDFF山形國際紀錄片影展，在2019年將屆滿30週年。金子先生表示，這項國際影展把亞洲電影導演推向世界舞臺的功能已經告一段落。「因為全世界還有IDFA荷蘭阿姆斯特丹紀錄片國際影展，以及Hot Docs加拿大國際紀錄片影展，甚至連臺灣也都舉辦得相當盛大，山形國際紀錄片影展不再是亞洲唯一的重心。雖然我撰寫的一部短片劇本在YIDFF上映，也參加過影展論壇，但我還是認為，今後我們應介紹更多日本國內的紀錄片作品才對。」另外，經常為是枝裕和導演拍攝作品的攝影師山崎裕先生，大約在10年前策畫了「座・高円寺紀錄片影展」（座・高円寺ドキュメンタリーフェスティバル）。這項影展以名人選片的方式進行，競賽作品的上映次數也受到限制。金子先生思考，倘若由《neoneo》舉辦，會不會打造出一個更開放的紀錄片影展呢？「我想要在東京

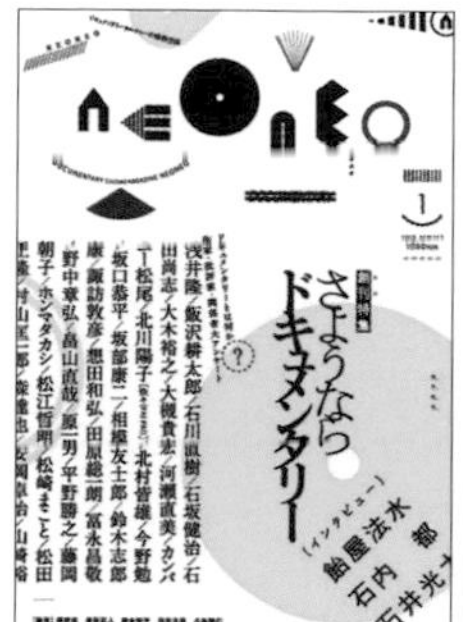

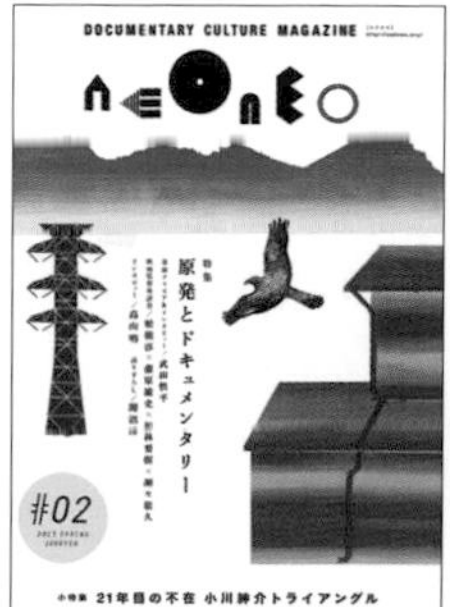

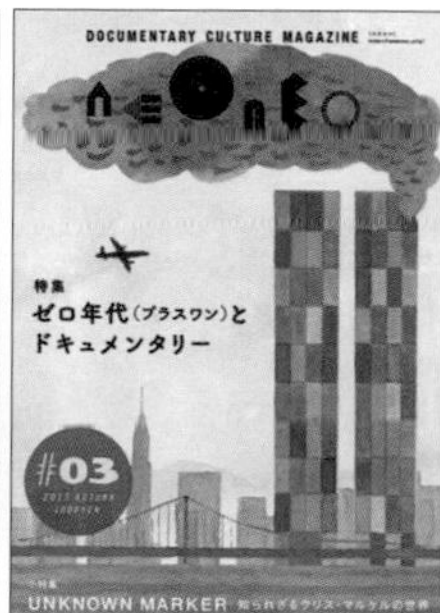

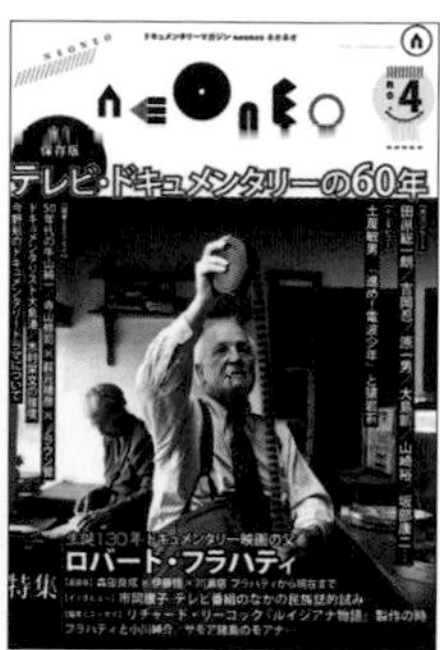

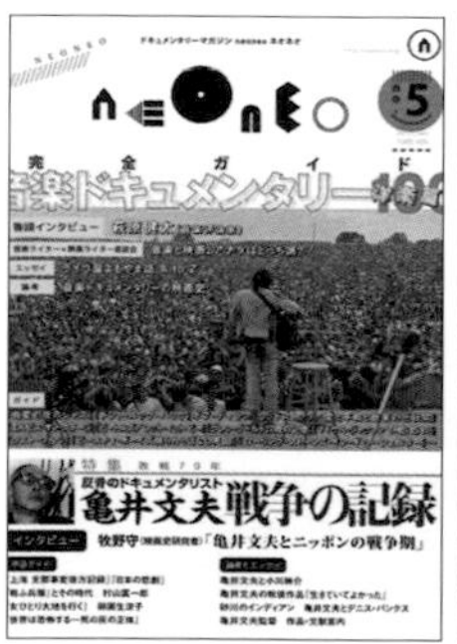

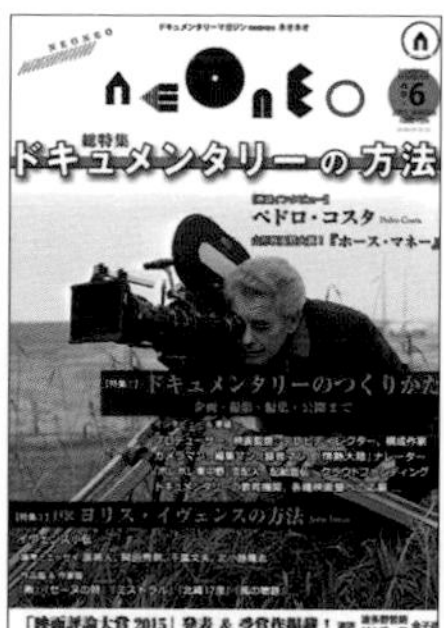

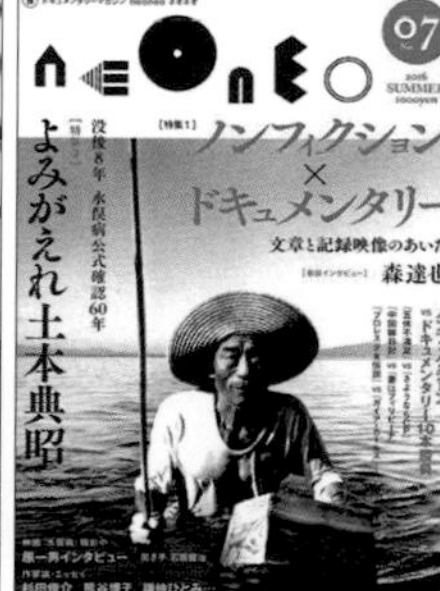

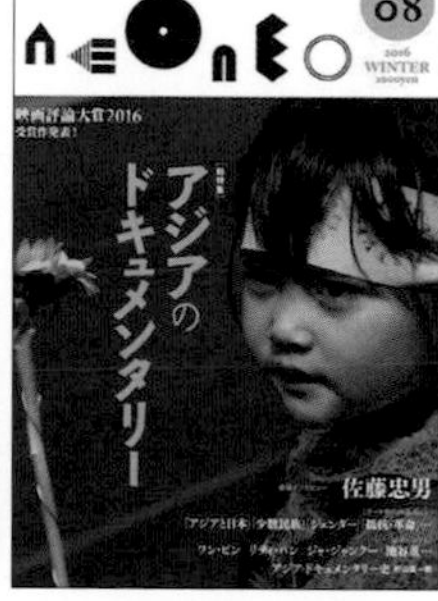

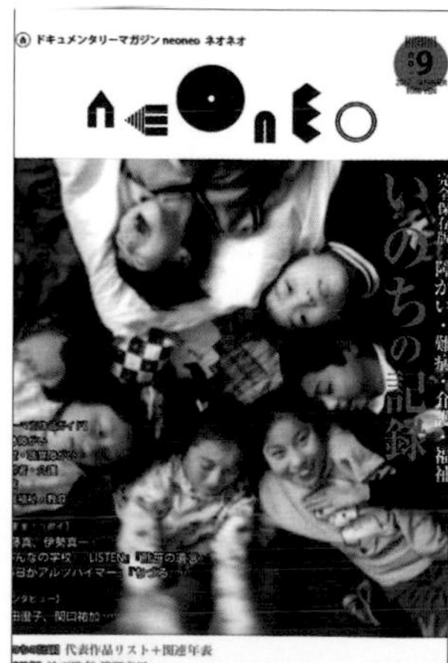

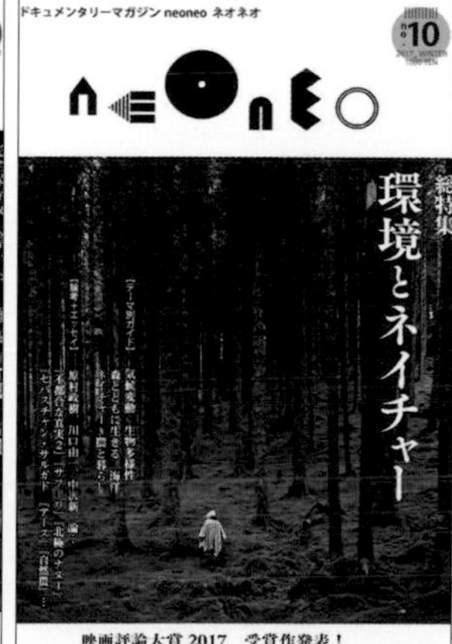

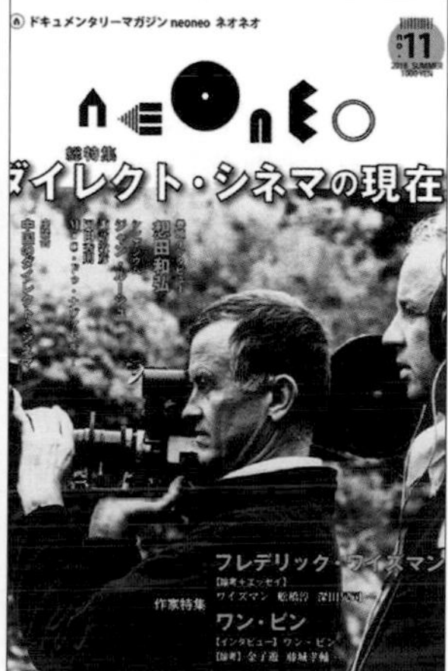

紀錄片文化雜誌《neoneo》01 至 11 期（出版：*nconeo* 編輯室）

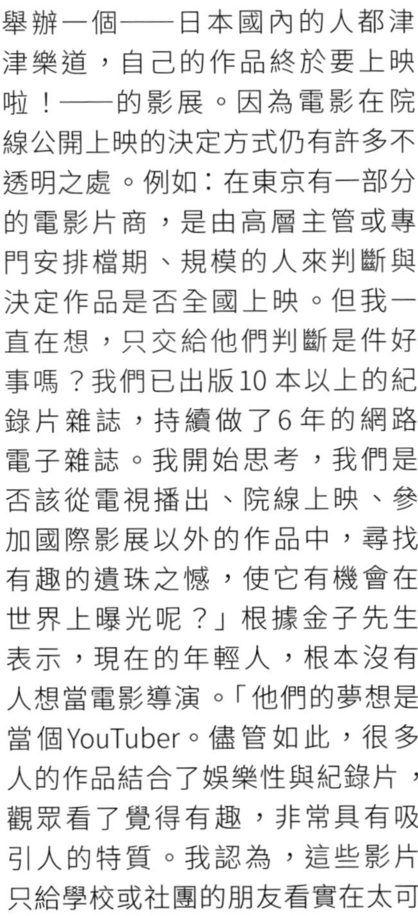

舉辦一個——日本國內的人都津津樂道，自己的作品終於要上映啦！——的影展。因為電影在院線公開上映的決定方式仍有許多不透明之處。例如：在東京有一部分的電影片商，是由高層主管或專門安排檔期、規模的人來判斷與決定作品是否全國上映。但我一直在想，只交給他們判斷是件好事嗎？我們已出版10本以上的紀錄片雜誌，持續做了6年的網路電子雜誌。我開始思考，我們是否該從電視播出、院線上映、參加國際影展以外的作品中，尋找有趣的遺珠之憾，使它有機會在世界上曝光呢？」根據金子先生表示，現在的年輕人，根本沒有人想當電影導演。「他們的夢想是當個YouTuber。儘管如此，很多人的作品結合了娛樂性與紀錄片，觀眾看了覺得有趣，非常具有吸引人的特質。我認為，這些影片只給學校或社團的朋友看實在太可

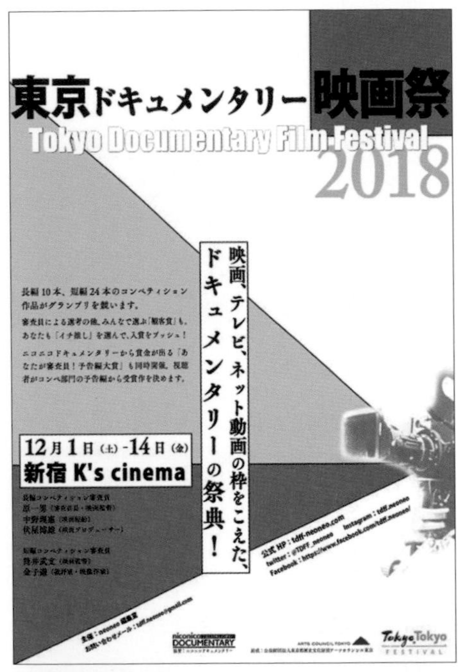

東京紀錄片影展2018 傳單

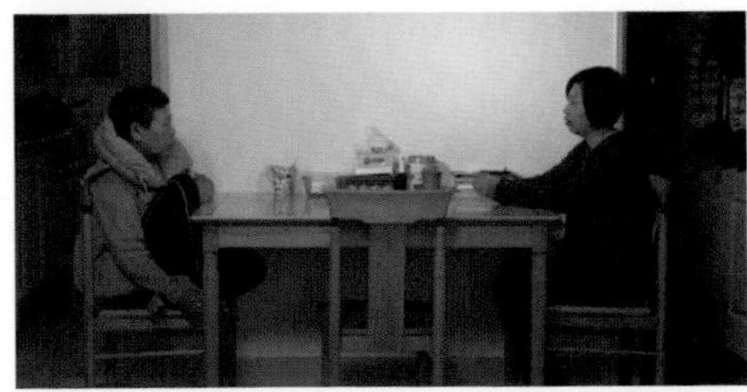
《日常對話》（臺灣／2017／89分／導演：黃惠偵）

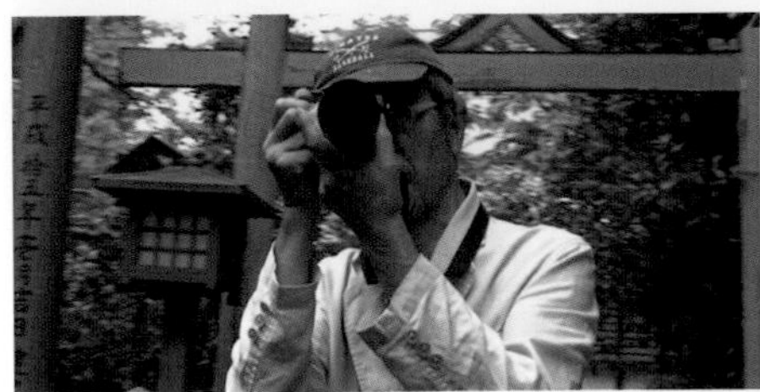
《變成電影的男人》（映画になった男，日本／2017／97分／導演：金子遊）

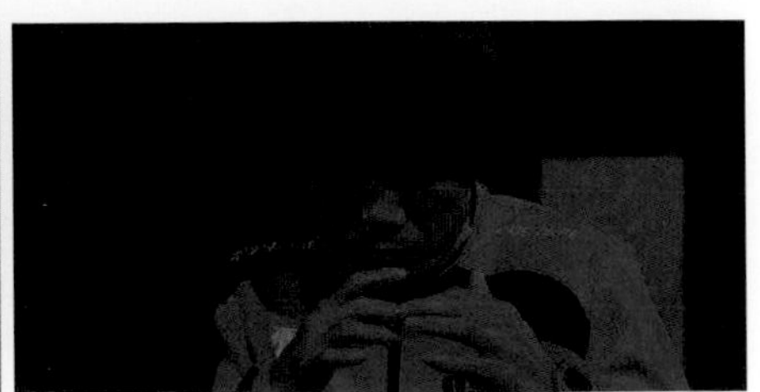
《破天荒拳擊手》（破天荒ボクサー，日本／2018／115分／導演：武田倫和）

惜，應該彙整後在東京上映。」靈光一閃的金子先生表示，他想到了90年代日本全國年輕人狂熱的經典節目。「這個節目正是『三宅裕司的活力樂團天國』（三宅裕司のいかすバンド天国）（笑）。我之所以立志成為評論家，就是在國高中時期收看這個節目。當年，聽到評審之一的樂評家萩原健太介紹樂團的一段話，我大受感動，覺得萩原先生好厲害，所以才想要當個評論家。我也想創造一個場所，讓學生或任何一個人，帶著自己的作品參展上映，將紀錄片當成一種共通的語言。當然，這麼做也是希望自己的作品能有一個上映的舞臺（笑）。舉例來說，有一位熟悉攝影機操作的人，在路邊發現了一位有趣的大叔，他將拍好的影片編輯成5分鐘的故事，上傳到YouTube平臺。接著，再傳至東京紀錄片影展報名，最後幸運入選，在東京的電影院上映。假如無法夢想自己能成為明日之星，我認為紀錄片的產業永遠無法興盛。就像在「活力樂團天國」的時代，許多人的夢想，不就是站上行人徒步區的舞臺正式出道表演嗎？忽然之間，眼前的障礙物全部消失，人人都有機會成為明日之星，這正是我想要打造的平臺——東京紀錄片影展。」

《neoneo》雜誌的未來

金子先生表示，到現在為止，《neoneo》大多以介紹電影為主。接下來，他們將回到創刊時的初衷，包括劇場、藝術、電視到文學，從更廣泛的領域中去捕捉「紀錄片」。他說：「就像森達也先生撰寫的紀實小說也是如此，我想介紹不同領域的紀錄片，所以必須從大家熟悉的既有類型，展開跨領域的紀錄片評論活動。但由於我們的工作實在過於忙碌，可能無法執行這項計畫，於是號召25歲到35歲的人才，期待新血加入《neoneo》，成為一股新勢力。為此，我們經常召募文章寫手，每年還會舉行一次『電影評論大獎』（映画評論大賞），希望藉此發掘人才，進行跨領域的紀錄片評論工作，並刊載於書籍或網站上。」

嘗試全新的紀錄片

在這個人人都能拍攝與數位編輯的時代，大眾會期待未來出現哪一種紀錄片呢？「目前，許多人開始運用一種手法——藉由編輯影像去產生新的意義。也就是只靠編輯室，即可完成一部電影。再說得極端一點，就是完全不需要靠自己去拍攝（笑）。比方說，在山形國際紀錄片影展獲得優秀獎的《粼粼水光，敘利亞自畫像》（Silvered Water, Syria Self-Portrait），故事正是透過YouTuber拍攝的影片所完成。實際上，導演並不在當地，他已從敘利亞逃亡到其他國家。導演編輯一位冒著生命危險的女性席瑪芙（Simav）上傳的影片，在影片中加上旁白，透過自己的語言敘事，完成一部宛如詩歌般的論述電影（Essay Film），這樣的做法使這部紀錄片電影極具藝術性。下週開始，我將進行一項計畫，在目前任教的慶應大學中，請20幾位學生拍一部直接電影（Direct Cinema）。這些學生將到某個設施場所，每一個人拍5分鐘的影片，必須遵守直接電影的4大原則（不使用旁白、字幕、音效、訪問），預計20幾位學生完成一部像懷斯曼（Wiseman）的《在傑克遜高地》（In Jackson Heights）作品。也就是說，這項嘗試從一開始就沒有導演，也沒有任何人進行電影指導。」

論述電影的可能性

「葡萄牙導演佩德羅．科斯塔的作品看起來幾乎都像虛構的劇情一樣，但實際上在《里斯本記憶迷宮》作品中出現的角色，卻都是由維德角出身的移民詮釋他們自己。在拍攝過程中，他們腦海中會浮現過去的真實回憶。就這層意義而言，作品可說是把『他們的回憶』給記錄下來了。非常接近歷史上第一次運用紀錄片手法拍攝的佛萊赫堤導演吧。或許佩德羅．科斯塔正進行過去佛萊赫堤的嘗試也說不定呢。我認為這方面的嘗試，仍然會出現許多新的意義。現在，我們覺得有更多可能性的就是這種『論述電影』——把既有的真實影像，運用舊片衍用（Found Footage）的手法，加上旁白語言的力量，重新編輯、組合到不同的敘事脈絡裡，如同撰寫一本書般去拍電影。就好像寫書評、評論或者研究論文，運用光線與聲音來寫論文的感覺一樣。最近，這樣的作品還真是不少呢。例如，3年前參加山形國際紀錄片影展，由新加坡導演許瑞峰執導的作品《新加坡2066》（Snakeskin），以及法國導演克里斯．馬克（Chris Marker）的作品都是如此。大家之所以開始提到論述電影，也是受到了馬克的影響，我拍攝的《貝爾格勒1999》也是屬於這類型的電影。這部作品陸陸續續拍了10年，我在拍完之後開始回顧，試著把這些累積的影片，編輯到敘事的脈絡中，經過影像的編排重組，最後完成了故事。」

紀錄片能夠完成什麼事？

「原一男導演的作品《日本國VS泉南石綿村》描述一群人對抗國家權力。這群人批判的聲音微弱，完全不受主流媒體電視或報紙的重視。然而，原一男導演聽見了他們的聲音，記錄下抗爭過程並在大銀幕上放映。儘管稱為國家權力，但推派出來低頭道歉說一聲對不起的人，竟然只是一位基層的小公務員（笑）。沒有媒體的關注與譴責，原一男導演藉由電影，揭發國家的怠慢失責，揮出一記重拳，促使國家反省。據說，這部紀錄片是導演刻意對抗國家權力，以個人製作的方式完成，才能夠發揮如此強大的力量。」

關於自身的未來

「最近，我開始對電影以外的領域產生興趣（笑），覺得民族誌（Ethnography）與藝術相當有趣。我遇見阿比查邦・韋拉斯塔古導演這一位藝術家後，受到了極大的啟發。有時候在黑暗之中，我會覺得盯著一個銀幕這件事是不自由的，然而藉由拍照或創作藝術品而完成的裝置藝術作品，卻能夠呈現出平面影像以外的立體感。製作者能夠自由地構想進行創作；觀者也能夠從各種角度去觀看它，自由地發表各種評論與感想。此外，我目前也在翻譯旅行哲學家阿爾方索・林吉斯（Alphonso Lingis）的書籍，我對這些人產生了強烈的興趣。

2021 東京紀錄片影展 @新宿 K's Cinema
2021年12月11日（六）-17日（日）https://tdff-neoneo.com/

SUNNY FILM

SUNNY FILM 專門發行具有創意的紀錄片，透過電影，能從各種角度觀看世界，同時傳達多樣性

電影發行片商的工作，就是藉由電影告訴觀眾各式各樣的生存方式。其中，有一間「眼光」獨到而受到矚目的年輕公司——2017 年開始的SUNNY FILM，已發行的作品包括：從故鄉敘利亞的戰火中逃亡的電影導演，與住在政府軍包圍地區的一位女性，共同創作的影像敘事詩《粼粼水光，敘利亞自畫像》；描述無情冷血的人類把獵殺野生動物當成休閒娛樂的《狩獵天堂》（Safari）；曾經擔任納粹政府宣傳部長戈登爾的秘書布洪希・龐瑟女士獨白的作品《龐瑟回憶錄》；描寫不丹的一座小村落，由於親子之間的夢想與價值觀迥異而產生代溝的《不丹少年轉大人》。雖然每一部電影呈現出截然不同的世界觀，但觀眾卻能從中感受到共同的「眼光」。本章節將請教負責人有田浩介先生，一起思考紀錄片工作者在每一部電影中，奮不顧身記錄影像訊息所代表的重要涵義。

紀錄片具有刺激觀看本能的作用

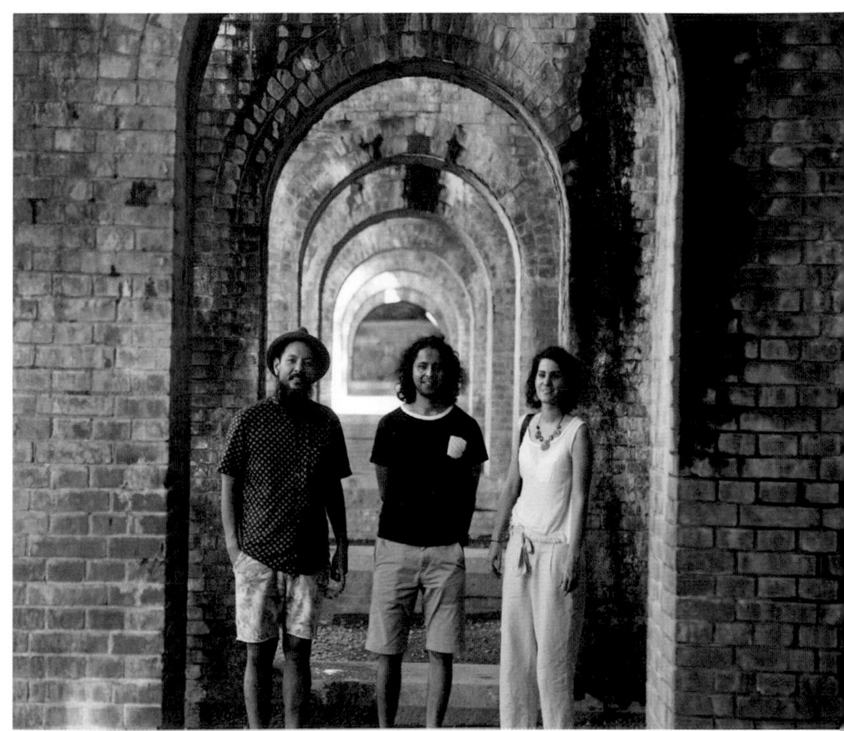
有田浩介（左）、阿倫．巴塔萊（Arun Bhattarai，中央）與多洛緹亞．祖柏（Dorottya Zurbó，右）

Kohsuke Arita

電影發行／宣傳／版權事業 SUNNY FILM／有田浩介

大學畢業後，於2004年進入Dreamusic唱片公司宣傳部。2007年，轉為自由工作者。2007至2010年的3年中，共完成了約200張音樂契約、宣傳、流通業的工作。2010年，以SUNNY電影宣傳事務所的名義，轉換為電影宣傳的工作，主要從事日本國內紀錄片的宣傳業務。2015年，首次以「Tereza & Sunny」的名義發行電影《粼粼水光，敘利亞自畫像》。2017年，公司名稱變更為SUNNY FILM，成為專門發行紀錄片電影的公司。2019年3月，發行一部描述在黎巴嫩首都貝魯特的摩天大樓上工作的敘利亞難民，帶給人們省思的作品《水泥的滋味》(Taste of Cement)，並於EUROSPACE電影院公開上映。https://www.sunny-film.com/

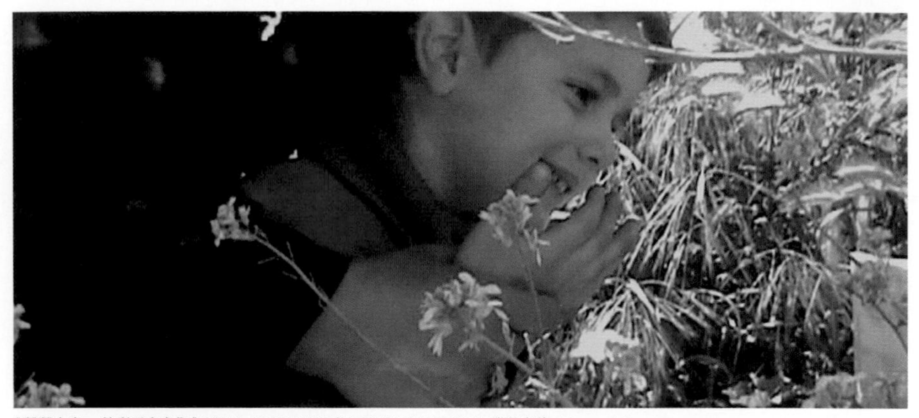

《粼粼水光，敘利亞自畫像》©2014 - LES FILMS D'ICI-PROACTION FILM 發行宣傳：Tereza & Sunny

《粼粼水光，敘利亞自畫像》——若不仔細傾聽，將不會聽到任何聲音

在電影產業中，由於策畫的電影發行公司的安排，觀眾才能接收到導演在作品中的理念。這幾年持續發行紀錄片的SUNNY FILM負責人有田浩介先生正是其中一位策畫者。他過去從事唱片公司的宣傳與版權業務工作，後來轉為自由工作者，從事電影宣傳工作，並與長年於EUROSPACE電影院擔任電影宣傳工作的大竹久美子小姐，共同成立一間獨特的「Tereza & Sunny」宣傳公司，為許多電影進行宣傳工作，其中包括《不死的孩子荒川修作》（死なない子供、荒川修作）等藝術紀錄片。在2015年的山形國際紀錄片影展，他們發現一部描寫敘利亞內戰的《粼粼水光，敘利亞自畫像》，成為了公司首次發行的電影作品。這部作品的導演奧薩瑪．穆罕默德（Ossama Mohammed）由於故鄉霍姆斯遭到政府軍圍城而爆發內戰，迫使他流亡巴黎。後來他透過社群網站，聯絡當地女性席瑪芙。藉由她與其他敘利亞人上傳到YouTube的影片《1001 名敘利亞人》，奧薩瑪導演把這這些影片交織成一部巨作，成功地獲得了YIDFF當年的優秀獎。有田先生表示：「在尋找挑選電影時，我最重視的，就是最能撼動情感的作品。我不喜歡表達憤怒的情緒，所以發現尋找的

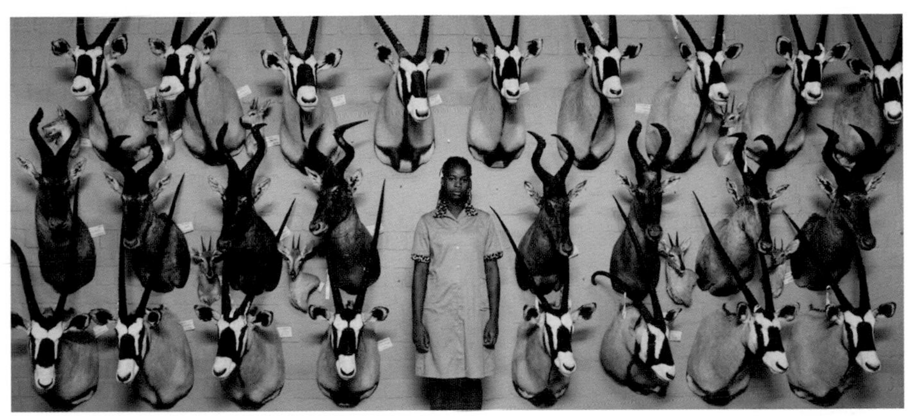

《狩獵天堂》WDR Copyright © Vienna 2016

大多是快樂、悲傷、憂鬱與溫柔，能夠打動自己內心的作品。紀錄片的優點，很容易在不留神時錯過，若不仔細傾聽，將不會聽到它想表達的聲音。雖然是世界上某個角落發生的事情，紀錄片能讓觀眾感受到是世界級重大事件。」他們受到《粼粼水光，敘利亞自畫像》滿溢著「靜謐無聲」的衝擊，於是大膽地直接洽詢製作公司發行事宜。有田先生在美國德克薩斯州長大，90 年代波斯灣戰爭爆發，正值他在美國生活期間，從此之後非常關注中東題材的作品；加上大竹小姐過去以來一直支持小型戲院，製作公司感受到他們的滿腔熱忱，於是表示：「你們的熱情感動了我們。我們非常期待與你們一起共事。」因此，他們成功地取得電影的發行。

觀看《狩獵天堂》帶來的啟發

《狩獵天堂》是奧地利鬼才伍瑞克・賽德爾（Ulrich Seidl）記錄一群白人狩獵者的作品。有田先生從小在美國對打獵習以為常，在 2016 年的東京國際影展上，他看到這部藉由打獵描寫出人們內心的作品，立刻受到吸引，並決定發行這部電影。這部電影描述以觀光為目的、狩獵為樂的戰利品獵人（Trophy Hunter），以及當地人對獵物活活剝皮與吃肉的殘忍

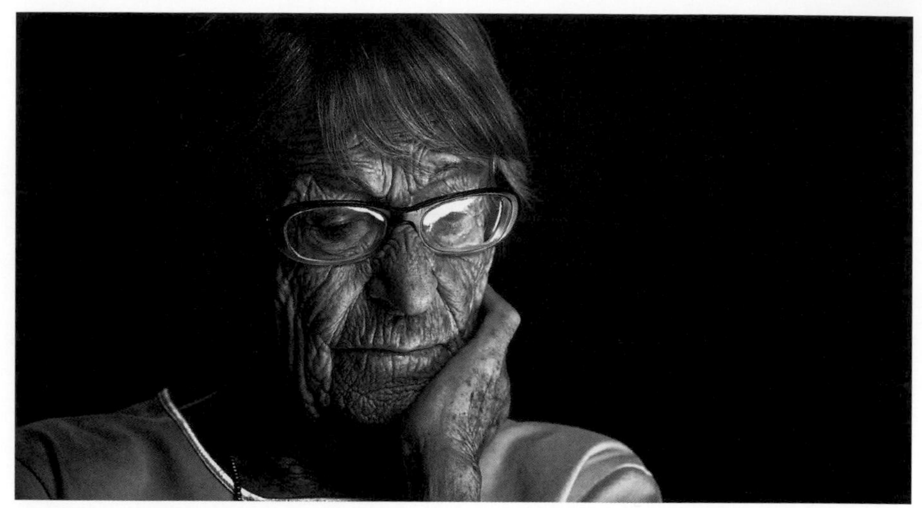

《龐瑟回憶錄》© 2016 BLACKBOX FILM & MEDIENPRODUKTION GMBH

畫面。在影展上映時，同時出現了贊成與反對的兩種聲音。有田先生表示：「我第一次觀影的感想是，實在無法理解這些白人狩獵者為自己辯護的理由。這部作品的本質，並不是追究吃肉或肢解獵物的場景有多麼殘酷，而是冷靜理性地探究本質，這些狩獵者內心的愚昧程度。」有田先生實際與電影院討論公開上映事宜時，雖然曾遭到對方婉拒表達：「我們不想播映這種電影。」但經過溝通，有田先生提到這部讓人想撇過頭不願去看的畫面背後，其實想傳達出更重要的意義，最後才決定從日本東北到九州地區的上映日期。有田先生表示：「觀看一部紀錄片作品，能夠使觀眾獲得思考的機會，帶來更多的啟發。」

《龐瑟回憶錄》——改變自己，眼中的世界也會隨之改變

2018年公開上映的《龐瑟回憶錄》，是一部記錄曾任納粹政府宣傳部長戈登爾的秘書——洪希．龐瑟的獨白紀錄片。有關戈登爾下令屠殺一事，她反覆表示自己「什麼都不知道」。電影穿插著波蘭華沙的屠殺場面，以及她臉上布滿

美麗皺紋的神情。這部作品的核心，並非探討她言談話語之間的虛實，而是「假如一個人在屠殺現場將會如何？透過作品把她背後的苦悶，以及必須了解的這段大屠殺歷史傳達給觀眾，具有相當重要的意義。」有田先生說：「我知道像自己這樣發行電影，高喊著想改變人們與社會，實在是不知天高地厚。但我的工作目標，一直放在自身的改變。在人們與社會改變之前，先去改變自己，眼中的世界自然也就跟著改變了。這也意味著，SUNNY FILM的電影發行，也是公司本身的一項重要運動，觀眾若能從中有所收穫，就是我們最大的榮幸。」與這部作品一樣，控訴納粹政權時代的罪行，法國導演席凡（Eyal Sivan）把前納粹德國的官員艾希曼（Adolf Eichmann）受審時的影像，重新剪輯成紀錄片《專家》(Un spécialist)。當時討論的話題，重點也不在艾希曼發言的真偽，而是戰爭時代誕生出的「平庸的邪惡」；而這兩部作品都喚醒了我們對它心生「恐懼」的這種本能吧。有田先生接著說：「紀錄片並不是一種流行趨勢，它能刺激人類的本能，產生觀看的欲望。」

《不丹少年轉大人》——因為改變而產生的事物

2017年，在荷蘭阿姆斯特丹紀錄片國際影展上，有田先生發現了《不丹少年轉大人》作品，當場與兩位共同執導的阿倫．巴塔萊（不丹）與多洛緹亞．祖柏（匈牙利）導演約定，將於日本發行這部電影。IDFA募集了來自世界各國超過300部的作品。有田先生停留在此，觀賞過40部以上的作品。在這麼多撼動人心的作品中，不知為何這一部小品在有田先生的腦海中揮之不去，他一直掛念著電影中主角兄妹的人生。「這部作品描述年輕人在不丹過著現代化的生活，我深深感動於兄妹美好的情誼。順帶一提，這部作品的英文標題雖然是『The Next Guardian』（下一個守護者），但我對它有一種特別的感覺，所以日本上映時取名為《夢見るブータン》(夢想的不丹)，這剛好成為一個巧合，因為宗喀語的原始標題也帶著「夢」字呢。」阿倫與多洛緹亞這兩位導演是歐洲三國（葡萄牙、匈牙利、比利時）合作的聯合碩士學位學程Docs Nomads（紀錄片遊牧者）第一屆學生。這些國籍、宗教皆不同的學生，在3個不同的國家一同合作，展現出「尊重並認同他人的態度」，有田先生對此深表感動。他們在2015年的IDFA進行提案，成功地獲得獎金之後，又參加了世界7個國家的紀錄片提案大會，總計共得到了6個基金會的資金協助。2016年，他們參加第6個國家——日本的東京紀錄片提案大會。在各地進行提案的過程中，他們也聽取了各種不同的建議。在初期的構想計畫中，原先作品以英文取名為《STORIES FROM FIELD》，描寫一位不丹少女的足球青春故事。後來經過3次調整，主軸改放在兄妹兩人身上，才完成最後的故事。有田先生在公開上映之際，煩惱著觀眾的「視線」該距焦何處，於是先讓母親觀賞這部作品。結果，他的母親看完後表達感想：「不管是哪一個時代、哪一個國家，父母親永遠希望孩子幸福。」話語中充滿了母親的溫暖視線，無疑成為了問題的最佳解答。就這樣，有田先生把這句話當作電影宣傳的文案，並於日本全國電影院公開上映。

最近紀錄片的趨勢

有田先生身為電影發行人，最重視的是「經常挑戰新的題材」。由於電影公開上映不能只憑自己的喜好，必須接觸新的題材，接受不同的刺激，如此才能持續經營下去。「我認為紀錄片的發行趨勢，並不是去看整個業界，而是發行者本身的判斷。我不是電影製片人，無法以專業角度談論製作的動向。不過，我近幾年明顯地感受到，東歐地區在紀錄片的製作上氣勢如虹。」有田先生表示，在影展上有許多優秀的電影，經常會看到它們出現以匈牙利為據點的「HBO EUROPE」商標。例如：榮獲YIDFF2018優秀獎的作品——安娜・薩曼茲卡（Anna Zamecka）的《信望愛之家：歐拉與尼可》（Communion）、IDFA2017首獎——《門後的祕密》（The Other Side Of Everything）、《不丹少年轉大人》以及該片共同執導的多洛緹亞的新作品《匈牙利語課》

（Easy Lessons，於2018年瑞士盧卡諾國際影展「影評人週」單元全球首映），這些全部都是東歐製作的作品。「它們共通的地方，就是拍攝的影像相當美麗，後製工作也非常優異。比方說，《不丹少年轉大人》的剪輯與音樂，就是由執導《夢鹿情謎》（On Body and Soul）的伊爾蒂蔻・恩伊達（Ildiko Enyedi）導演的團隊負責後製工作。總而言之，最近的創意紀錄片完成得相當細膩。」有田先生表示，希望大家仔細關注，今後在世界上誕生的國際共同製作紀錄片。「不同國籍與文化組合而成的創作者與製片人合作，藉由跨國募資完成的作品之中，具有廣泛共同的特質。在不寬容或提出自國優先主張的社會中，能夠完成跨越國境、尊重認同他者的作品，是非常具有魅力的，所傳達的訊息也會強而有力。我認為除了日本的市場，進入影展這些世界市場做生意也不錯，因為日本很少企業從事這些工作，所以非常有發展的機會。」

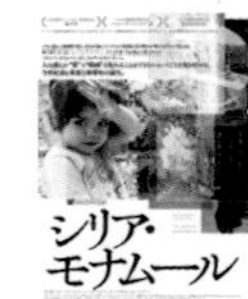

《鄰鄰水光，敘利亞自畫像》 發行公司：Tereza & Sunny

敘利亞、法國合作／2014／導演：薩瑪・穆罕默德、Wiam Simav Bedirxan

流亡巴黎的薩瑪・穆罕默德導演，與一位住在敘利亞內戰地區霍姆斯的庫德裔女性席瑪芙（Wiam Simav Bedirxan）共同完成的獨特紀錄片。榮獲2015山形國際紀錄片影展國際競賽單元優秀獎。

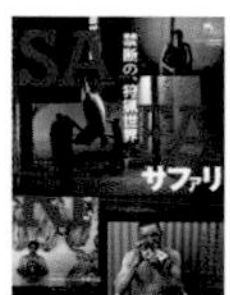

《狩獵天堂》

奧地利／2016／導演：伍瑞克・賽德爾

持續追蹤一種名為戰利品狩獵（Trophy Hunting）活動的紀錄片。獵人們滿心歡喜地獵殺非洲草原上群聚的野生動物。一群奧地利人與德國人的觀光團體，以休閒娛樂的名義，射獵這些標上價格的野生動物。當地負責帶隊的是納米比亞渡假村的員工，他們會剝下這些遭到獵殺的動物身上的皮毛，並且吃下剩餘的肉。在鏡頭的貼近之下，捕捉了這群人的樣貌。

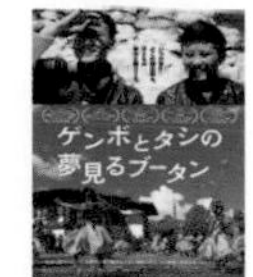

《不丹少年轉大人》

不丹、匈牙利合作／2017／導演：阿倫・巴塔萊、多洛緹亞・祖柏

故事舞臺是「世界上最幸福的國家」——不丹，描述親子間的夢想與價值觀迥異而產生代溝的紀錄片。兩位主角分別是煩惱著繼承佛寺問題的16歲少年吉顏波；認為自己是男生，夢想著將來進足球隊成為代表的15歲妹妹達施；以及期盼孩子們有一個幸福未來的父親。然而，孩子們的想法與父親的心願，在無聲之中產生了衝突……

※《龐瑟回憶錄》作品資訊請參照第127頁

紀錄片主義的解剖學
竹岡寬俊／太田信吾／日向史有

在第四章「紀錄片主義的解剖學」中，將針對目前活躍的3名新生代紀錄片導演進行分析。竹岡寬俊耗時8年以上，持續記錄有恐怖分子巢穴之稱，住在潘吉斯峽谷的人們，他因有別於歐美人士的日本人觀點而備受好評，榮獲2017年Tokyo Docs最佳企畫獎。由於移民造成世界各國的社會問題，日向史有直截了當地以「在日本的庫德人」主題切入，製作成一部紀錄片，獲得Tokyo Docs短片單元優秀獎，並創下3個月後在電視上播出的快速記錄。太田信吾長期拍攝一位玩音樂的朋友，把挫折與死亡記錄下來，他煩惱著該用什麼形式，將想傳達的訊息化為作品。這3位導演都參加了影展與論壇，也藉由這些經驗與世界接軌，並且獲得了寶貴的意見。

Hirotoshi Takeoka

竹岡寛俊

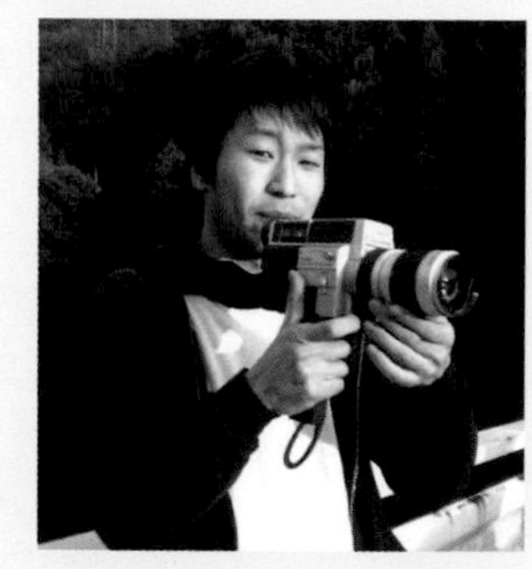

1984 年出生於大阪。2010 年，開始採訪潘吉斯峽谷的居民，建立起彼此信任的深厚關係。2016 年，完成採訪潘吉斯峽谷的紀錄片《攝影師渡部陽一走向再會的旅程：祕境高加索山脈車臣人的心靈與生活》（カメラマン渡部陽一がたどる再会の旅路 秘境大コーカサス山脈 チェチェン人の心と暮らし），描述當地居民們走出車臣戰爭，復興重建家園的目標。本作品榮獲ATP新人獎。2017 年，以《Mothers of Change》榮獲Tokyo Docs最佳企畫獎，後續本片上映訂名為《Mothers of Change／恐怖分子的母親》（Mothers of Change／テロリストの母たち）。

Shingo Ota

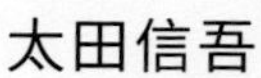

太田信吾

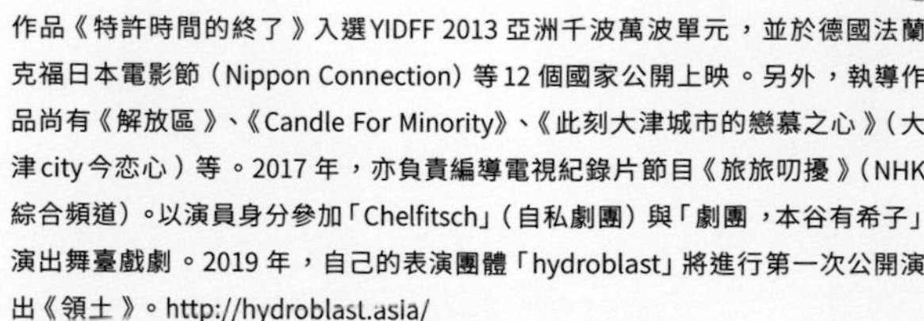

作品《特許時間的終了》入選YIDFF 2013 亞洲千波萬波單元，並於德國法蘭克福日本電影節（Nippon Connection）等12 個國家公開上映。另外，執導作品尚有《解放區》、《Candle For Minority》、《此刻大津城市的戀慕之心》（大津city今恋心）等。2017 年，亦負責編導電視紀錄片節目《旅旅叨擾》（NHK綜合頻道）。以演員身分參加「Chelfitsch」（自私劇團）與「劇團，本谷有希子」演出舞臺戲劇。2019 年，自己的表演團體「hydroblast」將進行第一次公開演出《領土》。http://hydroblast.asia/

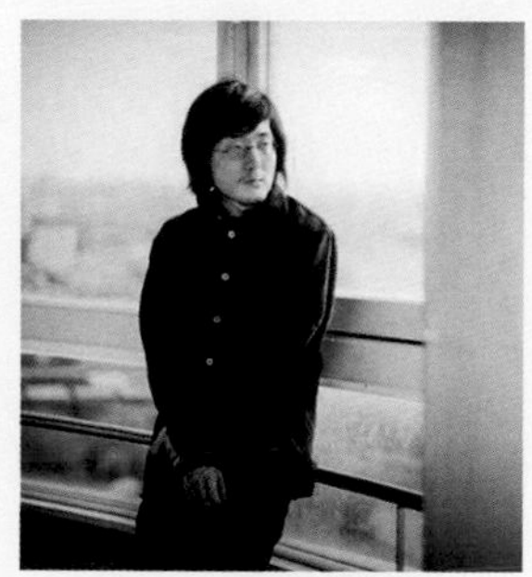

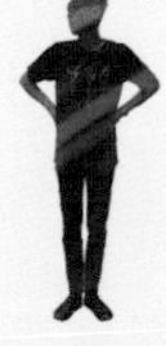

Fumiari Hyuga

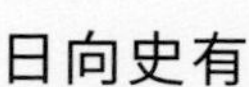

日向史有

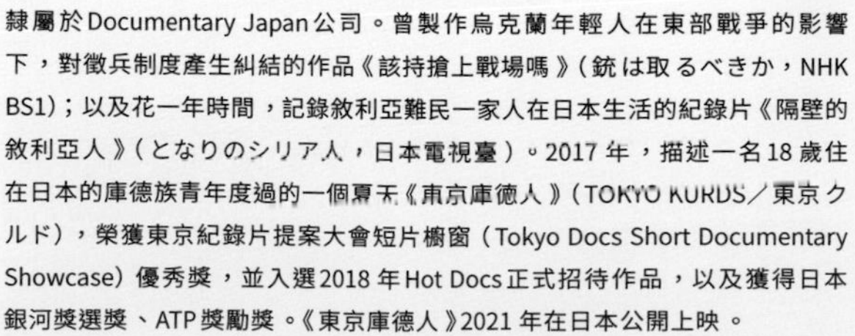

隸屬於Documentary Japan公司。曾製作烏克蘭年輕人在東部戰爭的影響下，對徵兵制度產生糾結的作品《該持搶上戰場嗎》（銃は取るべきか，NHK BS1）；以及花一年時間，記錄敘利亞難民一家人在日本生活的紀錄片《隔壁的敘利亞人》（となりのシリア人，日本電視臺）。2017 年，描述一名18 歲住在日本的庫德族青年度過的一個夏天《東京庫德人》（TOKYO KURDS／東京クルド），榮獲東京紀錄片提案大會短片櫥窗（Tokyo Docs Short Documentary Showcase）優秀獎，並入選2018 年Hot Docs正式招待作品，以及獲得日本銀河獎選獎、ATP獎勵獎。《東京庫德人》2021 年在日本公開上映。

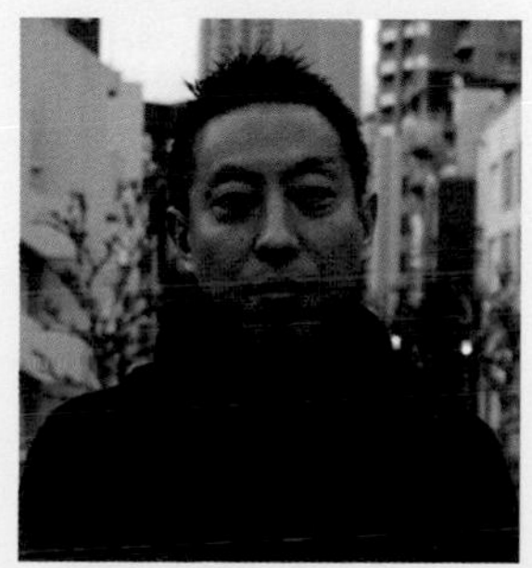

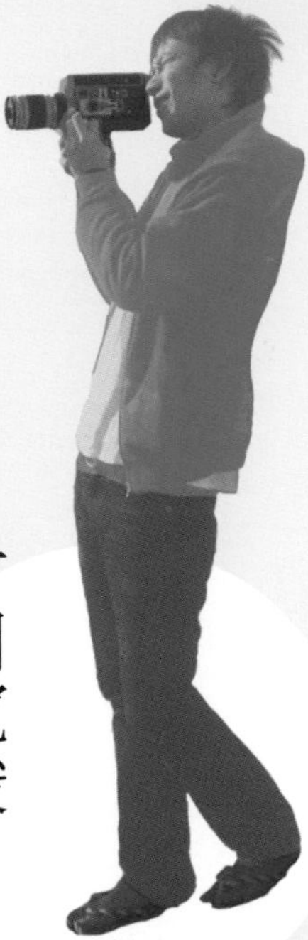

竹岡寬俊

《Mothers of Change／恐怖分子的母親》

這部紀錄片的舞臺是素有「恐怖分子巢穴」之稱的潘吉斯峽谷（Pankisi），它鄰近高加索的兩個國家——喬治亞與車臣。導演持續追蹤居住在此的一群母親，她們為走出喪子之痛——兒子加入恐怖組織，成為ＩＳ戰士而陣亡的陰霾，因而發起改變故鄉的行動。主角是兩個兒子的母親蕾拉（Leyla），她的兒子皆死於敘利亞。在車臣戰爭時期，她帶著僅十來歲的2個兒子，以難民身分逃往潘吉斯峽谷。她的孩子雖然體驗殘酷無情的戰爭，卻對吉哈德（Jihad，本意為盡力、奮鬥，可闡釋為「為主道而奮鬥」）懷抱憧憬。自從發生「９１１事件」，世界受到「恐怖分子」與「正義」的對立影響，畫分為恐怖主義陣營與反恐陣營。敘利亞內戰開始時，蕾拉的兒子選擇前往敘利亞戰鬥。村裡有許多人都像蕾拉的兒子一樣，他們以敘利亞為目標，一共超過2百名的年輕人加入ＩＳ或其他恐怖組織。這群母親的兒子戰死之後，她們遭到指責，被稱為是「恐怖分子的母親」。蕾拉曾經一度對人生產生絕望，但後來為了活著的其他家人與故鄉，決心從悲傷中堅強地站起來。這一位母親的改變，影響了村裡其他母親，形成一股強大的力量，左右著整個潘吉斯峽谷的未來。如今，導演仍持續關注著世界上未曾停歇的恐怖主義根源，並思考著人類該如何堅強地活下去。

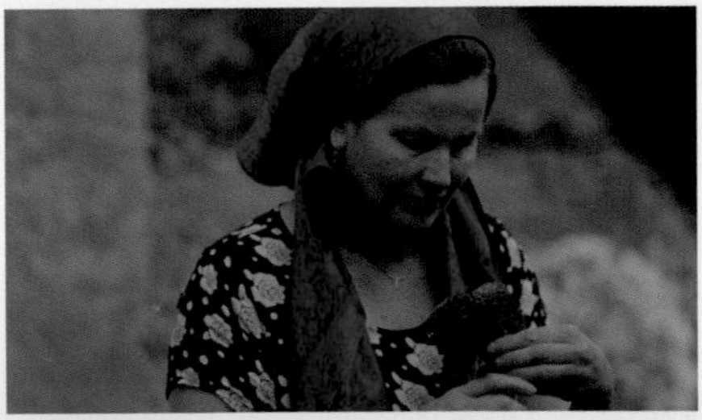

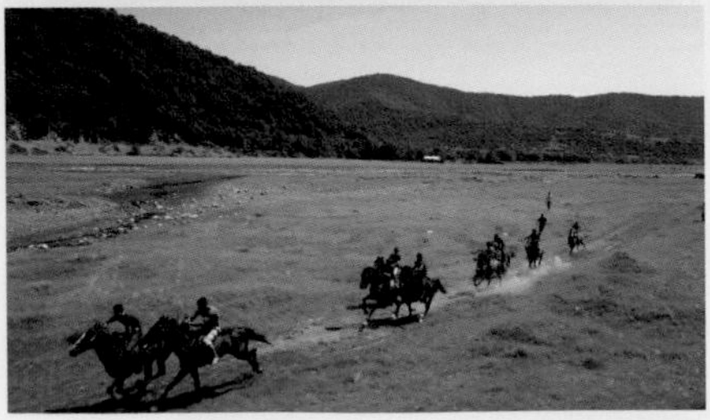

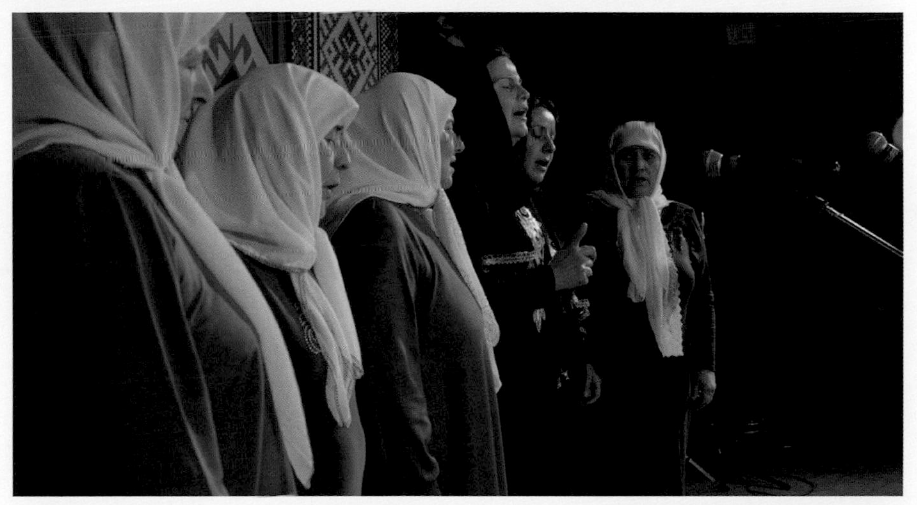

母親們的時間——為了創造改變的時間

竹岡寬俊是目前備受矚目的新生代紀錄片工作者，他總是細膩地將強而有力的訊息放進作品中。在他少年時期，對祖父口中聲稱「戰爭的重要意義」感到懷疑。然而，他大學時期前往科索沃（Kosovo）時，卻明白了其中的道理。當時，雖然他感受到一種「謊言般的正義感」，但他看到人們在戰爭的捉弄下，展現出生命光輝，不知不覺地受到吸引。後來，他想進一步接觸有更多激進伊斯蘭教徒的車臣，於是前往以恐怖分子出身地聞名的潘吉斯峽谷。然而，在那一端等待他的，既不是槍擊戰，也不是恐怖攻擊，而是一群既單純又和善的村民，他們展現出滿溢溫柔的愛。2017 年，竹岡寬俊以《Mothers of Change／恐怖分子的母親》獲得 Tokyo Docs 最佳企畫獎。這部作品的內容，正是描述潘吉斯峽谷一群「恐怖分子的母親」，為了改變村莊而努力奮鬥的紀錄片。作品中不僅沒有任何戰爭描寫，也沒有出現任何激進的場面，這是竹岡寬俊一貫的作風，讓人聯想到獲得柏林國際影展金熊獎、由吉安弗蘭科．羅西（Gianfranco Rosi）執導的作品《海上焰火》（Fire at Sea）風格。對於在潘吉斯峽谷的人們來說，日常生活就是他們的一切，任何恐怖行動或深明人義都是毫無意義的事。《Mothers of Change／恐怖分子的母親》是日本與國外電視公司一起完成的國際共同製作紀錄片，因此希望能在中東與歐洲地區播放。我們非常期待，世界各地的觀眾在看過竹岡寬俊的作品後，能夠出現不同的「改變」。

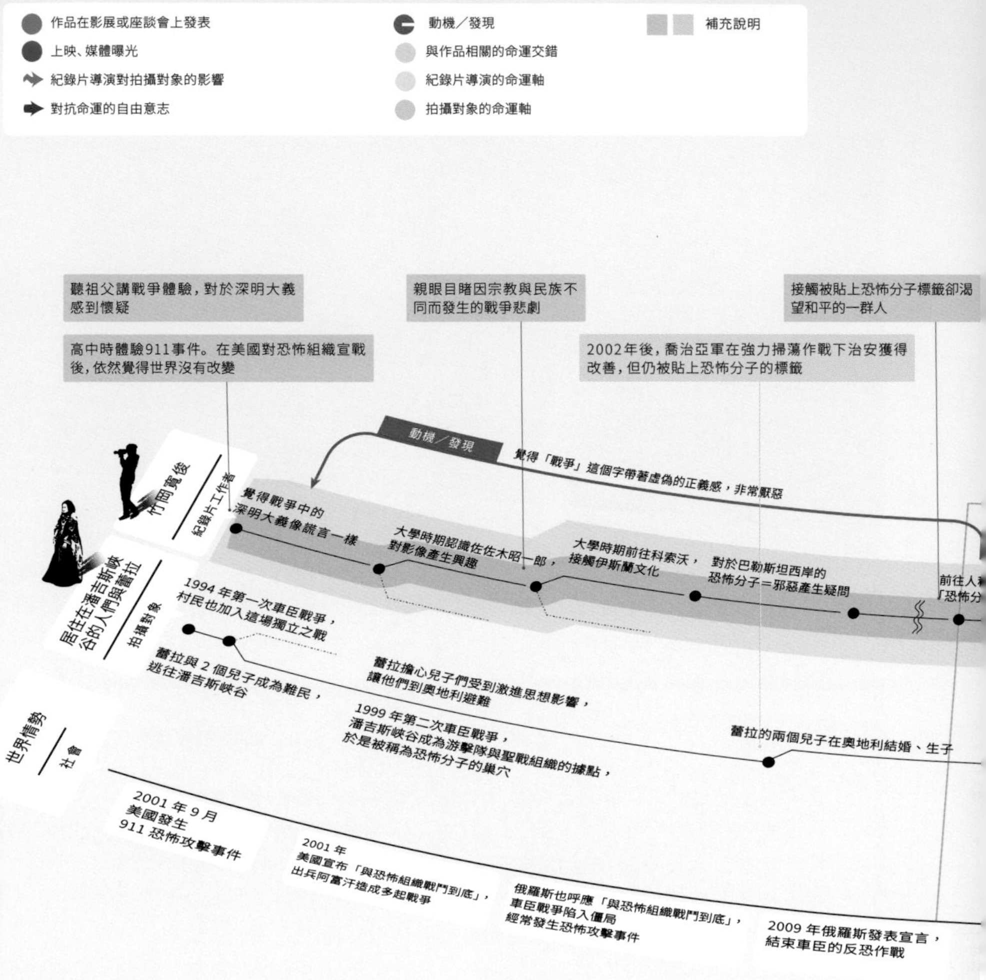

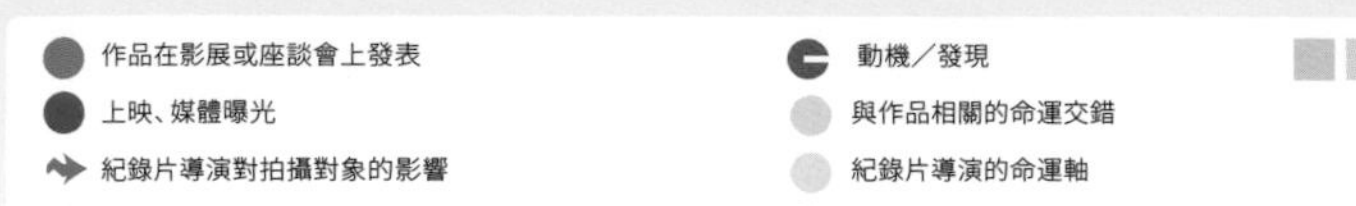

聽祖父講戰爭體驗，對於深明大義感到懷疑

高中時體驗911事件。在美國對恐怖組織宣戰後，依然覺得世界沒有改變

親眼目睹因宗教與民族不同而發生的戰爭悲劇

2002年後，喬治亞軍在強力掃蕩作戰下治安獲得改善，但仍被貼上恐怖分子的標籤

接觸被貼上恐怖分子標籤卻渴望和平的一群人

動機／發現

覺得「戰爭」這個字帶著虛偽的正義感，非常厭惡

竹岡寬俊　紀錄片工作者

覺得戰爭中的深明大義像謊言一樣

大學時期認識佐佐木昭一郎，對影像產生興趣

大學時期前往科索沃，接觸伊斯蘭文化

對於巴勒斯坦西岸的恐怖分子＝邪惡產生疑問

前往人… 「恐怖分…

居住在潘吉斯峽谷的人們與蕾拉　拍攝對象

1994年第一次車臣戰爭，村民也加入這場獨立之戰

蕾拉與2個兒子成為難民，逃往潘吉斯峽谷

蕾拉擔心兒子們受到激進思想影響，讓他們到奧地利避難

1999年第二次車臣戰爭，潘吉斯峽谷成為游擊隊與聖戰組織的據點，於是被稱為恐怖分子的巢穴

蕾拉的兩個兒子在奧地利結婚、生子

世界情勢　社會

2001年9月 美國發生911恐怖攻擊事件

2001年 美國宣布「與恐怖組織戰鬥到底」，出兵阿富汗造成多起戰爭

俄羅斯也呼應「與恐怖組織戰鬥到底」，車臣戰爭陷入僵局，經常發生恐怖攻擊事件

2009年俄羅斯發表宣言，結束車臣的反恐作戰

潘吉斯峽谷　位於喬治亞東部卡赫季州（Kakheti）山岳地帶的峽谷。伊斯蘭信仰興盛，主要居民多為車臣出身的基斯特人（Kist），在第二次車臣戰爭時，許多人從俄羅斯逃亡，將此地作為游擊隊的潛伏地點。為IS恐怖組織其中一位領袖阿布．奧馬爾．舒斯哈尼（Abu Omar al-Shishani）的故鄉。

佐佐木昭一郎　影像導演、電影導演、前NHK戲劇節目導演。立教大學經濟系畢業後，於1960年進入NHK。負責廣播錄音節目編排工作，以廣播劇展現出眾的才華。1967年，轉任NHK電視臺部門，參加《明治百年》計畫。首部電視劇《母親》（マザー）展現感性的獨特風格，後來陸續製作充滿獨創性的戲劇作品，獲得觀眾熱烈的支持。1995年，NHK退職後，進入文教大學任教至2005年。
2014年秋天，首次發表電影作品《Minyoung：倍音的法則》（ミンヨン 倍音の法則），以自由影像導演、導演的身分持續活動。曾榮獲1971年藝術選獎新人獎、1976年電視大獎個人獎。

IS　伊斯蘭激進派組織，建立「伊斯蘭國」。亦稱為ISIL、IS、ISIS、Daesh（伊斯蘭教什葉派的武裝組織）。原屬於2006年伊斯蘭激進組織——蓋達組織的分支，後來IS自行宣布敘利亞的拉卡為伊斯蘭國的「首都」。2017年10月，敘利亞與美軍、庫德族武裝組織合作，成功瓦解IS組織。

科索沃　原屬於南斯拉夫聯邦中塞爾維亞的自治州，在2008年2月17日，於科索沃議會上宣讀獨立宣言。國民有9成以上是阿爾巴尼亞人，多半信仰伊斯蘭教。自從塞爾維亞獨立後紛爭不斷，多達數十萬阿爾巴尼亞居民成為難民。

巴勒斯坦　位於地中海東岸、敘利亞的南部，為巴勒斯坦人的自治政府地區。在第一次中東戰爭時，巴勒斯坦的阿拉伯人成

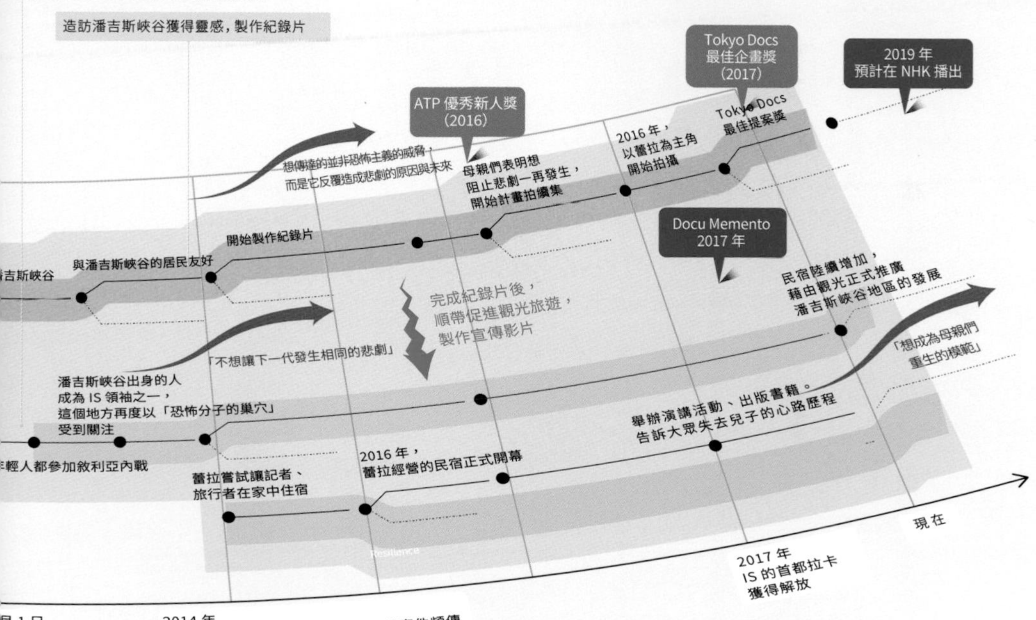

為難民，成立「巴勒斯坦解放組織」，在武裝鬥爭的最後，簽署奧斯陸協議，於1994年成立「巴勒斯坦自治區」。2000年後，巴勒斯坦與以色列之間的再度爆發衝突，至今依然無法達成和平協議。

聖戰士（Mujahideen） 指參加吉哈德的戰士。由於許多來自中東與舊蘇聯時期的聖戰士加入車臣戰爭，因此在車臣民族獨立戰爭中，逐漸地增加宗教戰爭的色彩。

車臣戰爭 指車臣共和國為脫離俄羅斯聯邦體制，在獨立時引發的戰爭。對於俄羅斯軍隊的攻打，車臣獨立派的武裝組織採取更激進的恐怖攻擊行動。這是在蘇聯瓦解之後，俄羅斯發起的民族戰爭中最激烈的衝突，直到2009年為止，在未解決的情況下，俄羅斯宣布全面結束車臣戰爭。

敘利亞內戰 敘利亞自2011年3月15日，政府軍與反對派爆發武力衝突，起因是2011年3月發生的「阿拉伯之春」革命浪潮延燒到敘利亞。反對派要求長達40年以上的阿薩德（Bashar al-Assad）獨裁政權進行改革，卻遭到政府軍、武裝部隊強力鎮壓。於是由十多個派別組成的敘利亞自由軍要求民主，出現許多武裝分子，從此陷入長期內戰。

太田信吾

《特許時間的終了》

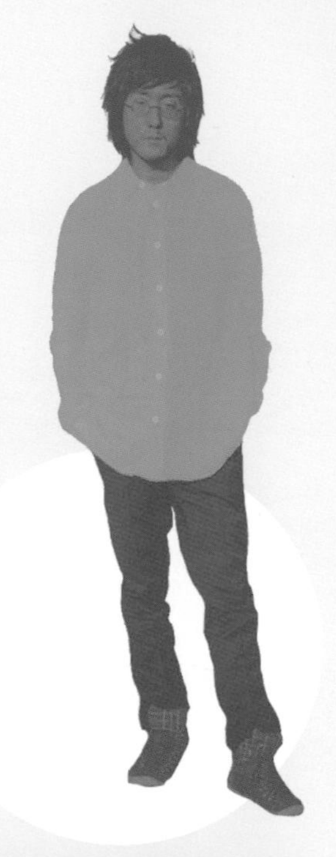

我回想過去，曾有兩次自殺未遂的經驗。第一次是在法國土倫這個地方，受到失戀打擊，我吞下大量藥物。第二次是找工作不順利，最後想不開，我想從家裡的陽臺往下跳。這兩次的結果都宣告失敗，所以我到現在仍活著。看來，我似乎缺乏了自殺的才能吧。有一位拋下我的好朋友，在自殺之後隨即匆促辭世，我一想到他對活著的人充滿體貼，就深切感受到他對生存（死亡）的覺悟。那麼，我到底有什麼才能呢？或許，什麼才能都沒有吧。不過，那一種充滿幻想或希望的文字遊戲，對我來說早已無所謂了吧。因為，我現在從你身上感覺到的，不就只是一種全力以赴的真實嗎？無論擁有才能，或者沒有才能，我想傳達一個貫徹信念的人展現出的狼狽之美。還有，為何一個人非得親自選擇死亡不可？我想探尋其中原因，所以拚了命完成這部電影，也請大家用心地觀看吧。

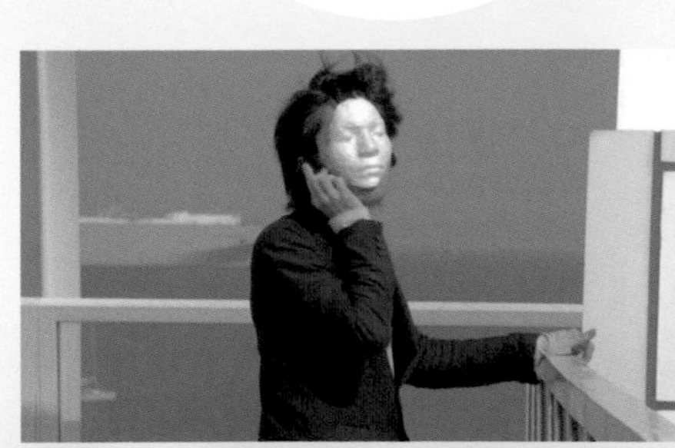

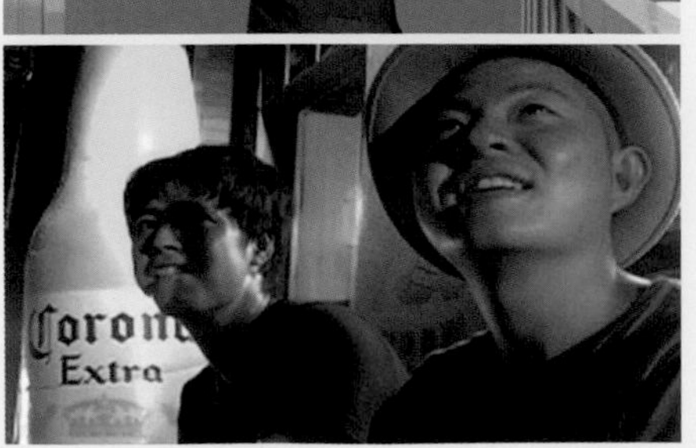

《特許時間的終了》（日本／2013／119 分）

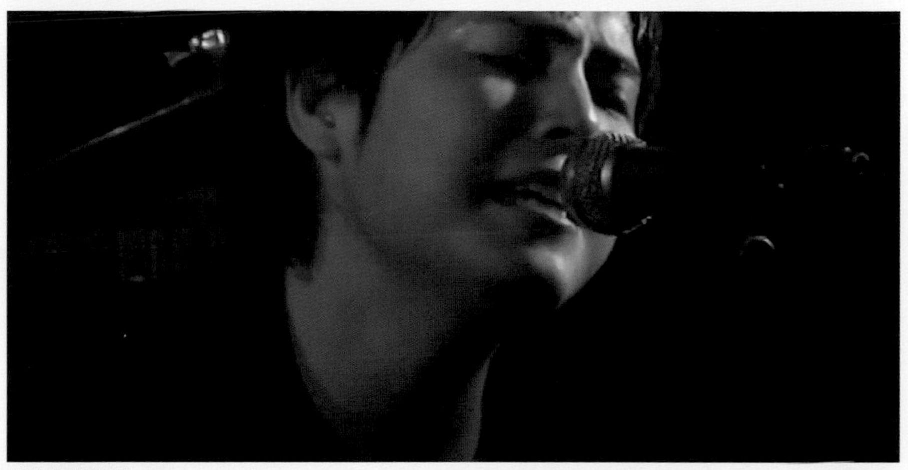

《特許時間的終了》

以生命追尋的信仰之美

太田信吾的畢業製作，在東京Image Forum Festival獲得優秀獎、觀眾票選獎。他參加劇團Chelfitsch，以演員身分參與戲劇演出，同時在紀錄片製作與劇場領域上展現才華，獲得極高評價。太田信吾在高中時期，有一位相當憧憬的學長——增田壯太，曾榮獲音樂大獎的肯定。有一天，增田連絡太田，希望能幫他拍攝現場演唱的實況影片。接著，太田開始為增田拍攝紀錄片。另一位高中時期的好友富永藏人也一起加入，與增田合組樂團，太田則負責拍攝這些過程，3個人在青春時代的友情，得以再次延續下去。太田表示：「我把鏡頭當成是對話的工具，希望能呈現出人際關係的轉變過程。」對他來說，攝影就是一種溝通，同時也是一種貼近增田的手段，儘管他在夢想成功的路上顯露焦躁不安。然而，令人無法承受的現實，更是措手不及地出現在太田眼前，一切都過於殘酷。「你要把電影拍完喔。」增田壯太在遺書中留下這句話就走向絕路了。後來，太田為完成這部電影，整整苦惱了3年以上。由於好友自殺而中斷拍攝，太田手上只有拍到一半的影片，不知道該如何是好。在DDCenter（紀錄片夢想中心）主辦的活動上，一位芬蘭籍的製片人伊卡（Iikka）先生對太田說：「該如何面對逝去的他，你的主觀描述非常重要。」最後，在虛構與真實的交織下，太田完成了一部安魂曲電影。不久之後，這部作品在YIDFF等12個國家公開上映，增田不斷燃燒靈魂創作的音樂與歌聲，也因此讓世界上許多人聽見。

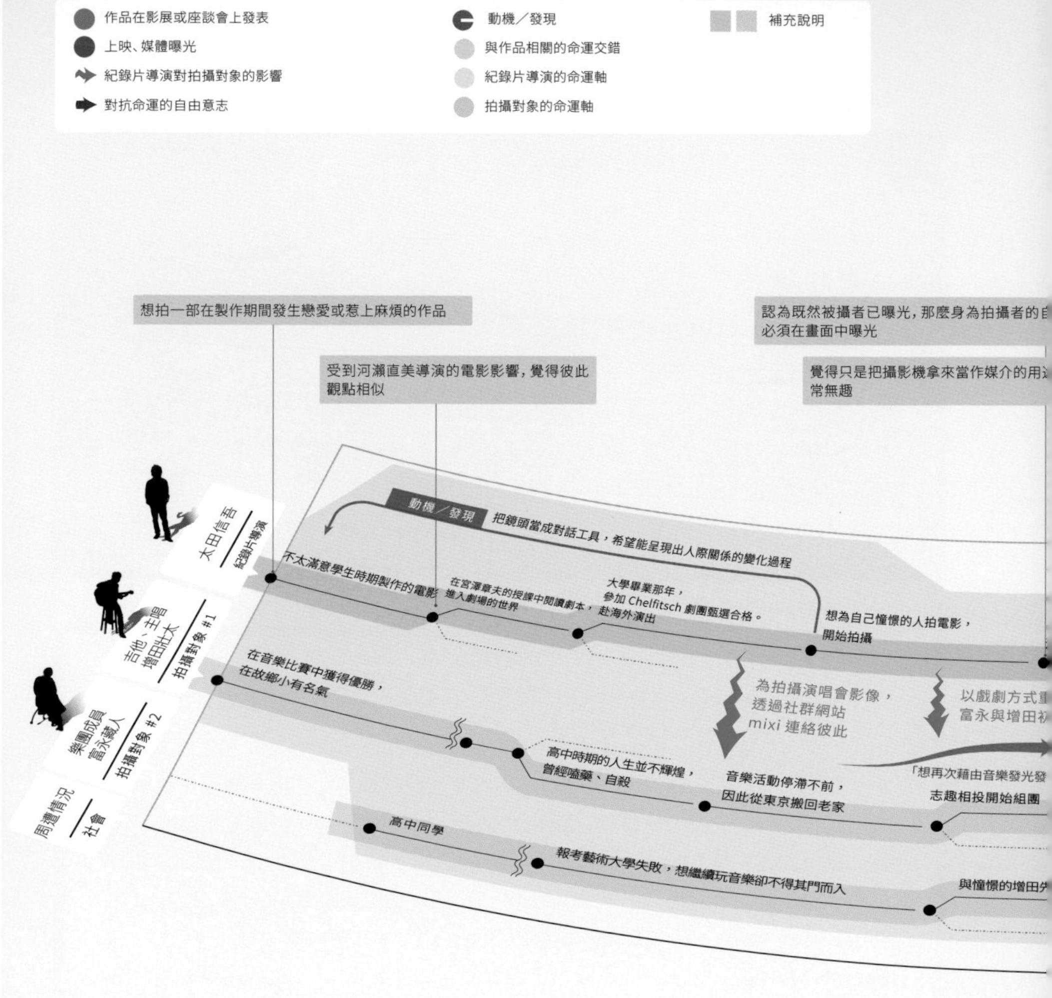

作品在影展或座談會上發表
上映、媒體曝光
紀錄片導演對拍攝對象的影響
對抗命運的自由意志
動機／發現
與作品相關的命運交錯
紀錄片導演的命運軸
拍攝對象的命運軸
補充說明

想拍一部在製作期間發生戀愛或惹上麻煩的作品

受到河瀨直美導演的電影影響，覺得彼此觀點相似

認為既然被攝者已曝光，那麼身為拍攝者的自
必須在畫面中曝光

覺得只是把攝影機拿來當作媒介的用
常無趣

動機／發現　把鏡頭當成對話工具，希望能呈現出人際關係的變化過程

太田信吾
紀錄片導演

不太滿意學生時期製作的電影
在宮澤章夫的授課中閱讀劇本，進入劇場的世界
大學畢業那年，參加 Chelfitsch 劇團甄選合格，赴海外演出
想為自己憧憬的人拍電影，開始拍攝

吉他、主唱
增田壯太
拍攝對象 #1

在音樂比賽中獲得優勝，在故鄉小有名氣
為拍攝演唱會影像，透過社群網站 mixi 連絡彼此
以戲劇方式重
富永與增田初

樂團成員
富永藏人
拍攝對象 #2

高中時期的人生並不輝煌，曾經嗑藥、自殺
音樂活動停滯不前，因此從東京搬回老家
「想再次藉由音樂發光發
志趣相投開始組團

周遭情況
社會

高中同學
報考藝術大學失敗，想繼續玩音樂卻不得其門而入
與憧憬的增田先

伊卡（Iikka Vehkalahti） 芬蘭公共電視YLE的知名紀錄片製作人。曾經製作多部傑作，包括《達爾文的噩夢》(Darwin's Nightmare)，以及盟友韋納·荷索（Werner Herzog）導演的《我的魔鬼朋友：金斯基》（My Best Friend-Klaus Kinski）等知名紀錄片。

Chelfitsch（チェルフィッチュ） 具有編劇、導演、小說家等身分的岡田利規先生所負責的劇團，成立於1997年，岡田利規擔任所有作品的編劇與導演工作。他挑選英語selfish（自私）這個單字，以嬰兒牙牙學語時的口齒不清來發音造字，當作劇團名稱。藉由2001年3月發表的作品《張大眼看著他們的希望》（彼等の希望に瞠れ），使用時下年輕人的用詞遣字與口吻，成為作品的獨特風格。2007年5月，首次以作品《三月的五天裡》（三月の五日間）遠赴歐洲表演藝術界中最重要的「2007比利時布魯塞爾藝術節」（KUNSTENFESTIVALDESARTS 2007）進行演出。

Documentary Dream Show 2012（紀錄片夢想秀） 2年舉辦一次的山形國際紀錄片影展，按往年的慣例，將於下一年在東京舉辦紀錄片夢想秀，除了放映當屆的優秀作品，還會加上獨特的節目單元一起舉辦。

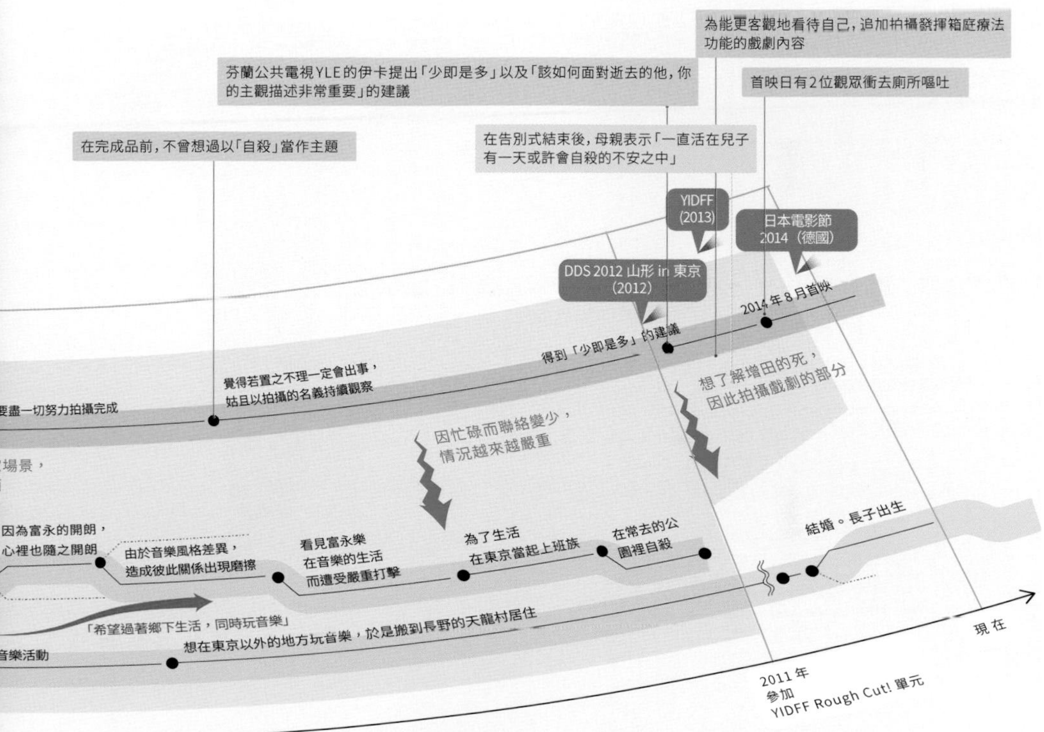

德國法蘭克福日本電影節（Nippon Connection） 德國法蘭克福舉辦的日本影展，規模為世界最大。第17屆的上映作品超過100部，觀眾超過16,000人創下紀錄。

河瀨直美 日本女性導演。定居奈良。1997年，以27歲史上最年輕之姿，憑藉作品《萌之朱雀》（萌の朱雀）榮獲第50屆坎城國際影展金攝影機獎。2007年，作品《殯之森》（殯の森）榮獲第60屆坎城國際影展評審團獎。2013年，以評審身分參加坎城國際影展評。最新作品《聖草之愛》（Vision）以出生的故鄉奈良縣為故事舞臺，由茱麗葉．畢諾許（Juliette Binoche）與永瀨正敏兩位演員主演。

增田壯太 創作型音樂人，擁有罕見的詞曲創作才華。2000年加入搖滾樂團「Okyanpi-（おきゃんぴー）」，在「YAMAHA TEENS' MUSIC FESTIVAL」奪下日本全國冠軍寶座，於2010年12月辭世。他生前創作的音樂作品雖然沒有問世，但經由谷澤智文（タニザワトモフミ）所屬的樂團SPACE LIKE CARNIVAL重新詮釋，在去世後仍帶給人們多方面的影響。

日向史有
《東京庫德人》

2016年，日本的難民人數申請創下歷史新高。儘管如此，通過難民身分認定的外國人只有28人，在世界其他國家不曾看過這麼少的數字。而且，土耳其圈的庫德人幾乎沒有一個人通過難民身分認定。大約在20年前，庫德人在埼玉縣川口市建立一個社區，目前已超過了1500人。他們的身分並非難民，而是「非法居留者」。他們必須定期前往日本入國管理局報到，以此作為勉強居留在日本的條件。只不過，未來何時會遭到入管局強制收容並無從得知。假如回到土耳其，除了行動自由受到限制，甚至還有可能遭受刑罰。在這樣的情況下，他們當然想繼續留在日本生活。這部紀錄片的主角歐贊（Ozan，拍攝當時18歲）正是其中一位庫德人。12年前，歐贊一家人來到日本，與相同遭遇的庫德族人生活在同一個地方，每天不斷地尋找自己存在的意義。他們無法得到工作簽證，不管再如何努力、描繪未來藍圖，就是無法獲得一點機會。2017年夏天，歐贊說出了心中隱藏已久的夢想。透過鏡頭，我們得以凝視一位苦無容身之處的庫德青年，如何度過奮力掙扎向前邁進的一個夏天。

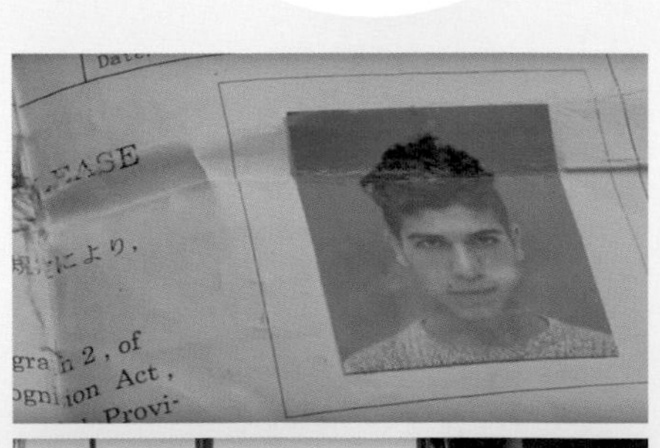

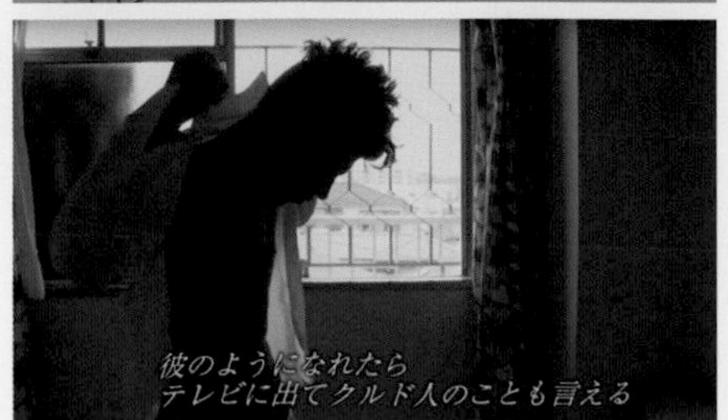

（上）歐贊的臨時釋放許可證。
（下）歐贊準備前往藝能經紀公司面試。

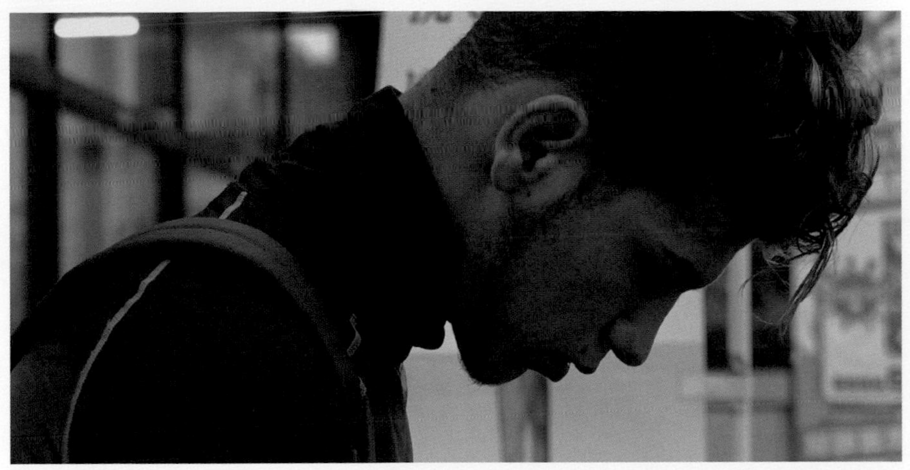

取自《東京庫德人》

看見一位連做夢都不被允許的青年，該如何思考？

一般認為，庫德族是「世界上最大而沒有自己國家的民族」。雖然在日本被當成非法居留者，紀錄片導演日向史有卻走向他們的身邊，透過鏡頭記錄他們的生活。他在學生時期曾經在世界各地流浪，特別關心民族的身分認同問題，所以必然會對尋求歸宿的在日庫德青年歐贊產生興趣。這部作品記錄了一名年輕人想成為藝人，做著一個「普通」的夢想，以及遭遇挫折的過程，榮獲了東京紀錄片提案大會短片櫥窗（Tokyo Docs Short Documentary Showcase）優秀獎，並創下3個月後播放的快速記錄。這股擋不住的氣勢，後來在北美規模最大的紀錄片影展——Hot Docs加拿大國際紀錄片影展上發表，透過歐贊的縮影，讓全世界知道在日庫德人的現實困境。NHK頻道的《BS世界紀錄片》系列節目中，曾經播放一部《沒有朋友，只有山》（No Friends But The Mountains）紀錄片。這部作品由一位流亡到英國的庫德人導演凱・巴哈（Kae Bahar）所拍攝，內容描述同胞們想建立國家的艱苦處境。然而，日向拍攝的庫德青年歐贊從小在日本長大，卻無法把這個國家當成自己的故鄉，只能懊惱著願望無法實現而感到挫折。歐贊說，「我很嚮往他們對抗伊斯蘭國」，儘管他這麼說，卻連「山民」也做不成。新世代的歐贊在日本難以容身的現實生活，以及道不盡的內心糾結，完完全全地呈現在這部紀錄片裡。

作品在影展或座談會上發表

上映、媒體曝光

紀錄片導演對拍攝對象的影響

對抗命運的自由意志

動機／發現

與作品相關的命運交錯

紀錄片導演的命運軸

拍攝對象的命運軸

補充說明

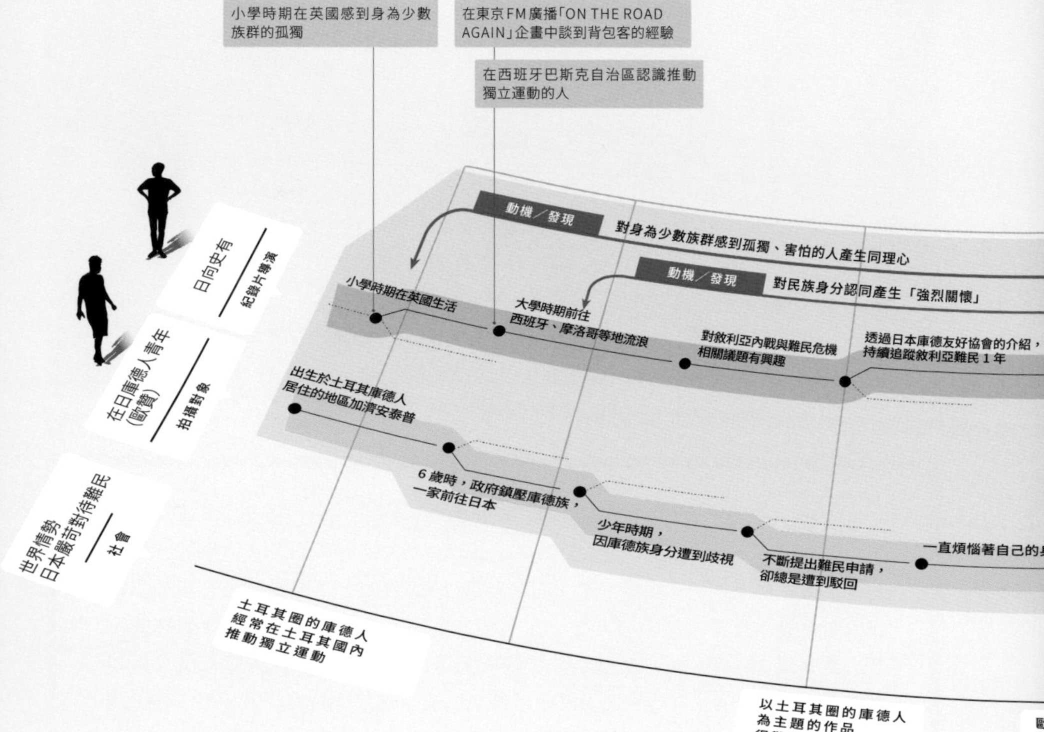

在日庫德人 意指在日本居住一定期間的庫德人，包括歸化、逃亡者，以及其子孫等身分。根據日本庫德族文化協會表示，以難民身分居住在日本的庫德人約有2000人，主要集中住在埼玉縣南部的蕨市與川口市。他們在90年代擔心受到土耳其政府迫害，因而來到日本，目前土耳其國籍的庫德人難民約有1300人。

加濟安泰普（Gaziantep） 位於土耳其東南部地區、鄰接敘利亞。居住在川口市的庫德人多為加濟安泰普出身。因伊朗與伊拉克發生兩伊戰爭，許多庫德人難民逃往土耳其。

土耳其的庫德人獨立運動 土耳其政府以「土耳其就是土耳其人的國家」自負，把庫德人稱為「山上的土耳其人」，主張大家是同一個民族。因此，土耳其政府禁止庫德人在公共空間使用庫德語言與文字，以及宣揚認同庫德民族的任何活動。

山民 庫德人居住的地區，主要分布在伊拉克北部與西北部、土耳其東部、敘利亞、伊朗的交界地帶，少數分布在亞美尼亞，全部統稱為庫德斯坦。由於多為內陸山區，因此他們經常被稱為「山民」。由伊拉克流亡到英國的庫德人電影導演凱．巴哈拍攝的紀錄片《沒有朋友，只有山》，榮獲蘇雷馬尼亞國際影展首獎。

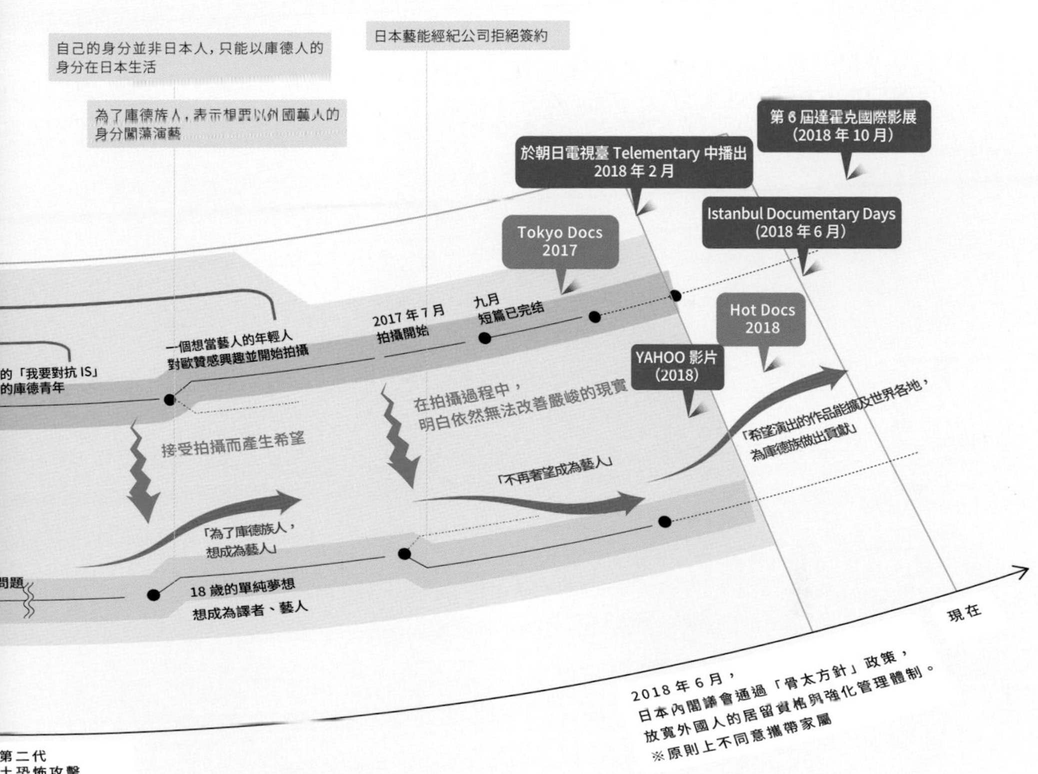

骨太方針（骨太の方針） 日本內閣以經濟政策大綱為準則，為擴大接收外國勞動者，重新修訂其居留資格的政策法案。主要以農業、建築、旅館、照護、造船等五種行業為對象，按照不同行業，實施工作技能檢定與日語能力檢定，若合格最長可取得5年工作居留資格，實際上有人甚至取得10年居留資格。

移民局 隸屬日本法務省管轄的行政機關，主要負責外國人的相關行政事務，包括：出入境管理、外國人登錄、難民認定。一般簡稱為「入管」。自2019年4月起升格為「入國在留管理廳」。由於土耳其政府對日本政府實施一貫的親日策政，因此日本政府的立場無法認定庫德人為難民身分。

Telementary（電視紀錄片） 全日本新聞網（ANN）的紀錄片節目。自1992年開播，由旗下各地區的電視臺輪流負責製作，重視區域性，以獨特觀點製作社會寫實紀錄片，每週播出30分鐘。

日本庫德友好協會 日本與庫德斯坦以經濟合作、文化交流為目的，於2009年設立的協會。日向史有在此認識在日庫德人第二代歐贊。http://www.jpn-krd.org/jpn/

本土恐怖主義（Homegrown Terrorism） 並非由國外恐怖組織發起的恐怖主義，而是國內公民認同國外的激進思想、自行發起的恐怖主義，多半採取暴力行為製造恐懼，以達成其訴求目的。

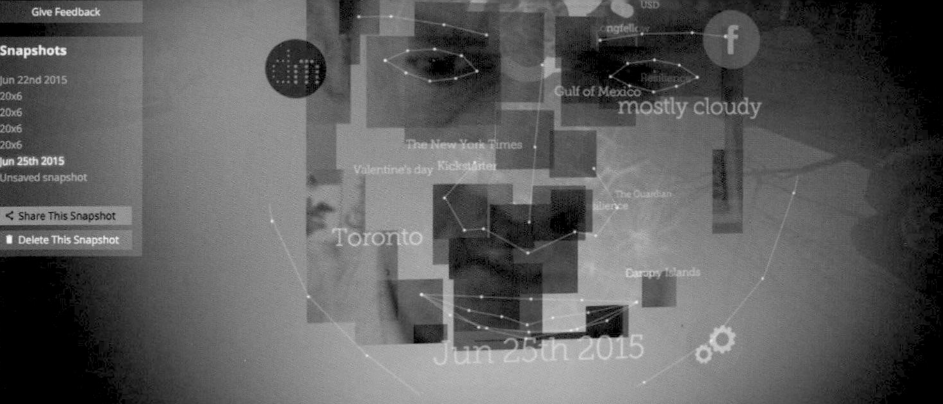

《Digital Me, Who Are You?》http://digitalme.heliosdesignlabs.com/

多音交響的未來：以複雜的方式去處理複雜。

茱蒂思・奧斯頓（Judith Aston）曾經參與拯救非洲難民生命所舉辦的20世紀規模最大的慈善演唱會「LIVE AID」，也參加過蘋果電腦與英國國家廣播公司BBC的共同計畫，她是互動式紀錄片的第一把交椅，同時也是i-Docs論壇（Interactive Documentary）的創辦人之一，她持續地關注這個變化莫測的世界。在後真相時代裡，開創新地平線的紀錄片工作者，該如何與社會保持緊密的關係呢？大家該如何努力，才能在變化中尋找明確的「未來」呢？在闔上這本書之前，在最後這篇文章中，我們記錄了奧斯頓女士的想法，一同思考紀錄片的未來發展。

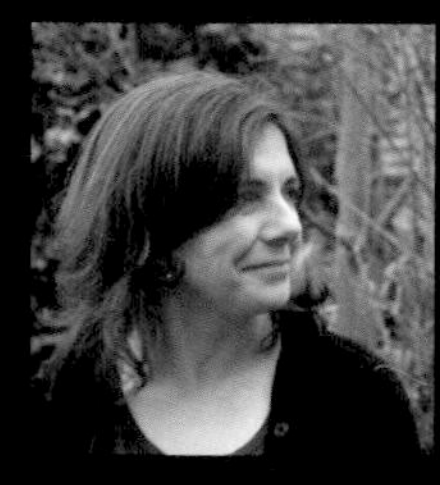

Judith Aston

紀錄片研究學者 茱蒂思・奧斯頓

互動式紀錄片論壇「i-Docs」的共同總監之一。曾經參與英國國家廣播公司BBC、蘋果電腦、Virgin publishing等企業的互動式紀錄片共同製作，為該領域的先驅者，比任何人更了解社群的發展與遠景。2003年，以「Interactive Documentary」研究主題取得博士學位。2011年，舉辦第一屆i-Docs論壇。運用各種型態的i-Docs發展策略提供貢獻，同時在西英格蘭大學擔任主任講師，指導學生並進行各項研究計畫。
https://www.i-docs.com/

運用互動式多媒體創造新素養

曾幾何時，後真相時代已成為現在進行式，就連「能夠相信的真實」，人們也必須判斷、選擇其是否可信。身為互動式紀錄片的先驅者柔蒂思．奧斯頓，以現代的方法論重新定義紀錄片，她又是如何看待急遽變化的世界呢？奧斯頓表示：「在這20年裡最大的變化，就是出現行動電話、個人電腦、網際網路，它們席捲了全世界。媒體及文化評論家馬修．麥克魯漢（Marshall McLuhan）過去曾說，有一種新技術之下的產物，它正如我們所稱呼的『科技，能夠擴大延伸我們的意識』，將會對我們的行動，以及對世界的認知產生重大影響。」

奧斯頓比任何人都還早一步使用蘋果電腦。她懷抱著烏托邦思想，認為電腦與網路可以獲取知識，進而促進民主化，使人生變得更美好。1978年，蘋果電腦公司的比爾．阿特金森（Bill Atkinson）開發了第一套能夠編輯超文字（Hypertext）的商用應用軟體「HyperCard」，奧斯頓是愛用者之一，她使用後立刻察覺，其中藏著互動式多媒體的創意與新方法論。「那是一個沒有從屬關係的世界，只要按一下滑鼠鍵，就能以各種不同的觀點去探索世界，充滿了各種可能性。而且，這樣的技術完全能運用在任何媒體上，帶來創造溝通與豐富思考的新素養。」

奧斯頓在大學課程修完後，與蘋果電腦、英國國家廣播公司BBC，以及劍橋大學共同執行一項計畫，運用影像磁碟（video disc）著手開發全新的溝通方式。後來，愛爾蘭音樂人鮑勃．格爾多夫（Bob Geldof）為拯救非洲難民的生命，號召眾人舉辦一場20世紀最大規模的慈善演唱會「LIVE AID」，奧斯頓參與活動中一項為撒哈拉沙漠居民展開的教育計畫。「約莫30年前，資訊科技與社會學家泰德．尼爾森（Ted Nelson）第一次使用了『超媒體』（Hypermedia）這個詞彙，並且進行『先那度計畫』（Xanadu Project），開始推動網際網路的實用化時，他想把世上的智慧結晶獻給全體人類。然而，隨著時光流逝，美麗的智慧之樹，卻在不知不覺中變成賺錢致富的工具。它遭到有心人士的利用，為達到企業或政治目的，變成一種操弄大眾的手段，失去原來的意義。」如此不斷濫用網路的做法就連創造神話、擁有偉大遠景的蘋果電腦公司也始料未及。就像著名科幻小說《銀河便車指南》（The Hitchhiker's Guide to the Galaxy）的英國作家道格拉斯．亞當斯（Douglas Adams），在《hyper land》紀錄片節中預則現代一樣，幽默地嘲諷科技如何改變未來的樣貌，奧斯頓說。「此外全球資訊網（World Wide Web，WWW）的發明人提姆．柏納．李（Tim Berners-Lee），至今仍然不斷地努力，將自己描繪的夢想化為具體事物。」

每一個人必須採取行動，才能創造新的未來

奧斯頓告訴我們，當時無法預見現在的2種情況。第一種是，由於全世界朝向全球化發展，地球整體猶如一座村落，每個國家有著密不可分的關係——這是由麥克魯漢所提出的「地球村」概念。然而，它卻與企業規模越來越龐大的全球資本主義產生衝突，這是目前的現實情況。她表示：「目前，世界出現一種完全與互助相反的精神。就像英國脫離歐盟一樣，有人認為『凡事都可以靠自己完成』。即便是有系統組織的民營化發展，我們看到的也不是互助，而是彼此競爭的關係。」而另外一種她無法想像的現況是，我們在網路上的個人資料，遭到政府或企業的嚴密監控「許多人感到極度不安，因為它已超出人為控制，造成無法挽回的局面加上人工智慧與AI機器人的出現，一點一滴地剝奪人類的工作，人們開始擔憂社會的變化，以及能否適應這樣的世界。」奧斯頓說。目前的社會中，有許多人站出來表達心中的憂慮。於是，產生危機感的人開始推動一項新生活運動。它起始於西方社會，由於氣候變遷與環境汙染等問題人們的生活受到威脅，為了對抗日趨嚴重的環境問題，一般大眾發起了這項政治活動。「我們看到支持響應的人不斷地增加，透過地區居民的互助合作，推廣自家栽種蔬菜的『社區園圃』（Community Garden）』運動與『純素』（Vegan）思想，期盼這項運動能普及化。並且落實儘量不開車改為騎自行車；避免使用電子產品，而改為恢復傳統的黑膠唱片等觀念相信藉由每一個人小小的改變，匯集成一股力量，就能形成一個全新的

反制運動（Countermovement）網路。」奧斯頓表示，這些努力是為了創造新秩序，不受傳統的權威束縛，它並不是走回頭路，而是以一顆更寬廣的心，去看待我們這個越來越複雜的世界。「倘若不集結眾人的智慧，那麼失去一切的將是我們全體人類。i-Docs扮演的角色不是彼此競爭，而是互相協助，共同創造新的經驗。」

所謂改變，就是「進化的過程」

奧斯頓在過去修讀博士課程時，曾與牛津大學的人類學者溫蒂．詹姆斯（Wendy James）教授一起進行研究，主題包括：變化、戰爭、生存。其中運用了互動式記錄（Interactive Documentary）的手法，找出前後「脈絡」，以現在的觀點，賦予過去典藏的影像資料新意義。「起初，詹姆斯教授的研究工作是前往蘇丹、衣索比亞這兩個國家進行民族學的研究調查，追蹤記錄當地人們的生活情況。1960 年代，她以研究這個地區的人類學者艾德華．伊凡．伊凡．普理查（Edward Evan Evans-Pritchard）博士的學生身分展開研究工作。此時，民族學的田野調查運用結構功能主義（Structural functionalism）的研究方式進入全盛時期。主流的研究方法是，研究者待在研究對象的文化環境中 1 年，之後回到大學，再將自己得到的經驗撰寫成論文。」當時的觀念認為，了解「文化透過哪些複雜的過程而形成」，只需 1 年的研究時間就已足夠。然而詹姆斯教授卻正面挑戰這項理論，她在博士論文中提出「如果沒有長期持續的觀察，就不可能進行民族學研究」的心得，甚至還出版了書籍。她對有效的研究方法提出主張，表示自己並非採用結構主義，而是運用傳統的人類學研究方法，並掌握到「變化是持續進行的」。奧斯頓表示：「當時，我在薩赫爾（Sahel）地區運用影像磁碟（video disc）進行研究。博士學位審查委員的劍橋大學麥克．法蘭（Alan Macfarlane）教授，告訴我一種名為「民族誌」的新觀察手法，它與詹姆斯教授所使用的方法有共通之處。為了表達人類學的觀念與議題，我一直考慮使用互動式多媒體。詹姆斯教授從 1960 年代就開始使用盤帶（Open Reel）、Super 8 攝影機等工具，以拍靠記錄的方式進行田野調查。於是，我與這一位影像人類學者詹姆斯教授共同完成了個案研究。」就在這一刻，她們結合運用了這2種方法——嘗試以互動式記錄去捕捉世界的新方法論，以及人類學者運用「民族誌」這種正確記錄龐大田野調查資料的研究方法。「所謂記錄——這項行為能夠讓遭到戰爭蹂躪而被逐出家園的人們，有機會接觸自己的過去。同時，也能夠以微觀世界的觀點，去觀察20世紀後半期，世界上許多人如何受到政治、宗教或意識形態的迫害而犧牲。就像人類學者觀察世界一樣，藉由這些多重的典藏影像與智慧，對於現在與未來，我們能有各種不同的解釋與觀點。」所謂變化，就是「持續進化的過程」。因此，我們必須有所體認，這個世界的變化是開放流動的，而且沒有固定的方向，奧斯頓指出。

察覺「一切事物都持續在改變」的現實瞬間

奧斯頓生長在英國萊斯特（Leicester）地區的白人中產階級家庭。她最初就讀的小學非常傳統與平靜。然而到了國中時期，萊斯特地區的教育政策出現了大幅調整，不分國籍、男女皆可就讀，她的學校也轉變成一所沒有種族性別差異的學校。「1970年代，烏干達總統伊迪・阿敏（Idi Amin）將亞洲人驅逐出境，造成大量亞洲人與非洲人湧入萊斯特。然而，許多教師沒有任何心理準備，這個地區的學校出現嚴重的種族歧視問題。我對歧視這種事感覺很不舒服，於是在大學時攻讀地理學，想正確地吸收多元文化主義（Multiculturalism）的相關知識。」一直以來，白人中產階級占多數的萊斯特地區，當年突然湧入大量的印度古吉拉特邦（Gujarat）移民。因此，奧斯頓認識許多住在萊斯特的社區居民大多來自於古吉拉特邦。後來，奧斯頓想了解他們在母國印度與萊斯特的生活差異，於是前往當地展開研究調查、進行比較。據說，最後讓許多人消除了對他們的歧視意識。奧斯頓表示，由於小時候經歷過這些事情，促成她在i-Docs積極地推展人類學與多元文化交流的各項計畫。

互動式紀錄片賦予多重聲音般的「觀點」

在愛爾蘭國立大學科克大學（University College Cork）的電影與銀幕媒體（Film&Screen Media）學科發行的電子期刊《Alphaville》裡，奧斯頓女士投稿了一篇論文。主旨是從俄羅斯哲學家米哈伊爾·巴赫汀（Mikhail Bakhtin）提出的複調理論（Polyphony）中，看見更多互動式紀錄片的全新發展可能性。（《*Alphaville*》第 15 期。http://www.alphavillejournal.com/Issue15/EditorialAstonOdorico.pdf）所謂複調理論，主要是指文藝復興時期興盛的多聲部音樂，將各聲部不同的詩詞、語言、旋律對等地平均分配、相互層疊，建構出複雜曲調的一種思考。那麼，它與互動式紀錄片又有什麼關係呢？「我認為互動式紀錄片能夠帶來多重聲音般的深度討論。」藉由每一段旋律的複雜交疊，形成高度精緻化的織體（Texture）與結構，這種複調理論的觀點，能夠刺激我們在互動式紀錄片中，以多重觀點去思考複雜的問題。藉由大家廣泛的參與，能夠形成一個合作過程。關於這一點，巴赫汀過去曾經解釋：「小說或許只有一位作者，但在複調理論中，小說中有著各自獨立的聲音，彼此平等地互相對話，這些聲音有如一篇篇的文章，它們構成小說的整體。也就是說，這個整體是由多個獨立的意識相互作用所形成。」奧斯頓的同事斯提凡諾·鄂多立克（Stefano Odorico）將此概念運用在i-Docs，藉此讓互動式紀錄片具有對話般的多聲部本質，以多面向且開放的形式進行溝通對話。「互動式紀錄片在隨時變化、充滿不確定的世界中，並非將變化視為矛盾之物，而是透過各種觀點賦予其新的解釋。儘管製作上必須重視技術層面，但其中的哲學與精神更為重要。它並非只是讓我們單純的連結，而是能夠產生非線性且多面向的觀點。因此，多重聲音的觀點是非常重要的。」奧斯頓表示。在這個越來越複雜的世界裡，假如我們想改變什麼，必須以複雜的方式處理複雜的事物，藉由多重聲音的觀點，找出與複雜協調的旋律。正因為這項觀點的重要，相信對紀錄片工作者會更有意義，我們在與茱蒂斯·奧斯頓的對話中，深刻地感受到這一點。

結語：紀錄片的夢想仍將持續

這場探尋紀錄片工作者理念的漫長之旅，終於要迎接終點了。若試著去形容這段期間，我們彷彿歷經了一場漫長的夢境。

所謂紀錄片中的主義（ISM），到底是從何處產生的呢？伴隨著紀錄片的「SHIP」，它又將駛往何方呢？紀錄片中的戲劇（DRAMA），如何傳達出真實呢？紀錄片又如何改變（CHANGE）你看待世界的方式呢？我們奔波於東京、臺北、馬尼拉等地，採訪了許多紀錄片工作者，了解走在群眾前面的他們／她們，如何遭遇「事件」，又如何面對「命運」。
在阿比查邦．韋拉斯塔古的電影《華麗之墓》片尾中，有一幕令人感到安詳的長鏡頭。正當觀眾緩緩地沉浸在電影劇情之際，畫面突然切換成主角阿珍的異樣神色，這一幕使得觀眾訝異地回過神來：「原來如此，一直以為這個地方真實存在，其實是經過阿比查邦縝密計算的虛構世界啊！」就在這一瞬間，觀眾領悟到這項事實。「現實」這個危險的場所，究竟是真實或虛幻（夢），沒有人能夠完全肯定，它只不過是從兩者的曖昧之中所產生的，他的作品告訴了觀眾這一點。

最後，我們要感謝在製作本書時，能夠完全理解與熱情支持我們的BNN出版社村田純一先生，若沒有你的協助，這本書無法付梓出版。同時，我們也要感謝所有協助採訪的紀錄片導演、工作者，以及相關人士，在此向所有人致上我們最深的感謝。

SOMEONE'S GARDEN
2018 年 新宿

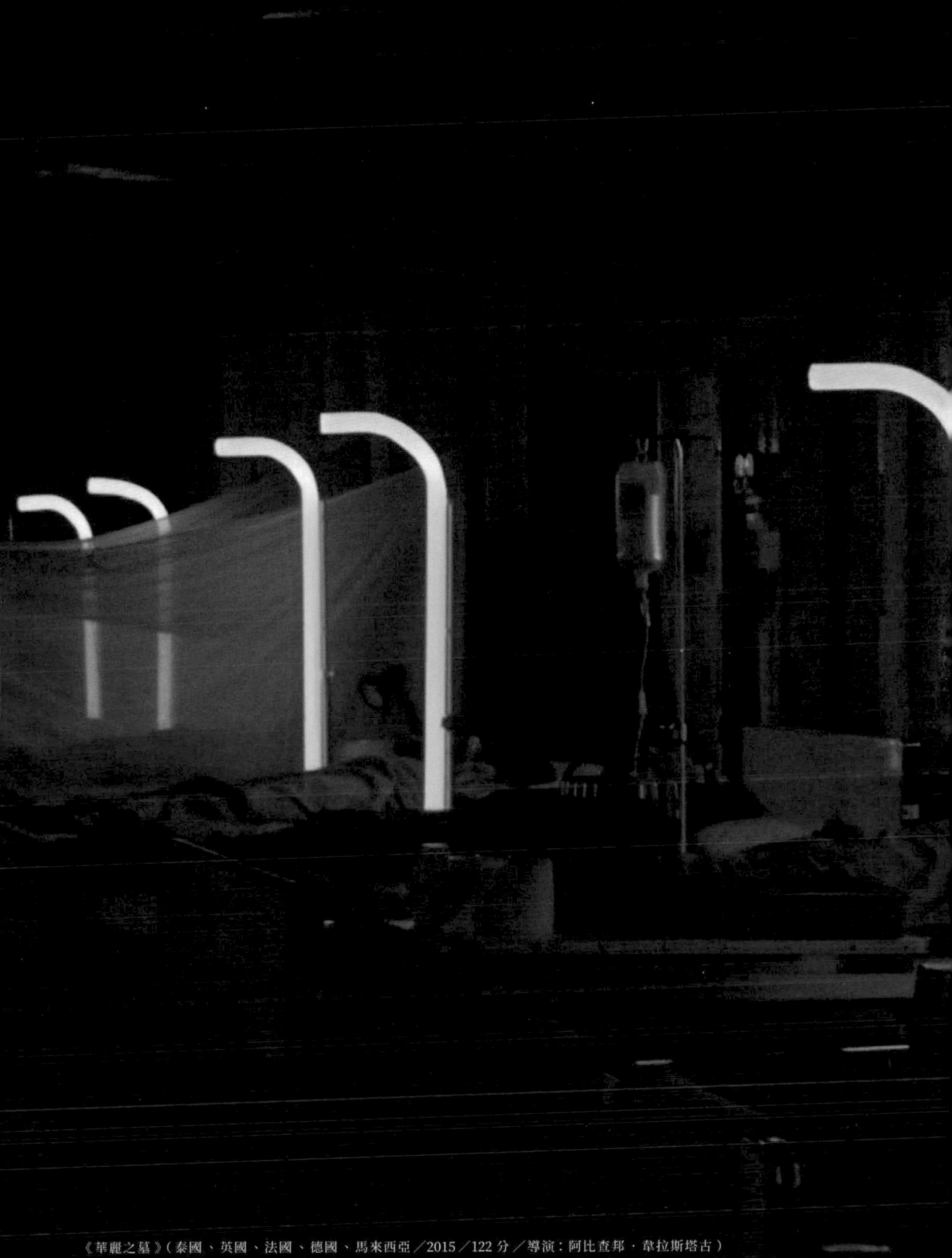

《華麗之墓》（泰國、英國、法國、德國、馬來西亞／2015／122 分／導演：阿比查邦・韋拉斯塔古）
© Kick The Machine Films / Illuminations Films (Past Lives) / Anna Sanders Films / Geißendörfer Film-und Fernsehproduktion / Match Factory Productions / Astro Shaw (2015) 電影發行／照片提供：MOVIOLA

APPENDIX

影展與提案暨論壇大會
Docs & Pitch Forums

AIDC（The Australian International Documentary Conference） www.aidc.com.au　澳洲
澳洲國際紀錄片提案大會
於墨爾本的澳洲動態影像中心（ACMI）舉辦的國際紀錄片活動。由非營利組織AIDC營運。

Asian Side of the Doc asiansideofthedoc.com　亞洲
亞洲陽光紀錄片大會
法國陽光紀錄片節（Sunny Side of the Doc）的亞洲版。2010年成立，於香港、首爾、東京、吉隆坡、成都、廈門等亞洲各地巡迴舉辦提案暨論壇大會，主要以促成國際共同製作為目的。

CCDF（CNEX CHINESE DOC FORUM） www.cnex.org.tw　臺灣、中國、香港
華人紀錄片提案大會
視納華仁基金會（CNEX）是一個企畫、營運紀錄片活動的組織。協助臺灣、中國、香港發展紀錄片，於每年9月召開紀錄片提案大會相關，提供各項協助以促成國際共同製作。

IDFA Forum www.idfa.nl/en/info/idfa-forum　荷蘭
荷蘭阿姆斯特丹國際紀錄片影展
以高品質的節目單元著稱，並牽引著全世界的紀錄片產業，IDFA主辦的提案大會，提供資金協助紀錄片電影工作者或製片人，是一處能創造各種可能性的場域。

DocedgeKolkata docresi.org　印度
亞洲印度加爾各答紀錄片提案暨論壇大會
每年於印度加爾各答舉辦亞洲紀錄片論壇（Asian Forum for Documentary, AFD），集結國際性的紀錄片電影製作公司，創作更多共同製作的機會。

Docs By The Sea docsbythesea.org　印尼
亞洲印尼紀錄片論壇大會
聚焦於東南亞的國際性紀錄片論壇，從募集資金到網路提供各種機會的場域。與印尼In-Docs組織結盟為夥伴關係。

Good Pitch goodpitch.org　美國、歐洲
好提案大會
由英國非營利組織Doc Society所營運的提案大會，每年於美國、歐洲地區舉辦數次，以紀錄片工作者到社會企業家為對象，提供更多創造新夥伴關係的機會。

DOCS PORT INCHEON idocs-port.org　韓國
仁川紀錄片提案大會（於2019宣布終止）
特別強化提案單元的國際性紀錄片活動。在提案大會中最佳企劃可獲得300萬日圓，提供紀錄片製作人非常充裕的資金。

Docu Memento docu-memento.com　日本
2017年成立，消除「製作者、被攝者、觀眾」界線的全新紀錄片活動。每年在北品川區域的「品川宿」舉辦，主要以提案單元為主。

Docu Rough Cut Boutique www.sff.ba/en/category/123 波士尼亞與赫塞哥維納

塞拉耶佛電影節

西塞拉耶佛影展與巴爾幹紀錄片中心聯合舉辦的節目單元。主要以培育東南歐與高加索製作的紀錄片作品為目的。

FEST - Pitching Forum site.fest.pt 葡萄牙

葡萄牙FEST新導演、新電影節–提案大會

於葡萄牙埃斯皮諾薩舉辦的提案大會。在提案者中選出最終28名入選者，將對製片人與電影發行公司進行5分鐘的簡報。在最後一次簡報前會進行3日的培訓工作坊。

Hot Docs Forum hotdocs.ca/i/hot-docs-forum 加拿大

加拿大Hot Docs紀錄片提案大會

由Hot Docs主辦北美規模最大的紀錄片影展，也是發展最蓬勃的國際紀錄片市場。期間舉辦各式各樣的提案大會，是紀錄片工作者最重要的場域。

KKIFF（THE KOTA KINABALU INTERNATIONAL FILM FESTIVAL） www.kkiff.com 馬來西亞

亞庇國際電影節

婆羅洲第一個，同時也是舉辦期間最長的一個影展。

期間舉辦沙巴新秀及培訓獎（Sabah Pitching & Training Awards）等提案單元的紀錄片相關企畫。

Sheffield Doc/Fest sheffdocfest.com 英國

英國雪菲爾德國際紀錄片影展

於英國雪菲爾德舉行為期五日的紀錄片影展。

從2010年6月開始舉辦，以歐洲為中心展開各項企畫，吸引各地紀錄片工作者齊聚一堂。

Sunny Side of the Doc sunnysideofthedoc.com 法國

法國陽光紀錄片節

每年6月中下旬舉辦的國際性紀錄片市場，地點在法國大西洋沿岸的美麗城市拉洛歇爾，吸引來自60個國家以上的業界專業人士。期間舉行提案大會、工作坊、簡報，以及透過交流分享，積極地促成國際共同製作。

Talents Tokyo talents-tokyo.jp 日本

東京新銳營

東京新銳營是「柏林影展新銳營」（Berlinale Talents）的亞洲版，為德國柏林國際影展中重要的一環，主要以培訓人才為主，同時也徵集紀錄片作品，東京是德國於海外舉辦的唯一地區。

The Edinburgh Pitch scottishdocinstitute.com/opportunities/edinburgh-pitch 蘇格蘭

愛丁堡紀錄片提案大會

蘇格蘭唯一的國際紀錄片提案大會，為愛丁堡電影節周邊官方活動之一。以英國為中心，提供國際性紀錄片的共同製作機會。

Tokyo Docs tokyodocs.jp 日本

東京紀錄片提案大會

以日本與亞洲各國合作的企劃方式，透過提案大會活動，促成國際共同製作，最後完成的紀錄片將於海外電視播出／網路平臺收看／電影院上映，以海外觀眾收視為目的。

Documentary Film Festivals
國際紀錄片影展

印度	印度喀拉拉國際電影節 & 短片電影節	dsffk.in
韓國	全州影展	jeonjufest.kr
	首爾獨立紀錄片影展	sidof.org
	EBS 國際紀錄片影展	www.eidf.co.kr
臺灣	台灣國際紀錄片影展（TIDF）	www.tidf.org.tw
日本	山形國際紀錄片影展（YIDFF）	www.yidff.jp
	Tokyo Docs	Tokyo Docs tokyodocs.jp
	座・高円寺紀錄片影展	zkdf.net
菲律賓	Cinemalaya 獨立電影節	www.cinemalaya.org
加拿大	加拿大國際紀錄片影展（Hot Docs）	www.hotdocs.ca
	DOXA 國際紀錄片電影節	www.doxafestival.ca
	蒙特婁紀錄片影展（疑似於 2019 年終止）	www.ffm-montreal.org
美國	AFI 紀錄片影展	afi.com/afidocs
	美國全景紀錄片影展	www.fullframefest.org
	美國溫泉城紀錄片電影節	www.hsdfi.org
巴西	巴西真實國際紀錄片影展	etudoverdade.com.br
墨西哥	安布萊特紀錄片電影節	www.ambulante.org
英國	英國倫敦 Open City 紀錄片電影節	opencitylondon.com
	英國雪菲爾德國際紀錄片影展	www.sheffdocfest.com
荷蘭	荷蘭阿姆斯特丹紀錄片國際影展	www.idfa.nl
	影子國際紀錄片影展	www.shadowfestival.nl
克羅埃西亞	薩格勒布國際紀錄片影展	zagrebdox.net
瑞士	瑞士真實國際紀錄片影展	www.visionsdureel.ch
德國	慕尼黑國際紀錄片影展	www.dokfest-muenchen.de
	德國萊比錫國際紀錄片暨動畫片影展	www.dok-leipzig.de
	德國卡塞爾紀錄片影展	www.kasselerdokfest.de
捷克	捷克伊赫拉瓦國際紀錄片影展	www.dokument-festival.cz
丹麥	哥本哈根國際紀錄片影展	cphdox.dk
芬蘭	赫爾辛基紀錄片影展	docpoint.info
法國	馬賽國際影展	fidmarseille.org
俄羅斯	聖彼得堡國際電影節	message2man.com/en
葡萄牙	里斯本國際紀錄片影展	www.doclisboa.org
希臘	第撒隆尼基紀錄片影展	www.filmfestival.gr/el
以色列	特拉維夫國際紀錄片影展	www.docaviv.co.il
伊朗	伊朗國際紀錄片影展	www.irandocfest.ir
土耳其	伊斯坦堡紀錄片影展	www.documentarist.org
南非	南非國際紀錄片影展	www.encounters.co.za

編著與設計

SOMEONE'S GARDEN

由「津留崎麻子＋西村大助」成立之公司。從事雜誌、書籍的編輯、設計、app、影像製作、活動舉辦等業務。著有《世界のアーティスト・イン・レジデンスから》(*ARTISTS IN RESIDENCIES AROUND THE WORLD*)(BNN)、編輯設計書籍有《Visual Thinking with TouchDesigner》(BNN) 等。影像編輯有《手芽口土》(Victor) MV、《CLEAR》(Unilever) TVCM、Tower Records《LIVE LIVEFUL》WebCM、《SOCIAL 0.0 LAB》(Motorola Japan) WebCM、《旅旅叨擾》(旅旅しつれいします)(NHK綜合頻道) 等。參加藝術活動「六本木Art Night 2018」，並與紀錄片工作者團體BUG共同打造紀錄片祭典活動Docu Memento。
http://someonesgarden.org

津留崎麻子｜日本大學藝術學部評論學科畢業、早稻田大學研究所電影學科修畢。擔任日本Green Image國際環境映像祭評審委員、東京紀錄片影展單元負責人。學生時期曾在EUROSPACE工作，之後曾在Film Center (現為「國立電影資料館」National Film Archive of Japan)、SPIRAL、UPLINK從事電影宣傳工作。曾與KENZO香水合作一項名為「FLOWER BY YOU」的企畫，在歐洲各地旅行，因而結識許多藝術家，並透過《QUOTATION》雜誌，介紹海外具有才華的新生代藝術家，並建立相關網路平臺。

西村大助｜以東京大學綜合文化研究科神經膠細胞的研究取得碩士學位。博士第一年取得藝術家簽證赴美國紐約。每月於CAVE畫廊舉行展覽會。參與《TOKION》雜誌創刊，回日本後負責《TOKION JAPAN》編輯工作，曾採訪北野武、是枝裕和、三池崇史、若松孝二、黑澤清、荒木經惟、草間彌生、灰野敬二、內田裕也、黑川紀章、UA、棋圖KAZUO、水木茂、茂木健一郎等人。

編輯協助

BUG請參照本書271頁

協助(無排序)

Andrea Smitko / Cinematrix Co., LTD. / CNEX Studio / Dale Custodia / DIGITAL SKIP STATION, INC / ÉCLIPSEFILM / Final Cut for Real / Hazel Orencio / i-Docs / Kick The Machine Films / KRO-NCRV / Lao New Wave Cinema Productions / Little Ease / MOVIOLA / *neoneo* 編集室 / PAONETWORK. Inc / Port B / PS-Perfect Services Co., Ltd / SCAI THE BATHHOUSE / SOUND PICTURES / Tokyo Video Center / Wotienke Vermeer / WOWOW / IVC / Adbusters Media Foundation / Shun Kuroki / sleepin / Documentary Dream Center / Tomo Suzuki Japan. Ltd. / Eunbyul Ahn/ DOCUMENTARY JAPAN, INC. / ORTUS JAPAN Co., Ltd. / SIGLO Ltd. / 日本鉄木真影視公司 / 竹下敦 / 永井愛子 (Angat) / 山形國際紀錄片影展 / 山上徹二郎 / Shisso Production, Inc. / 森美術館 / 星弘明 / 宋曉佳 / UZUMASA, Inc. / 大竹久美子 (Tereza) / 田中沙季 / 島野千尋 / Pacific Asia Resource Center (PARC) / 非營利組織東京紀錄片提案大會Tokyo Docs (NPO) / 飯塚俊男 / UPLINK CO. / 李淼 / 蜂賀亨

GAME-CHANGING DOCUMENTARISM

改變世界的紀錄片工作者們

編　　著　SOMEONE'S GARDEN
編輯協助　BUG
譯　　者　雷鎮興

總 編 輯　周易正
主　　編　胡佳君
責任編輯　郭正偉
編輯協力　徐林均、鄭湘榆
行銷企畫　陳姿妘、李珮甄
美　　術　林峰毅

定　　價　680 元

I S B N　9786269518609
版　　次　2021 年 12 月　初版一刷
印　　刷　釉川印刷

出　　版　行人文化實驗室／行人股份有限公司
發 行 人　廖美立
地　　址　10074 臺北市中正區南昌路一段 49 號 2 樓
電　　話　+886-2-3765-2655
傳　　真　+886-2-3765-2660
網　　址　http://flaneur.tw

總 經 銷　大和書報圖書股份有限公司
電　　話　+886-2-8990-2588

ゲームチェンジング・ドキュメンタリズム 世界を変えるドキュメンタリー作家たち

國家圖書館出版品預行編目(CIP)資料

改變世界的紀錄片工作者們＝Game-changing documentarism/
編者：SOMEONE'S GARDEN／雷鎮興譯.
-- 初版. -- 臺北市：行人文化實驗室, 2021.12
328 面；14.8×21 公分
譯自：ゲームチェンジング.ドキュメンタリズム：世界を変える
ドキュメンタリー作家たち
ISBN 978-626-95186-0-9(平裝)
1. 紀錄片 2. 電影製作 3. 訪談
987.81　　110019254